Diogenes Taschenbuch 24488

de
te
be

F. SCOTT FITZGERALD, 1896 in St. Paul (Minnesota) geboren, wurde schon mit seinem ersten Roman, *Diesseits vom Paradies,* auf einen Schlag berühmt und stand mit seiner Frau Zelda im Mittelpunkt von Glanz und Glimmer. *Der große Gatsby,* sein heute meistgelesenes Buch, war jedoch ein finanzieller Flop. Um Geld zu verdienen, ging Fitzgerald 1937 als Drehbuchautor nach Hollywood, wo er 1940 starb.

F. Scott Fitzgerald

Für dich würde ich sterben

ERZÄHLUNGEN

Herausgegeben von und kommentiert von
Anne Margaret Daniel

Aus dem Amerikanischen von
Gregor Runge, Andrea Stumpf und
Melanie Walz

Diogenes

Die Originalausgabe erschien im März 2017 unter dem Titel *I'd Die for You* als Copyright-Ausgabe im Hoffmann und Campe Verlag.
Die gleichnamige amerikanische Erstausgabe erschien zeitgleich mit der deutschen Erstausgabe im Verlag Scribner, New York.
›Ballet Shoes‹ / ›Ballet Slippers‹ erschien zuerst im *Fitzgerald / Hemingway Annual, 1976;* ›Thank You for the Light‹ in *The New Yorker*, August 2012.
Auf Deutsch erschien ›Thank You for the Light‹ zuerst in einer Übersetzung von Melanie Walz im *Diogenes Magazin*, Frühling 2013.

First published worldwide by Hoffmann und Campe Verlag
Covermotiv: Foto von Eugene Robert Richee

Veröffentlicht als Diogenes Taschenbuch, 2019

www.diogenes.ch
40/19/36/1
ISBN 978 3 257 24488 5

Inhalt

Für dich würde ich sterben

Spielschulden
von F. Scott Fitzgerald

Der Name in der Überschrift ist nicht mein wahrer Name – der Bursche, dem er gehört, hat mir erlaubt, ihn für diese Geschichte zu benutzen. Meinen wahren Namen werde ich nicht verraten. Ich bin Verleger. Ich verlege dicke Romane über junge Liebe, verfasst von alten Jungfern in South Dakota, Krimis über wohlhabende Klubmitglieder und Ganovenbräute mit »großen dunklen Augen«, Essays über die Gefahren von allem Möglichen und über die Farbe des Mondes über Tahiti aus der Feder von Collegelehrern und anderen Arbeitslosen. Romane von Autoren unter fünfzehn Jahren nehme ich nicht an. Alle Kolumnisten und Kommunisten (die zwei Wörter kann ich einfach nicht auseinanderhalten) schimpfen auf mich, sie sagen, ich dächte nur ans Geld. Das stimmt – ich denke an fast nichts anderes. Meine Frau braucht Geld. Meine Kinder geben es die ganze Zeit aus. Würde mir jemand alles Geld anbieten, das es in New York gibt, würde ich nicht nein sagen. Ich würde lieber ein Buch mit fünfhunderttausend Vorbestellungen herausbringen, als Samuel Butler, Theodore Dreiser und James Branch Cabell in einem Jahr entdeckt zu haben. Und Sie würden genauso denken, wenn Sie Verleger wären.

Vor sechs Monaten machte ich einen Vertrag für ein Buch,

das eine todsichere Sache zu sein schien. Es war von Harden, dem Parapsychologen Dr. Harden. Sein erstes Buch – 1913 von mir veröffentlicht – hatte sich mit der Beharrlichkeit einer Long-Island-Sandkrabbe in den Bestsellerlisten festgekrallt, und damals war Parapsychologie lange nicht so in Mode wie heute. Das neue Buch bewarben wir als herzergreifendes Dokument. Dr. Hardens Neffe war im Krieg umgekommen, und sein Onkel hatte einen eleganten und zurückhaltenden Bericht über seine übersinnliche Kommunikation mit ebendiesem Neffen Cosgrove Harden via diverse Medien geschrieben.

Dr. Harden war kein intellektueller Parvenü. Er war ein angesehener Psychologe, in Wien promoviert, in Oxford habilitiert und zuletzt Gastprofessor an der Universität von Ohio. Sein Buch war weder kaltschnäuzig noch naiv. Seine Haltung war von großer Seriosität grundiert. Beispielsweise erwähnt er in seinem Buch, dass ein junger Mann namens Wilkins ihn aufgesucht und behauptet habe, der Verstorbene schulde ihm drei Dollar und achtzig Cents. Er hatte von Dr. Harden verlangt, den Verstorbenen zu fragen, was in dieser Sache zu tun sei. Dr. Harden hatte sich standhaft geweigert, diesem Verlangen nachzukommen. Seiner Ansicht nach könnte man genauso gut wegen eines verlorenen Regenschirms den Beistand der Heiligen erbitten.

Neunzig Tage lang bereiteten wir die Veröffentlichung vor. Die erste Seite des Buches hatten wir in drei verschiedenen Schrifttypen setzen lassen, und wir ließen je zwei Entwürfe von fünf sündteuren Grafikern anfertigen, bevor wir uns für den perfekten Buchumschlag entschieden. Die Umbruchfahnen wurden von nicht weniger als sieben erfahrenen Korrektoren gelesen, damit nicht etwa das leichteste Zittern im Schwanz eines Kommas oder das Schielen einer Versalie die anspruchsvollen Augen des großen amerikanischen Publikums verletzten.

Vier Wochen vor dem vorgesehenen Erscheinungstermin wurden riesige Kisten an alle Punkte des literarischen Kompasses geschickt. Allein nach Chicago versandten wir siebenundzwanzigtausend Exemplare. Nach Galveston in Texas gingen siebentausend Stück. Jeweils hundert Exemplare wurden mit Ächzen und Stöhnen nach Bisbee, Arizona, Redwing, Minnesota, und Atlanta, Georgia, geschafft. Nachdem die größeren Städte versorgt waren, wurden über den Kontinent hinweg aufs Geratewohl Einheiten von zwanzig, dreißig, vierzig Exemplaren verteilt, so wie ein Sandkünstler sein fast vollendetes Bild mit feinem Rieseln eigenhändig vollendet.

Die erste Auflage des Buches betrug dreihunderttausend Exemplare.

Unterdessen war die Werbeeabteilung fünf Tage die Woche von früh bis spät damit beschäftigt, sich als regelrechte Akzidenzdruckerei zu betätigen, mit Kursivschrift, Unterstreichungen und Versalien, und Schlagworte, Überschriften, Artikel und Interviews vorzubereiten, Fotos auszuwählen, auf denen Dr. Harden nachdenklich, versonnen und besinnlich aussah, Schnappschüsse von ihm zu sammeln, die ihn mit einem Tennisschläger, einem Golfschläger, einer Schwägerin oder einem Ozean zeigten. Lobende Begleitschreiben wurden massenhaft vorbereitet. Freiexemplare wurden gestapelt, adressiert an die Kritiker unzähliger Zeitungen und Zeitschriften.

Der große Termin war der 15. April. Am vierzehnten

herrschte Atemlosigkeit in den Büroräumen, und in der Vertriebsabteilung warfen die Angestellten nervöse Blicke auf die leeren Flächen, die für die Bücherstapel vorgesehen waren, und zu den leeren Schaufenstern, wo drei fachkundige Dekorateure den ganzen Abend das Buch in Rechtecken, Bergen, Haufen, Kreisen, Herzen, Sternen und Parallelogrammen arrangieren sollten.

Am Morgen des 15. April um fünf vor neun fiel unsere Chefstenographin Miss Jordan vor lauter Aufregung ohnmächtig meinem Juniorpartner in die Arme. Um Punkt neun erwarb ein alter Herr mit altmodischem Backenbart das erste Exemplar von *Die Aristokratie der Welt des Übersinnlichen*. Das große Buch war auf dem Markt.

Drei Wochen danach beschloss ich, mich nach Joliet in Ohio zu begeben und Dr. Harden aufzusuchen. Es war ein Fall von Mohammed (oder war es Moses?) und dem Berg. Er war ein scheuer, in sich gekehrter Mensch; man musste ihm gut zusprechen, ihm gratulieren, eventuellen Avancen der verlegerischen Konkurrenz zuvorkommen. Ich wollte alles tun, um mir sein nächstes Buch zu sichern, und in dieser Absicht nahm ich mehrere sorgsam aufgesetzte Verträge mit, die ihm für die nächsten fünf Jahre unangenehme finanzielle Probleme ersparen würden.

Wir verließen New York um vier Uhr. Bei Geschäftsreisen pflege ich ein halbes Dutzend Exemplare meines Spitzentitels einzustecken und sie ganz zufällig den intelligenter wirkenden Mitreisenden zu leihen in der Hoffnung, neue Leserkreise für das Buch zu gewinnen. Bevor wir Trenton erreichten, blätterte eine Dame mit Lorgnette in ihrem Privatabteil misstrauisch in ihrem Exemplar, der junge Mann, der die andere Hälfte meines Abteils innehatte, war völlig in die Lektüre seines Exemplars vertieft, und ein Mädchen mit rotblonden Haaren und auffallend sanftem Blick spielte auf dem hinteren Vorsatzpapier eines dritten Exemplars Tic-Tac-Toe.

Ich döste. Die Landschaft von New Jersey wurde unmerklich zur Landschaft Pennsylvanias. Wir kamen an vielen Kühen und reichlich Wäldern und Feldern vorbei, und zirka alle zwanzig Minuten sah man den immergleichen Farmer in seinem Frachtwagen neben dem Dorfbahnhof seinen Priem kauen und gedankenverloren zu den Fenstern der Pullman-Waggons schauen.

Wir waren an diesem Farmer sicher fünfzehn- oder zwanzigmal vorbeigefahren, als mein Nickerchen abrupt beendet wurde, weil ich merkte, dass der junge Mann in meinem Abteil den Fuß auf- und abbewegte wie ein Schlagzeuger im Orchester und leise Ausrufe und Grunzlaute äußerte. Ich war erschrocken, aber auch erfreut, denn ich konnte sehen, dass er sehr ergriffen war, ergriffen von dem Buch, das er mit seinen langen weißen Fingern umklammert hielt – Dr. Hardens *Aristokratie der Welt des Übersinnlichen.*

»Soso«, bemerkte ich leutselig, »das scheint Ihr Interesse geweckt zu haben.«

Er sah auf; die Augen in seinem schmalen Gesicht waren von der Art, wie man sie bei zwei Menschentypen sieht: denen, die sich dem Spiritismus verschrieben haben, und denen, die sich vom Spiritismus losgesagt haben.

Da er noch immer benommen wirkte, wiederholte ich meine Bemerkung.

»Interesse!«, rief er. »Interesse! Großer Gott!«

Ich sah ihn aufmerksam an. Ja, er war entweder ein

Medium oder einer dieser sarkastischen jungen Männer, die humoristische Geschichten über Spiritisten in Groschenblättchen veröffentlichen.

»Eine bemerkenswerte – äh, Arbeit«, sagte er. »Offenbar hat der – Held, wenn man ihn so nennen will, den größten Teil seiner Zeit seit seinem Tod darauf verwendet, seinem Onkel zu diktieren.«

Ich konnte ihm nur zustimmen.

»Der Wert des Ganzen«, fuhr er fort, »steht und fällt natürlich damit, ob der junge Mann sich dort befindet, wo er zu sein behauptet.«

»Selbstverständlich.« Ich war ratlos. »Der junge Mann muss sich im – im Paradies befinden und nicht – nicht im Fegefeuer.«

»Ja«, stimmte er nachdenklich zu, »es wäre peinlich, wenn er im Fegefeuer wäre oder – noch peinlicher – an einem ganz anderen Ort.«

Das ging mir langsam zu weit.

»Es gab nichts im Leben des jungen Mannes, was vermuten ließe, dass er sich in – in –«

»Natürlich nicht. Die Gegend, auf die Sie anspielen, war mir gar nicht in den Sinn gekommen. Ich sagte nur, es wäre peinlich, wenn er im Fegefeuer wäre, und noch peinlicher, wenn er woanders wäre.«

»Und wo, Sir?«

»Zum Beispiel in Yonkers.«

Das ließ mich zusammenfahren.

»Wie?«

»Wenn er sich nämlich im Fegefeuer aufhielte, dann hätte *er* einen Fehler gemacht, wenn er aber in Yonkers wäre –«

»Mein lieber Mann«, rief ich ungehalten, »was für eine Verbindung soll es denn zwischen Yonkers und der *Aristokratie der Welt des Übersinnlichen* geben?«

»Keine. Ich wollte nur sagen, wenn er in Yonkers wäre –«

»Er ist aber nicht in Yonkers.«

»Nein, ist er nicht.« Er schwieg und seufzte wieder. »Tatsächlich ist er vor kurzem von Ohio nach Pennsylvania gelangt.«

Diesmal sprang ich vor lauter Nervosität auf. Ich wusste nicht, worauf er hinauswollte, aber irgendetwas hatten seine Worte zu bedeuten.

»Sie wollen sagen«, sagte ich schnell, »dass Sie seine astrale Gegenwart spüren.«

Der junge Mann richtete sich feindselig auf.

»Ich habe jetzt genug davon«, sagte er grimmig. »Den ganzen letzten Monat habe ich für die Kurzweil der leichtgläubigen Basil Kings und Queens der ganzen Vereinigten Staaten gesorgt. Ich heiße nämlich zufällig Cosgrove P. Harden, Sir. Ich bin nicht tot; ich war nie tot, und nach der Lektüre dieses Buches werde ich es mir gut überlegen zu sterben!«

II

Das Mädchen im Abteil gegenüber war von meinem kummervollen und verblüfften Ausruf so erschrocken, dass es ein Tic statt eines Tac in sein Feld eintrug.

Vor meinem inneren Auge sah ich sofort eine lange Reihe von Menschen, die von der 40. Straße, wo mein Verlag sich befindet, bis zur Bowery reichte – fünfhunderttausend

Leute, die ein Exemplar von der *Aristokratie der Welt des Übersinnlichen* in Händen hielten und alle ihre zwei Dollar und fünfzig Cents erstattet haben wollten. Ich überlegte schnell, ob ich die Namen ändern und das Buch vom Sachbuch zum Roman umetikettieren konnte. Aber auch dafür war es zu spät. Dreihunderttausend Exemplare waren in der Hand des amerikanischen Publikums.

Als ich mich einigermaßen erholt hatte, erzählte mir der junge Mann, was ihm nach seinem vermeintlichen Tod widerfahren war. Drei Monate in einem deutschen Gefängnis – zehn Monate mit Hirnhautentzündung in einer Klinik – und ein weiterer Monat, bis er sich an den eigenen Namen erinnern konnte. Eine halbe Stunde nach seiner Ankunft in New York war er einem alten Freund begegnet, der ihn angestarrt hatte, gekeucht hatte und dann in Ohnmacht fiel. Als er wieder bei Sinnen war, gingen sie zusammen in einen Drugstore, um sich einen Cocktail zu genehmigen, und eine Stunde später hatte Cosgrove Harden die verblüffendste Geschichte gehört, die jemals einem Menschen über ihn selbst eröffnet wurde.

Er fuhr mit einem Taxi zur nächsten Buchhandlung. Das Buch, das er suchte, war ausverkauft. Er nahm den nächsten Zug nach Joliet, Ohio, und ein unerwarteter Glücksfall gab ihm das Buch in die Hand.

Mein erster Gedanke war, dass ich es mit einem Erpresser zu tun hatte, aber als ich ihn mit dem Foto auf Seite 226 in *Die Aristokratie der Welt des Übersinnlichen* verglich, wusste ich, dass er Cosgrove P. Harden sein musste. Er war dünner und älter als auf dem Foto, hatte keinen Schnurrbart mehr, aber er war es.

Ich seufzte – tief und tragisch.

»Und das jetzt, wo es sich besser verkauft als jeder Roman.«

»Roman!«, erwiderte er verärgert. »Es ist ein Roman!«

»In gewisser Weise –«, räumte ich ein.

»In gewisser Weise? Es ist ein Phantasieprodukt! Es erfüllt alle Voraussetzungen: eine lange, hübsche Lügengeschichte. Würden Sie so was einen Tatsachenbericht nennen?«

»Nein«, antwortete ich gelassen, »ich würde von einem Zwischengenre sprechen, einer Gattung, die in der Mitte zwischen Roman und Sachbuch angesiedelt ist.«

Er schlug das Buch aufs Geratewohl auf und stieß einen durchdringenden Klagelaut aus, sodass das rothaarige Mädchen sein Tic-Tac-Toe-Turnier, im Halbfinale vermutlich, unterbrach.

»Sehen Sie selbst!«, jammerte er. »Sehen Sie! Hier heißt es ›Montag‹. Sehen Sie sich meine Existenz auf diesem jenseitigen Ufer am ›Montag‹ an. Also wirklich! Sehen Sie doch! Ich rieche Blumen. Ich verbringe den Tag damit, an Blumen zu riechen. Verstehen Sie? Auf Seite 194 rieche ich in den ersten Zeilen eine Rose –«

Ich hob das Buch vorsichtig an die Nase.

»Ich rieche nichts«, sagte ich. »Vielleicht hat die Druckerschwärze –«

»Riechen Sie nicht!«, schrie er. »Lesen Sie! Ich rieche eine Rose, und das beschert mir zwei Seiten Begeisterung über die edle Natur des Menschen. Ein bisschen riechen! Dann widme ich eine weitere Stunde den Gänseblümchen. Mein Gott! Ich kann mich nie wieder auf einem Alumnitreffen sehen lassen.«

Er blätterte weiter und stöhnte wieder.

»Hier bin ich mit Kindern zusammen – tanze mit ihnen. Ich verbringe den ganzen Tag mit ihnen, und wir tanzen. Wir tanzen nicht mal einen anständigen Shimmy. Wir machen irgendeinen spinnösen Ringelpiez. Ich kann gar nicht tanzen. Ich hasse Kinder. Doch kaum bin ich tot, werde ich zu einer Kreuzung aus Kindermädchen und Vortänzer.«

»Also wirklich«, wandte ich vorwurfsvoll ein, »diese Stelle gilt als besonders schön. Ihre Kleidung wird beschrieben. Sie tragen – warten Sie – nun ja, ein irgendwie flatterndes Gewand. Es flattert hinter Ihnen –«

»Eine Art flatterndes Unterkleid«, sagte er verdrießlich, »und außerdem habe ich Laub auf dem Kopf.«

Das musste ich zugeben – Laub kam vor.

»Und dennoch«, sagte ich beharrlich, »bedenken Sie, wie viel schlimmer es hätte kommen können. Er hätte Sie tatsächlich lächerlich machen können, wenn er Sie Fragen nach der Uhr Ihres Großvaters oder den drei Dollar und achtzig Cents Pokerschulden hätte beantworten lassen.«

Schweigen.

»Ein komischer Vogel, dieser Onkel«, sagte er nachdenklich. »Ich glaube, er ist nicht ganz bei Trost.«

»Keineswegs«, versicherte ich ihm. »Ich habe mein Leben lang mit Autoren zu tun gehabt, und er ist mit Sicherheit der vernünftigste von allen, die ich kenne. Er hat nie versucht, mich anzupumpen; er hat nie verlangt, dass wir die Werbeabteilung feuern, und hat uns nie weisgemacht, dass keiner seiner Freunde in Boston, Massachusetts, ein Exemplar seines Buches käuflich erwerben konnte.«

»Trotzdem werde ich seinen Astralleib schrecklich verprügeln.«

»Und das ist alles?«, fragte ich besorgt. »Sie wollen nicht unter Ihrem wahren Namen an die Öffentlichkeit treten und den Verkauf des Buches zunichte machen?«

»Wie!«

»Das würden Sie bestimmt nicht tun. Bedenken Sie, welche Enttäuschung Sie damit verursachen würden. Sie würden fünfhunderttausend Menschen unglücklich machen.«

»Allesamt Frauen«, sagte er griesgrämig. »Und Frauen sind gerne unglücklich. Meine Freundin zum Beispiel, das Mädchen, mit dem ich verlobt war. Können Sie sich vorstellen, wie sie sich gefühlt hat, als sie mich als Blumenfreund sehen musste? Denken Sie, sie freut sich darüber, dass ich mit einer Schar Kinder herumtolle – auf der ganzen Seite 221? Unverhüllt?«

Ich war verzweifelt. Ich musste sofort das Schlimmste in Erfahrung bringen.

»Was – was werden Sie jetzt tun?«

»Tun«, rief er außer sich. »Na, ich werde meinen Onkel samt seinem Verleger und seinem Presseagenten und der ganzen Mannschaft bis hin zum kleinsten Druckerlehrling, der die verdammten Lettern gesetzt hat, ins Zuchthaus bringen.«

III

Als wir am nächsten Morgen um neun Uhr in Joliet, Ohio, ankamen, hatte ich ihn so weit beruhigt, dass er halbwegs vernünftig wirkte. Sein Onkel sei ein alter Mann, erklärte ich ihm, ein irregeleiteter Mann. Er sei selbst genarrt worden, daran sei kaum zu zweifeln. Vielleicht hatte er ein schwaches Herz. Der Anblick seines Neffen, der sich plötzlich dem Haus näherte, könnte ihm den Rest geben.

Dabei hatte ich natürlich den Hintergedanken, Cosgrove zu irgendeinem Kompromiss zu bewegen. Wenn man ihn dazu überreden könnte, für einen angemessenen Geldbetrag fünf Jahre oder länger unsichtbar zu bleiben, ließe sich vielleicht noch alles einrenken.

Als wir den kleinen Bahnhof verließen, mieden wir deshalb das Dorf und gingen die halbe Meile zu Dr. Hardens Haus in bedrückendem Schweigen. In hundert Yards Entfernung blieb ich stehen und wandte mich an Cosgrove.

»Sie warten hier«, verlangte ich, »ich muss ihn erst auf den Schock vorbereiten. In einer halben Stunde bin ich wieder da.«

Zuerst protestierte er, doch zuletzt setzte er sich verdrießlich in das dichte Gras am Wegrand. Ich wischte mir die feuchte Stirn ab und ging zum Haus.

Dr. Hardens Garten war sonnenbeschienen und liebevoll mit Purpurmagnolien bepflanzt, die rosa Tränen auf das Gras fallen ließen. Ich sah ihn sofort, er saß am offenen Fenster. Die Sonne drang hinein, kroch in beharrlich länger werdenden Vierecken über seinen Schreibtisch und die Papiere, die darüber gestreut waren, dann über Mr. Hardens Schoß und hinauf zu seinem zerfurchten Gesicht mit der weißen Haarkrone. Auf dem Tisch vor ihm lag ein leerer brauner Umschlag, und seine mageren Finger bewegten sich geschäftig über den Haufen von Zeitungsausschnitten, den er soeben herausgenommen hatte.

Ich stand halb verborgen unter den Magnolien und wollte ihn gerade ansprechen, als ich eine junge Frau in einem purpurfarbenen Hauskleid unter den niedrigen Ästen der dichtgedrängten Apfelbäume am nördlichen Ende des Gartens sah, die sich anschickte, zum Haus zu laufen. Ich wich zurück und beobachtete, wie sie an das offene Fenster trat und ohne Scheu den berühmten Dr. Harden ansprach.

»Ich muss Sie sprechen«, sagte sie unverblümt.

Dr. Harden blickte auf, und ein Ausschnitt aus der *Philadelphia Press* entglitt seiner Hand. Ich fragte mich, ob das der Artikel war, in dem er als »neuer heiliger Johannes« bezeichnet wurde.

»Über diesen Quatsch!«, fuhr die junge Frau fort.

Sie holte ein Buch unter dem Arm hervor. Es war *Die Aristokratie der Welt des Übersinnlichen,* was ich an dem roten Umschlag mit den Engeln in den Ecken erkannte.

»Über diesen *Quatsch*!«, wiederholte sie zornig und warf dann das Buch heftig in ein Gebüsch, wo es zwischen zwei Wildrosen landete und trübselig neben den Wurzeln liegenblieb.

»Na so was, Miss Thalia!«

»Na so was, Miss Thalia!«, äffte sie ihn nach. »Na, Sie alter Narr, dafür, dass Sie dieses Buch geschrieben haben, sollte man sie kaputtern.«

»Kaputtern?« Dr. Hardens Stimme war die schwache Hoffnung zu entnehmen, es könne dies eine neue Ehre bedeuten. Aber er blieb nicht lange im Ungewissen.

»Kaputtern!«, schrie sie laut. »Sie haben richtig gehört! Himmel, Herrgott, verstehen Sie kein Englisch? Waren Sie nie auf einem Prom?«

»Ich wusste nicht«, erwiderte Dr. Harden kühl, »dass College-Abschlussfeiern in der Bowery abgehalten werden, und die Verwendung des Adjektivs ›kaputt‹ als Verb ist mir neu. Was das Buch betrifft –«

»Es ist das übelste Machwerk aller Zeiten.«

»Wenn Sie diese Zeitungsausschnitte lesen –«

Sie lehnte sich mit den Ellbogen auf die Fensterbrüstung, als wollte sie sich ins Zimmer hieven, doch dann ließ sie plötzlich das Kinn auf die Hände sinken, sah ihn ruhig an und begann zu sprechen.

»Sie hatten einen Neffen«, sagte sie. »Das war sein Pech. Er war der beste Mann, den es je gab, und der einzige Mann, den ich je geliebt habe oder lieben werde.«

Dr. Harden nickte und wollte sprechen, aber Thalia klopfte mit ihrer kleinen Faust auf die Fensterbrüstung und fuhr fort:

»Er war tapfer und anständig und friedfertig. Er starb an seinen Verletzungen in einer fremden Stadt und wurde zum verstorbenen Sergeant Harden vom 105. Infanterieregiment. Ein friedliches Leben und ein ehrenvoller Tod. Was haben Sie nur getan!« Ihre Stimme wurde lauter und ließ die Reben am Spalier der Fenster mitfühlend vibrieren. »Was haben Sie nur getan? Sie haben ihn zur Witzfigur gemacht! Sie haben ihn ins Leben zurückgerufen als Fabelwesen, das idiotische Botschaften über Blumen und Vögel und die Anzahl der Füllungen in den Zähnen George Washingtons verbreitet. Sie haben –«

Dr. Harden stand auf.

»Sind Sie hergekommen«, sagte er gereizt, »um mir zu sagen, was –«

»Halten Sie die Klappe!«, rief sie. »Ich sage Ihnen jetzt, was Sie angerichtet haben, und selbst mit allen Astralleibern diesseits der Rocky Mountains können Sie mich davon nicht abhalten.«

Dr. Harden ließ sich auf seinen Stuhl fallen.

»Sprechen Sie weiter«, sagte er, bemüht, sich zu beherrschen. »Reden Sie sich um Kopf und Kragen, Sie Xanthippe.«

Sie schwieg eine Weile, wandte den Kopf und schaute in den Garten. Ich sah, dass sie sich auf die Lippe biss und die Augen zusammenkniff, um die Tränen zurückzuhalten. Dann wandte sie den Kopf zurück und richtete ihre dunklen Augen wieder auf Dr. Harden.

»Sie haben ihn genommen«, fuhr sie fort, »und als Teigklumpen benutzt, damit Ihr Gaunermedium Kuchen backen kann – Kuchen für hysterische Weibsbilder, die Sie für einen großartigen Menschen halten. Sie und großartig! Ohne jede Achtung vor der Würde und dem Schweigen des Todes? Sie sind ein zahnloser alter Wicht, der sich nicht mal auf echten Kummer rausreden kann, sondern die eigene Leichtgläubigkeit und die einer Menge anderer Dummköpfe ausgenutzt hat. Das ist alles – mehr habe ich nicht zu sagen.«

Dann wandte sie sich ab und ging so schnell, wie sie gekommen war, erhobenen Hauptes den Weg entlang in meine Richtung. Ich wartete, bis sie an mir vorbei war und vom Fenster aus nicht mehr gesehen werden konnte. Dann folgte ich ihr durch das weiche Gras und sprach sie an.

»Miss Thalia.«

Sie drehte sich um und sah mich verdutzt an.

»Miss Thalia, ich will Ihnen sagen, dass vorn am Weg eine

Überraschung auf Sie wartet – jemand, den Sie viele Monate lang nicht gesehen haben.«

Ihre Miene war verständnislos.

»Ich will Ihnen die Überraschung nicht verderben«, sagte ich, »aber Sie sollen nicht erschrecken, wenn Sie in wenigen Augenblicken die größte Überraschung Ihrer Tage erleben werden.«

»Was wollen Sie damit sagen?«, fragte sie ruhig.

»Nichts«, sagte ich. »Gehen Sie einfach weiter den Weg entlang und denken Sie an die schönsten Dinge, die es gibt, und ganz plötzlich wird etwas Unglaubliches geschehen.«

Sie sah mich ratlos an, wandte sich dann langsam ab und ging weiter. Im nächsten Augenblick war sie hinter der niedrigen Steinmauer unter den Magnolien verschwunden.

IV

Es dauerte vier Tage – vier schwüle Tage voller Sorgen –, bis ich genug Ordnung in das Chaos bringen konnte, um eine Art Geschäftskonferenz abzuhalten. Die erste Begegnung Cosgrove Hardens mit seinem Onkel war die schlimmste nervliche Strapaze meines Lebens. Eine Stunde lang saß ich auf der rutschigen Kante eines wackligen Stuhls, bereit, aufzuspringen, sobald ich sah, dass die Muskeln des jungen Cosgrove sich unter seinem Ärmel spannten. Jedes Mal wollte ich instinktiv hochfahren, rutschte von der Stuhlkante und landete mit dem Hintern auf dem Boden.

Dr. Harden beendete das Gespräch zuletzt, indem er aufstand und die Treppe hinaufging. Mit Drohungen und Versprechungen gelang es mir, den jungen Harden in sein Zimmer zu bugsieren und ihm das Versprechen abzunehmen, die nächsten vierundzwanzig Stunden nichts zu unternehmen.

Mit allem Geld, das ich bei mir hatte, bestach ich die zwei alten Dienstboten. Ich schärfte ihnen ein, dass sie den Mund halten mussten. Mr. Cosgrove Harden sei aus Sing Sing ausgebrochen. Ich hatte ein schlechtes Gewissen, aber es waren schon so viele Lügen in Umlauf, dass es auf eine mehr oder weniger nicht ankam.

Wäre Miss Thalia nicht gewesen, ich hätte schon am ersten Tag die Waffen gestreckt und wäre nach New York zurückgefahren, um dort die Katastrophe abzuwarten. Aber sie war so überglücklich und selig, dass sie sich mit allem einverstanden erklärte. Ich bot an, das junge Ehepaar, das unter falschem Namen im Westen leben würde, zehn Jahre lang großzügig zu unterstützen. Sie machte einen Freudensprung. Ich nutzte die Gelegenheit und malte in glühenden Farben ein Liebesnest, einen Bungalow in Kalifornien, warmes Wetter das ganze Jahr über, Cosgrove, der zum Abendessen nach Hause kam, romantische alte Missionsstationen ringsum, Cosgrove, der zum Abendessen nach Hause kam, die Golden-Gate-Brücke in der Junidämmerung, Cosgrove und so weiter.

Während ich schwadronierte, stieß sie kleine Entzückensschreie aus und wäre am liebsten sofort aufgebrochen. Und am vierten Tag konnte sie Cosgrove überreden, sich im Wohnzimmer an unseren Beratungen zu beteiligen. Ich schärfte dem Hausmädchen ein, dass wir unter keinen Umständen gestört werden dürften, und wir setzten uns, um die ganze Sache gründlich zu erörtern.

Unsere Standpunkte unterschieden sich dramatisch.

Der junge Harden dachte ähnlich wie die Rote Königin in *Alice im Wunderland*. Jemand hatte einen Bock geschossen und musste jetzt dafür bezahlen. In dieser Familie hatte es genug falsche Tote gegeben, und es würde bald einen echten geben, wenn wir nicht aufpassten!

Dr. Harden vertrat den Standpunkt, dass das Ganze ein schreckliches Kuddelmuddel sei und er weiß Gott nicht wisse, was man nun tun solle, und dass er am liebsten tot wäre.

Thalia vertrat den Standpunkt, dass sie schließlich im Reiseführer Kalifornien nachgeschlagen habe und das Klima dort phantastisch sei – und Cosgrove, der zum Abendessen nach Hause kam.

Mein Standpunkt war der, dass kein Knoten so fest geknüpft sei, dass es nicht doch einen Weg aus dem Labyrinth gebe – und eine Menge weiterer schiefer Bilder, die alle Anwesenden nur noch konfuser machten.

Cosgrove Harden verlangte, dass wir uns vier Exemplare von *Die Aristokratie der Welt des Übersinnlichen* vornahmen und diskutierten. Sein Onkel sagte, beim bloßen Anblick eines Buches würde ihm übel werden. Thalia schlug vor, dass wir alle nach Kalifornien fahren und das Problem dort lösen sollten.

Ich holte vier Exemplare und verteilte sie. Dr. Harden schloss die Augen und stöhnte. Thalia schlug ihr Buch hinten auf und begann, Bungalows zu zeichnen, in deren Tür jeweils eine junge Ehefrau stand. Der junge Harden blätterte hastig zu Seite 226.

»Da haben wir es!«, rief er. »Direkt gegenüber dem Foto von ›Cosgrove Harden am Tag vor seiner Abreise mit dem kleinen Muttermal über dem linken Auge‹ lesen wir Folgendes: ›Dieses Muttermal hatte Cosgrove immer irritiert. Er war der Ansicht, dass Körper vollkommen sein sollten und dass dies ein Makel war, der von der Natur hätte getilgt werden sollen.‹ Ha! Ich habe kein Muttermal.«

Dr. Harden stimmte ihm zu und gab zu bedenken, dass es sich um eine Verunreinigung des Negativs handeln könne.

»Mein Gott! Wenn mein linkes Bein nicht auf dem Negativ gewesen wäre, dann hättest du mich wahrscheinlich das ganze Buch hindurch einem linken Bein hinterherweinen lassen – und hättest es mir dann in Kapitel neunundzwanzig verpasst.«

»Hören Sie!«, mischte ich mich ein. »Können wir uns nicht auf einen Kompromiss einigen? Niemand weiß, dass Sie hier sind. Können wir nicht –«

Der junge Harden bedachte mich mit einem wütenden Blick.

»Das ist nicht alles. Vom Erkalten von Thalias Zuneigung war noch nicht die Rede.«

»Erkalten!«, protestierte Dr. Harden. »Ich habe nichts damit zu tun. Sie kann mich nicht ausstehen. Sie –«

Cosgrove lachte bitter.

»Bilde dir nichts ein. Denkst du, ich wäre eifersüchtig auf einen alten Tattergreis? Mir geht es darum, dass diese Beschreibungen ihre Zuneigung abgekühlt haben.«

Thalia beugte sich mit ernster Miene vor.

»Meine Zuneigung ist nie erkaltet, Cosgrove – nie.«

»Komm schon, Thalia«, sagte Cosgrove etwas mürrisch, »sie muss zumindest ein bisschen abgekühlt sein. Wie wäre es mit Seite 223? Könntest du einen Mann lieben, der flatternde Unterwäsche trägt? Der – der in Schleiern herumhopst?«

»Ich war bekümmert, Cosgrove; das heißt, ich wäre es gewesen, wenn ich das geglaubt hätte, ich habe es aber nicht geglaubt.«

»Kein Erkalten?« Er klang enttäuscht.

»Nein, Cosgrove, kein bisschen.«

»Na gut«, sagte Cosgrove gereizt, »politisch bin ich sowieso ruiniert – ich meine, wenn ich in die Politik gehen wollte, könnte ich nie Präsident werden. Ich bin nicht mal ein demokratisches Gespenst – ich bin ein körperloser Snob.«

Dr. Harden neigte in tiefer Niedergeschlagenheit sein Gesicht auf die Hände.

Ich unterbrach Cosgrove verzweifelt und sprach so laut, dass er innehalten und mir zuhören musste.

»Ich gebe Ihnen mein Wort, dass ich zehntausend jährlich zahlen werde, wenn Sie sich für zehn Jahre zurückziehen!«

Thalia klatschte in die Hände, und Cosgrove, der es aus dem Augenwinkel sah, zeigte zum ersten Mal schwaches Interesse.

»Und wenn die zehn Jahre vorbei sind?«

»Oh«, sagte ich hoffnungsvoll, »Dr. Harden ist dann – vielleicht –«

»Sagen Sie es nur«, sagte der Doktor finster. »Ich bin dann vielleicht tot. Darauf vertraue ich.«

»Und dann können Sie unter Ihrem richtigen Namen zurückkommen«, fuhr ich herzlos fort. »Und wir verpflichten uns, in der Zwischenzeit keine neue Auflage des Buches herauszubringen.«

»Hm. Und wenn er in zehn Jahren nicht tot ist?«, fragte Cosgrove misstrauisch.

»Oh, ich werde sterben«, versicherte der Doktor ihm schnell. »Da musst du dir keine Sorgen machen.«

»Woher willst du wissen, dass du tot sein wirst?«

»Woher weiß man, dass jeder stirbt? Menschen sterben nun einmal.«

Cosgrove sah ihn missmutig an.

»Humor ist in dieser Diskussion nicht angebracht. Wenn du dich ehrlich bereit erklärst zu sterben, ohne heimliche Vorbehalte –«

Der Doktor nickte finster.

»Von mir aus. Mit dem Geld, das mir bleibt, bin ich bis dahin sowieso verhungert.«

»Das wäre eine Lösung. Und wenn es so weit ist, dann kümmere dich bitte rechtzeitig um dein Begräbnis. Denk bloß nicht, du könntest tot im Haus rumliegen und von mir erwarten, dass ich herkomme und die ganze Arbeit mache.«

Bei diesen Worten wirkte der Doktor etwas ergrimmt, doch dann hob Thalia, die bislang geschwiegen hatte, plötzlich den Kopf.

»Hört ihr draußen was?«

Ich hatte in der Tat etwas gehört – das ich unbewusst als Murmeln gedeutet hatte, ein Murmeln, das lauter wurde und in das sich das Geräusch vieler Schritte mischte.

»Ja«, bemerkte ich, »seltsam –«

Ich wurde unterbrochen – das Murmeln draußen schwoll zu einem Singsang an, dann wurde die Tür aufgerissen, und das Hausmädchen kam mit irrem Blick hereingestürmt.

»Dr. Harden! Dr. Harden«, rief sie voller Entsetzen, »ein

Mob kommt die Straße entlang, hierher zum Haus, eine Million Leute. Gleich sind sie auf der Veranda –«

Die wachsende Lautstärke verriet, dass sie schon dort waren. Ich sprang auf.

»Verstecken Sie Ihren Neffen!«, schrie ich Dr. Harden an.

Mit bebendem Bart und weit aufgerissenen triefenden Augen fasste Dr. Harden Cosgrove mit schwachem Griff am Ellbogen.

»Was ist da los?,« stammelte er.

»Ich weiß es nicht. Schaffen Sie ihn auf der Stelle auf den Speicher – streuen Sie Blätter über ihn, verstecken Sie ihn hinter einem Erbstück!«

Mit diesen Worten ging ich und ließ die drei in ratloser Panik zurück. Ich eilte durch die Diele und zur Tür hinaus auf die glasverkleidete Veranda. Ich kam keine Sekunde zu früh.

Auf der Veranda wimmelte es von Männern, jungen Männern in karierten Anzügen und mit Schlapphüten, alten Männern mit Bowlerhüten und ausgefransten Manschetten, die drängelten und schubsten und mir Zeichen machten und laut riefen. Allen gemeinsam war ein Stift in der rechten und ein Notizbuch in der linken Hand – ein offenes Notizbuch, jungfräulich, aber bedeutungsschwanger.

Nach dem Lärm anlässlich meines Erscheinens trat Stille ein – tiefe Stille, die nichts Gutes verhieß –, und dann wurde ein Dutzend Stimmen der Männer mit Notizbuch in der ersten Reihe vernehmbar.

»Jenkins vom *Toledo Blade*!«

»Harlan von den *Cincinnati News*!«

»M'Gruder von der *Dayton Times*!«

»Cory vom *Zanesville Republican*!«

»Jordan vom *Cleveland Plain Dealer*!«

»Carmichael von den *Columbus News*!«

»Martin vom *Lima Herald*!«

»Ryan von der *Akron World*!«

Es war unheimlich, gespenstisch – als wäre eine Landkarte von Ohio verrückt geworden, auf der die Meilen taten, was sie wollten, und die Städte von einem Bezirk zum anderen sprangen. Mein Kopf schwirrte.

Dann wieder Stille. Ich bemerkte eine Bewegung mitten in der Menge, eine Art Strudel oder Welle, die durch die Menge wogte wie ein Windhauch durch ein Weizenfeld.

»Was wollen Sie!«, rief ich heiser.

Wie aus einer Kehle ertönte die Antwort von Hunderten.

»Wo ist Cosgrove Harden!«

Die Katze war aus dem Sack! Die Reporter umzingelten mich, bettelnd, drohend, fordernd.

»– ganz schön geheimgehalten, wie – wäre fast nicht rausgekommen – lohnt sich, Rechnungen zu bezahlen – will er kein Interview geben – schicken Sie den alten Scherzbold raus –«

Dann erreichte der sonderbare Strudel in dem Feld aus Menschen plötzlich die erste Reihe und erstarb. Ein großer junger Mann mit gelben Haaren und Beinen wie Stelzen trat mit kräftigen Schritten vor, und Dutzende bereitwilliger Hände schoben ihn mir entgegen. Er kam zur Veranda – die Stufen hinauf –

»Wer sind Sie?«, rief ich.

»Heiße Elbert Wilkins«, keuchte er, »und ich hab alles aufgedeckt.«

Er machte eine Pause und warf sich in die Brust. Das war sein großer Augenblick. Er war der unsterbliche Bote der Götter.

»Ich hab ihn schon am ersten Tag erkannt! Er hat nämlich –« Wir beugten uns alle neugierig vor. »Er hat nämlich drei Dollar und achtzig Cents Schulden bei mir, die er beim Pokern verloren hat, *und Spielschulden sind Ehrenschulden*!«

Ich bin Verleger, ich verlege alles. Ich suche nach einem Buch, von dem ich fünfhunderttausend Exemplare verkaufen kann. Zurzeit sind Romane mit übersinnlicher Wendung in Mode. Mir wäre ein Stoff von einem überzeugten Materialisten über ein wohlhabendes Klubmitglied und eine dunkle Ganovenbraut lieber, wenn ich die Wahl hätte – oder eine Liebesgeschichte. Liebe ist eine sichere Karte – zum Lieben braucht man einen lebenden Menschen.

Böser Traum

Erst einmal möchte ich feststellen, dass das hier bestimmt nicht passiert ist, dafür ist es viel zu bizarr; ich konnte auch nicht herausfinden, wo genau es stattgefunden hat oder wie die Leute in Wirklichkeit heißen.

Aber hier nun die Geschichte, wie sie mir zu Ohren gekommen ist:

In einer freundlichen Gegend von New Hampshire, auf einem Hügel, der sommers grün und winters weiß ist, stehen dicht beieinander vier oder fünf Häuser. Die Türen und Fenster des größten und prächtigsten Hauses sind an diesem Frühlingsnachmittag zu den Tennisplätzen hin sperrangelweit geöffnet. Immer wieder dringen Klavier- und Geigenklänge an die sommerliche Luft. Unten im großen Salon herrscht reges Treiben, als wäre ein Fest im Gange. Wer die Terrasse entlangginge, würde eine Spielrunde im Billardzimmer sehen, Zuhörer von Suppés schneidiger ›Leichter Kavallerie‹ oder, etwas weiter, einen Handarbeitszirkel beim Sticken – alle sind sie an diesem Junitag in ihren Zeitvertreib vertieft, mit Ausnahme einer großen, in Weiß gekleideten jungen Frau, die am Fenster steht und mit einem Ausdruck glühenden Unmuts hinaus auf die Berge von New Hampshire blickt.

In den Salons unterhielt man sich, teils in heiterer Stimmung. Ein großes Schaf von einem Gentleman in einer Dreiergruppe bemerkte mit leiser Stimme:

»Da drüben ist Mrs. Miller und spielt Bridge. Könnte ich mich doch mit einer anständigen Schere von hinten an sie heranschleichen und ihr ein halbes Dutzend dieser mausgrauen Löckchen abschneiden. Was wären das für hübsche Souvenirs – und was wäre ihr damit geholfen!«

Die beiden anderen Männer fanden seinen Einfall nicht komisch. Einer machte in gebrochenem Spanisch eine verächtliche Bemerkung und warf ihm einen finsteren Blick zu – der dritte war in Gedanken woanders, wirbelte aber herum, als ein vierter Mann an sie herantrat.

»Sieh einer an! Mr. Woods und Mr. Woods und Mr. Woods«, sagte der Neuankömmling gut gelaunt. »Was für ein herrliches Wetter!«

Die drei Mr. Woods – Brüder im Alter von etwa fünfunddreißig, vierzig und fünfundvierzig Jahren – pflichteten ihm bei. Er war ein stämmiger dunkler Typ mit wilden Augen und schwarzen Haaren, dessen Raubvogelgesicht seltsamerweise mit seiner eindringlichen, sonoren Stimme harmonierte. Er war ein echter Dandy und selbstsicherer als jede andere Person im Raum. Er hieß Vincintelli und stammte aus Mailand.

»Hat Ihnen die Musik gefallen, die uns Mrs. Sachs und Mr. Hepburn dargeboten haben?«

»Ich wollte gerade –«, sagte der älteste der Brüder Woods, sprach aber nicht weiter.

»Was wollten Sie gerade?«, fragte Vincintelli streng und milde zugleich.

»Nichts«, sagte Mr. Wallace Woods.

Vincintelli schaute sich um und ließ seinen Blick für einen Moment auf der jungen Frau ruhen, die am Fenster stand. Ihre Körperhaltung missfiel ihm instinktiv – die Art, wie sie dastand, ließ erkennen, dass sie nicht zentripetal, sondern zentrifugal disponiert war, dass es sie in den Juninachmittag hinauszog, in die auf und ab wogende Hügellandschaft, abenteuerlich wie ein Meer ohne Horizont. Es versetzte ihm einen Stich ins Herz; er selbst war gänzlich anders disponiert – ihretwegen war für ihn die Klinik der Mittelpunkt der Welt.

Er verband die Räume zu einem Parallelogramm, sprach hier ein paar Worte zur Begrüßung, ließ da und dort einen Witz oder ein Kompliment fallen, beglückwünschte die Amateurmusiker und ging dann, dicht an Kay Shafer vorbei, die ihn nicht beachtete, zurück zu den Brüdern Woods, die noch immer beisammenstanden.

»Mischen Sie sich doch unter die Leute«, mahnte er. »Sie sollten sich nicht so abkapseln.«

»Yo no quiero«, platzte es verächtlich aus dem zweiten Bruder heraus.

»Mein Spanisch ist, wie Sie wissen, nicht der Rede wert«, sagte Vincintelli gelassen. »Wir könnten es so viel einfacher haben.«

»Yo non hablo Inglese«, behauptete Mr. Woods.

»Aber ganz im Gegenteil, Mr. Woods – Ihr Englisch ist vorzüglich! Sie sind in Amerika geboren und aufgewachsen, wie Ihre Brüder. So ist es doch, nicht wahr?« Er lachte mit Nachdruck und zog seine Uhr hervor. »Halb drei, die Arbeit ruft.« Als er sich schwungvoll zum Gehen wandte, setzten sich auch die anderen Anwesenden in Bewegung und verließen, einzeln oder zu zweit, den Raum.

»Achtung, Achtung«, skandierte der jüngste Mr. Wood, »es erhält Ausfahrt der Zug der New Haven-Eisenbahngesellschaft – über Pelham, Greenwich, South Norwalk, Norwalk!« Er wurde immer lauter, bis er schließlich durch den Raum schmetterte: »Westpoint! *Larchmont!* NEW HAVEN! UND WEITERE STATIONEN!«

Eine Krankenschwester kam flink an seine Seite getippelt.

»Aber Mr. Woods.« Professionell und gänzlich unempört bekundete sie ihr Missfallen: »Wir dürfen doch nicht einen solchen Lärm machen. Wir gehen jetzt in die Tischlerei, und dort –«

»*Auf Gleis 12 steht bereit* –« Artig ging er mit, seine Stimme aber, die noch immer nicht zu überhören war, klang jetzt schwermütig. Die anderen Brüder folgten, jeder in Begleitung einer Krankenschwester, und schließlich auch Miss Shafer, nach einem letzten Blick aus dem Fenster und einem Seufzer. Als ein kleiner, kurzbeiniger, kastenförmiger Mann mit Walrossbart ins Zimmer stürmte, blieb sie stehen.

»Guten Tag, Vater«, sagte sie.

»Guten Tag, Liebes.« Er wandte sich an Vincintelli: »Kommen Sie umgehend in mein Büro!«

»Sehr wohl, Professor Shafer.«

»Wann fährst du, Vater?«, fragte Kay.

»Um vier.« Er schien kaum Notiz von ihr zu nehmen, und so machte sie sich gar nicht erst die Mühe, sich von ihm zu verabschieden. Als sie beim Hinausgehen auf ihre Armbanduhr sah, kräuselte sich lediglich ihre jugendliche Augenbraue.

Professor Shafer und Dr. Vincintelli gingen in das Büro des Professors, das sich im selben Gebäude befand.

»Ich werde drei oder vier Tage fort sein«, sagte Professor Shafer. »Ein paar grundlegende Dinge noch: Miss Katzenbaugh wünscht abzureisen, wir können sie nicht daran hindern – halten Sie die Dame unter irgendeinem Vorwand so lange zurück, bis ihre Schwester aus New York eingetroffen ist. Wir haben es hier zwar eindeutig mit paranoider Schizophrenie zu tun, aber was sollen wir machen, wenn sie nicht wollen?« Er zuckte mit den Schultern und warf einen Blick auf seinen Zettel. »Patient Ahrens ist suizidal, lassen Sie ihn nicht aus den Augen, und entfernen Sie alle kleinen Gegenstände aus seinem Zimmer. Wir können nicht vorsichtig genug sein – erinnern Sie sich an die Golfbälle, die wir bei der Autopsie von Mr. Cape gefunden haben – ach ja, Mrs. O'Brien ist wohl als gesund zu betrachten, sie kann entlassen werden. Sprechen Sie mit ihr, und schreiben Sie ihrer Familie.«

»Sehr wohl, Herr Professor«, sagte Vincintelli, der sich beflissen Notizen machte.

»Verlegen Sie Carstairs ins ›Zedernheim‹. Er miaut bei Vollmond und hält die anderen vom Schlafen ab. Hier noch ein paar Rezepte und Instruktionen, die sich von selbst erklären sollten – bitte.« Er lehnte sich zurück. »Das wär's. Noch Fragen?«

Vincintelli nickte nachdenklich.

»Die Brüder Woods.«

»Andauernd zerbrechen Sie sich wegen der Brüder Woods den Kopf«, sagte Professor Shafer ungehalten. »Die Prognose liegt doch auf der Hand. Mit denen geht es stetig bergab.«

Vincintelli nickte zustimmend. »Heute habe ich die drei

zum Lunch mitgenommen«, sagte er. »Ein Fehler. Der Bruder, der sich für einen Bahnhofsansager hält, hat zum Schluss rumkrakeelt.«

Professor Shafer sah auf seine Uhr. »Ich muss in zehn Minuten los«, sagte er.

»Lassen Sie mich rekapitulieren«, sagte Vincintelli. »Die Brüder Woods sind wohlhabende, erfolgsverwöhnte Spekulanten. Der Älteste, Wallace, erleidet 1929, einen Tag nach dem Börsenkrach, einen Zusammenbruch und wird eingewiesen, die Taschen voller Börsentickerband. Er entwickelt den wahnhaften Wunsch, anderen Leuten die Haare abzuschneiden – jedes Mal, wenn er eine Schere in die Finger bekommt, gibt es Schwierigkeiten. Denken Sie nur an den bedauerlichen Vorfall mit Mrs. Reynards Perücke, ganz zu schweigen davon, dass er sich mit einer Nagelschere über Ihre Gesichtsbehaarung hermachen wollte.«

Unangenehm berührt strich sich der Professor durch den Bart.

»Bruder Nummer zwei, Walter, hat die Abteilung für Auslandsanleihen geleitet. Er hat nach den Aufständen in Südamerika einen Zusammenbruch erlitten und ist mit der Wahnvorstellung zu uns gekommen, er könne nur noch Spanisch sprechen. Bruder Nummer drei, John, ist auf Eisenbahnpapiere spezialisiert, ihm geht es gut, bis er eines Tages im Herbst 1931 in Ohnmacht fällt und in dem Glauben wieder zu sich kommt, er sei Bahnhofsansager im Grand Central. Es gibt noch einen vierten Bruder, Peter, er ist so weit gesund und kümmert sich um das Geschäft.«

Professor Shafer sah wieder auf die Uhr. »Das ist alles sehr richtig, Dr. Vincintelli, aber ich muss nun wirklich los. Falls

Sie Änderungen am Behandlungsplan vorschlagen möchten, können wir nach meiner Rückkehr darüber sprechen.«

Er fing an, Unterlagen in seine Tasche zu stopfen, Vincintelli sah ihm missmutig zu.

»Aber Professor –«

»Mir scheint, wir sollten unser Augenmerk auf aussichtsreichere Fälle als die Brüder Woods richten« – und damit rauschte er hinaus.

Vincintelli saß noch da – der Ärger stand ihm ins Gesicht geschrieben –, als auf dem Schreibtisch ein rotes Licht aufblinkte und Miss Shafer hereinkam. Der Doktor stand auf.

»Ist Vater schon fort?«, fragte Kay.

»Du kannst ihn noch erwischen.«

»Nicht so wichtig. Ich wollte ihn nur darüber informieren, dass die Presse in der Buchbinderei defekt ist.«

Er starrte sie voll unverhohlener Bewunderung an.

»Wenn man dich so anschaut«, sagte er, »mag man kaum glauben, dass du ausgebildete Ärztin bist.«

»Soll das ein Kompliment sein?«, fragte sie ungerührt.

»Ja, ein Kompliment an deine Jugend. Es gibt keine höhere Berufung als die zum Arzt. Aber der Psychiater« – seine Augen blitzten schwärmerisch auf – »gehört dem Hochadel an, ist der Samurai dieser Profession. Warte nur, bis sich die stattlichen Türme unseres Psychiatrischen Forschungsinstituts dem Rockefeller-Institut gleich in den Himmel recken –«

»Ich glaube«, sagte Kay bedächtig, »und das nicht erst seit heute, dass du erste Anzeichen einer manisch-depressiven Psychose zeigst.« Er sah sie entgeistert an, während sie weitersprach: »Und ich werde wohl auch bald Symptome entwickeln, wenn ich nicht von hier verschwinde. Vater muss doch sehen, dass ich völlig unbegabt bin.«

Kay war dreiundzwanzig und selbst in ihrer wenig schmückenden weißen Kleidung eine unverkennbar anmutige Erscheinung. In ihren braunen Augen flackerte ein Licht, immer wieder schien Belustigung in ihrem Gesicht auf. Doch als sie jetzt weitersprach, war sie vollkommen ernst.

»Was für einen neurotischen jungen Arzt mit hochfliegenden Ambitionen der richtige Ort sein mag, ist es für ein Mädchen mit komischer Nase möglicherweise nicht.«

Vor einem Monat hatte ihr Vincintelli einen Antrag gemacht, sie hatte abgelehnt und zur Bekräftigung gelacht. Sein Instinkt riet ihm, mit einem zweiten Versuch noch zu warten, aber ihm ging einfach nicht mehr aus dem Kopf, wie sie fluchtbereit am Fenster gestanden hatte.

»Weil dir der professionelle Blick auf deine Arbeit fehlt«, sagte er in einem Mäuschen-mach-dir-mal-keine-Sorgen-Ton. »Wenn du siehst, wie jemand leidet, bedrückt dich das – für einen Laien ist das eine völlig normale Regung, aber bei einem Nervenarzt ist sie fehl am Platz. Das sind nur Fälle, mehr nicht – ihre Leiden sind mit unseren Leiden nicht zu vergleichen. Kann sein, dass sie schwerer zu leiden haben, aber doch nicht so wie normale Menschen. Genauso gut könnte man einem Ackergaul die Sensibilität eines gebildeten Menschen unterstellen.«

»Ich sehe da keinen Unterschied«, sagte Kay. »Ich weiß zwar, dass sich Vater nicht wegen jedes Patienten aufreiben kann, aber er ist so hart geworden. Was ich bloß sagen will: Ich bin für diesen Beruf nicht geeignet.«

Er ging auf sie zu, legte ihr sacht die Hand auf den bloßen

Unterarm, zuckte aber gleich wieder zurück, als spürte er, wie sich Kays Poren merklich zusammenzogen.

»Lass dir doch helfen, Kay. Wenn du dein Leben mit –«

Ein Klicken unterbrach ihn, das rote Lämpchen auf Professor Shafers Schreibtisch leuchtete auf.

Er nahm gereizt ein wenig Abstand und rief: »Herein!« Die Sekretärin des Professors.

»Mr. Peter Woods aus New York möchte Sie sprechen, Doktor.«

»Mr. Peter Woods – aber natürlich.« Vincintelli baute sich auf, löste seine Gesichtszüge und war, als Mr. Woods den Raum betrat, ganz der joviale Gentleman.

Mr. Woods war ein junger großer Mann um die Dreißig von gefällig-geschliffener Erscheinung und zeigte die zerquälte Miene jener Menschen, auf denen große Verantwortung lastet.

»Dr. Vincintelli?«, fragte er. »Professor Shafer ist wohl nicht da?«

»Treten Sie ein, Mr. Woods – freut mich, Sie zu sehen. Ich bedaure, dass der Professor nicht anwesend ist, aber ich habe mich eingehend mit Ihren Brüdern beschäftigt und kann ihn hoffentlich angemessen vertreten. Schließlich –«

Peter Woods ließ sich in den Sessel neben dem Schreibtisch fallen.

»Ich bin nicht wegen meiner Brüder gekommen, Dr. Vincintelli, sondern meinetwegen.«

Dr. Vincintelli zuckte zusammen und wandte sich hastig an Kay.

»Das wäre es dann von meiner Seite, Miss Shafer«, sagte er. »Ich spreche jetzt mit Mr. Woods.«

Peter Woods bemerkte erst jetzt, dass sich noch jemand im Raum befand, und als er erkennen musste, dass ein hübsches Mädchen sein Geständnis mitgehört hatte, verzog er das Gesicht. Kay nahm ihn derweil unter die Lupe – er war zweifellos der attraktivste junge Mann, den sie seit ihrem Examen zu Gesicht bekommen hatte, am meisten interessierte sie sich jedoch für seine unruhigen Hände, seine Mimik und seinen Mund. Sie fahndete nach der »Anspannung«, die für psychische Störungen typisch war.

»Ich würde gern unter vier Augen mit Mr. Woods reden«, sagte Dr. Vincintelli.

»Aber natürlich.«

Sobald sie aus der Tür war, machte es sich Vincintelli mit teilnahmsvoll gesetztem Gesichtsausdruck in Professor Shafers Sessel bequem und faltete die Hände.

»Also, Mr. Woods, worum geht es?«

Der junge Mann holte tief Luft, lehnte sich zurück und sammelte seine Gedanken.

»Wie Sie vielleicht wissen, bin ich der Jüngste in der Firma«, sagte er. »Vielleicht bin ich deshalb nicht so ängstlich wie meine Brüder. Jedenfalls hat mich der Börsenkrach, wenn ich ehrlich bin, nicht sonderlich beunruhigt. Wir sind 1929 noch sehr reich gewesen – kein Mensch sollte so reich sein, finde ich. Als alles den Bach runterging, hat mich das zwar umgehauen, aber nicht so wie meine Brüder – und als dann einer nach dem anderen einen Nervenzusammenbruch hatte, konnte ich das nicht nachvollziehen. Die Umstände schienen mir das nicht zu rechtfertigen.«

»Verstehe«, sagte Dr. Vincintelli, »fahren Sie fort.«

»Die Krise hat mich gar nicht so sehr beunruhigt, sondern

der Zustand meiner Brüder. Seit auch Walter vor einem Jahr zusammengebrochen ist, bin ich davon überzeugt, dass es in unserer Familie ein erblich bedingtes Nervenleiden gibt und dass es auch mich erwischen könnte. Letzte Woche Freitag war es dann so weit.«

Er holte tief Luft.

»Ich bin von der Arbeit nach Hause gekommen, ich wohne allein in einem Penthouse an der 85. Straße. Ich hatte sehr viel gearbeitet, die Nacht zuvor kaum geschlafen und viel geraucht. Als ich die Tür aufschloss und mich auf einmal diese große Stille umfing, da dachte ich, jetzt ist es so weit – jetzt werde ich auch noch verrückt.«

»Lassen Sie hören.« Dr. Vincintelli beugte sich vor. »Erzählen Sie mir ganz genau, was passiert ist.«

»Also – ich habe –«

»Ja?«, sagte Dr. Vincintelli neugierig.

»Ich habe Ringe und Kreise gesehen, die haben sich gedreht und immer weiter gedreht, wie lauter Sonnen und Monde in allen möglichen Farben.«

Dr. Vincintelli lehnte sich wieder zurück.

»Das ist alles?«

»Ja reicht das denn nicht?«, fragte Peter Woods. »So was habe ich noch nie erlebt!«

»Keine Stimmen?«, hakte Dr. Vincintelli nach. »Kein Brummen?«

»Doch, doch«, räumte Peter ein, »gebrummt hat es auch ein bisschen, wie wenn man einen Kater hat.«

»Keine Kopfschmerzen? Kein Gefühl, womöglich nicht der zu sein, für den Sie sich halten? Keine Suizidgedanken? Keine Panik?«

»Nein, eigentlich nichts davon – außer das Letzte vielleicht – ich hatte panische Angst, wahnsinnig zu werden.«

»Verstehe«, sagte Dr. Vincintelli und presste die Fingerkuppen aneinander. Er schwieg einen Moment – dann sagte er trocken: »Mr. Woods, es war die klügste Entscheidung Ihres Lebens, sich aus eigenen Stücken in unsere Obhut zu begeben. Sie sind ein ziemlich kranker Mann.«

»O Gott«, stöhnte Peter Woods. »Etwa so wie meine Brüder?«

»Nein«, sagte Dr. Vincintelli entschieden, »in Ihrem Fall werden wir die Sache rechtzeitig in den Griff bekommen.«

Peter Woods vergrub das Gesicht in den Händen.

Gewöhnlich aßen Patienten, die nicht fixiert werden mussten, gemeinsam mit dem Personal an einer langen Tafel zu Abend – als alle Platz genommen hatten, fand sich Kay Shafer gegenüber von Mr. Peter Woods.

Eine gewisse Melancholie lastete auf der Gesellschaft. Die Ärzte hielten zwar ein mattes Geplauder aufrecht, aber die meisten Patienten sagten nur wenig, als hätte sie der Tag zu sehr erschöpft oder als schlüge ihnen die Umgebung aufs Gemüt – sie konzentrierten sich aufs Essen oder starrten auf ihre Teller. Es war die Aufgabe von Kay und den anderen Ärzten, diese Stimmung so gut wie möglich zu zerstreuen.

Kay lächelte und richtete das Wort an Peter Woods, der ein verdutztes Gesicht machte. Wenig später wandte er sich mit einer beiläufigen Bemerkung über das Wetter an Mr. Hughes, den Patienten zu seiner Linken, der jedoch nicht reagierte, woraufhin Mr. Woods den Blick senkte und sich geschlagen gab. Gleich darauf ergriff Mr. Hughes das Wort:

»Wer als Letzter seine Suppe auf hat ...«

Niemand lachte. Niemand schien ihn gehört zu haben. Die spindeldürre Frau zur Rechten von Peter Woods fragte:

»Neu hier?«

»Ja.«

»Spielen Sie Polo?«

»Na ja, ein bisschen.«

»Wir müssen bald mal miteinander spielen – morgen vielleicht.«

»Oh, vielen Dank.« Er schien überrascht.

Auf einmal beugte sie sich zu ihm herüber.

»Du liebe Güte, dieser Fisch!«

Peter Woods guckte auf seinen Teller. Eigentlich gab es an dem Fisch nichts auszusetzen.

»Oh, ich finde ihn ganz ansprechend.«

»Ansprechend?« Sie schüttelte ihren knochigen Kopf. »Also, wenn Sie den ansprechend finden, sind Sie wirklich verrückt!«

Kay sah, wie er zusammenzuckte, den Fisch noch einmal in Augenschein nahm, ein bisschen darin herumstocherte und sogar verstohlen daran roch, als würde er seinem Urteil nicht mehr trauen.

Mr. Hughes meldete sich wieder zu Wort:

»Wer als Letzter –« Langsam hatte Kay genug. Sie lehnte sich vor und fuhr ihm mit glasklarer Stimme über den Mund:

»Sind Sie schon mal in New Hampshire gewesen, Mr. Woods?«

»Ist das erste Mal«, antwortete er.

»Man kann hier herrliche Wander- und Klettertouren unternehmen – die Aussicht ist wunderbar«, sagte Kay.

»Ödeste Gegend in ganz Amerika«, murmelte die Pferdefrau.

Kay sprach weiter, bis Mr. Hughes sie unterbrach:

»Übrigens bin ich Arzt«, sagte er ohne jeden Zusammenhang, »einer der besten landesweit!« Er warf Dr. Vincintelli, der an der Stirnseite der Tafel saß, einen eifersüchtigen Blick zu. »Hätte ich doch bloß eine einzige Woche das Sagen hier! Früher hatte ich meine eigene Klinik, dagegen ist das hier ein Armenhaus.« Er starrte traurig auf seinen Teller.

»Und was ist passiert?« Peter Woods musste sich einen Ruck geben, bevor er fragte. »Pleite gegangen?«

»Ja«, sagte der Doktor geknickt. »Nichts als Pleiten. Und ich musste hierher.«

»Ärgerlich.«

»Jawohl«, pflichtete ihm der Arzt versonnen bei. »Und ich weiß auch, warum.«

»Und warum?«

»Machenschaften. Mächtige Feinde. Raten Sie mal, wie die das gemacht haben?«

»Wie denn?«, fragte Peter Woods.

»Mäuse. Die haben Mäuse in die Klinik geschleust. Mäuse, überall. Oje, ständig habe ich Mäuse in –«

Wieder ging Kay dazwischen.

»Dr. Hughes! Kein Wort mehr darüber zu Mr. Woods!«

Der Mann sprach jetzt im Flüsterton, aber Kay konnte ihn immer noch verstehen.

»Sie hasst mich«, sagte er. »Sie kann es nicht ausstehen, wenn ich von Mäusen rede.«

Die Pferdefrau wandte sich an Peter Woods: »Mögen Sie Pferde?«

»Doch, schon.«

»Bin mein ganzes Leben geritten, aber vor drei Jahren hat's mich aus dem Sattel geworfen.« Sie zögerte. »Hab aber noch 'nen eigenen Stall. Sind jetzt nur noch sechs – drei davon Jagdpferde, die werden Ihnen gefallen. Zeig ich Ihnen morgen.«

Stuhlrücken machte der Unterhaltung ein Ende. Dr. Vincintelli war aufgestanden, und mit ihm die ganze Runde. Kay atmete erleichtert auf. Sie war das absurde Verhalten und die Wahnvorstellungen der Patienten halbwegs gewöhnt, aber heute hatte sie sich damit schwergetan, so als hätte sie alles durch die Augen des neuen Patienten gesehen. Sie mochte ihn – hoffentlich würde ihn nicht dasselbe Schicksal ereilen wie seine Brüder. Alles war so bedrückend und verstärkte nur ihren Wunsch, die Klinik zu verlassen.

Gegen halb zehn, als die Patienten wieder in ihren Zimmern waren und Kay sich auf den Heimweg machte, hörte sie Dr. Vincintelli hinter sich, der zu ihr aufschloss.

»Was hältst du von Woods?«, fragte er. »Ich habe euch extra zusammengesetzt.«

Kay überlegte.

»Ach ja? Mir ist nichts weiter aufgefallen. Er hat einen sehr erschöpften und verunsicherten Eindruck auf mich gemacht. Mr. Hughes und Miss Holliday sind heute noch anstrengender und wirrer gewesen als sonst, und nach dem Essen hat ihn dieser Alkoholiker Chetwind gleich mehrmals gefragt, ob er nicht Lust auf einen Highball hätte.«

»Die wollten dem Neuen wohl imponieren.«

»Jedenfalls war es lästig«, sagte Kay.

Der Doktor schwieg einen Moment.

»Der Fall ist sehr viel ernster, als es aussieht«, platzte es aus ihm heraus.

»Glaubst du?«, fragte sie besorgt.

»Heute Nachmittag habe ich mich ausführlich mit ihm unterhalten. Er leidet unter Wahnvorstellungen. Sie werden den gleichen Verlauf nehmen wie bei seinen Brüdern. Die Realität entzieht sich ihm bereits.« Auf einmal schlug er einen anderen Ton an, er klang jetzt fast beschwingt: »Was für eine Schande, an einem so schönen Abend über Berufliches zu sprechen!«

Peter Woods' Schicksal hatte sie überwältigt, und sie merkte kaum, wie Vincintelli ihren Arm nahm – erst als er ihren Namen säuselte, wurde es ihr bewusst. Sie riss sich von ihm los.

»Kay, ich wollte dir –«

»Halt den Mund!«, fuhr sie ihn an. »Selbst wenn mir etwas an dir liegen würde, was nicht der Fall ist, würde mir nach allem, was du gerade erzählt hast, wohl kaum der Sinn nach so was stehen!«

»Aber wieso kannst du denn Berufliches und Privates nicht –«

»Weil aus mir eben kein Scheusal wird über Nacht! Und jetzt entschuldige mich, ich möchte allein sein.«

Sie rannte los, ließ ihn einfach stehen. Tränen stiegen ihr in die Augen, aus lauter Kummer über das Elend dieser Welt.

II

Mein Arbeitsplan, dachte Kay am nächsten Morgen, liest sich wie der Kalender einer Debütantin – »Tanzlehrer,

Porträtmaler, Hutmacher« –, nur dass der Tanzlehrer, der Porträtmaler und der Hutmacher ihre Berufe nicht mehr ausüben.

Während sie so am Fenster stand und in den Sommer hinaussah, überkam sie wieder diese vage Sehnsucht nach etwas, das sie nie gekannt hatte. Sie wollte auf einem Schiff in die Südsee reisen, in einer Limousine zu einem Tanzfest fahren und in einem Flugzeug zum Nordpol fliegen. Sie wünschte sich ein Geschäft mit lauter unnützem und hübschem Tand – Elefanten aus Elfenbein, algerische Armreifen, Ohrringe und – jawohl! – Nasenringe, und sie wollte sagen: »Ich nehme das und das und das!« Sie wollte die Kosmetikabteilung in einem Drugstore leerkaufen und sich mit Männern, die in ihr eine Zierde und nicht das Können sahen, über Belanglosigkeiten unterhalten.

Stattdessen musste sie zu Mr. Kirkjohn, dem Tanzlehrer. Mr. Kirkjohn war in vielerlei Hinsicht ein sympathischer Mann – heikel waren nur seine Ambitionen. Er wollte nach Paris und dort vom Arc de Triomphe zum Café de la Paix spazieren. Im Grunde ein harmloser Plan, hätte er diesen Spaziergang nicht völlig unbekleidet zu absolvieren gedacht. Da Paris nicht in Frage kam, wollte sich Mr. Kirkjohn überall ausziehen – außer, er war allein. Kay war nur selten bei ihm und blieb nie lange, denn kaum hatte er sie gesehen, griff er auch schon nach seiner Krawatte.

Es standen noch weitere Termine an, keiner war ein Vergnügen, außer der Begegnung mit einem Mädchen, das wieder gesund war und kurz vor der Entlassung stand. Kay war neidisch – das Mädchen erzählte von den Kleidern, die es sich kaufen würde, von einer Reise im kommenden Herbst.

»Sie kommen mich doch besuchen, Fräulein Doktor? Niemand hat hier so viel für mich getan wie Sie.«

»Ach Liebes, ich wüsste ja noch nicht mal, worüber ich mich mit deinen Freundinnen unterhalten soll. Nach so viel Fachsimpelei und Eitideiti mit den Kollegen und Patienten habe ich schon ganz vergessen, wie man richtig schnattert. Schreib mir doch einen Brief mit den Ausdrücken, die man gerade benutzt! Ich kenn nichts Neueres als ›Ist ja ein Knüller!‹«

Weitere Konsultationen folgten – dann fuhr sie in ihrem Sportwagen ins fünf Meilen entfernte Dorf. Es war ein herrlicher Morgen, sie sang am Steuer:

Die Blätter fallen, es ist Oktober,
Manche sind braun, manche rot wie Zinnober.
Schön an sich, doch erinnern sie mich
An eine verblichene Sommerliebe.

Plötzlich bremste sie scharf. Der breitschultrige Mann, der die Straße entlangging, hatte kurz aufgesehen, als sie an ihm vorbeigefahren war – es handelte sich, wie sie zu ihrem Erstaunen feststellte, um Mr. Peter Woods.

Während er immer näherkam, rasten ihre Gedanken. Er hatte keinen Koffer dabei, offenbar war er einfach losmarschiert. Er musste zurück in die Klinik, nur konnte sie gegen einen verstockten Mann allein nichts ausrichten. Die Straße war leer und verwaist. Sollte sie ins Dorf fahren und Dr. Vincintelli anrufen oder sollte sie versuchen, Woods zu überzeugen? Als er zu ihr aufgeschlossen hatte, überschlug sich ihr Herz.

»Angenehm«, sagte er und lüpfte den Hut.

»Oh, Mr. Woods! Wie kommen Sie denn hierher?«

»Ich bin einfach losgegangen«, gab er lächelnd zu, »hab's nicht mehr ausgehalten.«

»Ohne Dr. Vincintelli zu konsultieren? Eine solche Entscheidung hätten Sie mit ihm absprechen müssen. Der Klinik gegenüber ist das wirklich nicht fair. Steigen Sie ein, ich bringe Sie zurück, und wir bereden das Ganze mit ihm.«

Er schüttelte den Kopf.

»Dr. Vincintelli gefällt mir nicht, und die Klinik auch nicht, wenn ich ehrlich bin. Die Atmosphäre scheint mir der Erholung wenig förderlich.«

»Trotzdem, Mr. Woods, Sie können nicht einfach so weggehen.«

Er sah sie an. Ein ziemlich seltsamer Blick, wie sie fand.

»Aber das tun Sie doch auch!«

»Das ist etwas ganz anderes«, sagte Kay spitz.

»Ach, und warum? Bis gestern Nachmittag um vier bin ich mein eigener Herr gewesen – ich habe mich freiwillig in Behandlung begeben. Ein paar Stunden länger, und ich hätte für nichts mehr garantieren können.«

Sie besah ihn sich ganz genau. Er schien zwar guter Dinge, aber nach allem, was Dr. Vincintelli am Vorabend gesagt hatte, ließ sie den Gang lieber eingelegt und den Fuß auf dem Gaspedal.

»Übrigens«, sagte er und lächelte, »haben Sie mir noch nicht verraten, was *Sie* hier machen.«

Aha, da war er also, der teuflische Pferdefuß – die irrationale Bemerkung.

»Es handelt sich hier um zwei völlig unterschiedliche

Dinge, Mr. Woods«, sagte sie bestimmt. »Ich bin nicht krank. Oder hat jemand etwas Gegenteiliges behauptet?«

»Von Ihnen war nie die Rede.« Er lächelte. »Sie sehen wirklich nicht krank aus, das muss ich zugeben, allerdings behaupten die allermeisten Geisteskranken, kerngesund zu sein. Ich für meinen Teil *weiß*, dass ich bei bestem Verstand bin – und doch –«

»Mr. Woods«, unterbrach ihn Kay, »Sie werden das hier bereuen. Warum bleiben Sie nicht wenigstens, bis mein – bis Professor Shafer am Montag zurückkommt. Ein wenig Erholung wird Ihnen nicht schaden –«

»Erholung!« Er lachte spöttisch.

»– sondern ohne jeden Zweifel sehr guttun. Sie sollten in Ihrem Zustand nicht unterwegs sein.«

»Ich werde gefahren. Mein Chauffeur wartet im Dorf auf Anweisungen.«

»In Ihrem Zustand sollten Sie sich auch nicht fahren lassen.«

Wieder ein komischer Blick und eine kuriose Bemerkung: »Ach, und wieso können *Sie* in Ihrem Zustand fahren?«

Diesmal widersprach sie ihm nicht, aber es machte sie traurig, den schwarzen Fleck zu entdecken, der meist größer und größer wurde, bis er den Verstand restlos verdunkelte. Trotzdem hatte sie aus irgendeinem Grund keine Angst vor Mr. Woods.

»Sie können geheilt werden, Mr. Woods, das können Sie bei uns wirklich. Unsere Behandlungsmethoden und unsere Einrichtung entsprechen dem aktuellen europäischen Standard.« Sie merkte, dass sie aus dem Reklameprospekt zitierte. »Sie haben sich selbst davon überzeugt, sonst hätten Sie uns doch Ihre Brüder nicht anvertraut. Sollte sich zeigen, dass unsere Klinik nicht für Sie geeignet ist, wird Ihnen Professor Shafer sofort einen Wechsel nahelegen.«

»Dann ist es zu spät.«

»Es ist nie zu spät. Ich bin mir sicher, dass Ihnen geholfen werden kann.«

»Wurde Ihnen denn geholfen?«

Sie bemühte sich, noch sanfter und überzeugender zu klingen:

»Mr. Woods, tun Sie mir bitte den Gefallen und steigen Sie ein.«

»Oha«, seufzte er und überlegte. »Wenn ich das tue, dann vor allem, um neben Ihnen zu sitzen. Ich glaube nämlich, gestern Abend hat nur Ihr hübscher Anblick verhindern können, dass ich den Verstand verliere.«

Sie gab es nur ungern zu, aber das Kompliment schmeichelte ihr.

»Steigen Sie ein, dann fahren wir zurück, und ich bringe Sie in die Tischlerei.«

»Was soll ich da?«

»Man nennt es Ergotherapie. Beschäftigung, verstehen Sie? Wir setzen nicht länger auf absolute Ruhe.«

»Dr. Vincintelli hat aber gesagt, ich soll mich ausruhen – er hätte mich genauso gut auffordern können, zehn Zentimeter zu wachsen.«

»Er meinte vorübergehend. Man wird Ihnen ein Handwerk zuweisen – etwas, das Ihnen Spaß macht.«

»Ach, und was macht Ihnen Spaß? Autofahren etwa?«

»Steigen Sie ein, Mr. Woods.«

»Das wäre das erste Mal, dass ich etwas Verrücktes tue.«

Ihr ging durch den Kopf, dass man in der Klinik sein Verschwinden inzwischen bemerkt und einen Suchtrupp losgeschickt haben musste. Zwar konnten sie ihn von Rechts wegen nicht festhalten, außer, er wäre gemeingefährlich. Aber Dr. Vincintelli würde bestimmt versuchen, ihn einzufangen und umzustimmen.

Peter Woods machte eine wegwerfende Handbewegung und stieg ein.

»Sie sind hübscher als Vincintelli«, sagte er, »und verglichen mit den anderen wohl am ehesten zurechnungsfähig.«

»Danke.« Als sie losfuhr, blitzte auf einem nahegelegenen Hügel ein Fahrzeug auf, ein Wagen der Klinik – Vincintelli, na also! Einem rätselhaften Impuls folgend, bog sie in eine Nebenstraße ein, die auf Umwegen zur Klinik zurückführte.

»Sind Sie verheiratet?«, fragte Mr. Woods unvermittelt.

»Nein.«

»Und warum heiraten Sie nicht? Damit wären Sie wahrscheinlich alle Ihre Probleme los.«

»Schon möglich – und wen?«

»Sie warten, bis es mir besser geht, und dann heiraten Sie mich!«

Sie sah ihn ernst an.

»Machen Sie etwa jedem Mädchen prompt einen Antrag?«

»Ist mein erstes Mal. Wenn meine Nerven nicht blankliegen würden«, räumte er ein, »würde es wahrscheinlich gar nicht dazu kommen. Aber vorhin, auf der Straße, da haben Sie so reizend ausgesehen, so frisch und munter. Ich konnte gar nicht glauben –« Er hielt inne. »Muss irgendwas mit Ihrer weißen Kleidung zu tun haben – Sie sehen wie eine Krankenschwester aus – so vertrauenswürdig und gefestigt.«

Kay war entnervt.

»Wenn es etwas gibt, das gegen eine Heirat spricht, dann ein Mann, der eine Krankenschwester will. Ich würde nur den Antrag eines Mannes annehmen, der stärker ist als ich.«

»Warten Sie ab, bis ich wieder auf dem Damm bin«, sagte er verbissen. »Ich bin kein Schwächling – aber man kann unmöglich kämpfen, wenn man nicht weiß, ob man alle beisammenhat.«

Jetzt, da ihm seine eigenen Worte in Erinnerung riefen, was er eine Weile verdrängt hatte, machte er ein so bekümmertes Gesicht, dass sie von Mitleid überwältigt wurde. Abgesehen von seiner Krankheit war er genau der Typ Mann, den sie heiraten wollte. Er besaß eine große körperliche Anziehungskraft. Aber dann kamen ihr seine Brüder in den Sinn, und als sie durch das Kliniktor fuhren, erstarrte sie wieder in Professionalität.

»Dr. Vincintelli ist noch nicht da«, sagte sie. »Schauen wir uns doch ein wenig in den Werkstätten um – die Leute dort sind sehr vergnügt und freundlich.«

»Na gut«, sagte er schicksalsergeben. »Aber erwarten Sie bloß nicht, dass ich vor Freude an die Decke springe.«

Die Anlage war schön, das musste er zugeben, wie ein Golfclub, mit einem Caddiehaus in der Mitte und Bungalows ringsum. Ein Spalier aus Bäumen trennte »Birkenheim« und »Zedernheim« – hier waren die hoffnungslosen Fälle untergebracht – von den anderen Gebäuden. Drei Werkstätten gab es insgesamt: eine Tischlerei, in der es äußerst betriebsam zuging, eine Buchbinderei und ein Häuschen für

Perlenstickerei, Web- und Messingarbeiten. Die Patienten schufteten vor sich hin und schauten traurig drein, aber weil die Sonne so fröhlich in die Fenster schien und die Dinge, mit denen sie hantierten, so farbenprächtig waren, schien alles in bester Ordnung. Wieder ließ Peter Woods eine seiner undurchschaubaren Bemerkungen fallen:

»Wieso tragen die kein Weiß? So wie Sie?«

Als sie weitergingen, hielt Dr. Vincintelli gerade vor dem Haupteingang. Er machte ein finsteres Gesicht und wirkte gehetzt. Als er den Blick schweifen ließ und sie entdeckte, blieb er wie angewurzelt stehen. Dann kam er auf sie zu. Er war aufgebracht, Kay sah es sofort.

»Das verstößt gegen die Regeln!«, sagte er zu ihr.

»Inwiefern?«, fragte sie ungerührt.

»Ich dachte, ich hätte Mr. Woods klargemacht«, er schenkte Peter anstandshalber ein Lächeln, »dass er fürs Erste auf Gesellschaft verzichten muss.«

»Mein Fehler«, sagte Peter Woods. »Mir war sterbenslangweilig. Naturliebhaber, Sie wissen schon.«

»Kommt nicht in Frage in Ihrem Zustand! Sie müssen die Anweisungen schon befolgen, mein Lieber, sonst übernehme ich keine Verantwortung für die Folgen!«

»Na gut«, sagte Peter matt. »Ein Versuch noch – vierundzwanzig Stunden. Muss ich sofort in meine Zelle zurück?«

»Ich werde Sie begleiten. Diesmal gehen wir etwas anders vor.«

Peter sah zu Kay und lächelte.

»War schön, sich hier umzuschauen«, sagte er. »Falls ich länger bleiben sollte, können wir ja mal zusammen Perlen auffädeln oder so, einverstanden?«

»Warum nicht«, sagte sie leichthin.

Aber während er mit Dr. Vincintelli den sonnigen Hof überquerte, gutaussehend und in der Blüte des Lebens, verzehrte sie sich nach ihm.

III

Nach dem Mittagessen sprach Dr. Vincintelli mit Kay. Er war noch wütend, nur ihre Stellung hinderte ihn daran, sich Luft zu machen.

»Offenbar ist dir die Tragweite dieses Falls nicht bewusst«, sagte er. »Ich habe dir doch gesagt, dass ich eindeutige paranoide Symptome diagnostiziert habe. Fürs Erste muss er allein bleiben, ich will ihn beobachten.«

»Das hast du mir nicht gesagt«, erwiderte sie. »Ich habe ihn unterwegs eingesammelt – und ihm dann lediglich gezeigt, wie wir unsere Patienten behandeln.«

»Seine Brüder haben auf die Behandlung nicht angesprochen«, sagte er streng. »Ich weiß was Besseres.«

Er wusste so manches, das musste sie ihm zugestehen. Seine Bücher zur psychiatrischen Diagnostik und Prognostik waren Standardwerke und in mehrere Sprachen übersetzt worden. Ihr Vater vertraute ihm voll und ganz, aber Kay mochte ihn nicht. Jedes Mal, wenn er sich ihr näherte, wich sie angewidert zurück.

Außer zur täglichen Visite, die sie im Wechsel mit zwei anderen Ärzten absolvierte, war Kay nur selten in jenen trostlosen Gebäuden, in denen der menschliche Verstand erst nachließ, dann verschwand, bis zuletzt kaum mehr übrig war als eine ohnmächtige Hülle. Zwei Tage später war es wieder an ihr, die traurigen und hoffnungslosen Fälle im Zedernheim aufzusuchen und sich vom Personal ins Bild setzen zu lassen. Als sie nach ihrem Schlüssel griff, um die Tür zu einem Zimmer zu öffnen, in dem zuletzt eine Frau untergebracht gewesen war, schüttelte der Aufseher den Kopf.

»Isolationsfall, Dr. Shafer – darf von niemandem gestört werden.«

»Um wen handelt es sich?«

»Mr. Peter Woods.«

»Was?« Sie konnte sich nicht erklären, wieso er im Zedernheim war. »Ich will ihn sehen.«

»Das ist gegen die Anweisungen.«

»Egal«, sagte sie streng. »Wir Ärzte sind nicht an Dr. Vincintellis Anweisungen gebunden.«

Widerstrebend öffnete der Aufseher die Tür und ging voran, als müsste er sie vor einem Angriff schützen. Da sprang auch schon ein Mann von einem niedrigen Sofa auf, dem einzigen Möbelstück im Raum. Sein Gesicht war wutverzerrt, so sehr, dass sie den freundlichen jungen Mann, den sie vor zwei Tagen gesehen hatte, kaum wiedererkannte.

»Sie sind das!«, rief er. »Deswegen haben Sie mich zurückgebracht! Sind Sie hier der Lockvogel? Die haben mich jetzt jedenfalls irre gekriegt, diese Sauhunde, rasend irre haben die mich gekriegt – wenn ich diesen Vincintelli in die Hände bekomme, dem dreh ich den Hals um, diesem –«

»Sie gehen besser wieder raus«, sagte der Aufseher.

»Raus!«, schrie Peter Woods. »Raus! *Sofort!*«

Es war entsetzlich. Kay appellierte an ihren Sachverstand,

aber es half nichts, sie konnte in diesem Fall nicht von dem Menschen abstrahieren. Sie hegte Sympathien für diesen Mann, die auch jetzt, da sie sah, was aus ihm geworden war, weder nachließen noch auf ein sachliches Maß abkühlten. Sie riss sich mit aller Kraft zusammen.

»Hören Sie mir zu, Mr. Woods.« Sie unterdrückte das Zittern in ihrer Stimme. »Ich möchte, dass Sie sich beruhigen – und ich möchte wissen, weshalb Sie in diesem Zustand sind.«

Er lachte wie von Sinnen.

»Ach ja? Sag ich Ihnen aber nicht! Ich will mit jemandem sprechen, der bei Verstand ist. Sieht denen ähnlich, Sie herzuschicken – schätze, die glauben, ich spreche mit Ihnen, weil Sie verrückt sind. Sagen Sie diesem Schweinehund von Vincintelli, er soll herkommen, damit ich ihm jeden einzelnen Knochen brechen kann –«

Die Gegenwart des Aufsehers schien ihn zusätzlich zu reizen, aber der Mann war auf der Hut, und sobald sich Peter Woods rührte, trat er einen Schritt zurück, schob Kay aus dem Zimmer und knallte die Tür zu.

Wo bereits Dr. Vincintelli stand.

»Sind Sie jetzt zufrieden, Miss Shafer?«, sagte er kalt. »Solange ich hier die Verantwortung trage, werden meine Anweisungen befolgt!«

Ihr standen Tränen in den Augen, nicht wegen Vincintelli, den sie kaum noch sehen konnte, sondern weil hinter der massiven Tür eine gepeinigte Seele in großer Bedrängnis war.

»Ihr Vater hat telegrafiert. Sie sollen umgehend nach New York kommen, um eine Patientin hierher zu begleiten.«

»Natürlich«, sagte Kay trocken.

Sie kam sich vor wie eine Verräterin – sie hatte vor Augen, wie Peter Woods friedlich die Straße entlang und der Freiheit entgegenspazierte, wie er freiwillig zu ihr ins Auto stieg und sich in dieses Grauen zurückfahren ließ. Ihr Vater war ein ehrfurchteinflößender Mann, trotzdem beschloss sie auf dem Weg zum Bahnhof, ihn darum zu bitten, Dr. Vincintellis Therapie einer Prüfung zu unterziehen. In den sechs Monaten als Assistenzärztin hatte sie stets ein Gespür dafür gehabt, ob jemand krank war, hatte sie nie auch nur ein einziges der hundert kleinen Krankheitsanzeichen verkannt – vielleicht verließ sic sich diesmal auf ihre Intuition, schließlich kannte sie all das seit ihrer Kindheit. Irgendetwas stimmte hier nicht – das spürte sie genau. Bis zu diesem Nachmittag war sie davon überzeugt gewesen, das Problem wäre therapeutisch schnell in den Griff zu bekommen.

Ein wenig entmutigt, weil sie aus Mangel an Erfahrung ihrem eigenen Urteil nicht trauen durfte, rekapitulierte sie die Fakten:

1. Gegen Peter Woods sprach: Seine drei Brüder waren geisteskrank.
2. Für Peter Woods sprach: Er war freiwillig in der Klinik vorstellig geworden.
3. Für Peter Woods sprach: Er war trotz seines mutlosen Zustands bei klarem Verstand und fügsam geblieben.
4. Gegen Peter Woods sprach: Er hatte kuriose und unbegründete Bemerkungen von sich gegeben.

Bemerkungen welcher Art? Da war seine Neigung, gesunde Menschen für geisteskrank zu halten, so auch sie selbst.

Gleich mehrfach hatte er sich entsprechend geäußert. Er hatte sie kein einziges Mal als »Frau Doktor« angesprochen, sondern immer so, als wäre sie eine Patientin. Am Nachmittag hatte er sie als »Lockvogel« bezeichnet und damit unterstellt, sie hätte ihn dazu bewegt, in die Klinik zurückzukehren, weil sie sich als Patientin bei der Leitung einschmeicheln wollte. Schließlich war da noch seine seltsame Bemerkung in der Tischlerei: »Wieso tragen nicht alle Patienten Weiß, so wie Sie?«

Als der Wagen vor dem Bahnhof hielt, war es, als hätten die quietschenden Bremsen eine irrlichternde Geistesblitzelfe in ihr geweckt, auf einmal saß sie aufrecht wie eine Eins:

»Vielleicht«, sagte sie zu sich selbst, »– o Gott!«

Das war unmöglich, einfach unmöglich, und doch erinnerte sie sich an diesen Moment, kurz bevor Peter Woods zu Dr. Vincintelli ins Büro gekommen war, und nach und nach fielen ihr weitere Situationen in den vergangenen Monaten ein. Sie klang beinahe hysterisch, als sie den Chauffeur anherrschte:

»Der Zug muss ohne mich fahren, ich habe etwas vergessen! Wenden Sie, und fahren Sie so schnell wie möglich zurück!«

Sie fragte sich, ob sie sich gerade lächerlich machte – ob sie sich womöglich völlig irrational verhielt, aber eines war klar – sie musste zurück.

Zwanzig Minuten später betrat sie auf leisen Sohlen das »Zedernheim« und ging direkt zu Peter Woods. Geräuschlos öffnete sie mit ihrem Generalschlüssel die Tür. Das Zimmer war leer.

Sie machte den diensthabenden Aufseher ausfindig.

»Dr. Vincintelli hat Hydrotherapie verordnet«, sagte er, »für die nächsten acht Stunden.«

»War der Patient kooperativ?«

»Kann man so nicht sagen, Dr. Shafer. Er war ganz schön aufgebracht. Wir mussten zu dritt ran.«

Kay wusste, was das hieß: Peter Woods, der Banker, war in eine Art Hängematte geschnallt und in dieser Hängematte in eine mit warmem Wasser gefüllte Wanne gesteckt worden – eine Behandlung, die in extremen Fällen nervöser Agitation zum Einsatz kam, oft mit guten Resultaten.

»Verstehe«, sagte sie und tat so, als würde sie zum Ausgang gehen, um dann doch den Abzweig zu den Bädern zu nehmen. Wieder öffnete sie mit ihrem Generalschlüssel eine Tür und betrat einen Raum mit Korkwänden und einer Wanne, in der, gut verschnürt, Peter Woods lag.

Er lächelte, lachte sogar, übermütig und unbändig, und einen schrecklichen Moment lang fragte sie sich, ob es ein manisches Lachen war.

»Sie sind heute wohl in heiterer Gemütsverfassung?«, fragte sie vorsichtig.

»Ich kann mir einfach nicht helfen! Das ist doch alles zum Totlachen – gerade habe ich mir vorgestellt, meine Angestellten könnten mich sehen. Das hier ist ungefähr so abstrus wie die Spanische Inquisition, da kann man doch nur lachen!« Das Lächeln verschwand aus seinem Gesicht, sein Blick wurde zornig. »Dafür wird der Kerl bezahlen, das können Sie mir glauben –«

»Ich muss Sie bitten«, sagte sie hastig, »ganz ruhig zu bleiben und mir zuzuhören. Geht das?«

»Glauben Sie etwa, ich steh gleich auf und geh weg?«

»Hat Dr. Vincintelli je mit Ihnen über die Kleidung unserer Patienten gesprochen?«

»Ja doch«, sagte er erstaunt. »Er hat gesagt, dass Sie und die anderen Patienten Weiß tragen, damit Sie immer daran denken, dass die beste Krankenschwester in einem selbst steckt.«

»Und die Ärzte und Krankenschwestern?«

»Ziehen sich an wie ganz normale Leute, hat er gesagt, damit die Patienten nicht das Gefühl haben, in einer Klinik zu sein. Ja und?«

Damit waren alle seine unlogischen Äußerungen erklärt. Er hatte Schwestern und Ärzte für Patienten und Patienten für Personal gehalten. Sie bemerkte, dass er in seinem nassen Sarkophag schlotterte.

»Stimmt das etwa nicht?«, wollte er wissen. »Was stimmt denn überhaupt an diesem verrückten Ort? Sind die Ärzte verrückt und die Patienten gesund – oder was?«

»Ich glaube«, sagte Kay in Gedanken, »einer der Ärzte ist wahnsinnig geworden.«

»Und was ist mit mir? Bin ich gesund?«

Bevor sie antworten konnte, hörte sie hinter sich ein Geräusch und drehte sich um – Dr. Vincintelli stand in der Tür.

»Miss Shafer.« Seine Stimme klang tief und durchdringend. Er sah ihr fest in die Augen. »Miss Shafer, kommen Sie.«

Langsam ging er rückwärts, und sie folgte ihm. Er hatte hypnotische Fähigkeiten; gelegentlich setzte er sie zu Behandlungszwecken ein und nun auch bei ihr. Schon war sie nicht mehr ganz frei in ihrem Willen, folgte ihm Schritt für Schritt, bis sich die Tür hinter Peter Woods' wildem Gebrüll schloss.

Er packte sie am Arm.

»Hör zu, Dummerchen«, zischte er. »Ich bin nicht verrückt, ich weiß genau, was ich tue. Du bist verrückt – weil du verhindern willst, was deinen Vater unsterblich machen könnte, weil du verhindern willst, was ein Segen für die ganze Menschheit sein könnte. Hör mir zu!« Er schüttelte sie. »Die drei wahnsinnigen Brüder haben deinem Vater vor einem Monat – *freiwillig!* – vorgeschlagen, ihm ihr ganzes Geld zu vermachen, für Forschungszwecke.«

»Was er selbstverständlich abgelehnt hat«, sagte sie empört.

»Aber jetzt ist alles anders!«, triumphierte er. »Der hier ist der Vierte und Jüngste, und es gibt keine Erben! Niemand wird übergangen – endlich bekommen wir unser Institut, endlich können wir ein gewaltiges Monument errichten, für das uns die Menschheit auf ewig dankbar sein wird!«

»Aber dieser Mann ist gesund!«, schrie sie. »So gesund wie ich!«

»Du irrst! Die Anzeichen sind da, ich kann sie erkennen, anders als du. Eine Woche, drei Tage, dann knickt er ein, wie die anderen, vielleicht noch bevor dein Vater zurück ist.«

»Du Ungeheuer!«, schrie sie. »Du Wahnsinniger – was für ein Zeug du da –«

Sie wurden unterbrochen – Klingeln schrillten, Türen wurden zugeschlagen, aufgeregte Schwestern erschienen auf dem Flur.

»Was ist passiert?«

»Die drei Brüder Woods – alle weg!«

»Unmöglich!«, schrie Vincintelli.

»Sie haben sich mit Feilen aus der Tischlerei an den Fenstern zu schaffen gemacht.«

Die Adern auf seiner Stirn schwollen zu fetten Würmern.

»Ihnen nach!«, rief er wutentbrannt. »Sie müssen noch auf dem Gelände sein. Lösen Sie den Alarm im Hauptgebäude aus –«

Er hatte Kay ganz vergessen und eilte Anweisungen schreiend den Flur hinunter und hinaus in die Nacht. Als niemand mehr zu sehen war, öffnete Kay die Tür zum Bad und schnallte Peter Woods eilig los.

»Raus mit Ihnen und anziehen!«, sagte sie. »Wir verschwinden – ich schaffe Sie in meinem Wagen weg von hier.«

»Die haben meine Sachen weggeschlossen!«

»Ich besorge Ihnen ein Laken«, sagte sie, zögerte dann aber. »Geht nicht. Die Polizei wird heute Abend die Straßen kontrollieren – die denken noch, wir sind nicht ganz richtig im Kopf.«

Unschlüssig standen sie da. Draußen gellten Rufe kreuz und quer durchs Unterholz.

»Ich hab's!«, sagte sie. »Warten Sie hier!«

Sie raste den Flur entlang und öffnete die Tür zu Mr. Kirkjohns Zimmer. Parfümiert und wie aus dem Ei gepellt stand er vor dem Spiegel und bürstete sich die Haare.

»Mr. Kirkjohn«, sagte Kay außer Atem, »ziehen Sie sich aus!«

»Wie bitte?« Als er verstand, was sie von ihm wollte, überzog das sachte Glühen der Genugtuung sein Gesicht.

»Ausziehen, alles, und zu mir werfen!«

»Mit Vergnügen, Gnädigste«, sagte er.

Mantel, Weste, Krawatte, Schuhe, Socken – der Haufen in ihren Armen wurde immer größer.

»Gnädigste, dies« – seine Hand ruhte auf dem obersten

Knopf seiner Hemdhose – »ist der glücklichste Tag meines Lebens.«

Mit einem spitzen Schrei schloss sie die Tür.

Eine halbe Stunde später berührte das Gaspedal das Bodenblech, und sie flogen über die Straßen von New Hampshire durch die Sommernacht. Der Mond stand am Himmel, das Universum war groß und grenzenlos. Peter Woods holte tief Luft.

»Und wieso haben Sie trotz allem geglaubt, dass ich klar im Kopf bin?«

»Ich weiß nicht.« Sie sah verlegen zu den Sternen. »Wahrscheinlich, weil Sie mir einen Antrag gemacht haben. Ein Mädchen will doch daran glauben, dass der Mann, der ihm einen Antrag macht, nicht völlig verrückt ist.«

»Und es macht Ihnen nichts aus, dass Sie ein bisschen vernünftiger sind als ich?«

»Aber das bin ich doch nicht – Liebling.« Sie huschte über dieses Wort hinweg, das ihr nie zuvor über die Lippen gekommen war. »Mich hat ja der größte Wahnsinn überhaupt im Griff.«

»Apropos im Griff haben«, sagte er, »willst du nicht bei den Bäumen da vorne anhalten?«

IV

Die drei älteren Brüder Woods wurden nicht gefunden. Aber vor ein paar Monaten ist mir eine unverbürgte Geschichte zu Ohren gekommen: Der Ansager eines gewissen New Yorker Bahnhofs soll eine so merkwürdige Aussprache haben, dass die Herren von der Wall Street zusammenzucken und murmeln: »Wo hab ich bloß diese Stimme schon mal gehört?« Bruder Nummer zwei, Wallace, soll sich nach Südamerika abgesetzt haben, wo er sich verständlich machen kann. Übrigens habe ich diese Geschichte vom Chef-Friseur des Elixer Shop in Scranton, Pennsylvania. Sie können das gerne nachprüfen – besagter Friseur ist ein großes Schaf von einem Mann und tut so, als wäre er ein bisschen was Besseres.

Die große Frage

Das Mädchen schlug unter dem rosigen Himmel die Zeit tot und wartete darauf, dass etwas geschah. Eigentlich war es kein wirres Persönchen, aber an diesem Abend wohl doch: Nach Jahren unter fremden Himmeln wirkte die ungewöhnliche Dämmerung neu, so gut wie neu, wie etwas, das jedenfalls neu zu sein *schien;* in den Bäumen waren seltsame kleine Striche, seltsame kleine Insekten, und dann fing das unheimliche Nachtgeschrei dieser seltsamen kleinen Biester an.

– Das sind Frösche, dachte sie, ach nein, *grillons* – wie sagt man noch? – Grillen sind das da drüben am Teich.

– Und das da ist entweder eine Schwalbe oder eine Fledermaus, dachte sie; dann wieder zurück zur Andersartigkeit der Bäume, zurück zur Liebe und solch nützlichen Dingen, zu den anderen Bäumen, Schatten, Himmeln und Geräuschen – den hupenden Autos zum Beispiel oder dem Hund, der etwas entfernt am Philadelphia Turnpike kläffte …

Der Hund beschnüffelte einen Mann, kläffte ihn gleichzeitig an, und weil der Mann kein Gegner war und auch kein Schmeichler, wurde er von dem Tier, das spielen wollte, angestupst. Der Mann war unterwegs zu dem Mädchen, wusste es nur noch nicht. Er hockte mitten auf der unbefestigten Straße und versuchte einer Ersatzradkralle, Baujahr 1927, gewaltsam ihre Beute zu entreißen.

»Hau ab, du Vieh!«, entfuhr es ihm, dann wandte er sich unwillig murrend wieder der Radkralle zu, einem erstklassigen Fabrikat aus stahlgewordenem Erfindergeist, das seinem ungeeigneten Meißel erst zur Hälfte gewichen war.

Er war kein Dieb, sondern Arzt und schon mehrere Monate im Besitz eines Wagens, dessen Reifen, wie es in der Sprache der Autohändler hieß, »runter« und längst überfällig waren. Deswegen musste er auch, nachdem er von der Haupt- auf die Nebenstraße eingebogen war, feststellen, dass einer der Reifen jeden Widerstand gegen den Zahn der Zeit sang- und klanglos aufgegeben hatte – nun wusste er auch, warum der Wagen die ganze Zeit so schwer zu lenken gewesen war, gleich nach Verlassen der Klinik war es ihm aufgefallen.

»Hätte ruhig selbst herkommen können in seiner Limousine, der alte Knabe«, murrte er. »Langsam wird er bequem. In jedem anderen Geschäft würde er in die Kreisliga absteigen, bei uns bekommt er staatliche Zuschüsse.«

Ein aufmerksamer Zuhörer hätte aus diesem Gemecker den Schluss ziehen können, dass Doktor Bill Hardy einer jüngeren und äußerst respektlosen Generation angehörte. Er war etwas kleiner als groß, wie die Ersatzradkralle Baujahr 1927, ein Allerweltsmodell, und seine Gedanken wurden in dieser Zwangspause von der Tatsache befeuert, dass sein Chef, der angesehene C. H. L. Hines, die lästigste Aufgabe überhaupt an ihn delegiert hatte, nämlich eine angejahrte chronische Hypochonderin zu besuchen, zu beschwichtigen und zu behandeln, obwohl er an diesem Abend Wichtiges zu erledigen hatte.

Er war ein zu guter Arzt, als dass er Pflicht und Vergnügen verwechselt hätte, aber in diesem Fall lag beides dicht beieinander: Auf der einen Seite gab es da diese Frau in einem Vorort im Süden der Stadt, die besucht und getröstet, zumindest jedoch taktvoll in die Wüste geschickt werden musste, auf der anderen Seite gab es diese Frau in ihrer riesigen Villa am Ende der Straße, der es zwar an nichts fehlte, was sie selbst natürlich anders sah, die aber alle zwei Wochen fünfundzwanzig Dollar in C. H. L. Hines' Kassen spülte, damit man ihr im Gegenzug Herzinfarkt, Lepra und Beulenpest ausredete. Normalerweise übernahm Dr. Hines diese Aufgabe. Aber an diesem Abend war er nur zum Telefon getorkelt und hatte gelallt: »Also, Bill, muss mich jetzt anziehn, hab 'ne Verabredung mit meiner Frau, freun wir uns schon Ewigkeiten drauf. Schaunsema, wie weitse kommen mit der ollen – mit der Brickster.«

Bill brachte Meißel und Gong in Anschlag – er nannte das komische Ding, das er unter einem der Sitze gefunden hatte, deshalb Gong, weil es einen so satten Ton von sich gab – und schlug resigniert zu. Überraschenderweise gab die Kralle nach. Seine fahrzeugmechanische respektive archäologische Großtat beflügelte ihn so sehr, dass er schon zehn Minuten später ans Ende der Straße rollte, um sich seiner Aufgabe zu stellen. Er hielt an, stieg aus und bot dem Mädchen die Stirn.

Die Stirn, ganz richtig, sie selbst dagegen begegnete ihm allein mit einem hoffnungsvollen Staunen. Sie war achtzehn, ihre Haut war von jenem Ton, den die italienischen Maler der Dekadenz für ihre Eckenengel verwendet haben, und aus ihren grauen Augen leuchtete alles Sehnen der Welt.

»Sehr erfreut, ich bin Dr. Hardy, Dr. Hines' Assistent. Mrs. Brickster hat angerufen –«

»Oh, ich bin Mrs. Bricksters Tochter, Miss Mason.«

Der rötliche Dämmer war beinahe verschwunden, sie aber war vorgedrungen bis in den letzten, noch schimmernden Rest.

»Mutter ist nicht da, kann ich etwas für Sie tun?«

»Kann *ich* etwas für Sie tun?«, stellte er richtig.

Sie lächelte ein wenig. »Nun, ich kenne Sie wohl kaum genug, um das für Sie entscheiden zu können.«

»Ich meine natürlich heute Abend – kann ich da etwas tun?«

»Nicht einmal das kann ich Ihnen sagen, Dr. Hines –«

»Falsch. Dr. Hardy, Dr. Hines' Assistent.«

»Verzeihen Sie, Dr. Hardy. Wir pflegen in der Küche einen Kaffee auszuschenken und geben Ihnen gern, was wir an Kleingeld im Haus haben.«

Während sie das sagte, verstand Bill, dass es hier nicht mit aristotelischer Logik zuging. Er überlegte und setzte neu an:

»Ich wurde angerufen, Miss Mason. Ich sollte Ihre Mutter ärztlich behandeln. Falls man sie bereits fortgebracht hat –«

»Vater hat sie fortgebracht.«

»Oh, das tut mir leid, was ist vorgefallen?«

»Sie hat rausgefunden, dass in der Chicago Opera *Louise* gegeben wird.«

»Seh' schon, was Sie meinen.« Dabei sah er rein gar nichts, denn im dichter werdenden Dunkel blendete das Mädchen seine Sinne. »Sie meinen, sie kann *Louise* nicht ausstehen – kenn ich, so was. Meine Tante wollte nie –«

»Unser Gespräch stimmt mich zunehmend bekümmert, Dr. Hines –«

»Falsch. Hardy. Dr. Hines' Assistent.«

»– verzeihen Sie, Dr. Hardy. Aber sobald Tanten ins Spiel

kommen, fragt sich doch, wo das alles noch hinführen soll. Mutter hat sich auf *Louise* zu- und nicht etwa von ihr wegbewegt. Wenngleich sie mit meinem Vater, der seine Manschettenknöpfe trug, durchaus überstürzt aufgebrochen ist. Ich bin nach einigen Jahren der Abwesenheit erst vor kurzem wieder nach Hause zurückgekehrt, habe auch vor kurzem erst meinen neuen Vater kennengelernt und versuche, mich einzugewöhnen. Falls hier jemand krank ist, wüsste ich nicht, wer das sein soll. Mutter hat sich dazu nicht geäußert.«

»Dann ist Ihre Mutter gar nicht krank? Und hat auch nicht bei Dr. Hines angerufen? Es handelt sich also um ein Missverständnis?«

»Sie hat jedenfalls keinen kranken Eindruck auf mich gemacht, als sie aufgebrochen ist.«

»Na dann – na dann lassen wir das wohl besser.« Er sah Miss Mason noch einmal an und entschied sich um. »Will sagen, dann gehen wir dem besser nach. Ich gebe Ihnen jetzt die Nummer der Krankenhausvermittlung, und Sie fragen dort nach, ob von hier ein Anruf eingegangen ist. Ich verzichte auf Kaffee und Kleingeld – und warte im Wagen.«

»Gut«, sagte sie. »Es ist wohl besser, wir gehen der Sache auf den Grund.«

... Als sie wenige Minuten später auf die Veranda zurückkam, hatte sie einen Umschlag in der Hand.

»Verzeihen Sie, Dr. Hines – Sie hatten natürlich recht! Mutter hat tatsächlich einen Arzt gerufen –«

»Ich heiße Hardy.«

»Nun, damit fangen wir besser gar nicht wieder an. Sie hat angerufen, wen von Ihnen beiden auch immer, und es tut mir leid, wenn ich unhöflich erscheine, aber Sie könnten ja auch ein Ganove sein.«

Er musste sich das Lachen verkneifen, als er sagte:

»Damit wären wir nicht weiter als vorher – oder wünscht Ihre Mutter, dass ich während der Pause in der Oper vorstellig werde?«

Sie gab ihm den Umschlag.

»Den habe ich beim Rausgehen gefunden, auf dem Tisch in der Eingangshalle – ein Brief an Doktor –« Sie biss sich gerade noch rechtzeitig auf die Zunge und tauchte den Brief ins Scheinwerferlicht, Himmelslicht war keins mehr da, dafür war es inzwischen zu dunkel. »Jetzt klärt sich hoffentlich alles auf.«

Lieber Doktor,
eigentlich habe ich Sie wegen des Jungen angerufen. Ich interessiere mich nämlich wieder für häusliche Angelegenheiten, das haben Sie mir ja nahegelegt, und es klappt auch sehr gut. Mein Mann und ich haben aber beschlossen, dass ich besser ausgehen sollte, also sind wir ausgegangen, schließlich wollte ich diese Oper sehen. Vielleicht gehen wir auch ins Kino. Was auch immer wir tun, Hauptsache, ich kann mich ablenken, das haben Sie mir ja nahegelegt. Sollte ich Ihnen Umstände gemacht haben, tut mir das sehr leid.

Mit freundlichen Grüßen
Anne Marshall Mason Brickster

PS: *Eigentlich wollte ich ja mit Ihnen über den Jungen sprechen, aber mein Mann war der Ansicht, ich sollte lieber weg von hier. Der Junge hat gesagt, er hätte den Bluga gestohlen. Ich weiß nicht, was ein Bluga ist, bin mir aber sicher, dass er so etwas in seinem Alter nicht tun sollte!* *A. M. M. B.*

Bill schaltete von Stand- auf Fernlicht und nahm den jetzt hell erleuchteten Brief noch einmal in Augenschein – er las sich wie zuvor. Der Junge hatte den Bluga gestohlen, und die Frau fand, es müsse deswegen etwas getan werden. Erst jetzt ließ eine kleine Ahnung von den Problemen, mit denen Dr. Hines konfrontiert gewesen war und die Bill jetzt übernehmen würde, sympathikusinduzierte Schweißtröpfchen auf seine Stirn treten. Zackig wandte er sich wieder dem Mädchen zu.

»Seit wann vermissen Sie den Gluba?«

»Welchen Gluba?«

Fehlanzeige.

»Bluba?«

Langsam, aber merklich nahm sie Abstand. Bill brachte sich aus der Schusslinie, indem er ihr alles sagte:

»Nun, Ihr Bruder hat wohl etwas an sich genommen, was nicht ihm gehört. Ihre Eltern wünschen zu erfahren, wieso und weshalb. Können Sie dieses Wort hier entziffern?«

Im Schein des Lichts kamen ihre Köpfe einander so nah, dass sein blondgelocktes Schläfenhaar keck über ihre Wange strich und goldene Seide hauchzart und wesentlich seinen Augenwinkel touchierte, ihn im Grunde völlig umfing.

»Da muss ich passen«, sagte sie nach einem kurzen Moment.

»Ich sollte den Fall wohl besser untersuchen«, schlug er vor.

»Ganz recht«, sagte sie. »Noch brennt bei ihm Licht.«

Sie führte ihn durch die Eingangshalle, die mit den Überresten gemordeter Wildtiere ausstaffiert war. »Wünschen Sie, ihn hier unten zu sprechen?« Sie blieb am Fuß der Treppe stehen. »Oder in seinem Boudoir?«

»Gehen wir rauf«, schlug Bill vor. In ihm keimte die Hoffnung, er würde den Gluba unter einem Kopfkissen finden, ihn triumphierend an sich reißen und die Angelegenheit mit einer Moralpredigt, die er stets gebrauchsfertig mit sich herumtrug, zu einem sauberen Abschluss bringen. Die Liebliche lotste den Doktor die Treppe hinauf, einem Leuchtfeuer gleich, das später womöglich, auf der Veranda, all seine Probleme illuminieren würde – oder so etwas in der Art.

Bills zaghafte Hoffnung, dem Rätsel auf die Spur zu kommen, schien in dem Moment gerechtfertigt, als sie das mutmaßlich hell erleuchtete Zimmer betraten und Schwärze über sie hereinbrach. Miss Mason bediente den Lichtschalter, und Bill sah mit großen Augen einen dreizehnjährigen Jungen an, dessen Schlafanzug nur dürftig die lange Unterwäsche darunter verbarg, und der in einem Bett, dessen Unberührtheit zum Himmel schrie, auf einem Buch lag, das infolge überstürzter Beförderung unters Kissen noch bebte.

»Das muss das Iglu sein«, dachte er. Sein Geist hatte das Objekt der Begierde arktifiziert, aber als er unter dem feindseligen Blick des Jungen schnell unters Kissen griff, handelte es sich lediglich um ein blassblaues Buch mit dem Titel *Mein früheres Leben als Zuhälter*, dessen Autor sich in rührender Bescheidenheit »Mann, der nach wie vor ein Mann ist« nannte.

Er legte das Buch unbeeindruckt zurück, als könnte es ebenso wenig existieren wie ein von ihm selbst verfasstes Werk mit dem Titel *Meine vierzig Jahre in den Brunnengärten der Villa d'Este* und sagte:

»Wie geht's, wie steht's, junger Mann?«

Auf so ein Gewäsch pfiff der junge Mann schon lange. Angewidert sah er zu Bill, dann zu seiner Schwester, dann wieder zu Bill – und ließ, wie es in der verhüllenden Tradition ihrer Großeltern wohl geheißen hätte, die Meise zwitschern.

Aber Bill war ein Kerl von Format. Er packte den Jungen bei den Schultern, presste ihn rabiat in die Kissen und machte ihm klar: »Mach ruhig so weiter, wirst schon sehen, dass du gegen mich nicht ankommst.«

Der Junge, der sich widerstandslos hatte niederringen lassen, sah ihn aus leeren Augen an und sagte:

»Willst'n jetz machen?«

Eine nicht unberechtigte Frage. Es gab Dinge, mit denen sich Bill sehr gut auskannte, aber das hier – irgendetwas sagte es ihm – gehörte nicht dazu. Als er sich kurz zu Miss Mason umsah, lag in ihren glänzenden Augen der uralte Ausdruck von einer, die sagt: »In dieser von Männern regierten Welt muss ich wissen, wohin es geht, bevor ich mitgehe oder nicht.« Bill setzte sich neben das Bett und ließ sich zu einem Gespräch herab, das eine fähige Gerichtsstenografin, von Pausen, Gestammel und gähnendem Schweigen unterbrochen, folgendermaßen wiedergegeben hätte:

»Was machst du gern?«

»Ich?«

Pause. Junge mustert Arzt.

»Was machst du gern?«, fragte der Arzt noch einmal.

»Ich les gern«, sagt der kleine Junge wenig überzeugt.

»Ich auch.«

»Falls es Ihnen nichts ausmacht«, schaltete sich das Mädchen ein, weil die Konversation nun in väterlich-geruhsamem Fahrwasser verlief, »ich habe noch zu tun.«

Die Tür, hatte Bill den Eindruck, fiel recht forsch ins Schloss. Wäre er doch, wünschte er sich jetzt, bloß wieder gefahren, nachdem sich gezeigt hatte, dass Mrs. Brickster nicht zu Hause war – ein Psychiater war er nicht, auch kein Moralist, er für seinen Teil hielt sich für einen Mann der Wissenschaft. Eine kranke Frau in Not vernünftig zu behandeln, das hätte er sich zugetraut – aber ein Blick auf seinen Patienten hier genügte, und ein längst überwunden geglaubter Ekel vor dreizehnjährigen Jungen machte ihm die Zähne stumpf. Außerdem dachte er verärgert: Ein Detektiv bin ich erst recht nicht!

Er riss sich zusammen und raspelte reinstes Süßholz:

»Was spielst du besonders gern?«

»Oh, verstehe.«

»Nein, ich meine – was?«

»Gangster, was'n sonst.«

»Ah, das macht Spaß!«

Ganz wie Diamond Dick Bill vermutet hatte – aber aus irgendeinem Grund musste er trotzdem nachhaken:

»Wer soll gewinnen? Gangster oder Polizei?«

Der Junge sah ihn verächtlich an:

»Gangster, wer'n sonst. Beschränkt oder was?«

»Wirst du schon wieder unverschämt?«

»Willst'n jetz machen?«

»Ich –«

Noch ein Kindheitstraum schoss ihm in den Sinn; er kam sich ja im Moment sowieso wie ein Pirat vor …

»Was für Bücher liest du denn gern?« Er machte ein ernstes Gesicht, als würde er den Jungen abhorchen.

»Keine Ahnung.«

»Gehst du ins Kino?« Leuchtende Augen – als wäre endlich ein Ausweg in Sicht. »Gangsterfilme gucken?«

»So was erlauben die mir noch nicht.« Er klang jetzt zu poliert, um zu überzeugen. »Die erlauben mir und den anderen reichen Jungs nur Komödien und Filme mit Entführungen und so. Komödien find ich gut.«

»Chaplin?«

»Was?«

»Charlie Chaplin?«

Der Name perlte an ihm ab.

»Nee, na – na Komödien eben.«

»Und welche Schauspieler gefallen dir?«, fragte Bill.

»Oh –« Der Junge dachte nach. »Also, ich finde gut – die Garbo, die Dietrich und Constance Bennett.«

»Die spielen in *Komödien*?«

»Sind die witzigsten!«

»Die witzigsten?«

»Na Komödien!«

»Warum das?«

»Na, wegen dem ganzen Gefühlskram, den die veranstalten.«

»Was veranstalten die?«

»Na, die gucken immer so!«

»Und wie zum Beispiel?«

»Weißt schon! Also wenn – na, wie zu Weihnachten!«

Bill war drauf und dran, sich in die Sache zu vertiefen, da fiel ihm ein, dass das Igluproblem noch nicht gelöst war, also entschied er sich dagegen. Es kam ihm vernünftiger vor, sich wieder den Büchern zuzuwenden.

»Was für Bücher hast du denn?«, fragte er.

Der Junge taxierte ihn.

»Bist doch keine miese Type, oder?«

Bill überlegte schnell, ob er 'ne miese Type war.

»Nein«, beschied er sich.

»Aaalso«, der Junge setzte sich auf, »da wären zwei Arten von Sorten. Hab zum Beispiel eins mit vier Mädchen, die Meg heißen und in einen Kaninchenbau fallen – davon hab ich jede Menge.« Er zögerte. »Und dann hab ich noch die anderen.«

»Kann ich mal sehen?«

Der Junge überlegte.

»Willst'n jetz machen?«

Bill überlegte zum dritten Mal und antwortete jetzt: »Nichts.«

»Heb mal die Matratze an.«

Bill hob die Matratze an. Später war er nicht mehr ganz sicher, ob er zehn oder zwanzig Bücher gezählt hatte. Erinnern konnte er sich an *Liebe und was man darüber wissen muss*, *Krieg und Frieden* (erster Teil), *Die besten Short Stories – Jahrbuch 1926*, *80 Jahre Psychiatrie – eine Disziplin im Wandel* und *50 Dinge, die Sie noch nicht über die Weltausstellung von 1876 wussten*.

Das schrille mickrige Stimmchen riss Bill aus der Betrachtung des Geheimverstecks: »Bist vielleicht doch 'ne miese Type. Mehr gibt's nicht zu sehen. Willst'n jetz machen?«

»Dir die Mandeln rausnehmen wahrscheinlich«, sagte Bill und wich der Matratze aus, die der Junge, durch näherkommende Schritte veranlasst, runterknallen ließ.

»Musst dir meinetwegen keine Sorgen machen, Kumpel«, sagte Bill. »War ja nichts weiter –«

»Bloß altes Zeug –«

Seine Schwester, an die er nicht gewöhnt war und die ihm ein bisschen Angst machte, ließ ihn verstummen.

»Mutter und Vater sind wieder da«, informierte sie Bill. »Wünschen Sie, meine Eltern unten im Haus zu sprechen?«

»Sie würden eine gute Sprechstundenhilfe abgeben«, sagte er.

»Ich habe drei Monate bei einem Arzt gewohnt.«

Bill atmete tief durch, während sie weitersprach. »Seine Frau ist sehr krank geworden. Nicht *gravement,* wissen Sie, aber *chronicquement*. Ich mag Ärzte.«

Den kleinen Jungen beschäftigte die Frage, ob er nun übers Ohr gehauen worden war oder nicht, während Bill Miss Mason aus dem Zimmer folgte, sich noch einmal zu ihm umdrehte, zwei Sätze versuchte und verwarf und erst nach einem letzten Blick in das verstockte Gesicht mit den Worten schloss: »Werd dich schon nicht verraten, aber wir müssen uns noch mal unterhalten.« An der Zimmertür fügte er noch hinzu: »Zumindest erfährt keiner deiner Freunde, dass du dich mir anvertraut hast.«

Er hatte sein Bestes gegeben, aber während er Miss Mason folgte, über den langen Flur und dann die Treppe hinab, kam er sich so unbeholfen vor wie noch nie. Sobald sie unten waren, riss er sich zusammen, denn jetzt wurde er geradewegs in die Art von Geschehnis katapultiert, das er sich ausgemalt hatte: Eine nicht ganz zurechnungsfähig wirkende Frau stand in der Tür zu einer Räumlichkeit, für die in diesem Land bisher eine angemessene Bezeichnung fehlt. Sie winkte ihn überschwänglich ins Herrenzimmer, aus dem sie ihren Gatten verscheuchte, indem sie ihn mit der Hand, die nicht damit beschäftigt war, Bill hineinzuwinken, hinauswinkte.

»Ich habe Sie sofort erkannt!«, sagte Mrs. Brickster. »Dr. Hines hat Sie mir verschrieben. Er kann einfach *alles* gut beschreiben! Den Film, den wir heute Abend gesehen haben, hätte er so gut beschreiben können wie ein Kritiker!« Den Highball ab- und sich innerlich zurücklehnend sagte er, ganz Profi:

»Nun, Mrs. Brickster, wo drückt denn der Schuh?«

An fing sie so:

»Natürlich hat es wieder mit einem Zucken ...«

Auf hörte sie zwei Stunden später so:

»... ganz recht, es muss tatsächlich etwas damit zu tun haben, dass mich die Rückkehr meiner Tochter so in Anspruch genommen hat.«

Der Feuereifer, mit dem sie schwache Nerven markiert hatte, schien erloschen, sie ging jetzt zum Angriff über:

»Aber bevor Sie gehen, Doktor – dürfte ich Sie wohl freundlicherweise bitten, Dr. Hines daran zu erinnern, dass *er* es ist, den ich sehen möchte, wenn ich *ihn* sehen möchte –« Das Telefon läutete, sie sprach weiter, während sie abhob. »– in Zukunft erwarte ich den Klinikchef und nicht seinen Assistenten – ja, der ist hier ... 6632 Beaming Avenue ... sehr persönlich und sehr dringend, sagen Sie ihm bitte, es geht um Ellis S.« Sie betonte jedes Wort wie eine kleine ausgeklügelte Gemeinheit, legte dann auf und sagte: »Ich kann nur für Sie hoffen, Doktor, dass Sie jetzt keine größeren Schwierigkeiten erwarten als hier bei mir.«

Als wenig später die Tür hinter ihm ins Schloss fiel, fragte sich Bill tatsächlich, ob ihn noch schaurigere Schwierigkeiten erwarteten als jene, die er gerade hinter sich ließ.

Er hielt auf der Veranda kurz inne, betrachtete die große Heckenkirsche, deren Zweige über die niedrigstehende Mondsichel hinwegwuchsen, und als er gerade die Treppe hinabgehen wollte, fiel sein entrückter Blick auf etwas, das im Mondlicht schlief.

Es war das Mädchen aus der Fremde. Es schlief so tief, dass hinter der sacht bewegten Stirn die fremdländischen Träume zu erahnen waren. Der Arzt zückte seine Taschenuhr – es war schon weit nach drei. Routiniert und behände ging er über die hölzerne Veranda, erwischte das eine knarrende Brett, und prompt zerknitterte die Märchenlandkarte, wie sie auf der Stirn von Frauen geschrieben steht, und wurde unleserlich.

»Ich habe geschlafen«, sagte sie, »geschlafen.«

Als hätte er sie aufgefordert, sie solle hier auf ihn warten. Als hätten ihre Haare, die ihm über die Stirn gestrichen waren, ihn aufgefordert: Bleib! Aber sie war zu jung, als dass er mit ihr hätte spielen können, und so griff er nach seiner Tasche, sagte: »Also, jetzt muss ich aber –«, wobei ihm einfiel, wie lange er im Haus gewesen war, und dass das Mädchen geschlafen hatte, die ganze Zeit.

II

Er fuhr schnell, denn er hatte einen langen Weg vor sich – er kam aus dem Norden, musste die Stadt durchqueren und weiter zu einer Vorortsiedlung etwa zwölf Meilen südlich. Sie hatte ängstlich geklungen am Telefon – womöglich war es nicht der richtige Zeitpunkt, der Sache ein Ende zu machen. Noch immer war er in Gedanken bei dem Anblick, den er gerade hinter sich gelassen hatte, er nahm ihn so sehr in Anspruch, dass die Minuten und Meilen nur so verflogen und er überrascht war, als er auf einmal vor dem vertrauten Haus in der vertrauten Straße stand.

Drin brannte Licht, davor parkte eine Limousine. Als Bill ausstieg, öffnete sich die Wagentür und eine bullige Gestalt wurde sichtbar.

»Sind Sie Arzt?«, fragte die Gestalt und kam auf ihn zu. »Sind Sie zufällig der Arzt, der mit Mrs. Dykes bekannt ist?«

»Das bin ich, geht es ihr nicht gut?«

»Doch – aber ich bin Mr. Dykes und heute aus Den– äh, aus Honolulu zurückgekommen.«

Hatte sich das Phantom nun also doch materialisiert – und wie! Seine Greiforgane sahen im hellen Mondlicht riesig aus, er musste zweieinhalb Meter groß sein. Bill trat vorsorglich einen Schritt zurück.

»Keine Angst, ich schlag nicht zu – noch nicht. Wir setzen uns jetzt schön in deinen Wagen und plaudern ein bisschen, bevor wir reingehen.«

»Was soll das werden? Ein Überfall?«

Der Mann lachte – furchterregend.

»So was in der Art. Ich will zwei Unterschriften von dir – eine auf einem Scheck und eine auf einem Brief, den du noch schreiben musst.«

Bill stieg ein, seine Gedanken überschlugen sich.

»Einen Brief an wen?«, fragte er.

»An meine Frau. Ziemlich clever, dass du ihr keinen geschrieben hast. Hab das Haus von oben bis unten abgesucht und keinen gefunden.«

»Schauen Sie, Mr. Dykes, ich kenne Ihre Frau erst seit einem Monat – und zwar in meiner Funktion als Arzt.«

»Ach so ist das also? Und warum hat sie dann ein Foto von dir direkt neben ihrem Frisiertisch hängen?«

Bill stieß einen Seufzer im Geiste aus.

»Das ist die Sache Ihrer Frau«, sagte er, »aber zufällig weiß ich, woher sie das Foto hat – von einem meiner Kommilitonen, der mit einer Freundin Ihrer Frau verheiratet ist. Von mir hat sie es jedenfalls nicht –«

»Is klar, is klar«, unterbrach ihn der schwere Mann verächtlich. »Dann bist du also auch nicht der Kerl, den sie heiraten wollte, als ich in Den– in Honululu war? Und ich find's toll, dass meine Frau mit einem Weißkittel angebandelt hat? Und lass mir so was einfach gefallen und geb mich geschlagen wie 'n Waschlappen? Dafür bezahlst du. Dafür krieg ich das nötige Beweismaterial für die Scheidung. Und du wirst das auch noch richtig toll finden.«

Bill würde das natürlich ganz und gar nicht toll finden, aber wenn er es richtig sah, war sein Spielraum, gelinde gesagt, eingeschränkt. Ob ihn erleichterte oder erschreckte, was als Nächstes geschah, wusste er auch später nie so recht zu entscheiden. Jedenfalls kam vom Schwiegermuttersitz der spitze Befehl »Flossen hoch!«, und die beiden Männer schossen wie angestochen nach vorn. Noch bevor Bill jemanden auf seiner Seite des Wagens auftauchen sah, kam ihm die Stimme bekannt vor. Sie sagte jetzt:

»Hättste nich gedacht, dass er seinen Waffenbruder dabei hat, was, Großer? Steig schon aus, sonst kriegt das Polster noch Blutflecken. Wird's bald!«

Während sich der mächtige Kerl mit jämmerlich zittrigen Händen am Türgriff zu schaffen machte, wusste Bill auf einmal, wem er seine Rettung zu verdanken hatte – dem Jungen. Nach einem mustergültigen »Zwitscher bloß ab!« meinte Bill an dem Ding, das Mr. Dyke dazu veranlasst hatte, den Rückzug anzutreten – einen Rückzug, in dessen Verlauf er strauchelte, wieder aufstand und einem verhinderten Zugläufer gleich die Straße hinuntersprintete –, meinte er an diesem Ding etwas Bekanntes vage wiederzuerkennen. Sobald es nah genug war, sah Bill etwas in der Art eines Revolvers, aber eben doch keinen Revolver – als Mr. Dykes Hinterpartie schon fast außer Sichtweite war, erkannte er das rätselhafte Ding aus Stahl, für ihn noch immer: der Gong.

III

Der Junge stieg in den Wagen und vom Ansturm der Ereignisse ziemlich aufgewühlt, wendete Bill und fuhr in die Stadt.

»Was für 'ne Memme«, sagte der Junge zufrieden.

»Da hast du recht«, sagte Bill unüberlegt und dann, sobald der ärztliche Habitus wieder Oberhand gewonnen hatte: »Aber was ich wirklich gern wissen würde – was hast du hier zu suchen?«

»Wollte bisschen mit deinem Schlitten fahren.«.

»Wieso fährst du nicht tagsüber mit irgendwem Schlitten?«

»Mit deinem Schlitten! Ich hab mir vorgestellt, ich bin auf Todestour mit dir – du hattest die ganze Zeit 'nen Colt im Rücken –«

»Jetzt reicht's – jetzt reicht's aber wirklich«, sagte Bill undankbar. »So redet man doch nicht!«

»Na gut. Verpfeifst mich aber nich bei den alten Herrschaften, klar? Sonst muss ich noch singen. Sich einfach so über die Schnecke von dem Typen herzumachen, als er in Den– in Hula-hula war. Was meinst'n, wie das der Holden auf der Veranda gefällt?«

»Wem?« Bill rutschte mal wieder das Herz in die Hose – machte sich aber nicht mehr viel daraus, er hatte sich daran gewöhnt.

»Glaubst wohl, ich hab nich gesehen, wie du dich noch mal zu ihr umgedreht hast? Würd sie bestimmt gern mehr drüber hören –«

»Du hast ja keine Ahnung, was du da redest!«, hielt Bill dagegen. »Und du würdest es auch nicht verstehen, wenn ich's dir ganz genau erklären würde.«

»Dann erklär's doch ihr.«

Nach reiflicher Überlegung beschloss Bill, dass er das nicht tun würde. Er sah sich durchaus nicht in der Pflicht, ihr irgendetwas zu erklären. Immerhin konnte er sich jetzt diesen verstockten Jungen vorknöpfen.

»Wir kümmern uns auf der Stelle um deine Erziehung«,

kündigte er an. »Also, ich versteh dich – ansatzweise jedenfalls. Lieber ein Kämpfer als ein selbstverliebtes Weichei, das steht außer Frage. Man kann sich ja aussuchen, wofür man kämpft. Es gibt gute und böse Kämpfer, und es gibt alles Mögliche, wofür es sich zu kämpfen lohnt: Überzeugungen, Ehre, Familie und – also, will sagen, du wirst schon noch rausfinden, dass es vieles gibt, wofür es sich zu kämpfen lohnt. Im Moment solltest du dich aber auf Selbstverteidigung beschränken. Der ganze Gangsterkram hat mit dir überhaupt nichts zu tun – du solltest noch nicht mal einen Gedanken daran verschwenden. Du solltest ein bisschen erwachsener sein und dir das völlig aus dem Kopf schlagen –«

Mit jeder Sekunde erhärtete sich sein Verdacht, dass er im Grunde keine Ahnung hatte, was er da eigentlich redete. Er warf einen verstohlenen Blick zur Seite, um zu sehen, ob der Junge Wind davon bekommen hatte.

Aber der Junge war weggedöst – ein ganzes Weilchen schon weggedöst.

IV

Es dämmerte schon, als sie auf die unbefestigte Straße einbogen und Bill, noch außer Sichtweite des Anwesens, seinen Beschützer weckte.

»Wir sind da. Hoffentlich hat dich niemand vermisst, wir müssen dich ins Haus schaffen, ohne dass irgendwer was bemerkt.«

Von seinen nächtlichen Umtrieben träge geworden, starrte der Kriminelle in spe Bill aus leeren Augen an.

»Jetzt wach schon auf!«, sagte er ungeduldig. »Es ist schon fast hell!«

»Willst'n machen.«

»Ich gehe davon aus, dass du schlau genug bist, dich beim Reingehen nicht erwischen zu lassen.«

»Die Französin vielleicht.«

»Vielleicht? Was denn? Welche Französin?«

Der Junge riss sich jetzt sichtlich zusammen. »Weißt schon – die Holde – is' gerade aus Frankreich zurück oder so – würde mich reinlassen.«

Der Plan brachte Bill fast vollständig auf den Teppich.

»Und wie willst du sie wachbekommen?«, fragte er.

»Werd mir schon was einfallen lassen.«

»Ich komme zur Sicherheit lieber mit.«

Zwischen neuen Bäumen hindurch, inmitten neuerlich erwachenden Lebens, vorbei an neuen Schemen, die aus alten Räumen neue machten, und umgeben von den Geräuschen verschiedener seltsamer Insekten gingen sie über den Rasen und traten unter ein Fenster.

»Und jetzt?«, flüsterte Bill.

»Das da ist ihr Zimmer – das Fenster steht offen.«

Bill ließ die üblichen Methoden zur nächtlichen Erstürmung eines Hauses vor seinem inneren Auge Revue passieren.

»Steinchen werfen?«, schlug er unsicher vor.

»Nee – lieber so 'ne Blume hier. Weißt doch wie die Miezen sind – wenn Steinchen fliegen, gibt's Geschrei – wenn Rosen fliegen, ist der Prinz von Wales endlich gekommen.«

Der Junge warf Rose Nummer eins und traf daneben, dann holte Bill aus und erzielte zwei Volltreffer. Unten blieb alles still, gespannt hielten sie den Atem an.

»Versuch doch –«, sagte der Junge, verstummte aber, als ein zartes argloses Gesicht am Fenster erschien und mit schläfrigen Äuglein auszumachen versuchte, was unten vor sich ging.

Dann wurde getuschelt, auf eine Art, die nachzuahmen nur Radioimitatoren von Weltrang imstande wären. Nachdem das Gesicht wieder verschwunden war, sagte der Junge angewidert zu Bill: »Siehste! Kennste eine, kennste alle. Kapieren immer nur die Hälfte, und den Rest kriegen sie in den falschen Hals. Die Hälfte – mehr darf man nicht erwarten. Die wird sich jetzt so richtig rausputzen, als müsste sie in der Stadt ihre Dienste anbieten.«

Miss Mason jedoch zog sich äußerst zügig äußerst hübsche Kleider an und öffnete den beiden schon sieben Minuten später die Seitentür. Bei ihrem Anblick beschloss Bill, dass sich die Angelegenheit ohne Einlassungen einer dritten Partei besser erklären ließ, nutzte die Gunst eines Gähnens, das sich um den Mund des Jungen abzeichnete, zeigte mit strengem Finger erst hinein, dann hinauf. Der Junge zwinkerte ihm zu, wollte noch etwas sagen, aber das unausgesprochene Wort verwandelte sich in ein unwiderstehliches Gähnen, und so gab er auf und schwirrte ab.

»Nun, Miss Brickster –«, fing er an und pausierte.

»Miss Mason«, verbesserte sie ihn und sagte: »Ich könnte wetten, ich weiß schon fast alles. Mein Bruder hat sich in Ihrem Wagen versteckt. Ich habe gesehen, wie er auf den Schwiegermuttersitz geklettert ist, kurz bevor ich eingeschlafen bin.«

– Reine Einbildung, dass sie immer nur die Hälfte begreifen, dachte Bill, dass der Teufel nicht alles weiß. Junge, Junge, dieses Mädchen –

»Verraten Sie Ihren Eltern nichts«, sagte er. »Ich kann ihn inzwischen gut leiden. Ich will nicht, dass er Ärger bekommt.«

»Dr. Hardy?«

»Ja, Miss Mason?«

»Ich bin vor zwei Monaten aus Europa zurückgekommen und habe hier seitdem so viele merkwürdige Dinge erlebt, dass ich es nicht wagen würde, mich in Dinge einzumischen, die mich nichts angehen.«

– Mustergültige Ärztegattin, in jeglicher Hinsicht, dachte er.

»Miss Mason?«

»Ja, Herr Doktor?«

»Miss Mason, ich bin unter diesen Umständen naturgemäß nicht imstande gewesen –«, er fuhr sich mit der Hand über die Bartstoppeln, »– Morgentoilette zu machen. Also wünsche ich –«

»Ja, Herr Doktor?«

»– Ihnen nun besser eine gute Nacht beziehungsweise einen guten Morgen.«

»Aber natürlich, das verstehe ich.«

»– mit der erfreulichen Einschränkung, Ihnen morgen oder heute, wenn ich wegen Ihrer Mutter wiederkomme –«

»Ja, Herr Doktor?«

»– einen guten Tag wünschen zu dürfen.«

»Das würde mich freuen.«

»Gute Nacht, Miss Brickster.«

»Gute Nacht, Dr. Hines.«

V

Als Bill in die Klinik kam, war er gereizt, nicht nur, weil er nicht geschlafen hatte, sondern auch aufgrund gewisser Widerstände gegen seine Lebenssituation, für deren eingehende Analyse er im Moment nicht wach genug war. Aber eines wusste er ganz genau – er hatte etwas dagegen, dass Dr. Hines nicht mehr vor zwölf Uhr erschien, weswegen Bill mächtig ins Joch gespannt war, manchmal schuftete er wie ein Ochse. Die zunehmende Faulheit des Mittvierzigers war in Bills Augen durch nichts zu rechtfertigen.

– Vielleicht bin ich nur so sauer, weil ich selbst spät dran bin, vielleicht brauche ich einen Sündenbock.

Also bemühte er sich um Fairness, aber als Dr. Hines genau in dem Moment erschien, als Bill sich mit zwanzig zu erledigenden Dingen und zwanzig Memos gleichzeitig konfrontiert sah, platzte ihm der Kragen.

»Es fällt mir schwer, mich mit lauter Kleinkram zu befassen und gleichzeitig zu lesen«, ließ er recht zaghaft, aber recht deutlich durchblicken. Dr. Hines sah ihn kurz und überrascht an und verfiel dann wieder in stumpfsinnige Sanftmut.

»Dabei kann man heutzutage«, sagte er mit der gleichen künstlichen Herzlichkeit, die er auch Patienten gegenüber an den Tag legte, »froh sein, wenn man überhaupt etwas zu tun hat, ha-ha!« Das dritte »Ha« blieb ihm im Hals stecken, als er Bills Miene sah.

»Es ist mir ernst, Dr. Hines. Ich habe keine Ahnung, warum Sie hier nicht früher auftauchen, und es ist mir auch egal, aber verdammt ungerecht ist es schon, so viel, wie hier an mir hängenbleibt. Ich würde vorschlagen, Sie gehen etwas zeitiger zu Bett.«

Dr. Hines' Augen wurden größer und größer, ihm klappte die Kinnlade runter.

»Na schön«, sagte er und brachte seinen Groll in Stellung. »Offenbar haben Sie vergessen, dass Sie als völlig unbeleckter Assistent zu mir gekommen sind und dass ich bereit war, Sie in das Geschäft, das ich mir in dieser Stadt aufgebaut habe, mit einzubinden –« Er schwieg, damit er schwer seufzen konnte. Bill sagte nachsichtig:

»Da haben Sie wohl recht« – und fügte hinzu, was gerade eben aus den Untiefen der letzten Nacht zu ihm heraufgedrungen war: »Und was wollen Sie jetzt machen?«

»Das will ich Ihnen sagen – und zwar auf der Stelle!« Dr. Hines, der durchaus kein Trottel war, sprach nicht weiter, ging gewissenhaft in sich, seufzte noch einmal schwer, aber nur mit halber Puste: »Ich –«

Plötzlich wusste er, dass er gar nichts tun wollte. Nach einem Bilderbuchstart hatte er sich immer mehr gehen lassen; zuletzt hatte er alles, was ihm zu kompliziert war, sogar seine Geheimnisse, Bill Hardy anvertrauen müssen. Ohne Bill würde alles den Bach runtergehen. Schweigend saß Dr. Hines da und starrte seinen jungen Kollegen an.

Bill wusste ganz genau, was dem Mann durch den Kopf ging. Er hatte sich offenbar verständlich gemacht und gab seinem Chef Gelegenheit, sich zu berappeln und seine Würde zu bewahren, indem er den Rückzug antrat. Er warf Miss Weiss die wichtigsten Anweisungen für den Nachmittag auf den Tisch und ging.

Zügig fuhr er nach Norden, und während er so fuhr, dachte er, beziehungsweise dachte er zu Ende, woran er in den vergangenen Stunden so müde herumgedacht hatte, dass nämlich der Junge auf sich allein gestellt war und gegen die Realität zu Felde zog, dass es auf immer und ewig Mrs. Bricksters geben würde, dass Luftschlösser etwas für Kinder und Arbeit und Gefahr etwas für Männer waren – und dass ihm einzig die Hoffnung blieb, dass ihn noch vor Ende des Tages, hinter einer Abzweigung, etwas erwarten würde, das lieblicher wäre und anders.

Es war erst Nachmittag, aber Bill glaubte, genau das schon jetzt erkennen zu können, an diesem frühen, blendenden Nachmittag mit dieser völlig neuen Oper aus klingenden Insekten und den Bäumen, die ihre Schatten warfen wie nie zuvor. Ganz sicher war er nicht, ob er es tatsächlich sah, aber dann war er es plötzlich doch.

Wenige Minuten später sagte er:

»Ich muss Ihnen etwas sagen, leider zwischen Tür und Angel, ich habe nur im Moment so viel zu tun –«

»Oooha«, sagte der Junge, der bei ihnen saß, »oooha –«, und dann, ohne dass man ihn hätte auffordern müssen, sagte er: »Von 'nem Kaliber wie dir lass ich mir doch gern was sagen – bin schon weg« – und war es erstaunlicherweise auch.

Bill sah ihm hinterher und empfand ein leises Bedauern darüber, dass er wohl nie herausfinden würde, worum es sich bei dem Bluga handelte und was es mit den Blicken an Weihnachten auf sich hatte. Dann wandte er sich wieder dem Mädchen zu.

»Also«, sagte er, »Sie sind ungeheuer hübsch – quasi außerirdisch. Sie –«

»Ja?«

»Sie lassen rein gar nichts zu wünschen übrig –« Er zögerte. »Kurz und gut –«

Sie wusste, dass er sich Zeit lassen würde, immerhin hatte er »kurz und gut« gesagt, also würde sie die Sache ein wenig beschleunigen:

»Und was wollen Sie jetzt machen?«, fragte sie.

Weil er von den vielen Erklärungen, die einem in diesem Haus abverlangt wurden, schon ganz müde geworden war, nahm Bill Hardy die Angelegenheit in seine Arme und begann mit einer praktischen Demonstration.

Gracie auf See

von F. Scott Fitzgerald und Robert Spafford

Armer George – stand just und kurz davor, seine Arbeit als Werbefachmann aufzugeben und auf dem Lande in den Ruhestand zu treten, da rief ihn sein Chef zu sich und sprach von einem Auftrag, den George bemerkenswert reizvoll fand, denn George war ein vereinsamter und selbstloser Mensch. Sein Wesen richtete er an der Zufriedenheit anderer aus, und in dieser Hinsicht erfolgreich zu sein, bedeutete ihm mehr als jeder Gehaltsvorschuss. Wegen dieser Eigenschaft galt er als bester Werbefachmann von Manhattan, und vielleicht hat ihn sein Chef aus diesem Grund darum gebeten, den außerordentlich schwierigen, verzwickten Auftrag zu übernehmen.

Kurzum, es ging darum, so legte der Agenturchef dem armen George die Sache dar, sich in die Welt der Reichen zu begeben und dort ein kurioses Problem zu lösen.

Ein gewisser Mr. Augustus Van Grossie, den man schon seit langem mit Segelregatten in Verbindung brachte, war im Hinblick auf seine beiden mutterlosen Töchter mit einem ungewöhnlichen Problem konfrontiert – er musste die Ältere vor der Jüngeren verheiraten – und siehe da, die Ältere war eine Katastrophe. Hübsch genug, das wohl, machte sie sich in einem fort lächerlich, leistete sich peinliche Fehltritte aller Art, so dass die manierlichen jungen Leute in ihrem Umfeld sie mieden. Und da sich kein Kandidat für sie fand, sah es ganz so aus, als würde keine der beiden Schwestern je heiraten.

Die Agentur war angehalten, ihren fähigsten Mann nach Newport zu schicken, wo dieser im Verlauf der Regatta prüfen sollte, ob sich aus Gracies taktisch unglücklich eingesetzten Vorzügen ausreichend Kapital schlagen ließ, um sie schließlich doch noch zu verheiraten.

Zunächst protestierte George vehement. Er hatte schon ein Häuschen ausgesucht, wollte sich an seinem kleinen Erbe erfreuen und Zwiebeln ziehen, statt Orchideen zu züchten. Aber sein beruflicher Instinkt brach sich wieder Bahn. Der Auftrag reizte ihn – also machte er sich auf den Weg.

Noch im Zug war er über seine Nachgiebigkeit verblüfft. Er hatte seine Schreibmaschine dabei, jede erdenkliche Information über das Cup Race und alles, was er in Zeitungsarchiven über die Gepflogenheiten der Van Grossies hatte ausgraben können. Als er gerade darüber nachdachte, doch wieder umzukehren, entdeckte er an der Tasche, die auf der anderen Seite des Gangs soeben neben seiner eigenen, falsch verstauten Tasche deponiert wurde, den Namen »Gabrielle Van Grossie«. Er packte die Gelegenheit beim Schopf, stellte sich unter dem Vorwand, das Gepäckdurcheinander aufklären zu wollen, als Freund ihres Vaters vor und sagte, er sei auf dem Weg zur Regatta und werde im Haus der Familie nächtigen. Gabrielle, Gabrielle – auch Gay genannt, wie sie ihm bald erklärte – war so heiter wie ihr Spitzname und wirkte viel jünger und impulsiver, als ihr eigentlicher Name vermuten ließ.

Während der Fahrt gelang es George, dem treuherzigen Mädchen das eine oder andere über die Familie zu entlocken, mit der er die kommende Woche verbringen würde – darunter auch die Tatsache, dass Gay über die Familientradition, der entsprechend ihre Schwester Gracie vor ihr heiraten musste, sehr ungehalten war. Geübten Weitblicks erahnte George einen Liebhaber, nach dem sie sich verzehrte und mit dem sich zu verbinden außer Frage stand. Und doch gab sie nicht Gracie die Schuld, sondern ihrem Vater und seinen Überzeugungen.

Etwa zur gleichen Zeit erhielt Mr. Van Grossie, der am folgenden Samstag für Amerika an den Start gehen sollte und dessen Jacht zur Stunde noch nicht vom Stapel gelassen worden war, Besuch von jenem jungen Mann, den George nicht kennen konnte und dem die Zuneigung des Mädchens galt. Er war in jeglicher Hinsicht ein angenehmer Mann und der klare Favorit von Mr. Van Grossie, der darauf hoffte, er möge sich früher oder später in seine ältere Tochter Gracie verlieben. Sie nahmen die Jacht unter technischen Gesichtspunkten in Augenschein. Noch ahnten sie nicht, was für eine kuriose Rolle sie während der nächsten Woche spielen würde.

Etwa eine Stunde nachdem George mit der Dämmerung in Newport angelangt war, kam es zu einer weiteren Begebenheit, die das Schicksal aller beteiligten Personen nicht minder beeinflussen sollte.

Eine junge Frau fütterte im Park der riesigen Villa der Van Grossies die gierigen Goldfische im Teich. Eben hatte sie den letzten Schwung Futter ins Wasser gegeben und sich von ihrem Lieblingsfisch verabschiedet, einem großmäuligen und besonders schweigsamen Exemplar. Als sie sich abwandte, kam ihr etwas Wunderliches zu Ohren. »Was sagst du da, Noah?«

Noah antwortete nicht. »O du Dummerchen!«, sagte sie und wandte sich wieder ab.

Und wieder hörte sie den seltsamen Schrei. Sie lachte, drehte sich noch einmal um und sagte: »Noah, ich wette, das sagst du zu jedem Mädchen.« Aber sosehr sie auch lachte, ihr Lachen übertönte nicht, was aus der kleinen Meeresbucht hinter dem Wäldchen zu ihr drang. Es war, wohl wahr, ein wunderlicher Laut. Immer wieder war er in Gracies Herz erklungen, und nun erkannte sie ihn nicht. Etwas Neues klang da an, etwas Unentdecktes, Bezauberndes; wie angewurzelt blieb sie stehen, sah kurz in den Himmel, vielleicht war es ja ein Vogel, den sie nie zuvor gehört hatte. Aber tief im Herzen wusste sie, dass es kein Vogel war, und folgte dem Laut bis zu seiner Quelle. Er kam aus dem im Dunkel liegenden Hafen am Rande der Bucht. Er kam aus dem Meer. Er kam weiß Gott woher. Um genau zu sein: Er kam aus einem ramponierten, ausgesprochen seeuntüchtig wirkenden Doribötchen, beziehungsweise aus dem Wäschekorb darin, beziehungsweise aus dem kleinen Jungen darin, den sie, obwohl es fast schon finster war, aus dem Boot heraus an sich riss und, Schreie der Verzückung ausstoßend, in ihren Armen wiegte. Wahrscheinlich war das Kind auf einem aufgegebenen Trampdampfer gewesen, aber daran verschwendete Gracie im Moment keinen Gedanken. Sie war eben schlichtweg verzückt und machte sich auf den Weg zurück durch das Wäldchen.

Am anderen Ende des Wäldchens ereignete sich etwas,

das Mr. Van Grossie nicht weniger überrascht hätte. Kaum aus dem Zug gestiegen, war unsere kleine Gay ins Wäldchen gehuscht, um rechtzeitig zu ihrer Verabredung zu erscheinen – mit jenem Mann, den Mr. Van Grossie für Gracie bestimmt hatte. Die beiden trafen sich in einer Laube und umarmten sich leidenschaftlich, während George in dem großen Haus genaue Anweisungen entgegennahm.

Der Millionär und der Werbefachmann promenierten durch den Park. Und als sie den Saum des Wäldchens erreichten, kam ihnen der gleiche Schrei zu Ohren, den Gracie kurz zuvor vernommen hatte. »Was war das?«, fragte Mr. Van Grossie, aber auf unvertrautem Terrain hielt George sich zurück. Er wollte sich erst ein Urteil bilden, innehalten und nachdenken, obwohl er ganz genau wusste, woher der Schrei gekommen war. Wieder war der Schrei zu hören. Diesmal sagte er zu sich selbst: »Also, wenn das kein Baby ist, dann weiß ich auch nicht«, und zu seinem Gastgeber sagte er, mit ausgestrecktem Finger: »Da!« –, bewusst in die falsche Richtung weisend. »Sie gehen da entlang, ich gehe hier entlang!« Kaum war der deutlich irritierte ältere Herr in die ihm gewiesene Richtung losmarschiert, flitzte George Richtung Schrei. Prompt traf er nicht nur auf das Mädchen aus dem Zug, sondern auch auf einen fremden jungen Mann und auf ein älteres Mädchen, das einen Wäschekorb samt Baby trug. Offenbar waren sich die beiden Menschenpärchen gerade erst über den Weg gelaufen, und da George nicht lang fackelte, wenn es darum ging, seine Nase in seltsame Angelegenheiten zu stecken, nahm er an der allgemeinen Aufregung über die Entdeckung des Babys regen Anteil.

Zunächst war man sich uneins darüber, was zu tun sei, aber George, der das Mädchen, das er bewerben sollte, nun erstmals zu Gesicht bekam und sich noch mehr Geschichten und Geheimnisse erhoffte, stimmte zu, das Kind ihrem herzlosen Vater fürs Erste vorzuenthalten und in die Obhut einer alten Kinderfrau zu geben – außerdem war offensichtlich, dass Gracie beschlossen hatte, das Kind zu adoptieren.

George machte sich auf die Suche nach Mr. Van Grossie und dachte darüber nach, wie viel leichter es ihm fiele, sich in Sachen Gracie eine Meinung zu bilden, wenn er bis zum nächsten Tag abwarten würde.

Er sollte recht behalten – am nächsten Tag war Gracie ganz in ihrem Element.

Man hatte sie damit betraut, die Jacht ihres Vaters zu taufen, Menschen aus nah und fern applaudierten an der Helling. In Georges Augen eine todsichere Sache – was sollte hier schon schiefgehen? Aber Gracies Talent für Bauchlandungen behielt die Oberhand, denn genau in dem Moment, da sie drauf und dran war, die Flasche gegen den Bug zu schmettern, und die Jacht vom Stapel laufen sollte, hielt sie inne und winkte mit hoch erhobener Flasche der Menge. Die Jacht setzte sich in Bewegung, der überstürzt vollendete Wurf schlug fehl – derart, dass Gracie wie eine Akrobatin um die eigene Achse rotierte. Nicht im geringsten schachmatt gesetzt, hauchte sie in den Armen mitfühlender Zuschauer nur schnell »Wo bin ich?« und hastete wie von Sinnen und mit wehenden Kleidern dem Boot hinterher. Die Jacht glitt schon ins Wasser, da erreichte Gracie das Ende der Helling und erwischte sie gerade noch so, indem sie, kein bisschen verzagt, einen waghalsig-eleganten Sprung vollführte – um sang- und klanglos in der Bucht zu versinken. George hechtete hinterher, brachte sie zurück an die Oberfläche, und schon in dem Moment, da er mit ihr aus dem Wasser schoss, kam es ihm wieder in den Sinn – das hier war ein schwieriges Unterfangen, immerhin bestand seine Aufgabe darin, Gracie als anmutige Dame von vollendeter Eleganz zu präsentieren. Am nächsten Tag war aus den Zeitungen, von ein paar versteckten Seitenhieben abgesehen, nichts über den Zwischenfall zu erfahren, aber schon die Andeutungen ließen George innerlich schäumen, sodass er beschloss, beim nächsten Mal müsse alles anders werden. Darüber hinaus beschloss er, dass Gracies Abweichen von der Konvention damit zu erklären sei, dass Musikerinnen gemeinhin als exzentrisch galten. Er wollte sein Bestes geben und mit Gracie ein vertracktes Stück einstudieren. Wie es der Zufall wollte, war er dafür qualifiziert. Ein paar Tage vor dem Konzert beraumte er eine Probe im Salon der Van-Grossie'schen Villa an. Das Baby war zwar noch immer in der Obhut der Kinderfrau des Vertrauens, aber zu diesem Anlass wurde es von Gracie in den Probenraum geschmuggelt. Untalentiert, fand George, der am Klavier saß, war Gracie keinesfalls. Und so war er ganz darauf konzentriert, wie sie seiner Begleitung folgte. Gracie wiederum war hin und her gerissen zwischen ihrer vermeintlichen Liebe zum Harfenspiel und ihrem Interesse für das Kind, das auf dem Boden spielte. Als dieses beschloss, die Harfe zu besteigen, kippte Gracie, hilfsbereit wie sie war, das Instrument ein wenig an, damit das Kind besser hinaufklettern konnte, dies von George unbemerkt, der, ohne zu ahnen, wer die immer lauter werdenden Diskordanzen verursachte, weiterspielte, Ratschläge gab und ermahnte. George wurde immer wütender, während das Kind, dem soeben aufging, dass es klettern konnte, immer mehr Interesse am Klettern zeigte. Gracie ging es genauso – und so ließ ihr Interesse an der Musik nach. Die Schieflage der Harfe war inzwischen so weit fortgeschritten, dass Gracie, bedenklich verrenkt, fast unter ihr lag und das Instrument mit gefährlich geneigtem Körper spielte – nie zuvor war ein Instrument auf diese Weise gespielt worden.

Schließlich sagte George, den Blick noch immer auf die Noten gerichtet und in dem Glauben, dass Gracie ihm zuhörte: »Und jetzt«, sagte er also, »versuchen wir uns an einem großen Schlusscrescendo!« Das Getöse, nach dem er verlangt hatte, erfolgte punktgenau, wenn auch in anderer Form als erwartet, denn als er sich umdrehte, lagen Gracie, Harfe und Kind über den Boden verstreut. Während er Gracie, Harfe und Kind nacheinander aufsammelte, hörte er gar nicht mehr auf zu reden, schließlich musste Gracie zur Schnecke gemacht werden, ernste Musik scheine sie wohl nicht zu interessieren, und tatsächlich interessierte sich Gracie augenblicklich allein für die Frage, ob der Sturz das Kind verstimmt haben könnte. Schließlich kanzelte George sie ab, mit einem einzigen saftigen Satz, der jeden Musiker erschüttern musste: »Da sehen Sie mal, was Sie aus Ihrem Bach gemacht haben!« Gracie befühlte die Windel des Jungen, spürte, dass sie feucht war und sagte: »Das war doch nicht ich, das hat er ganz allein geschafft!«

Als sich George am nächsten Morgen mit den beiden Schwestern und Gabrielles anhänglichem Verehrer Dick auf den Weg zum Golfplatz machte, schüttelte er noch immer ungläubig den Kopf. Bedauerlicherweise wurde alles nur noch schlimmer, denn als Golfspielerin war Gracie so wenig begabt wie als Schiffstäuferin. Er hatte die drei zusammengebracht, um das Problem mit dem Kind aus der Welt zu schaffen, aber zwei wesentliche Dinge im Zusammenhang mit Gracies Eroberung verhinderten das. Während Gabrielle und Dick in trauter Zweisamkeit und einiger Entfernung in eine Sandkuhle stiegen, befand sich Gracie mit Sicherheit weit zurückgefallen in einer anderen Sandkuhle, sodass er als Verbindungsoffizier zwischen zwei Grabenanlagen hin und her hetzen musste, um den Kontakt aufrechtzuerhalten. Gracie traf den Ball gar nicht so schlecht, aber der riesige Kerl von einem Caddy, den sie angeheuert hatte, trug in einer riesigen Tasche, die sie irgendwo aufgetrieben hatte, ein Kind männlichen Geschlechts, das im Grunde all ihre Aufmerksamkeit beanspruchte. Soweit George, der sich aufgebracht von Gracie loszusagen schwor, erkennen konnte, brachte sie dem Kind anhand ihres Punktestands das Zählen bei, und nur wegen der erwähnten Präferenz des jungen Pärchens für die Abgeschiedenheit der Dünen gelang es ihm, alle wieder zusammenführen, um mit Sinn und Verstand über die Zukunft des Kindes zu beraten. Die Umstände, dachte er, überstiegen womöglich seine Fähigkeiten, aber kleinzukriegen war er nicht, und als er am nächsten Tag seinen neuen Plan zu verwirklichen begann, mobilisierte er, unter Berücksichtigung der Gesamtsituation, sein ganzes reklamerelevantes Wissen.

Ein Schönheitswettbewerb sollte es sein – und Gracie würde ihn gewinnen. Mehr noch, es sollte ausgiebig von diesem Schönheitswettbewerb berichtete werden, er hatte sich alles ganz genau überlegt. Klatschreporter aus New England und New York waren vor Ort. Die Fotografen kamen in Scharen. Gracie war mithilfe ihrer Schwester sorgfältig auf ihre Rolle vorbereitet, und die Mitbewerberinnen waren nicht minder sorgfältig unter den Mauerblümchen und ehemaligen Debütantinnen aus der Umgebung ausgewählt worden, damit niemand auf die Idee käme, Gracie werde zu Unrecht zur Gewinnerin gekürt. Die Juroren waren handverlesen, aber – dummerweise hatte George einmal mehr auf Gracie gesetzt. Als eine der Teilnehmerinnen Gracie darum bat, die Startnummer auf ihrem Rücken zu befestigen, tat Gracie ihr den Gefallen und verdrehte dabei die »9« zu einer »6«. Kurz darauf kam die Amme ihres Vertrauens mit dem Kind, erlaubte ihm, mit Gracies Startnummer zu spielen, und so wurde aus Gracies »6« eine »9«. Nummer 6, so die Anweisung, sollte gewinnen.

Sobald die Parade vor den entfesselten Kameras zu Ende war, verteilte George sein Pressebulletin über den Triumph der liebreizenden Miss Van Grossie – um kurz darauf festzustellen, dass der Pokal an ein Mädchen überreicht wurde, das die umgedrehte 9 trug, dabei hätte doch Gracie, wäre nicht alles auf den Kopf gestellt worden, den Pokal bekommen sollen.

Die Story wurde nach New York telegrafiert. Inzwischen ist sie in den Gesellschaftskolumnen mit falscher Überschrift und diskreten Hinweisen auf das, was tatsächlich passiert ist, erschienen. Die Story war einfach zu gut. Kein Klatschkolumnist konnte sich so etwas durch die Lappen gehen lassen, und wieder fragte sich George, warum er sich einen Werbefachmann schimpfte, wurden doch all seine

Anstrengungen nur mit Pleiten belohnt. Aber noch hatte er einen Trumpf auf der Hand:

Er setzte alles auf das Hauskonzert. George und Gracie betraten den Raum, sie hatte sich bei ihm eingehakt und schwebte majestätisch auf die improvisierte Bühne. Dies war sein letzter Streich – er würde Gracie als Harfenistin von Weltformat etablieren.

In einer feierlichen Einführung, die Gracie mit Liebreiz zu würdigen wusste, stellte er die Musikerin dem Publikum vor. Unter Bravorufen kündigte er das erste Stück an, und Gracie zupfte ein von George begleitetes, zaghaftes Glissando. Der Auftakt gelang ihr bestens, aber der Akkord, mit dem sie schloss, war Katzenmusik. Völlig unbeirrt ließ sie sich von dem Stück mitreißen, während George die Einsätze gab und stur im Takt blieb. Auf einmal streckte das Kind, das sich hinter dem Klavier versteckt hatte, sein Näschen hervor. Alt genug, um zu durchschauen, dass George Burns einen Plagegeist in ihm sah, wollte es tunlichst nicht von ihm gesehen werden. Vorsichtig pirschte es sich heran. Und als Gracie gerade an eine schwierige Stelle kam, rannte es aus seinem Versteck und stolperte Kopf voran in die Saiten der Harfe.

Das, versteht sich, machte dem Konzert ein Ende. Indem sie sich zum Abschied verbeugte und dabei die Harfe vor sich her bugsierte, schaffte es Gracie irgendwie, dass außer George niemand von dem Kind Notiz nahm. Sobald sie vor der Tür waren, stand fest, dass ein sicheres Versteck für das Kind gefunden werden musste. Gracie hedderte es aus den Saiten und rannte mit George zum Bootshaus und in den dortigen Lagerraum, wo sie das Baby auf ein Klüversegel betteten, das zum Auslüften auf dem Boden lag. George und Gracie setzten sich daneben und warteten darauf, dass der Junge einschlief. Noch bevor er die Augen schloss, lehnten sich George und Gracie zurück und dösten ein. Am nächsten Morgen wurden sie unsanft von Mr. Van Grossie geweckt. Sie schlugen die Augen auf und mussten mit ansehen, wie er verärgert nach dem Kind langte und über den Rasen davonmarschierte, offenbar in dem Ansinnen, das Kind auf seine Art loszuwerden. Gracie und George hetzten auf kürzestem Weg zum Anleger, wo Dick und Gabrielle darauf warteten, zur Segeljacht gebracht zu werden. George kaperte das Doribötchen, ruderte unter den Anleger und tippte in seinem Versteck Notizen in die Schreibmaschine. Gracie erklärte den jungen Liebenden in aller Eile, dass alles gut würde, sie müssten einfach behaupten, verheiratet und die Eltern des Kindes zu sein. Sobald Mr. Van Grossie, das Baby auf dem Arm, die Bildfläche betrat, wurde er mit dem fingierten Sachverhalt konfrontiert. Zu erfahren, dass Dick und Gabrielle verheiratet waren, enttäuschte ihn zwar zutiefst, aber bevor er sich Luft machen konnte, feuerte das Rennkomitee ein erstes Signal ab. Also sagte sich der weise Mr. Van Grossie, »passiert ist passiert«. Er pfefferte das Kind in Gracies Arme, zerrte Dick und Gabrielle in ein Motorboot, um zu seiner Rennjacht hinauszufahren, und rief Gracie zu, sie solle mit George nachkommen, sobald der sich wieder blicken lasse. Als Mr. Van Grossie außer Sichtweite war, kam George unter dem Anleger zum Vorschein. Gemeinsam hüpften sie in das einzige verbliebene Motorboot und brachen zur Regatta auf.

Wegen des Durcheinanders und der Anspannung, die so

kurz vor der historischen Regatta in der Luft gelegen hatte, waren Gracie und George sehr aufgewühlt. Gracie saß am Heck, hielt mit einer Hand das Kind, mit der anderen das Ruder, George saß am Bug, ein Luftkissen auf den Knien, darauf die Schreibmaschine. Kaum hatten sie den Steg hinter sich gelassen, kenterte das Boot und brach auseinander. Georges Hälfte sank nur langsam, seine Schreibmaschine driftete auf dem Luftkissen immer weiter ab. Das Kind war auf ein anderes Luftkissen geklettert und trieb quietschvergnügt vor sich hin, von Gracies entfesselter Bootshälfte mit dem Außenborder wild umkreist. Als Georges Hälfte vollgelaufen war und endgültig sank, war das Kind schwer belustigt und zutiefst entzückt. Wie von Sinnen durchpflügte George das Wasser, immer der Schreibmaschine nach. Gracie schaffte es nicht gleich, ihren Teil des Boots anzuhalten – als er vollgelaufen war, rammte sie den Steg und plumpste ins Wasser. Der Verlust des Motorboots zwang die beiden dazu, den letzten verfügbaren schwimmbaren Untersatz zu besteigen, zufälligerweise handelte es sich um das ramponierte Doribötchen. George und Gracie kletterten an Bord, machten sich mit Gracie an den Rudern daran, das Kind und die Schreibmaschine zu retten, und setzten ihre Reise unter den Zuschauerbooten fort, von denen es im Umkreis der Rennjachten nur so wimmelte. Gracie war gerade ans Ziel gerudert und damit beschäftigt, das Boot am Heck der Jacht ihres Vaters zu vertäuen, als der Startschuss fiel. In der Aufregung versuchten Gracie und George an Bord zu klettern, vergaßen das Kind, und erst als die Jacht längst Fahrt aufgenommen hatte, stellte Gracie mit Entsetzen fest, dass es noch im Boot war. Van Grossies Jacht lag in Führung. Gracie und George mühten sich damit ab, das Kind zu bergen, das lachte und klatschte, obwohl das Boot im Kielwasser der Jacht hart ins Schlingern geraten war. Da beschloss Gracie, dass es ein langes Tau richten würde, und lief, während George das Kind im Auge behielt, an Deck, wo sie am Fuß des Hauptmasts genau die Art von Tau fand, die sie brauchte.

Nun war das Tau allerdings mit einem Marlspieker am Fuß des riesigen Masts befestigt. Frohen Mutes, gänzlich unbekümmert und ohne sich im Klaren darüber zu sein, dass dieses Tau das Hauptsegel an Ort und Stelle hielt, legte Gracie sich mächtig ins Zeug, bis der Marlspieker sich lockerte. Als sie ihn schließlich herauszog, stürzte das riesige Hauptsegel herab und begrub die Jacht förmlich unter sich, während das gegnerische Boot seinem ruhmreichen Sieg entgegenrauschte.

Kurz darauf machten sich unter dem Segel, das sich wie ein Laken quer über Deck zog, erste Lebenszeichen bemerkbar. Dick und Gabrielle kamen unter einem Zipfel hervorgekrochen und fielen sich glücklich in die Arme. Auch am Fuß des Hauptmasts warf das Segel einen Buckel, der plötzlich, als wäre nichts geschehen, rief: »Georgie, wo bist du denn?« Vom Achterdeck kam verwirrt und verzagt die Antwort: »Hier, Gracie, hier.« Sie entledigte sich des Segels und lief zu ihm. Aus taktischen Gründen wollte George sie unverzüglich vom Schauplatz des Geschehens entfernen. Als er ihr ins Doribötchen half, das noch immer in Kindeshand war, sagte er: »Mir scheint, Gracie, ich sollte dich zum Wohle der Menschheit zu meinem ewigen Problem machen.« Gracie kicherte beglückt und setzte sich an die Ruder. »Oh! George, was für *reizende* Sachen du doch sagst!« George saß über seine Schreibmaschine gebeugt, schaute gequält wie immer und tippte, während es zurück ans Ufer ging, seine letzte Pressemitteilung.

Während das kleine Boot aus dem Bild verschwindet, schreibt er eifrig: »VAN-GROSSIE-ERBIN GIBT SCHON BALD AUSFAHRT IN DIE EHE BEKANNT MIT – – – – – – – – – – – – – – – – – –«

FINIS.

Zusammen unterwegs

Als der Güterzug wieder hielt, kamen die Sterne zum Vorschein, so plötzlich, dass Chris geblendet war. Der Zug befand sich auf einer Anhöhe; in einer Entfernung von etwa drei Meilen sah er ein Meer aus Lichtern, fahler und gelber als die Sterne. Das muss Dallas sein, dachte er.

Er hatte in den vier Tagen einiges über das Verladegeschäft gelernt und wusste, dass es eine Weile dauern würde, bis die für Dallas bestimmten Waggons umrangiert wären. Wenn er zu Fuß weiterging, würde er den Zug vor Tagesanbruch wieder einholen, und nach all dem Nichtstun – diesmal hatte er sich nicht die ganze Nacht auf dem Stahlgestänge unter dem Waggon festhalten müssen – kam es ihm wie der reinste Luxus vor, ein paar Meilen zu laufen. Ein Luxus wie aus *Tausendundeine Nacht*.

Er rekelte sich und holte tief Luft. Es ging ihm gut wie lange nicht mehr. Wenn man zu essen hatte, ließ es sich so leben. Im Licht der Sterne sah er ein paar Gestalten vorsichtig aus den Waggons klettern und, wie er, die trockene texanische Nachtluft atmen.

Das Mädchen fiel ihm wieder ein.

Im Begleitwagen war ein Mädchen. Am Morgen in Springfield hatte er ein Gesicht vom Fenster weghuschen sehen. Als sie später einen einstündigen Zwischenstopp einlegten, sah er sie deutlich vor sich, wenige Schritte entfernt.

Vielleicht war sie die Frau des Bremsers oder ein Tramp. Aber der Bremser war ein altgedienter knorriger Mann und eher für den Ruhestand gemacht als für eine hübsche Achtzehnjährige, und falls sie *tatsächlich* ein Tramp war, war sie anders als alle Tramps, die ihm bisher begegnet waren.

Vor dem Marsch in die Stadt wollte er eine Dosensuppe essen. Er ging von den Gleisen, machte ein kleines Feuer und goss die Rinderbrühe in seine Klapppfanne.

Er war nicht nur froh über seine Kochausrüstung – sie leistete ihm zwar gute Dienste, trennte ihn aber von den anderen blinden Passagieren. Die vier Männer, die sich eben ein Stück weiter zusammengetan hatten, besaßen keine solche Ausrüstung. Zusammen brachten sie es auf einen kleinen zerbeulten Topf, leere Konservendosen, ein paar verschiedene Zutaten und etwas Salz für einen Elendsfraß. Aber sie wussten, wie der Hase lief, die Alten jedenfalls, und die Jungen waren dabei, es zu lernen.

Chris aß zufrieden seine Suppe, groß war die Nacht um ihn her, und sie wurde immer größer, er war wie gebannt.

»Rauf zu den Sternen – das wär was«, sagte er zu sich selbst.

Der Zug gab ein Gluckern von sich, von irgendwoher kam ein vergeblich klingendes Geräusch, dann zogen die Kupplungen klirrend an, und der Zug fuhr ein paar hundert Yards weiter.

Er machte keine Anstalten, aufzustehen. Auch die Tramps, die weiter oben am Gleis saßen, machten keine Anstalten, wieder einzusteigen. Wahrscheinlich hatten sie die gleiche Idee wie er und wollten zu Fuß nach Dallas. Als der dämmrig beleuchtete Begleitwagen etwa fünfzig Yards an ihm vorbei war, kam der Zug mit einem Ruck wieder zum Stehen …

… Die Gestalt eines Mädchens verdunkelte das schummrige Licht in der offenen Tür des Begleitwagens, langsam, zögerlich. Sie ging bis zu der Stelle, wo der Gleisschotter dem Gras wich.

Sie wollte ganz offensichtlich allein sein, aber es war ihr nicht vergönnt. Kaum hatten die vier Männer sie entdeckt, erhoben sich zwei von ihnen und gingen auf sie zu. Chris packte seine Sachen zusammen und folgte ihnen unauffällig. Gut möglich, dass sie Kameraden von ihr waren – andererseits machten die Männer doch einen ziemlich abgerissenen Eindruck. Sollte es Ärger geben, würde er nicht auf ihrer Seite stehen.

Dann ging alles schneller als gedacht. Die Männer wechselten ein paar Worte mit dem Mädchen, das eindeutig keinen Gefallen an ihrer Gesellschaft fand; einer von ihnen packte das Mädchen am Arm und wollte es zu ihrem Lager zerren. Chris schlenderte zu ihnen.

»Was soll das werden?«, rief er.

Die Männer reagierten nicht.

Das Mädchen wehrte sich, rang nach Luft, Chris kam immer näher.

»He, was das werden soll?«, rief er noch lauter.

»Die sollen mich in Ruhe lassen! Bitte –«

»Halt's Maul!«

Als sich Chris dem unflätigen Kerl näherte, ließ der das Mädchen los und baute sich angriffslustig auf. Chris war kräftig und mit Anfang dreißig gut in Schuss. Der Tramp war jünger und bulliger, während sein Kumpel reichlich Rettungsringe mit sich herumtrug – unmöglich zu sagen, was er als Kämpfer taugte.

Das Mädchen schaute Chris an. Das Aufblitzen ihrer Augen ließ das Firmament zerspringen, so wie ein Diamant Glas zerspringen lässt – heller als alles, was er je zuvor gesehen hatte, strömte das Licht aus ihren Augen, ergoss sich über ihren großen schönen Mund, den sie ängstlich zusammenkniff.

»Die sollen weggehen, bitte! Die haben das schon mal versucht!«

Chris ließ die beiden Männer nicht aus den Augen. Sie hatten einen Blick gewechselt und näherten sich ihm nun von zwei Seiten. Er stand jetzt Rücken an Rücken mit dem Mädchen, flüsterte: »Pass du auf *die* Seite auf!« Das Mädchen begriff und versuchte dicht an dicht mit Chris zu verhindern, dass man sie in die Zange nahm. Chris sah aus dem Augenwinkel, wie die zwei anderen Hobos vom Feuer aufstanden und auf sie zukamen. Er handelte rasch. Als der dickere, ältere der beiden kaum noch eine Armlänge entfernt war, verpasste Chris ihm mit der Linken einen Kinnhaken. Der Mann taumelte, fing sich wieder, fluchend, aber fürs Erste abgewehrt, und wischte sich mit einem langen Fetzen, den er aus irgendeiner Ritze seiner Polsterung hervorgeholt haben musste, das Kinn. Er hielt Abstand.

Plötzlich schrie das Mädchen wie von Sinnen: »Er hat meine Börse!«

Als Chris sich umdrehte, war der Jüngere abgehauen und grinste ihn aus zwanzig Fuß hämisch an.

»Holen Sie mir die Börse zurück!«, schrie das Mädchen. »Das hatten die gestern schon vor. Ich *muss* sie *unbedingt* wiederhaben! Geld ist keins drin!«

Er fragte sich zwar, woran das Mädchen so sehr hing, traf aber trotzdem eine Entscheidung – langte in sein Bündel und zauberte einen 38-Kaliber-Revolver ans Sternenlicht.

»Her mit der Börse!«

Der junge Kerl zögerte – starrte, schon halb in den Startlöchern, wie gebannt auf die Waffe und hob instinktiv die Hände.

»Her damit!«

Chris machte sich keine Sorgen, was der Bursche sonst noch in seiner Tasche haben könnte, er war sicher, dass die Polypen und Pfandleiher ihn und seine Kumpel längst um alle Waffen erleichtert hatten.

»Er macht sie auf, in seiner Tasche!«, rief das Mädchen. »Ich kann es sehen!«

»*Raus* jetzt mit der Börse!«

Sie fiel halboffen zu Boden. Bevor Chris das Mädchen aufhalten konnte, war es losgelaufen, hob die Börse auf – und schaute nervös hinein.

Einer der beiden anderen Hobos meldete sich zu Wort.

»Wollten doch nix anstellen, Kumpel. Haben gesagt, er soll das Mädel in Ruhe lassen. Is' doch so, Joe?« Zustimmung heischend drehte er sich zu seinem Kumpel um. »Lass das Mädel in Ruhe, hab ich gesagt, die fährt im Begleitwagen mit.«

Chris zögerte. Er hatte seine Schuldigkeit getan und – er hatte noch vier Konserven …

… Trotzdem zögerte er. Es stand jetzt vier zu eins, und

der junge Kerl, der aussah wie ein Vorfahr der Cro-Magnon-Menschen, wirkte gereizt und kampflustig.

Zur Entschädigung holte Chris eine Dose mit Corned Beef und eine mit gebackenen Bohnen aus seinem inzwischen recht mickrigen Bündel und warf sie ihnen hin.

»Zieht Leine! Na macht schon! Ihr habt sowieso keine Chance!«

»Was bist'n du für einer? Bulle oder was?«

»Kann dir egal sein – zieht Leine – und falls ihr das da essen wollt, lauft ihr vorher erst mal 'ne halbe Meile.«

»Hast bisschen Brennpaste?«

»Wollt euch wohl die Gurgel schmieren? Hab keine, Feuer müsst ihr ohne machen, wie vorhin.«

Einer der Männer flötete, »Komm schon, Kälbchen«, dann marschierte das Quartett neben den Gleisen auf die gelb erleuchtete Stadt zu.

II

Sie drängte sich auf mit blinzelnden Sternen. Ihr Gesicht war ein Hin und Her, war ein Blick, der über eine Grenze geht – und eine Silhouette, ein Umriss, gesehen aus der Ferne – weiß, freundlich, ungeschliffen – ein Schicksalsgesicht, gezeichnet von jung gefochtenen Kriegen und von altem weißen Glauben.

… Und aus diesem Gesicht schauten Augen, leuchtend grün wie phosphoreszierende Murmeln, so grün, dass der noch feuchte Lehm, aus dem der Rest gemacht war, daneben leblos schien.

»Ein paar andere Tramps haben mir fast alles weggenommen, als ich in St. Louis ausgestiegen bin.«

»Weggenommen? Was denn?«

»Mein Geld.« Wieder funkelten ihre Augen für ihn im Licht der Sterne. »Und wer sind Sie?«

»Wer soll ich schon sein – jemand, der unterwegs ist, so wie Sie. Wohin soll's gehen?«

»Endstation. Westküste – Hollywood. Und Sie?«

»Ebenso. Sie wollen also ins Filmgeschäft?«

Der Marmor ihres Gesichts war lebendig und spiegelte die Neugier in seinem wider. »Nein, ich bin – wegen dem Zettel hier – dem Scheck.« Sie steckte ihn sorgsam zurück in ihre Börse. »Gehen Sie manchmal ins Kino?«

»Ich *bin* das Kino.«

»Das heißt, Sie arbeiten im Filmgeschäft?«

»Schon 'ne ganze Weile.«

»Und was machen Sie dann hier?«

»Miss! Eigentlich wollte ich das niemandem verraten – aber gut, ich schreibe Filme, ob Sie's glauben oder nicht – ich habe schon einige Filme geschrieben.«

Eigentlich war ihr egal, ob das stimmte oder nicht – aber es war unfassbar unglaubwürdig.

»Sie sind doch auf Achse – so wie ich.«

»Und warum sind Sie auf Achse?«

»Darum eben.«

Er holte ein Streichholz aus seinem Rucksack und stieß dabei gegen die letzte Suppenkonserve.

»Wollen Sie vielleicht mit mir essen?«

»Nein, danke, ich hab schon gegessen.«

Dabei sah sie doch ein wenig fahl aus –

»Wirklich?«, versuchte er es noch einmal.

»Aber ja, ich … Sie schreiben also Drehbücher – in Hollywood?«

Er machte sich auf die Suche nach Zweigen für ein Feuer und stieß dabei auf zwei ausrangierte Gleisschwellen. Sie waren ziemlich groß, er fand nur nichts zum Anfeuern – aber noch war der Zug nicht losgefahren. Der Bremser war im Begleitwagen.

»Was'n zum Anzünden?«, brummelte der alte Mann. »Willst mir wohl das Dach von der Hütte reißen. Sag mir lieber, wo das Mädel hin is'. War 'ne richtige Lady – also, wenn das keine Lady war, weiß ich auch nich'.«

»Wo haben Sie sie aufgelesen?«

»Is' zum Güterbahnhof in St. Louis gekommen, hatte kein Geld. Hat gesagt, jemand hätte ihren Fahrschein geklaut. Hab sie mitgenommen, hätt mich meinen Job kosten können. Hast sie gesehen?«

»Hören Sie, ich brauche Anmachholz.«

»Nimm dir 'ne Handvoll«, sagte der Bremser widerwillig und wiederholte seine Frage: »Und wo is' sie? Weg mit der Bande?«

»Es geht ihr gut.« Chris zog eine Visitenkarte aus seinem Stiefel.

»Falls Sie mal nach Hollywood kommen, schauen Sie doch vorbei.«

Der Bremser lachte und sagte:

»Scheinst mir ja 'n netter Bursche zu sein.«

Chris machte sich die gute Stimmung zunutze und lud sich den Arm mit Anmachholz voll. »Keine Sorge«, sagte er, »ihr tut keiner was, dafür werd ich schon sorgen.«

»Dafür wirst du schon sorgen?«, fragte der Bremser an der Waggontür. »Du musst! War mir wie eine Tochter! Hab auf sie aufgepasst. Hat mir nicht gefallen die Truppe. Weißt schon. Haben nicht nett ausgesehen. Weißt schon. Sehn doch heutzutage sonst gar nicht mehr so übel aus.«

»Also – Wiedersehen.«

Das Klirren der Kupplungen war zu hören.

Chris ging nachdenklich zurück.

»Sehen Sie mal!«, rief das Mädchen.

Die neunzehn wilden grünen Augen eines Busses tauchten aus der Dunkelheit auf.

»Wäre das nicht herrlich – wenn wir –«

»Können wir doch«, stellte er klar. »Ich kann Sie bis nach Los Angeles bringen.«

Das bezweifelte sie. »Wissen Sie, manchmal denke ich, dass Sie vielleicht wirklich wer sind.«

Im Bus fragte sie ihn:

»Und woher haben Sie das Geld hierfür?«

Die schläfrigen Passagiere machten ihnen Platz.

»Ich denke mir einen Film aus.«

Sie wusste noch immer nicht, ob sie ihm glauben konnte, er sah jedenfalls recht müde aus für sein Alter und hatte wohl schon eine ganze Weile lang gearbeitet.

»Und was schreiben Sie im Moment?«, wollte sie wissen.

»Das hier. Das ist, was mir im Kopf rumschwirrt. Ein Film über Hobos –«

»Und denen in Hollywood wollen Sie Ihre Idee verkaufen?«

»Verkaufen? Längst passiert! Ich heiße Chris Cooper. Ich bin auf Recherche. *Linda Monday* ist von mir.«

Sie wirkte jetzt erschöpft und desinteressiert.

»Ich gehe nicht oft ins Kino«, sagte sie. »Sie sind so richtig goldig zu mir gewesen.« Sie schenkte ihm ein Lächeln, halber Mund, kleine weiße Steilklippe.

»Mensch, wie hübsch Sie sind!«, rutschte es ihm heraus, und dann sagte er, »Wer sind Sie bloß – Sie sind doch wer –« Das dösende Paar vor ihnen rührte sich, er musste leiser sein.

»Ich bin das Mädchen mit dem Geheimnis.«

»Das glaube ich langsam auch. Bin schon am Rumraten.«

Der Bus fuhr in den Bahnhof von Dallas ein. Hoch droben wogende Mitternacht. Mehr als die Hälfte der Passagiere stieg aus, die einen endgültig, die anderen, wie Chris, vorübergehend. Das Mädchen blieb, und während es sich ausruhte, schlich sich ein zartes Rosa zurück auf seine Wangen.

Auf der Post schickte Chris einer Berühmtheit, die soeben in einem ausgesucht modernen Zug unterwegs war, ein Telegramm.

Zurück im Bus weckte er das Mädchen aus seinem Halbschlaf und fragte beiläufig:

»Haben Sie schon mal von Velia Tolliver gehört?«

»Sicher doch. Wer nicht. Die Entdeckung des Jahres, oder?«

»Sie ist auf dem Weg an die Westküste. Ich habe ihr telegrafiert, dass sie in El Paso aussteigen soll, damit ich zu ihr stoßen kann.«

Dabei war er es eigentlich leid, sich vor einem Mädchen aufzuspielen, das ihm sowieso nicht glaubte. Vielleicht war es die gekränkte Eitelkeit in Chris' Augen, die ihr die Kraft gab, zu sagen:

»Mir ist ziemlich egal, *wer* Sie sind. Sie waren gut zu mir – Sie haben meinen Scheck verteidigt.« Schläfrig umklammerte sie ihre ramponierte Börse mit dem gefalteten Scheck. »Das war's nämlich, was der Tramp nicht in die Hände kriegen sollte.«

»Scheint Ihnen ja sehr wichtig zu sein, dieser Scheck.«

»Haben Sie schon mal von Paul Downs gehört?«

»Glaube schon.«

»Er war mein Vater. Das hier ist seine Unterschrift.« Die Müdigkeit übermannte sie wieder, ohne jede weitere Erklärung schlief sie ein, während sich der Bus in Bewegung setzte und die lange texanische Nacht durchquerte.

Die Lichter waren gedimmt, bis auf zwei leuchteten sie nur schwach. Gelblich schimmerten die erschöpften Gesichter der Passagiere, die kurz davor waren, einzuschlummern.

»Gute Nacht«, murmelte sie noch.

Erst am nächsten Tag, als sie mittags in Midland Halt machten, sagte er:

»Paul Downs, sagten Sie, war Ihr Vater? ›Schatzi‹ Downs genannt? Eigner einer Dampfschiffgesellschaft? Küste zu Küste?«

»Ganz genau.«

»Ich kann mich an ihn erinnern, weil er uns für *Goldstaub* eine 1850er Brigg ausgeliehen hat. Wir sind uns auf einer netten kleinen Party begegnet, die er geschmissen hat –«

Er verstummte, als er den Ausdruck in ihrem Gesicht sah.

»Wir hörten davon.«

»Wir?«

»Mutter und ich. Wir sind wohlhabend gewesen, als Vater

starb – jedenfalls dachten wir das.« Sie seufzte. »Kommen Sie, wir gehen zum Bus zurück ...«

... Und wieder war's eine herrliche Nacht, als sie El Paso erreichten.

»Haben Sie denn überhaupt Geld?«, fragte er.

»Aber jede Menge!«

»Wer's glaubt. Hier, zwei Dollar. Können Sie mir später zurückgeben. Kaufen Sie sich, was immer Sie brauchen – Sie wissen schon – Strümpfe, Taschentücher – irgendwas.«

»Sicher, dass Sie's entbehren können?«

»Sie glauben mir ja noch immer nicht – bloß, weil ich kaum Geld dabeihabe.«

Sie standen vor einer Auslage mit aufgefalteten Straßenkarten.

»Also ade«, sagte sie zögerlich, »und danke noch mal.«

Es versetzte ihm einen Stich ins Herz. »Aber doch nicht ›ade‹ – ›bis später‹! – in einer Stunde auf dem Bahnsteig!«

»Einverstanden.«

Und schon war sie weg. War nur noch das Löckchen, das unter ihrem Hut hervorguckte.

Er fragte sich, was sie wohl tun würde – fragte es sich *mit* ihr. Würde sie zum Bahnhof zurückkommen?

Sie würde spazieren, weiterspazieren und in Schaufenster schauen – gewiss. Er kannte El Paso und überlegte, durch welche Straßen sie wohl laufen mochte, da kam sie zu seiner großen Freude eine halbe Stunde vor Ankunft des Zuges zum Bahnhof.

»Sie kommen also mit. Gehen wir zum Schalter.«

»Ich hab's mir anders überlegt. Sie haben schon mehr als genug für mich bezahlt.«

Jetzt offenbarte er sich:

»Ich würde mich freuen, wenn Sie noch viele Meilen auf meine Kosten zurücklegen.«

»Das vergessen wir besser gleich. Hier, Ihre zwei Dollar. Ich habe nichts davon ausgegeben, ach doch, fünfundzwanzig – nein – fünfunddreißig Cent. Hier, der Rest.«

»Reden Sie keinen Unsinn! Gerade dachte ich, dass Sie doch ganz vernünftig sind. Velias Zug kann jeden Moment kommen. Sie ist das hübscheste Ding, das mir je untergekommen ist. Wir haben beschlossen, dass sie das Mädchen in meinem Hobo-Streifen spielen soll.«

»Manchmal glaube ich fast, dass Sie wirklich sind, was Sie behaupten.«

Dann, vor dem Zeitungsstand, sah er sie an – und sah den Schnee dahinschmelzen. Ihre rosigen Lippen waren jetzt scharlachrot …

… Der Zug fuhr ein. Velia Tolliver, ganz sie selbst, schien zutiefst empört.

»Also – da wären wir«, sagte sie. »Nehmen wir doch schnell ein Gläschen im Bahnhofsrestaurant, danach telegrafieren wir Bennie Giskig, damit er uns in Yuma mit seinem Wagen abholt. Ich bin das Zugfahren so leid. Und dann muss ich wieder an Bord – schlafen. Sogar die Schaffner haben mich angeguckt, als hätte ich Falten.«

Als sie zehn Minuten später ihr geräumiges Abteil betraten, betrachtete Velia das Mädchen mit großer Neugier.

»Mein Dienstmädchen ist krank geworden und musste in Chicago bleiben – ich bin völlig aufgeschmissen. Wie heißen Sie noch gleich? Ihr Name muss mir entgangen sein.«

»Judith Downs.«

Während Velia einen enormen blauen Edelstein, größer als ein Auge, aufblitzen und dann in einem blauen Beutelchen verschwinden ließ, fragte sich Judy, ob Velia sie wohl bitten würde, einzuspringen.

Chris und Judy gingen zum Kanzelwagen am Ende des Zugs, wenig später stieß Velia dazu, offenbar hatte sie sich ein paar Drinks genehmigt, zum Ausgleich dafür, dass sie auf ihr Dienstmächen verzichten musste.

»Du bist unverbesserlich, Chris«, konstatierte sie. »Lässt mich in New York sitzen, machst diesen aberwitzigen Trip, und was bekomme *ich* – ein Telegramm, dass ich aussteigen soll! Und dann kreuzt du noch mit diesem Mädchen auf!«

Sie wischte sich ein paar lästige Tränen aus dem Gesicht und riss sich zusammen.

»Na gut. Ich erkläre mich mit ihr einverstanden – da du mich nun mal nicht liebst!« Sie beäugte Judy jetzt noch kritischer. »Sie sind – ziemlich staubig. Soll ich Ihnen etwas zum Anziehen borgen? Mein Schrankkoffer ist im Abteil. Kommen Sie.«

… Zehn Minuten später sagte Judy Down:

»Nein – nur diesen Rock und diesen Pullover.«

»Aber das ist doch bloß ein alter Pullover! Ich glaube, den habe ich schon vor Ewigkeiten meinem Mädchen geschenkt, muss sich irgendwie zwischen meine Sachen verirrt haben. Also nein? Nun gut. Schwirren Sie ab und amüsieren Sie sich mit Chris. Ich lege mich ein Weilchen hin.«

Dabei hatte Judy den Pullover nicht ausgesucht, weil er alt war, sondern wegen des Einnähers mit dem Namen »Mabel Dychenik«.

Auf dem Scheck, den sie in ihrem Geldbeutel hütete, stand:

Auszuzahlen an Mabel Dychenik – $10,00

III

Im Kanzelwagen sagte Judy, die sich jetzt besser fühlte:

»Wie nett von ihr, mir etwas auszuleihen. Woher kommt sie?«

»Oh, sie hat als Goldgräberin in der Provinz angefangen. Sie war noch nicht lang weg aus der Mine, da hab ich sie auf der Bühne eines drittklassigen Revuetheaters entdeckt. Hab ihr sogar einen neuen Namen verpasst.«

Bis tief in die Nacht saßen sie auf der offenen Plattform, während New Mexico unter den Sternen vorbeirauschte. Am nächsten Morgen nahmen sie ein kleines Frühstück zu sich. Velia ließ sich erst in Yuma wieder blicken. Sie gingen in ein kleines Hotel, um sich frischzumachen und auf Bennie Giskig zu warten, der telegrafiert hatte, er werde sie dort in seinem Wagen abholen und den Rest der Strecke nach Hollywood bringen.

»War jedenfalls ein abwechslungsreicher Trip«, sagte Chris zu Judy. »Die Etappen überschaubar – jede anders als die vorige – hat Spaß gemacht – mit Ihnen.«

»Mit Ihnen auch.«

Als Velia von der Damentoilette zurückkam, war der Spaß vorbei:

»Mein blaues Beutelchen ist weg, ich habe es immer am Handgelenk. Was drin war, meine ich. Mein großer Edelstein! Das einzig Schöne, was ich besitze! Mein blauer Diamant!«

»Hast du auch richtig gesucht? In allen Taschen?«

»Mein Gepäck ist im Zug. Der Stein war in seinem Beutelchen – und das Beutelchen war an meinem Handgelenk!«

»Rausgerutscht vielleicht –«

»Unmöglich. Es handelt sich um einen patentierten Verschluss – der geht nicht einfach auf und zu.«

»Dann muss er in deinem Gepäck sein.«

»Aha!« Sie hatte einen Verdacht und drehte sich zu Judy: »Wo ist er? Ich will ihn zurück! Sofort!«

»Also *ich* habe ihn ganz sicher nicht.«

»Wo ist er dann? Ich lasse Sie durchsuchen –«

»Sei doch vernünftig, Velia«, sagte Chris.

»Wer ist sie überhaupt? Wer ist dieses Mädchen? Das wissen wir doch nicht!«

»Lass uns bitte wenigstens nach nebenan gehen«, drängte er sie.

Sie war am Rande des Nervenzusammenbruchs.

»Sie muss durchsucht werden!«

»Meinetwegen«, sagte Judy. »Aber mehr als den Mantel und den Pullover, die Sie mir geliehen haben, gibt's nicht zu durchsuchen. Das alte Kleid habe ich im Zug weggeworfen, das wäre sowieso nicht mehr zu retten gewesen. Verschluckt werde ich das Ding ja wohl kaum haben.«

»Siehst du, Chris, sie kennt sich aus! Sie weiß, dass Diebe Juwelen verschlucken!«

»Das ist absurd!«, sagte er.

Während Judy unter Velias wachsamem Blick von der

Telefonistin durchsucht wurde, hielt Bennie Giskig vor dem Eingang des Hotels. Im Foyer traf er auf Chris.

»Na bitte«, sagte er auf die arrogante Art, die Chris mit Giskigs Metier verband, und die denjenigen, die Filme drehten und schrieben, gänzlich abging. »Gut, dich zu sehen, Chris! Ich muss mit dir reden. Deswegen bin ich hier, obwohl ich enorm beschäftigt bin. Wo ist Velia? – sie muss ich noch dringender sprechen. Können wir gleich los? – ich habe einen Termin in Hollywood.«

»Es gibt hier ein kleines Malheur«, sagte Chris. »Bennie, ich habe da ein Mädchen für dich gefunden.«

»In Ordnung. Ich schau sie mir im Wagen an – wir müssen jetzt wirklich los!«

»– und die Story habe ich auch.«

»Nun.« Er zögerte. »Chris, ich muss dir in aller Offenheit sagen, dass sich unsere Pläne ein wenig geändert haben. Die Story ist zu traurig.«

»Ganz im Gegenteil, die Story könnte sogar ziemlich amüsant werden.«

»Lass uns unterwegs darüber sprechen. Jedenfalls geht Velia vorher in eine andere Produktion, sofort, im Grunde heute noch –«

In diesem Augenblick kam Letztere, aufgelöst in Tränen und von Judy gefolgt, aus der Garderobe.

»Bennie«, heulte Velia, »mein großer Diamant ist weg, du weißt schon!«

»Ach ja? Was für ein Jammer. Ist er versichert?«

»Nicht hoch genug! Der Stein ist eine Rarität!«

»Wir müssen los! Wir sprechen unterwegs darüber.«

Sie erklärte sich bereit, an Bord zu gehen; dann brachen

sie auf Richtung Küste, einen Hügel hinauf und hinab in ein morgengrünes Tal, wo reihenweise Avocadobäume und Salatköpfe wuchsen.

Chris gab Bennie die Gelegenheit, Velia zu gestehen, dass ihr umgehend Dreharbeiten bevorstanden – was sie, aufgelöst, wie sie war, kaum zu begreifen schien.

Dann sagte Chris:

»Meine Story ist besser, Bennie. Ich ziehe sie jetzt anders auf. Seit ich unterwegs bin, habe ich einiges begriffen. Sie heißt jetzt ›Zusammen unterwegs‹. Es geht nicht mehr nur um Hobos, es gibt jetzt auch eine Romanze.«

»Ich sag doch, das Thema ist zu düster. Die Leute wollen heutzutage was zu lachen haben. Für den Film, in dem Velia mitspielt, haben wir –«

Chris fuhr ihm ungeduldig über den Mund.

»Also habe ich einen ganzen Monat vergeudet – weil du's dir anders überlegt hast?«

»Shulkopf hat dich nicht erreicht, was? Wir wussten nicht, wo du steckst. Bezahlen wir dir im Moment denn keinen Lohn?«

»Ich arbeite nicht nur fürs Geld.«

Bennie tätschelte ihm beschwichtigend das Knie.

»Vergiss das Ganze, du schreibst stattdessen einen Film, der –«

»Ich will aber *diesen* Film schreiben, solange ich ihn in mir trage! Ich bin mit dem Güterzug von New York bis nach Dallas –«

»Und? Würdest du nicht lieber in einem großen Wagen durch die Gegend gondeln?«

»Das war früher.«

Bennie drehte sich mit gespielter Verzweiflung zu Velia um.

»Velia, er will lieber mit dem Güterzug fahren und –«

»Kommen Sie, Judy«, sagte Chris plötzlich, »wir steigen aus, das schaffen wir auch zu Fuß.« Dann zu Benny: »Mein Vertrag ist sowieso letzte Woche ausgelaufen.«

»Aber den würden wir doch –«

»Die Story werd ich auch woanders los. Das mit den Hobos war meine Idee – damit bleiben die Rechte wohl bei mir.«

»Ja, sicher doch. Wir haben kein Interesse daran. Aber Chris, hör doch zu –«

Er schien zu begreifen, dass er gerade einen seiner besten Männer verlor; Chris standen alle Türen offen, er würde es im Filmgeschäft noch weit bringen.

Aber Chris blieb standhaft.

»Kommen Sie, Judy. Fahrer, halten bitte!«

Velia, die nur noch an den Verlust ihres Diamanten denken konnte, plärrte: »Chris! Wenn du was rausfindest – falls dieses Mädchen –«

»Sie hat ihn nicht! Das weißt du doch! Vielleicht hab ich ihn ja!«

»Hast du nicht!«

»Nein, habe ich nicht. Leb wohl, Velia. Leb wohl, Bennie. Wir sehen uns wieder, wenn mein Theaterstück eingeschlagen hat wie ’ne Bombe – ich werde berichten.«

Kurz drauf war der Wagen ein schwarzes Pünktchen am Ende des Highway.

Chris und Judy saßen am Straßenrand.

»So.«

»So.«

»Jetzt heißt es Schuhsohlen strapazieren und Daumen raus.«

»Sieht so aus.«

Er betrachtete das zarte Rosa ihrer Wangen und ihre kupferfarbenen Augen, grüner als das grün-braune Laub ringsum.

»Und? Haben Sie den Diamanten?«, fragte er plötzlich.

»Nein.«

»Sie schwindeln doch.«

»Na gut – dann eben jein.«

»Was haben Sie damit gemacht?«

»Ach, ist doch gerade so reizend hier, lassen Sie uns nicht darüber reden.«

»Nicht darüber reden!«, wiederholte er, über ihren beiläufigen Ton erstaunt, als wäre das alles eine Lappalie.

»Ich bringe Velia den Stein zurück. Das ist meine Pflicht. Immerhin bin ich es gewesen, der Sie Velia vorgestellt hat –«

»Ich kann nichts für Sie tun«, sagte sie kühl. »Ich habe den Stein nicht.«

»Was haben Sie denn damit gemacht? Hat ihn jetzt ein Komplize?«

»Glauben Sie etwa, ich bin kriminell? Das hätte ich dann aber grandios und gegen jede Wahrscheinlichkeit eingefädelt – erst auf Sie treffen und all das –«

»Jedenfalls ist jetzt Schluss damit! Velia bekommt ihren Diamanten zurück!«

»Zufälligerweise gehört er mir.«

»Was man hat, das hat man eben? – Nun –«

»So meinte ich das nicht«, fuhr sie dazwischen und fing

vor Wut zu weinen an. »Er gehört meiner Mutter und mir. Ach, ich erzähle Ihnen einfach die ganze Geschichte, dabei wollte ich eigentlich noch damit warten. Mein Vater war Eigner der Nyask Line. Mit sechsundachtzig war er so klapprig, dass er nur noch mit Arzt und Krankenschwester in sein Westküstenbüro dampfen durfte – eines Nachts hat er sich abgeseilt und einem Mädchen in einem Nachtclub einen Diamanten im Wert von achtzigtausend Dollar geschenkt. Er hat der Krankenschwester davon erzählt, weil er das ungeheuer amüsant und clever fand. Wir wussten, wie viel der Stein wert war, weil wir die Rechnung des New Yorker Händlers gefunden haben – samt Quittung.

Auf der Rückfahrt nach New York ist Vater gestorben – und hat uns nichts als Schulden vermacht. Er war senil, plemplem, Sie wissen schon. Er hätte das Haus nicht mehr verlassen dürfen.«

Chris fiel ihr ins Wort.

»Aber woher wussten Sie, dass es Velias Diamant war?«

»Wusst ich doch nicht. Ich wollte an die Westküste, ein Mädchen namens Mabel Dychenik ausfindig machen. Aus Vaters Unterlagen ging hervor, dass er einen Scheck ausgestellt hatte, über zehn Dollar, auf ihren Namen. Seine Sekretärin hat gesagt, er hätte nie Schecks ausgestellt – außer in der Nacht, als er ausgebüxt ist.«

»Trotzdem, Sie konnten es nicht *wissen* –« Er überlegte kurz. »Nachdem Sie den Diamanten gesehen haben. Nehme an, solche Steine sind sehr selten?«

»Selten? *So* große Steine? Auf der Rechnung des Juweliers stand, der Stein sei reinrassig wie ein Vollblüter. Wir dachten, er wäre im Safe.«

Er riet drauflos: »Also wollten Sie das Mädchen beknien und die Sache anfechten.«

»Richtig – aber ein so knallhartes Exemplar wie Velia beziehungsweise Mabel würde doch kämpfen bis zum bitteren Ende. Außerdem fehlt uns das Geld. Letzte Nacht war *die* Gelegenheit – wenn ich den Stein erst hätte, dachte ich –«

Sie sprach nicht weiter, also brachte er den Satz für sie zu Ende:

»– würde sie, wenn sie sich ein bisschen beruhigt hätte, schon mit sich reden lassen.«

Während er so dasaß, zermarterte sich Chris eine ganze Weile den Kopf über das Für und Wider in der Sache. Einerseits war es unverzeihlich – andererseits hatte er von geschiedenen Paaren gehört, die so sehr um ihre Kinder kämpften, dass sie nicht einmal vor einer Entführung zurückschreckten. Wie ließ sich so etwas rechtfertigen – durch Liebe? Und bei Judy ging es immerhin um den grundmenschlichen Anspruch auf ein Auskommen.

Was Velia anging, würde ihm schon etwas einfallen.

»Was haben Sie denn nun mit dem Stein gemacht?«, wollte er wissen.

»Zur Post bringen lassen. Der Schlafwagenschaffner hat ihn für mich aufgegeben, heute Morgen, als wir in Phoenix gehalten haben – eingewickelt in mein altes Kleid.«

»Großer Gott! Da sind Sie aber ein Risiko eingegangen!«

»Die ganze Reise war ein Risiko.«

Da waren sie auch schon wieder auf den Beinen und liefen westwärts, in ihrem Rücken die milde Sonne, die hoch und höher stieg.

»Zusammen unterwegs«, sagte Chris gedankenverloren

zu sich selbst. »Jawohl, so nenne ich mein Stück.« Und dann zu ihr: »Und dich, dich nenne ich ab jetzt ›mein Mädchen‹.«

»Wusste ich's doch.«

»Zusammen unterwegs sein«, sagte er. »Ist wohl das Beste, was man machen kann, wenn man jemanden kennenlernen will.«

»Und wir werden so richtig viel unterwegs sein, oder?«

»Na sicher – und immer zusammen!«

»Nein. Ab und zu kannst du auch allein unterwegs sein – aber ich bin immer da, wenn du zurückkommst.«

»Wehe, wenn nicht!«

Für dich würde ich sterben

In einem Tal in den Bergen von Carolina lag der See, einen rosa Schimmer des Sommerabends auf seiner Oberfläche. In dem See gab es eine Halbinsel und auf der Halbinsel ein auf Italienisch getrimmtes Hotel mit Stuckatur, die im Tagesverlauf der Sonne viele Farben annahm. Im Speisesaal des Hotels saßen vier Filmleute an einem Tisch.

»Wenn man Venedig oder die Sahara als Rückpro laufen lassen kann«, sagte die junge Frau, »dann verstehe ich nicht, warum man das nicht auch mit Chimney Rock macht, statt uns in den tiefen Osten zu schicken.«

»Das machen wir sowieso«, sagte der Kameramann Roger Clark. »Wir könnten es sogar mit den Niagarafällen oder mit Yellowstone machen, wenn es nur um den Hintergrund ginge. Aber dieser Felsen ist der Held unseres Films.«

»Wir sind besser als die Wirklichkeit«, sagte Wilkie Prout, der Regieassistent. »Ich war selten so enttäuscht wie vom echten Versailles und erinnerte mich dort an das Versailles, das Conger im Jahr neunundzwanzig im Studio gebaut hatte –«

»Realismus ist der Maßstab«, fuhr Roger Clark fort. »Daran scheitern andere Regisseure –«

Die junge Frau Atlanta Downs hörte nicht mehr zu. Ihr Blick – aus Augen, die auf Fotos und im Film ein ganz eigenes Sternenlicht besaßen – hatte sich vom Tisch entfernt und auf einen Mann gerichtet, der eben eingetreten war. Nach einem Augenblick sah Roger ebenfalls dorthin. Er riss die Augen auf.

»Wer ist bloß dieser Bursche?«, fragte er. »Ich weiß, ich habe ihn schon mal irgendwo gesehen. Er ist nicht irgendwer –«

»So spannend kommt er mir nicht vor«, sagte Atlanta.

»Trotzdem. Verdammt, ich weiß alles über ihn, nur nicht, wer er ist. Ich weiß, dass er schwer zu fotografieren war – hat Kameras zertrümmert, solche Sachen. Er ist kein Autor, kein Schauspieler –«

»Kannst du dir einen Schauspieler vorstellen, der Kameras zertrümmert«, sagte Prout.

»– kein Tennisspieler, kein Modepüppchen – wartet mal – ich hab's fast –«

»Er versteckt sich«, schlug Atlanta vor. »Das ist es. Seht nur, wie er die Hand vor die Augen hält. Er ist ein Verbrecher. Wer wird gerade gesucht? Weiß das jemand?«

Der Techniker Schwartz kam Roger zu Hilfe und flüsterte überrascht: »Das ist Delannux! Weißt du noch?«

»Genau«, sagte Roger. »Der ist es. ›Selbstmord-Carley‹.«

»Was hat er angestellt?«, fragte Atlanta. »Sich umgebracht?«

»Klar. Das da ist sein Geist.«

»Ich meinte, hat er es versucht?«

Die Leute am Tisch hatten sich alle leicht vorgebeugt, obwohl der Mann zu weit weg saß, um sie zu hören. Roger erklärte: »Andersherum. Seine Geliebten haben sich umgebracht – so hieß es wenigstens.«

»Für diesen Mann? Er ist doch – fast hässlich.«

»Oh, wahrscheinlich kompletter Blödsinn. Aber irgendein junges Ding hat sich mit einem Flugzeug abgestürzt und einen Abschiedsbrief hinterlassen, und eine andere –«

»Zwei oder drei«, unterbrach ihn Schwartz. »Es war eine Riesengeschichte.«

Atlanta überlegte.

»Ich kann mir zur Not vorstellen, dass man aus Liebe einen Mann umbringt, aber nicht sich selbst.«

Nach dem Essen schlenderte sie mit Roger Clark die Arkade am Seeufer entlang, vorbei an den kleinen Läden mit Webarbeiten und Schnitzarbeiten der Bergbewohner und den Halbedelsteinen von den Great Smokies in ihren Schaufenstern. Vor dem Postamt am Ende der Ladenzeile blieben sie stehen und betrachteten den See, die Berge und den Himmel. Die Szenerie entfaltete nun ihre ganze Pracht – Buchen, Kiefern, Fichten und Balsamtannen waren zu einem einzigen riesigen Reflektor des wechselnden Lichts geworden. Der See war ein Mädchen, zum Leben erweckt in tiefem Erröten als Erwiderung auf die männliche Pracht der Blue Ridge Mountains. Roger sah zum Chimney Rock in einer halben Meile Entfernung.

»Morgen Vormittag will ich so viele Aufnahmen wie möglich vom Flugzeug aus machen. Ich umrunde den Brocken, bis es diesig wird. Zieh also dein Pionieroutfit an und sei rechtzeitig oben – vielleicht ergeben sich ein paar gute Aufnahmen.«

Das war mehr oder weniger ein Befehl, denn Roger leitete die Expedition; Prout war nur der Frühstücksdirektor. Roger hatte sein Gewerbe mit achtzehn Jahren als Luftbildfotograf in Frankreich gelernt, und seit vier Jahren war er Hollywoods bester Mann auf diesem Gebiet.

Atlanta mochte ihn lieber als jeden anderen Mann. Und einen Augenblick später, als er sie leise fragte, was er schon einmal gefragt hatte, gab sie ihm wieder die gleiche Antwort.

»Aber du magst mich nicht genug, um mich zu heiraten«, wandte er ein. »Ich werde nicht jünger, Atlanta.«

»Du bist erst sechsunddreißig.«

»Das ist alt genug. Und ist da gar nichts zu machen?«

»Ich weiß es nicht. Ich dachte immer –« Sie sah ihm in die Augen. »Das verstehst du vielleicht nicht, Roger, aber ich habe so viel gearbeitet – und ich dachte immer, ich will erst noch ein bisschen Spaß haben.«

Nach einem Augenblick sagte er, ohne zu lächeln: »Das ist der erste schreckliche Text, den ich je von dir zu hören bekommen habe.«

»Es tut mir leid, Roger –«

Aber er hatte wieder seinen gewohnt heiteren Gesichtsausdruck.

»Hier kommt Mr. Delannux. Sieht aus, als könnte er nicht viel mit sich anfangen. Komm, wir nehmen ihn mit. Mal schauen, ob er dir schöne Augen macht.«

Atlanta trat einen Schritt zurück.

»Für professionelle Herzensbrecher habe ich nichts übrig.«

Aber wie zur Rache für ihre vorherigen Worte sprach Roger den Näherkommenden an und bat ihn um Feuer. Kurz darauf schlenderten sie zusammen den Strand entlang zum Hotel.

»Ich war mir nicht im Klaren über Sie«, sagte Delannux. »Sie wirkten nicht gerade wie Urlauber.«

»Wir dachten, Sie wären vielleicht Dillinger«, sagte Atlanta, »oder wer immer ihn jetzt vertritt.«

»Es stimmt, dass ich mich verstecke. Haben Sie das jemals versucht? Es ist scheußlich – langsam verstehe ich, warum sie aufgeben und sich stellen.«

»Sind Sie ein Verbrecher?«

»Ich weiß es nicht – und ich will es gar nicht wissen. Ich verstecke mich vor einem Zivilgerichtsverfahren, und solange man mir die Vorladung nicht zustellen kann, ist alles in Ordnung. Eine Zeitlang habe ich mich in einem Krankenhaus versteckt, aber dann war ich zu gesund und konnte nicht länger dortbleiben. Und jetzt erzählen Sie mir, warum Sie diesen Felsen aufnehmen wollen.«

»Ganz einfach«, sagte Roger. »Atlanta spielt eine Adlermutter, die nicht weiß, wo sie ihr Nest bauen soll –«

»Hör auf, du Spinner!« Zu Delannux sagte sie: »Es ist ein Film über die Pionierzeit, über die Indianerkriege. Die Heldin gibt Zeichen vom Felsen und so weiter.«

»Wie lange werden Sie hier drehen?«

»Das ist mein Stichwort, um reinzugehen«, sagte Roger. »Ich muss eine Kamera reparieren. Bleibst du noch draußen, Atlanta?«

»Warum sollte ich freiwillig reingehen – an so einem Abend?«

»Also gut, du und Prout, ihr seid morgen um acht auf dem Felsen – und versucht lieber nicht, im Gewaltmarsch hochzuklettern.«

Sie saß mit Delannux neben einem am Strand vertäuten Floß, während der Sonnenuntergang in rosa Puzzleteile zerfiel, die sich im dunklen Westen auflösten.

»Merkwürdig, wie schnell heutzutage alles geht«, sagte Delannux. »Jetzt sitzen wir hier, am Ufer eines Sees –«

Er ist einer von der schnellen Truppe, dachte sie.

Aber sein gleichgültiger Ton war entwaffnend, und sie beobachtete ihn aufmerksamer. Unansehnlich war er – nur seine Augen waren groß und schön. Die krumme Nase verlieh ihm von der einen Seite eine komische und von der anderen eine sardonische Miene. Er hatte einen schlanken Körper mit langen Armen und großen Händen.

»– am Ufer eines Sees ohne Geschichte«, fuhr er fort. »Er sollte seine eigene Sage haben.«

»Aber die hat er«, sagte sie. »Die Geschichte einer indianischen Jungfrau, die sich aus Liebe ertränkt hat –« Beim Anblick seines Gesichtsausdrucks hielt sie abrupt inne. »– aber ich bin keine gute Geschichtenerzählerin. Sie sagten, Sie seien im Krankenhaus gewesen?«

»Ja, drüben in Asheville. Ich hatte Keuchhusten.«

»Wie?«

»Oh, mir passieren immer die albernsten Sachen.« Er wechselte das Thema. »Heißen Sie wirklich Atlanta?«

»Ja, dort bin ich geboren.«

»Ein bezaubernder Name. Erinnert mich an ein großartiges Gedicht, *Atalanta in Calydon.*« In ernstem Ton rezitierte er:

Wenn die Hunde des Frühlings den Winter verbellen,
Füllt die Mutter der Monde auf Wiesen und Böden,
Die schattigen Orte und windigen Stellen
Mit flüsternden Blättern und rieselndem Regen.

Etwas später kam er plötzlich auf den Krieg zu sprechen.

»– ich war meilenweit von der Front entfernt stationiert und langweilte mich und wusste nicht, was ich nach Hause schreiben sollte. Ich schrieb meiner Mutter, ich hätte gerade Pershing und Foch das Leben gerettet – eine Bombe wäre auf sie gefallen, und ich hätte sie gepackt und weggeworfen. Und was tat Mutter? Sie rief alle Zeitungen in Philadelphia an und informierte sie über die Heldentat ihres Sohnes.«

Unversehens war ihr dieser Mann vertraut, und doch konnte sie sich nicht vorstellen, dass er irgendwelche Verheerungen in weiblichen Herzen anrichten konnte. Er schien nichts von dem zu haben, was früher einmal »das gewisse Etwas« hieß, sondern war nur von einer amüsanten Offenheit und Höflichkeit, sodass sie sich wohlfühlte.

Nach einiger Zeit kamen Leute heraus, um schwimmen zu gehen, und ihre Stimmen klangen sonderbar in der Dunkelheit, als sie sich in das abkühlende Wasser vortasteten. Dann platschendes Kraulen, und danach wieder ihre Stimmen, weit weg am Sprungbrett. Als sie wieder an Land kamen und fröstelnd zum Hotel eilten, stand der Mond über den Bergen, wie von Kinderhand gezeichnet. Hinter dem Hotel übte ein Chor in einer Negerkirche. Nach Mitternacht verstummte er, und es blieben nur die Frösche und vereinzelte ruhelose Vögel und das Geräusch eines Automobils in der Ferne.

Atlanta streckte sich und sah dabei auf ihre Uhr.

»Es ist nach eins! Und ich muss morgen arbeiten.«

»Es tut mir leid. Das war meine Schuld. Ich habe zu viel geredet.«

»Ich höre Ihnen gerne zu. Aber jetzt muss ich gehen.

Wollen Sie nicht morgen zum Lunch auf den Chimney Rock kommen?«

»Ja, gerne.«

Als sie sich zwischen den gespenstischen Rohrstühlen im Foyer verabschiedeten, war Atlanta bewusst, was für einen schönen Abend sie mit ihm verbracht hatte – später, bevor sie einschlief, erinnerte sie sich an zahllose indirekte Komplimente von ihm, Komplimente, an die man sich mit wohligem Schaudern erinnert. Er hatte sie zum Lachen gebracht und dazu gebracht, dass sie sich attraktiv fühlte. Wäre er obendrein noch »aufregend« gewesen, dann hätte sie sich fast vorstellen können, dass junge Frauen sich in ihn verliebten.

»Aber ich nicht«, dachte sie schläfrig. »Kein Selbstmord für mich.«

II

Vom Chimney Rock, einem großen Monolithen, der wie die Tülle einer Teekanne aus den Bergen ragt, können etwa zwanzig Leute auf zehn Verwaltungsbezirke und ein Dutzend Flüsse und Täler hinabblicken. An diesem Morgen stand Atlanta allein dort oben und sah auf Meilen grünen Weizens und hellblauen Roggens, auf Baumwollfelder und roten Lehm hinunter und auf erschreckend schnell fließende Wasserläufe mit weißen Schaumkappen. Gegen Mittag hatte sie die Landschaft ausgiebig betrachtet, während das Flugzeug immer wieder den Felsen umflog; sie war hungrig, als sie die gewundene Treppe zum Restaurant hinunterstieg.

Auf der Terrasse begegnete sie Carley Delannux und einer jungen Frau.

»Sie sahen schön aus dort oben«, sagte er. »Irgendwie fern und unbedeutend – aber schön.«

Sie seufzte; sie war müde.

»Roger hat mich die Stufen dreimal hochrennen lassen«, sagte sie. »Vermutlich zur Strafe, weil ich so spät ins Bett gegangen bin.«

Er stellte seine Begleitung vor.

»Das ist Miss Isabelle Panzer – sie wollte Sie kennenlernen, und da sie mir das Leben gerettet hat, konnte ich es ihr nicht abschlagen.«

»Ihnen das Leben gerettet?«

»Als ich Keuchhusten hatte. Miss Panzer ist Krankenschwester – na ja, fast –, ich war ihr erster Fall.«

»Mein zweiter«, verbesserte ihn die junge Frau.

Sie hatte ein reizendes unzufriedenes Gesicht – falls diese Verbindung möglich sein sollte. Es war sehr amerikanisch und ziemlich traurig, spiegelte die ewige Hoffnung, jemand wie Atlanta zu sein, ohne über das Talent oder die Selbstdisziplin zu verfügen, die starke Individuen auszeichnen. Atlanta beantwortete einige scheue Fragen zum Thema Hollywood.

»Sie wissen genauso viel darüber wie ich«, sagte sie, »wenn Sie Zeitschriften lesen. Alles, was ich vom Film weiß, ist, dass jemand einem sagt, man soll einen Felsen hinaufklettern, und ich klettere hinauf.«

Sie warteten mit der Bestellung, bis Roger zurückkäme.

»An meiner Gemütsverfassung sind allein Sie schuld«, sagte Atlanta mit einem vorwurfsvollen Blick zu Delannux. »Ich bin erst um vier eingeschlafen.«

»Weil Sie an mich denken mussten?«

»Weil ich an meine Mutter in Kalifornien denken musste. Jetzt brauche ich etwas Zerstreuung.«

»Na gut, ich werde Sie zerstreuen«, sagte er. »Ich kenne einen Song – wollen Sie ihn hören?«

Er ging ins Haus, und kurz darauf waren Klavierklänge und seine Stimme zu hören.

»Ich erklömme die höchsten Berge –«

»Stop!«, stöhnte sie auf.

»In Ordnung«, stimmte er zu. »Wie wäre es mit dem hier:

Ich steige gern auf Berge

Bis auf den höchsten Gipfel –«

»Bitte nicht«, bettelte sie.

Touristen kamen lärmend von der Straße zum Restaurant hoch; Roger Clark traf ein, und sie bestellten ihren Lunch auf der Terrasse.

»Ich wüsste zu gern, wovor Delannux sich versteckt«, verkündete Atlanta.

»Ich auch«, sagte Roger, der sich bei einem Glas Bier von seinem Vormittag erholte.

»Wir kommen, und er schleppt uns ab –«, sagte Atlanta.

»Sie haben mich abgeschleppt. Ich bin hier, um mich zu verstecken –«

»Darüber wollen wir mehr wissen.« Rogers Ton war heiter, aber Atlanta fiel auf, dass er Delannux fragend ansah. »Ist Ihnen ein Bär auf den Fersen?«

»Meine Vergangenheit ist eine Art Bär.«

»Beim Film haben wir keine Vergangenheit«, sagte Atlanta, um dem Gespräch eine Wendung zu geben.

»Nein? Das muss eine feine Sache sein. Ich habe genug Vergangenheit für drei – Sie sehen, ich bin eine Art Überbleibsel aus der Hochkonjunktur, ich habe zu lange gelebt.«

»Ein Luxusgegenstand«, sagte Roger freundlich.

»Genau. Nicht mehr sehr gefragt.«

Hinter seinem unbekümmerten Ton konnte Atlanta eine gewisse Entmutigung ausmachen. Zum ersten Mal in ihrem Leben fragte sie sich, wie es sich anfühlte, entmutigt zu sein. Bisher hatte sie nur Hoffnung und Erfüllung gekannt. Seit ihrem vierzehnten Lebensjahr waren immer wieder Filmleute in den Drugstore ihres Vaters in Beverly Hills gekommen und hatten ihr Probeaufnahmen versprochen. Und irgendwann hatte einer von ihnen sich daran erinnert.

Entmutigung war etwas für Leute, die kein Geld oder keine Arbeit hatten.

Als sie nach dem Abendessen mit Delannux auf der Hotelveranda saß, fragte sie ihn unvermittelt: »Was meinten Sie damit, als Sie sagten, Sie hätten zu lange gelebt?«

Er lachte, aber auf den ernsten Ton ihrer Frage antwortete er: »Damals musste alles aufregend sein, und ich wollte den Leuten diese Aufregung verschaffen.«

»Wie haben Sie das gemacht?«

»Ich habe eine Menge Geld verpulvert – Theaterstücke finanziert, über den Atlantik zu fliegen versucht, den ganzen Wein von Paris zu trinken versucht – solche Sachen. Es war alles ohne Sinn und Verstand, und deshalb ist es so vorgestrig – es ging dabei nie um irgendwas.«

Roger kam um zehn Uhr heraus und sagte etwas barsch: »Ich denke, du solltest zeitig zu Bett gehen, Atlanta. Wir beginnen morgen um acht.«

»Ich komme schon.«

Sie ging mit Roger die Treppe hoch. Vor ihrem Zimmer sagte er: »Du weißt nichts von diesem Mann – außer dass er einen schlechten Ruf hat.«

»Was für ein Quatsch!«, sagte sie verärgert. »Mit ihm kann man sich wie mit einer Frau unterhalten. Ich wäre letzte Nacht fast eingeschlafen – er ist harmlos.«

»Kommt mir bekannt vor. Das ist ein Klassiker.«

Auf der Treppe waren Schritte zu hören, und Carley Delannux kam herauf. Auf dem Treppenabsatz blieb er stehen.

»Wenn Miss Downs zu Bett geht, gehen alle Lichter aus«, sagte er in klagendem Ton.

»Roger hatte Angst, ich hätte gestern Nacht ertrinken können«, sagte Atlanta.

Und dann sagte Roger etwas völlig Untypisches.

»Mir kam der Gedanke, du wärst ertrunken. Schließlich warst du mit Selbstmord-Carley draußen.«

Kurze schreckliche Stille. Dann bewegte Delannux seine Hand blitzschnell, und Roger schlug mit Kopf und Rücken gegen die Wand.

Wieder Stille; Roger, halb betäubt, hielt sich mühsam auf den Beinen. Delannux stand ihm mit bebenden geballten Händen gegenüber.

Atlanta rief im Flüsterton: »Aufhören! Aufhören!«

Einen Augenblick lang bewegte sich keiner der Männer. Dann richtete Roger sich auf und schüttelte benommen den Kopf. Er war der Größere und Schwerere von beiden, und Atlanta hatte ihn einmal einen betrunkenen Komparsen über einen fünf Fuß hohen Zaun befördern sehen. Sie versuchte sich zwischen die beiden zu zwängen, aber Clark schob sie mit dem Arm beiseite.

»Alles in Ordnung«, sagte er. »Er hatte völlig recht. Ich hätte das nicht sagen dürfen.«

Sie atmete erleichtert aus – so kannte sie Clark, großzügig und gerecht. Delannux entspannte sich.

»Tut mir leid, dass ich so übereilt reagiert habe. Gute Nacht.«

Er nickte ihnen zu und wandte sich ab, um zu seinem Zimmer zu gehen.

Eine Minute später sagte Clark: »Gute Nacht, Atlanta«, und sie stand allein im Flur.

III

»Das war es dann wohl mit Roger und mir«, dachte sie am nächsten Morgen. »Ich habe ihn nie geliebt – er war nur mein bester Freund.«

Trotzdem war sie traurig, als er sie am nächsten Abend nicht zu Bett schickte. Am Set und bei den Mahlzeiten war die Stimmung nicht mehr fröhlich.

Es kamen zwei Regentage, und sie fuhr mit Carley Delannux in die Berge, wo sie an gottverlassenen Hütten hielten und Zigaretten gegen Berglergeschichten tauschten und eisenhaltiges Wasser tranken, das fünfzig Jahre alt zu sein schien. Alles war in Ordnung, wenn sie mit Carley zusammen war. Das Leben war abwechselnd fröhlich und melancholisch, aber es war immer das, wozu er es machte. Roger ließ sich vom Leben mitziehen – Carley beherrschte es mit seiner Überlegenheit und seinem Humor.

Es war die Zeit der Frühjahrsblüte, und Atlanta und

Carley verbrachten einen regnerischen Tag damit, einen Karnevalswagen für das Rhododendronfest in Asheville am Abend als Lake Lure auszustaffieren. Sie entschieden sich für ein Segelboot mit einem Meer aus blauen Hortensien und einem beleuchteten Mond. Näherinnen waren den ganzen Nachmittag mit dem Herstellen altmodischer Badeanzüge beschäftigt; Atlanta verwandelte sich in eine stämmige Badeschönheit der 1890er Jahre, und sie riefen die kleine Krankenschwester Isabelle Panzer an, die eine Meerjungfrau darstellen sollte. Roger würde den Wagen fahren, und Atlanta bestand darauf, neben ihm zu sitzen. Diese Geste gab ihr der undeutliche Gedanke ein, der für verliebte Frauen typisch ist, dass ihre Gegenwart den Nebenbuhler trösten und beglücken würde.

Es regnete nicht mehr, der Himmel war klar. In Asheville reihte ihr Wagen sich in den Karnevalszug ein – es hatte am Nachmittag bereits einen Umzug gegeben, und auf den Straßen waren dunkelrosa Rhododendronblüten und milchigweiße Azaleen verstreut. Heute war Karneval, es sollte ausgelassen und frivol zugehen – doch bald zeigte sich, dass die Saturnalien der Alten Welt sich nur schwerlich in den beinah jungfräulichen Boden des Ferienorts versetzen ließen; die Fröhlichkeit beschränkte sich weitgehend auf die Teilnehmer des Festzugs und wurde nicht von der schweigenden Menge aus den Bergen geteilt, die vom Gehsteig zusah, wie die Umzugswagen sich in der für solche Prozessionen bezeichnenden Weise vorwärtsbewegten, wackelig und unberechenbar, mit großen Pausen, dann im Gedränge und unversehens stillstehend.

Sie schlingerten die girlandengeschmückten Straßen

entlang zwischen einer Galeere, bemannt mit den Pseudonegern und Sirenen, wie man sie in jedem Karnevalszug sieht, und einem versprengten Bataillon, dessen Teilnehmer die Witzseiten aus der Zeitung darstellten. Das forderte die Jugendlichen am Straßenrand zu kritischen Kommentaren heraus:

»Du willst Andy Gump sein?«

»He, du bist zu dick für Tillie the Toiler!«

»Ich dachte, Moon Mullins wäre eine komische Figur!«

Atlanta musste ständig daran denken, dass Carley die Szenerie für sie lebendig gemacht hätte, wenn auch nur mit Spott – aber nicht Roger.

»Sei nicht so trübsinnig!«, drängte sie. »Wir sollen uns amüsieren.«

»Ist das hier amüsant? Amüsieren wir uns denn?«

Sie musste zugeben, dass sie das nicht taten, aber sie nahm ihm übel, dass er es gar nicht erst versuchte.

»Hast du einen Film mit einem Millionenbudget erwartet? Du musst selbst für das Vergnügen sorgen.«

»Dann machst du ja alles richtig – und die Zuschauer bekommen etwas geboten, wenn du dich das nächste Mal bewegst. Dann rutscht nämlich das ganze Oberteil von deinem Badeanzug runter.«

»Du lieber Himmel!« Sie fasste sich an den Rücken, fand dort nichts und ließ sich einfach rückwärts in den Wagen fallen, wo sie sich durch die Blumen bewegte, bis sie genug Platz fand, um das dünne Gewand in Ordnung zu bringen. Oberhalb und fast neben ihr waren zwei Gestalten – Miss Panzer auf einem felsigen Thron und Carley mit einem Dreizack aus einer Mistgabel. Während Atlanta den Riss in ihrem Kostüm kaschierte, versuchte sie aufzuschnappen, was er sagte, aber nur Bruchstücke gelangten zu ihr nach unten. Doch als sie sich aufsetzte und sich vorbeugte, um zu überprüfen, ob das Oberteil richtig saß, hörte sie Isabelle Panzer sagen: »Du hast nicht gesagt, dass du mich liebst, du hast es mich aber glauben lassen.«

Atlanta erstarrte und saß mucksmäuschenstill da, doch seine Antwort verlor sich im Lärm einer entfernten Musikkapelle.

»Weißt du nicht, was ich aufs Spiel gesetzt habe?«, fuhr die junge Frau fort. »Als ich noch in der Ausbildung war und Nacht für Nacht mit dir im Wintergarten saß. Wenn die Oberin uns gesehen hätte, wäre das mein Ende gewesen.«

Wieder konnte Atlanta nur ein undeutliches Murmeln von ihm hören.

»Ich weiß, dass ich für dich nur irgendein Kleinstadtding bin. Aber ich will einfach wissen, warum du mich dazu gebracht hast, dich so zu lieben.«

Nun wandte Carley den Kopf, und Atlanta konnte ihn deutlich hören.

»Jedenfalls ist es ein ziemlich hoher Sprung vom Chimney Rock.«

Und dann wieder Isabelle: »Und wenn es fünftausend Meilen wären, das wäre mir egal – wenn du mich nicht liebst, kann ich nicht leben. Ich werde hochklettern und sehen, wie schnell ich runterkomme.«

»In Ordnung«, sagte Carley. »Hinterlass aber bitte keinen Abschiedsbrief an mich.«

IV

Zurück auf dem Sitz neben Roger blickte Atlanta hinaus auf die Menge, die sich verlief, ohne zu winken oder fröhlich zu wirken. Es nieselte wieder, und die Leute hielten sich Mäntel und Zeitungen über den Kopf; auf den Parkplätzen hupten Autos gebieterisch, und die Musikkapellen erstarben eine nach der anderen an den Ecken, während die Instrumente noch einmal kurz aufblitzten, bevor sie gegen den zunehmenden Regen eingepackt wurden.

Die Lake-Lure-Leute eilten von ihrem Karnevalswagen zum Auto; Atlanta saß vorne neben Roger. Als sie Isabelle an ihrer Wohnung absetzten, fragte Roger: »Willst du nicht hinten sitzen?«

»Nein.«

Sie fuhren aus der Stadt hinaus und sahen schweigend zur regenbeperlten Frontscheibe.

»Ich würde gern mit dir sprechen«, sagte sie schließlich, »aber du bist so böse auf mich.«

»Nicht mehr«, sagte Roger. »Nicht zweimal hintereinander.«

»Irgendwas ist passiert, was mir schrecklich vorkommt, und –«

»Ja, schlimm«, unterbrach er sie freundlich, »aber wenn du nächste Woche bei deiner Mutter bist, kannst du mit ihr darüber sprechen.«

Nach dieser Abfuhr begann Atlanta instinktiv, sich notdürftig herzurichten, wischte sich die Clownsschminke aus dem Gesicht, entfernte die Polster von ihrer Taille, schüttelte ihr nasses Haar und kämmte es zu einem Heiligenschein um ihren Kopf. Dann beugte sie sich vor, in das schwache Licht des Armaturenbretts, und sagte flehend: »Darf ich dich eine Sache fragen?«

»Nicht heute Abend, Atlanta. Ich habe mich noch nicht von dem Schock erholt.«

»Was für ein Schock?«

»Von dem Schock, dass du auch nur eine Frau wie alle anderen bist.«

»Ich will dich eine einzige Sache fragen – hat sich jemals ein Mensch umgebracht, weil er einen anderen zu sehr geliebt hat? Hältst du das für möglich?«

»Nein«, sagte er mit allem Nachdruck. »Warum? Willst du dich für Mister de Luxe umbringen?«

»Schrei nicht so. Aber es hat doch Leute gegeben, die das getan haben, oder?«

»Weiß ich nicht. Frag die Drehbuchautoren – die können es dir sagen. Oder frag Prout. Apropos Prout –«

»Fang bitte nicht wieder zu streiten an.«

»Dann lass uns den Mund halten.«

Sie fuhren am Chimney Rock vorbei und hielten in Stille und Regengeplätscher vor dem Hotel an. Sie waren eine Stunde lang unterwegs gewesen, aber Atlanta war es, als hätte sie Isabelle Panzers Stimme auf dem Wagen erst vor einer Minute gehört. Sie war nicht zornig – sie empfand überwältigenden Kummer und eine Art Mitleid für Delannux.

Aber als er im Foyer fragte, ob alle tatsächlich schlafen gehen wollten – eine Frage, die eindeutig an sie gerichtet war –, sagte sie schnell: »Ich muss in die Badewanne. War selten so müde.«

Aber schlafen konnte sie nicht. Zum ersten Mal in ihrem Leben war sie so aufgewühlt, dass sie hellwach dalag und immer wieder versuchte, ihre leidenschaftlichen Gefühle für diesen Mann zu ergründen, ihn mit rationalen Erwägungen aus ihren Gedanken zu verbannen, zu überlegen, was sie tun sollte. Wäre Roger nicht betroffen gewesen, hätte sie zu ihm gehen und ihn um Rat bitten können, aber jetzt gab es niemanden. Gegen Morgen dämmerte sie weg und erwachte jäh vor sieben Uhr. Ein Blick zum düsteren Fenster machte ihr klar, dass es für mehrere Stunden nichts zu tun gab, und ihr Mädchen bestätigte es. Atlanta schlüpfte mechanisch in ihren Badeanzug und ging zum See hinunter, schwamm auf einer unwirklichen Oberfläche zwischen einer nebligen Wasserwelt und einem nieselnden Firmament. Sie ging zum Hotel zurück, frühstückte und kleidete sich an; inzwischen war es fast neun Uhr. Unten im Hotel las sie einen Brief von ihrer Mutter und ging dann mit Prout für einen Augenblick auf die Veranda.

»Roger ist schlecht gelaunt«, sagte er. »Hat auf dem ganzen Bett Kamerateile verstreut.«

»Sein Glück, dass er an einem so verregneten Tag etwas zu tun hat.«

Sie ging ins Foyer und fragte nach Delannux' Zimmernummer. Als sie an seine Tür klopfte und er »Ja, bitte?« antwortete, rief sie: »Warum stehen Sie nie auf? Verstecken Sie sich den ganzen Tag? Sind Sie eine Eule?«

»Kommen Sie rein.«

Sie blieb in der Tür stehen. Im Zimmer waren überall Gepäckstücke verstreut. Carley half dem Pagen dabei, einen Koffer mit einem Gurt zu umspannen.

»Ich dachte, Sie ruhen sich aus«, sagte er. »Ich dachte, an einem Regentag –«

»Was tun Sie da?«, fragte sie.

»Was ich tue?« Er wirkte verlegen. »Ach, tatsächlich ziehe ich gerade aus. Atlanta, Sie müssen wissen, dass es überstanden ist und ich wieder in die große weite Welt hinausgehen kann.«

»Sie haben gesagt, es würde noch eine Woche dauern.«

»Das müssen Sie missverstanden haben.« Stocksteif stand sie mitten im Zimmer, während er weiterredete. »Wissen Sie, als Sie geklopft haben, bin ich zusammengezuckt. Sie hätten schließlich der Gerichtsbote sein können.«

»Sie haben gesagt, Sie wären noch eine Woche hier«, wiederholte sie störrisch. Der Negerjunge schloss den Koffer mit einem Klicken und sah Delannux fragend an.

»Komm in einer Viertelstunde wieder«, sagte Carley.

Der Junge schloss die Tür hinter sich.

»Warum reisen Sie ab«, fragte Atlanta, »ohne irgendjemandem irgendwas zu sagen? Ich komme rein und sehe, dass Sie alles gepackt haben.« Hilflos schüttelte sie den Kopf. »Natürlich geht es mich nichts an, was Sie tun.«

»Setzen Sie sich.«

»Ich will mich nicht setzen.« Sie war den Tränen nahe. »Es sieht fast so aus, als hätten Sie in zehn Minuten gepackt – sehen Sie sich die ganzen Schuhe an. Was soll denn mit denen passieren?«

Er blickte zu den vergessenen Schuhen auf dem Boden des Kleiderschranks – und dann zu Atlantas Gesicht.

»Sie wollten abreisen, ohne sich zu verabschieden«, sagte sie anklagend.

»Ich wollte mich verabschieden.«

»Ja – nachdem Sie Ihr Gepäck im Wagen verstaut gehabt hätten und alles erledigt gewesen wäre.«

»Ich wollte mich nicht in Sie verlieben«, sagte er obenhin. »Und ich wollte nicht, dass Sie sich in mich verlieben.«

»Darüber müssen Sie sich keine Sorgen machen.«

Er sah sie leicht amüsiert an.

»Kommen Sie her«, sagte er.

Eine kleine Stimme in ihrem Inneren warnte sie, dass er nur seine Macht über sie erproben wollte, dass er ein unsauberes Spiel spielte. Und eine andere, offenbar gewichtigere Stimme verzieh ihm das und ließ sie seine Aufforderung als verzweifelten Hilferuf deuten.

Er wiederholte: »Kommen Sie her.«

– und sie trat einen Schritt vorwärts.

»Kommen Sie näher.«

Jetzt berührte sie ihn, und plötzlich näherte ihr Gesicht sich dem seinen. Und am Ende des Kusses zog er sie an sich, die Hände an ihren Armen.

»Sehen Sie? Ich sollte abreisen.«

»Wie absurd!«, rief Atlanta. »Ich will, dass Sie bleiben! Ich bin nicht in Sie verliebt – ehrlich! Aber wenn Sie gehen, werde ich immer denken müssen, ich hätte Sie vertrieben.«

Sie war nun so durchschaubar, dass sie sich nicht einmal schämte – sie wünschte, er würde die Wahrheit erkennen. »Ich bin nicht eifersüchtig auf Miss Panzer. Warum auch? Mir ist egal, was Sie angestellt haben –«

»Ich kann verstehen, dass Isabelle dachte, sie hätte mich gern – weil sie sonst nichts hat. Aber Sie haben alles. Warum sollten Sie sich für ein verbrauchtes Wrack interessieren?«

»Das tue ich nicht – doch, wahrscheinlich schon.« Sie war plötzlich ungewöhnlich eloquent. »Warum, das weiß ich nicht – aber auf einmal sind Sie für mich alle Männer auf der Welt.«

Er setzte sich; sein Gesicht sah müde und erschöpft aus.

»Sie sind jung.« Er seufzte. »Und schön. Sie haben Ihre Arbeit – und Sie können jeden Mann haben, den Sie wollen. Erinnern Sie sich, wie ich sagte, ich gehörte zu einer anderen Zeit?«

»Das ist nicht wahr«, jammerte sie.

»Ich wünschte, es wäre nicht so. Aber da es so ist, wäre alles zwischen Ihnen und mir schon lange vorbei, gewissermaßen modrig.« Er richtete sich nervös auf. »Sie denken, ich könnte in Ihrer hübschen neuen Welt aus Arbeit und Liebe leben. Aber das kann ich nicht. Wir würden es einen Monat lang miteinander aushalten, und dann wären Sie verbittert und beschädigt – und das würde mich vielleicht bedrücken. Und wäre schwer zu ertragen.«

Er blickte auf und sah ihre hoffnungslose Liebe.

»Können Sie sich nicht jemanden vorstellen, der im Leben das Beste erlebt hat und davon nichts mehr wissen will – der keine wahre Liebe mehr erleben will? Können Sie sich das vorstellen? Selbst Ihre Schönheit stört mich, weil ich alt bin – früher hätte ich eine Frau wie Sie lieben können –«

Es klopfte an der Tür. Draußen stand Prout, dessen Blick zwischen ihnen hin- und herwechselte.

»Es klart auf«, sagte er. »Roger hat mir gesagt, ich soll dich holen.«

Atlanta riss sich zusammen. In der Tür blieb sie stehen und sagte zu Carley: »Ich bin gleich wieder da. Sie gehen nicht, bevor wir uns gesehen haben. Versprechen Sie das?«

»Selbstverständlich.«

»Ich bin sofort zurück. Sie können mich nach Chimney Rock fahren.«

Im nächsten Augenblick hörte sie in Rogers Zimmer seine Anweisungen wie eine Traumwandlerin. Sobald er geendet hatte, eilte sie die Treppe hoch und betrat nach kurzem Klopfen Carleys Zimmer.

Aber das Zimmer war leer.

V

Sie lief hinunter zum Empfang und erfuhr, dass Delannux seine Rechnung beglichen hatte und zur Garage gegangen war – vielleicht bereits abgereist war. Atemlos rannte sie hinaus und durch leichten Regen die Auffahrt entlang. Sie war außer sich, wütend auf sich selbst und auf ihn. Sie bog um eine Ecke …

– und da stand er, vor der Garage, und sprach mit einem Automechaniker. Sie lehnte sich gegen die triefend nasse Garagentür und keuchte vor Erregung.

»Sie haben gesagt, Sie würden nicht gehen.«

»Sieht aus, als könnte ich es nicht.«

»Sie haben gesagt, Sie würden warten.«

»Ich muss warten. Einer der Wäscher hat eine Spritztour mit meinem Wagen gemacht und dabei einen Reifen kaputtgefahren. Es wird zwei Tage dauern, bis ich einen neuen bekomme.«

Roger Clarks Wagen wurde aus der Garage gefahren – Atlanta hatte noch vieles zu sagen, aber dafür war keine Zeit. Sie konnte nur denken: »Die Frauen machen es dir offenbar leicht, wenn du dir so etwas erlauben kannst. Du magst Frauen gar nicht – du tust zwar so, aber es stimmt nicht. Und deshalb kannst du mit ihnen anstellen, was du willst.«

Sie hörte Prouts »Hallo!« draußen vor dem Hotel. Das war ihr Zeichen, und sie lief hin.

Den ganzen Tag schmiedete sie während der Arbeit einen Plan nach dem anderen. Aber es erging ihr dabei wie einem verurteilten Gefangenen, der immer wieder von seinem Fluchtvorhaben abgelenkt wird durch das Geräusch des Schlüssels in den Türen ringsum – oder die Hoffnung, von außen würde Begnadigung kommen, ohne dass er etwas dafür tun müsse. In solchen Momenten ist es schwierig, Pläne zu schmieden, und Atlanta konnte nur auf eine günstige Gelegenheit hoffen. Dennoch wanderten ihr Wolken fragmentarischer Eventualitäten durch den Kopf. Vielleicht hatte Carley Geldsorgen – vielleicht wäre er froh über eine Chance in Hollywood. Er war in allen möglichen Gewerben erfolgreich gewesen – vielleicht konnte man ihn als Berater unterbringen.

Oder wenn das nichts fruchtete, könnte sie sich an einem Theater im Osten um eine große Rolle bewerben, bei einem berühmten Lehrer Unterricht nehmen – dann wäre Carley wenigstens in ihrer Nähe.

Alle Überlegungen scheiterten an der Gewissheit, dass er sie nicht liebte.

Mit aller Macht kam ihr das erst zu Bewusstsein, als sie

ihn abends nicht im Hotel antraf. Vor dem Ende des Abendessens ging sie in ihr Zimmer und lag weinend auf dem Bett. Nach einer halben Stunde war sie heiser, und Tränen kamen nur noch, wenn sie sich anstrengte; dann drehte sie sich auf den Rücken und sagte sich: »So etwas nennt man blinde Leidenschaft. Davon habe ich gehört, völlig sinnlose Verliebtheit, das Einzige, was man tun könne, sei, darüber hinwegzukommen ... Leicht gesagt.«

Sie war müde; sie rief ihr Mädchen, damit es ihr den Kopf massierte.

»Wollen Sie nicht eine von den Pillen nehmen?«, schlug das Mädchen vor. »Damit haben Sie schlafen können, als Sie sich den Arm gebrochen hatten.«

Nein. Lieber leiden, den Schmerz des Messers in der Brust spüren.

»Wie oft haben Sie bei Mr. Delannux geklopft?«, fragte Atlanta ruhelos.

»Drei oder vier Mal – dann habe ich unten nachgefragt. Er war noch nicht zurück.«

Er ist mit Isabelle Panzer zusammen, dachte sie. Sie erzählt ihm, dass sie aus Liebe zu ihm sterben will. Dann wird sie ihm leidtun, und mich wird er albern finden, ein Hollywood-Geschöpf.

Die Vorstellung war unerträglich. Sie saß stocksteif im Bett.

»Geben Sie mir doch ein paar von den Schlaftabletten«, sagte sie. »Geben Sie mir viele – alles, was noch übrig ist.«

»Sie sollten aber nur eine zur Zeit nehmen.«

Sie einigten sich auf zwei, und Atlanta sank in einen Dämmerschlaf; wenn sie ab und zu erwachte, verfolgte sie ein quälender Traum – von der toten Isabelle und von Delannux, der von ihrem Tod erfuhr und sagte: »Sie hat mich genug geliebt – so sehr, dass die Welt ihr danach nicht mehr genügte.«

Am nächsten Morgen hatte Atlanta einen Kater von den Schlafmitteln und keine Energie für ihren gewohnten Sprung ins Wasser. Wie betäubt kleidete sie sich an, fuhr, ohne einen Gedanken darauf zu verschwenden, zum Set und merkte dort, dass die anderen sie mit der Besorgnis ansahen, die Leuten gilt, die »nicht ganz bei sich sind«.

Das passte ihr nicht, und sie bemühte sich den Vormittag über um einen muntereren Gesichtsausdruck und lachte viel, obwohl ihr war, als wäre alles in ihr abgestorben bis auf das Herz, das ihr Blut mit hundert Meilen in der Stunde durch die Adern pumpte.

Gegen vier Uhr nachmittags gingen sie zum Restaurant, um ein Sandwich zu essen. Atlanta führte ihres gerade zum Mund, als Prout die unglückliche Bemerkung machte: »Delannux hat den Reifen für seinen Wagen bekommen. Er wurde geliefert, als ich zum Schreiner ging.«

Sofort war sie auf den Füßen.

»Sag Roger, dass ich krank bin! Sag ihm, dass ich heute nicht arbeiten kann! Sag ihm, dass ich mir seinen Wagen ausgeliehen habe!«

Wie eine Achterbahn raste sie die Serpentinen zur Hauptstraße hinunter und fuhr drei Minuten später vor dem Hotel vor – fast gleichzeitig mit dem Bus aus Asheville. Aus dem Bus stieg Isabelle Panzer, staubig, erhitzt und erschöpft. Atlanta holte sie auf der Hoteltreppe ein.

»Haben Sie eine Minute für mich?«

Die Begegnung schien Miss Panzer zu verwirren.

»Nun ja, Miss Downs, warum nicht. Ich wollte mit Mr. Delannux sprechen.«

»Was würde eine Minute mehr oder weniger ausmachen?«

Die beiden Frauen saßen einander gegenüber auf der Veranda.

»Sie lieben ihn, nicht wahr?«, sagte Atlanta.

Isabelle verlor plötzlich die Fassung.

»O Gott, wie können Sie mich das fragen – jetzt, da er Sie liebt – für Sie hat er mich verlassen –«

Atlanta schüttelte den Kopf.

»Nein. Mich liebt er auch nicht.«

»Sie beide reden von der Liebe, ohne dass es etwas bedeutet.«

Sich so etwas von einem Kind anzuhören – von einem Mädchen, das in seinem ganzen Krankenschwesternlehrgang weniger durchgemacht hatte als Atlanta manchmal an einem einzigen Tag.

»Ich soll nicht wissen, was Liebe bedeutet?«, rief sie ungläubig.

Ihr war, als würde vor ihren Augen eine Lampe explodieren. Die Sache musste sofort angegangen werden –

Und dann wusste Atlanta, was zu tun war: Sie musste endlich Wörtern Wirklichkeit verleihen, alles, was sie je gedacht hatte, geträumt hatte, tun zu müssen vorgegeben hatte oder zu tun versucht gewesen war, zu einer Handlung fügen, alles rechtfertigen, was in ihrem Leben oberflächlich und trivial war, und einen Weg zu höchster Hingabe und Vollendung finden. Es lag offen zutage.

Entschlossen ging sie zu der jungen Frau und küsste sie

auf die Stirn. Dann ging sie die Treppe hinunter, stieg in Rogers Wagen und fuhr los.

Das Restaurant am Chimney Rock war leer nach dem Tagesgeschäft, und wie sie gehofft hatte, war von der Filmcrew niemand zu sehen.

Sie ließ den Schlüssel im Wagen stecken und wollte eine Notiz schreiben, aber sie wusste nicht mehr, was sie hatte sagen wollen – außerdem hatte sie ihren Stift in der Handtasche im Hotelzimmer vergessen.

Ihre Füße und Beine waren steif vom Klettern an diesem Tag – nun gut, sie würde ihre Schuhe zurücklassen wie die böse Königin im *Zauberer von Oz,* von der nur die Schuhe übriggeblieben waren. Sie streifte ihre Schuhe ab und betrat vorsichtig die erste Stufe, die sich unter ihrem Fuß kühl anfühlte – am Nachmittag hatte sie sich sogar unter den Schuhsohlen warm angefühlt.

Als sie nach oben stieg, kam ihr der dräuende Felsen immer deutlicher zu Bewusstsein. Aber vielleicht wäre es so, als spränge man in einen Korb voll vielfarbigen Himmels.

VI

Fünf Minuten nachdem Atlanta gegangen war, kam Roger die Veranda herauf. Isabelle saß noch dort.

»Guten Abend«, sagte er. »Sie wollen sich von Delannux verabschieden?«

»So ähnlich.«

Warum sagte sie nichts, fragte er sich. Warum saß sie so da? Hatte sie eine Pistole in ihrer Handtasche?

Aus dem Foyer waren Aufbruchsgeräusche zu hören, und im nächsten Augenblick erschien Carley Delannux mit seinem Gepäck auf der Veranda.

»Auf Wiedersehen, Delannux«, sagte Roger, ohne ihm die Hand zu geben.

»Auf Wiedersehen, Clark.« Er schien Isabelle kaum wahrzunehmen; vor der Tür hielt ein Wagen, und Delannux ging hin, um mit dem Mechaniker zu sprechen.

»Was ist mit dem Reifen?« Er hielt inne. »Verzeihung. Ich habe Sie für jemand anderen gehalten.«

»Das ist Delannux«, rief Isabelle plötzlich.

Kurze Verwirrung. Dann streckte der Mann, der die Treppe heraufgekommen war, die Hand aus, steckte Carley ein weißes Blatt Papier in die Tasche und sagte: »Dieses Dokument ist für Mister Delannux bestimmt. Er muss es nicht lesen. Ich kann ihm sagen, worum es sich handelt. Es ist eine gerichtliche Vorladung. Was bedeutet, dass ich ihn in einer kleinen rechtlichen Angelegenheit mitnehmen muss.«

Carley setzte sich.

»Sie haben mich also erwischt«, sagte er. »Vier Stunden später, und diese Vorladung hätte Ihnen nichts mehr genützt.«

»Nein, Sir – erst nach Mitternacht. Die gesetzlichen Bestimmungen –«

»Wie haben Sie mich gefunden? Woher wussten Sie überhaupt, dass ich in North Carolina bin?«

Doch dann sprach Carley nicht weiter, weil er wusste, wie der Gerichtsbote ihn gefunden hatte – und Roger begriff es auch. Isabelle äußerte einen leisen erstickten Schrei und hielt sich die Hand vor die Augen.

Carley sah sie an, nicht verächtlich, nur ausdruckslos.

»Ich würde gerne allein mit Ihnen sprechen«, sagte er zu dem Gerichtsboten. »Können wir in mein Zimmer gehen?«

»Einverstanden, aber seien Sie gewarnt, ich bin nicht bestechlich.«

»Ich will nur ein paar Dinge regeln, bevor ich aufbreche.«

Als sie gegangen waren, weinte Isabelle leise vor sich hin.

»Warum haben Sie das getan?«, fragte Roger freundlich. »Das wird er wohl nicht überstehen.«

»Ja. Vermutlich.«

»Warum haben Sie es getan?«

»Oh, weil er mich so schlecht behandelt hat und ich ihn dafür so gehasst habe.«

»Tut es Ihnen kein bisschen leid?«

»Ich weiß nicht.«

Er überlegte kurz.

»Sie haben ihn wohl sehr geliebt, um ihn so sehr hassen zu können.«

»Ja.«

Sie tat ihm schrecklich leid.

»Möchten Sie sich vielleicht ein bisschen in Atlantas Zimmer ausruhen?«

»Ich gehe lieber an den Strand, danke.«

Er blieb sitzen und sah ihr nach. Sie drehte sich um und rief ihm zu: »Sie sollten sich besser um Ihre eigene Freundin kümmern. Sie ist nicht im Hotel.«

VII

Roger schaukelte vor und zurück und dachte nach. Er liebte Atlanta, obwohl sie ihm in letzter Zeit wenig Anlass dazu gegeben hatte.

– Sie ist nicht hier, sagte er zu sich selbst.

Er saß da, dachte und dachte nach; sein Verstand war bisher immer nur mit technischen Problemen befasst gewesen.

– Sie ist eine Närrin: Sei's drum, dann liebe ich eben eine Närrin.

– Also muss ich sie suchen gehen. Ich glaube, ich weiß, wo sie steckt. Oder soll ich auf der Veranda sitzen bleiben und schaukeln?

– Ich bin das einzige Menschenwesen, das auf sie aufpassen kann.

»*Lass sie gehen!*«

»Das kann ich nicht –«

Zuletzt sagte er laut, was die meisten Männer irgendwann über eine Frau gesagt haben – und die meisten Frauen über einen Mann: »Ich liebe diesen Menschen …«

Er stand auf und ließ einen Wagen kommen und beeilte sich beim Einsteigen, weil er fürchtete, es könne schon zu spät sein. Er fuhr schnell zum Chimney Rock und den Berg hinauf zum Restaurant, soweit es mit dem Wagen möglich war. Als er zu Fuß weiterstieg, ließ ein Gedanke ihn fast innehalten.

»Hinauf zu nichts oder vielleicht zu einem Leben künftigen Elends und Unglücks, voll weiterer Carleys.«

An einer Wegbiegung blieb er stehen und blickte zum

Sternenlicht, und dann schritt er wieder aus und zählte: Einundachtzig, zweiundachtzig, dreiundachtzig. Dann hörte er zu zählen auf.

Als er schließlich den Gipfel erreichte, war er vor Sorgen fast hysterisch. All seine Selbstbeherrschung, all seine Gelassenheit, alles, was ihn zu einer Persönlichkeit machte, war ihm abhandengekommen, während er die letzten Stufen erklomm und der Himmel über ihm weit wurde. Was er zu sehen erwartete, hätte er nicht sagen können.

Was er sah, war eine junge Frau, die ein Sandwich aß.

Sie saß an einen der Eisenpfosten des Geländers gelehnt.

»Bist du das, Roger?«, fragte sie. »Oder täuschen mich meine Augen?«

Er hielt sich keuchend am Geländer fest.

»Was machst du hier oben?«, fragte er.

»Erfreue mich an den Sternen. Ich habe beschlossen, exzentrisch zu werden – du weißt schon, so wie die Garbo. Nur dass meine Marotte Berggipfel sein werden. Wenn der Film abgedreht ist, fahre ich zum Mount Everest und steige –«

»Red keinen Unsinn!«, unterbrach er sie. »Wozu bist du hier hochgestiegen?«

»Um mich hinunterzustürzen, was sonst?«

»Warum?«

»Aus Liebe, vermute ich. Aber zufällig hatte ich dieses Sandwich bei mir – und war hungrig. Also wollte ich zuerst etwas essen.«

Er setzte sich ihr gegenüber hin.

»Interessierst du dich noch dafür, was unten in der kleinen Welt vor sich geht?«, fragte er. »Wenn ja, kann ich dir sagen, dass sie Carley erwischt haben.«

»Wer?«

»Der Gerichtsbote, der nach ihm gesucht hatte. In letzter Sekunde. Hätte er sich bis Mitternacht versteckt gehalten, wäre die Vorladung oder was auch immer nicht mehr gültig gewesen.«

»So ein Pech. Und wie kam es dazu? Wie haben sie ihn gefunden?«

»Rate mal.«

»Kann ich nicht – warst du das etwa?«

»Du lieber Himmel, nein! Es war die Panzer.«

Sie dachte kurz nach.

»Oh, darauf hat sie also gewartet.«

Für einen Augenblick herrschte Schweigen auf dem Berggipfel.

»Wie konntest du nur glauben, dass ich so etwas tun würde?«

»Nicht, nachdem ich nachgedacht habe. Entschuldige bitte.«

»Ich habe mich über Mr. de Luxe kundig gemacht.«

»Und was hast du herausgefunden?« Ihr Ton war beiläufig, gleichmütig.

»Nicht viel – außer dass sich nie eine Frau seinetwegen umgebracht hat. Eine gewisse Josephine Jason, die mit ihm verlobt war, erfuhr, dass sie Pleurakarzinose hatte – da wird das Brustfell von Metastasen zerstört –, und deshalb hat sie den Absturz des Flugzeugs verursacht. Es war nicht Carleys Schuld.«

»O Roger, ich bin Carley so leid. Können wir das Thema eine Weile auf sich beruhen lassen?«

Im Dunkeln lächelte er in sich hinein.

»Woher der Sinneswandel – das Sandwich?«

»Nein; ich glaube, es war der Berg.«

»Zu hoch für dich?«

»Nein – er erinnerte mich irgendwie an dich. Als ich oben ankam, war mir, als stünde ich auf deinen Schultern. Und das machte mich so glücklich, dass ich nicht mehr fortwollte.«

»Verstehe«, sagte er ironisch.

Er ergriff ihre Hände und zog sie hoch.

»In Ordnung«, sagte er. »Komm jetzt. Wir gehen zum Hotel zurück – ich mache mir Sorgen um die kleine Panzer –, lass uns nachsehen, wo sie ist.«

Sie folgte ihm die Stufen hinunter; als er unten den Wagen des Hotels zurückschickte und sie in seinen Wagen stiegen, sagte Atlanta: »Nein, über ihn müssen wir uns keine Gedanken mehr machen.«

»Man muss sich über jeden Gedanken machen.«

»Ich wollte sagen, dass er sich wahrscheinlich selbst am besten helfen kann.«

Als sie das Hotel erreichten und erfuhren, was geschehen war – dass Carley Delannux es irgendwie fertiggebracht hatte, den Gerichtsboten in leicht lädiertem und betäubtem Zustand in seinem Zimmer einzusperren, und weggefahren war, sagte Atlanta: »Siehst du? Er kommt schon zurecht. Vielleicht erwischen sie ihn dieses Mal nicht.«

»Dieses Mal nicht? Sie haben ihn erwischt. Wenn man so eine Vorladung erhält und ihr nicht nachkommt, wird man steckbrieflich gesucht. Aber lassen wir Rasputin seine Probleme selbst lösen. Ich mache mir Sorgen um das, was er zurückgelassen hat – diese junge Frau. Zwischen hier und

Chimney Rock sind wir keinem Auto und keinem Fußgänger begegnet, und es gibt keinen Bus.«

Atlanta hatte plötzlich eine Idee.

»Sie ist auf dem See. Ich habe Chimney Rock ausgesucht, und sie hat –«

Aber Roger lief bereits zum Bootshaus.

Sie fanden sie eine Stunde später, sehr ruhig trieb sie im Wasser einer kleinen Bucht, vom Mondlicht beschienen. Ihr zum Himmel gewandtes Gesicht wirkte friedlich und versöhnt, und fast schien sie von der Gegenwart der beiden überrascht; in der Hand hielt sie wie in Ruskins *Sesam und Lilien* einen Strauß Bergblumen – nicht viel anders, als Atlantas Hand vor einer Weile ein Sandwich gehalten hatte.

»Wie haben Sie mich gefunden?«, rief sie aus ihrem Kanu.

Als die Barkasse neben das Kanu gelangte, sagte Roger: »Das hätten wir nicht, wenn ich keine Leuchtraketen dabeigehabt hätte. Dann würden Sie immer noch dahintreiben.«

»Ich habe mich entschieden, nicht ins Wasser zu gehen. Schließlich habe ich jetzt meinen Abschluss.«

Lange nachdem Roger sie in ein Taxi gesetzt und ihr das Geld aufgenötigt hatte, mit dem sie bis auf weiteres zu ihrer Familie in Tennessee zurückgehen konnte – lange nachdem er und Atlanta zu einer der vielen unausgesprochenen Legenden von Lake Lure geworden waren, den besten Legenden, und nachdem er Atlanta vor ihrer Tür verlassen hatte, ging er die Arkade entlang an den kleinen Läden der Bergbauern vorbei zum Postamt, hinter dem es nichts gab als die bodenlosen schwarzen Wasserlöcher, von denen gemunkelt wurde, sie bärgen finstere Geheimnisse aus der Zeit nach dem Bürgerkrieg.

Dort blieb er stehen. Im Foyer hatte er gehört, was Atlanta heute Abend noch nicht erfahren sollte – dass die Überreste von Carley Delannux vor einer Stunde am Fuß von Chimney Rock gefunden worden waren.

Es war traurig, dass die Zeit von Rogers größtem Glück von der Tragödie eines anderen eingeleitet worden war, doch etwas musste an Carley Delannux gewesen sein, das ihn in den Tod getrieben hatte – etwas Finsteres, etwas, das zu lange gelebt hatte oder zu lange tot auf den Füßen geblieben war und Fäulnis und Verderben mit sich geführt hatte.

Roger bedauerte ihn; er war ein bedächtiger Denker, aber er wusste, dass das, was nützlich und wertvoll war, dieser Finsternis nicht geopfert werden durfte. Es tat gut, an Atlanta zu denken, die so vielen Menschen das Sternenlicht bedeutete und in einem Zimmer in hundert Yards Entfernung in Sicherheit schlief.

Auszeit von der Liebe

An dem Nachmittag, an dem sie zu heiraten beschlossen hatten, wanderten sie im Wald über feuchte verklumpte Kiefernnadeln, und Mary erzählte ihm eher zögernd von ihrem Vorhaben.

»Aber jetzt sehen wir uns jeden Tag«, klagte Sam.

»Nur diese Woche«, berichtigte Mary. »Und nur deshalb, weil wir herausfinden müssen, ob wir die ganze Zeit zusammen sein können, ohne – ohne –«

»Ohne einander fürchterlich auf die Nerven zu gehen«, beendete er den Satz. »Du wolltest wissen, ob du es aushalten kannst.«

»Nein«, widersprach Mary. »Frauen langweilen sich nicht so schnell wie Männer. Sie können ihre Aufmerksamkeit irgendwie abschalten – aber sie wissen immer, wann Männer sich langweilen. Ich kenne zum Beispiel eine junge Frau, deren Ehe gerade so lange gehalten hat, bis sie ihrem Mann eine Geschichte erzählte, die sie ihm schon einmal erzählt hatte. Und daraufhin ging sie nach Reno. Das darf uns nicht passieren – ich erzähle sicher etwas zweimal. Und das müssen wir beide aushalten.«

Sie vollführte nun eine Geste, die er liebte, ein Zupfen an ihrem Kleid, als wollte sie sagen: »Schnall dich an, Baby. Es geht los, wohin auch immer.« Und Sam Baetjer hätte sich gewünscht, dass sie diese Geste immer wieder an diesem Kleidungsstück vollführte, dem hellgrauen Wollkleid mit der scharlachroten Reißverschlussjacke, auf die ihr Lippenstift abgestimmt war.

Auf einmal ahnte er etwas. Er war einer der Männer, die zuverlässig unempfindlich, ja unaufmerksam wirken – und dann die Rechnung bis zur letzten Stelle hinter dem Komma aufmachen.

»Es hat mit deiner ersten Ehe zu tun«, sagte er. »Und ich dachte, du würdest nie über die Vergangenheit grübeln.«

»Es ist nur zur Warnung.« Mary zögerte. »Pete und ich standen uns so nah – drei Jahre lang – bis zu dem Tag, an dem er starb. Ich war er, und er war ich – aber am Ende nicht mehr – ich konnte nicht mit ihm sterben.« Sie zögerte wieder, unsicher. »Ich glaube, eine Frau braucht einen Ort, wo sie in sich gehen kann – wie Männer ihren Ehrgeiz brauchen.«

Es sollte also immer einen Tag der Auszeit von der Liebe geben, einen Tag in jeder Woche, an dem sie geographisch getrennte Leben führen würden. Und über diese Tage durfte nicht gesprochen werden – keine Fragen.

»Hast du irgendwo was Kleines versteckt?«, neckte Sam sie. »Oder einen Zwillingsbruder im Kittchen? Bist du X9? Werde ich es je erfahren?«

Als sie ihr Ziel erreicht hatten, eine Party in einer der luxuriösen »Ferienhütten«, die in Virginia die Hügel sprenkeln, zog Mary ihre scharlachrote Jacke aus, stellte sich breitbeinig vor das große Feuer und erzählte ihren Jugendfreunden, dass sie wieder heiraten wolle. Sie trug einen silbernen Gürtel mit ausgestanzten Sternen, sodass die

Sterne vorhanden und doch nicht vorhanden waren – und Sam, der sie betrachtete, wusste, dass er Mary noch nicht wirklich kannte. Für einen Augenblick wünschte er, er wäre weniger erfolgreich und Mary wäre nicht so begehrenswert, wünschte, sie wären beide ein wenig unglücklich und müssten sich aneinander festhalten. Den ganzen Abend über stimmte es ihn etwas traurig, die nicht greifbaren Sterne zu sehen, die in den großen Räumen hie und da auftauchten.

Mary war vierundzwanzig Jahre alt. Sie war die Tochter eines Hochschullehrers und hatte das Aussehen eines Revuegirls – bronzefarbenes Haar und blaugrüne Augen und ständig gerötete Wangen, wofür sie sich fast schämte. Der Kontrast zwischen ihrer gesellschaftlichen Rolle und ihrer physischen Ausstrahlung hatte es ihr in der kleinen Universitätsstadt nicht leicht gemacht. Sie hatte einen Hochschullehrer geheiratet, und die Ehe war ein Erfolg gewesen – so erfolgreich, dass sie fast mit ihm hatte sterben wollen, und es hatte zwei Jahre gedauert, bis die Nächte keine Alpträume mehr brachten und der Himmel wieder blau war. Doch jetzt schien nichts näher zu liegen, als den außergewöhnlichen jungen Baetjer zu heiraten, der Kohlebergwerke an der Grenze von West Virginia modernisierte. Alles war da, das wusste sie, während sie das Für und Wider abwog, und die Liebe entschied darüber, was man daraus machte.

***

Auch am nächsten Dienstag fuhr sie in das Bergstädtchen, eine Kreisstadt – mit dem gusseisernen Soldaten der Konföderation auf dem Platz vor dem Gericht, mit einem

Kino, mit einer männlichen und weiblichen Bevölkerung in blauem Denim, und an drei Seiten erhoben sich im Hintergrund die blauen Bergkämme. Sie spürte, dass die Ortschaft ihr allmählich nichts mehr zu bieten hatte – den physischen Schlussstrich würde sie ziehen, wenn Sam im kommenden Herbst seinen Sitz im Kongress einnähme. Früher einmal war die kleine Stadt ein bescheidener Kurort gewesen. An einem Berghang etwas oberhalb gab es ein Sanatorium und noch weiter oben das Hauptgebäude dessen, was 1929 ein Kurhotel hatte werden sollen. Sie erkundigte sich und erfuhr, dass alle Betten gestohlen worden waren, das gesamte Mobiliar Stück für Stück verschwunden war, und am späten Nachmittag fuhr sie gemächlich zu der weißen Hülle in ihrer prachtvollen Lage hinauf.

»– wenigstens in den Augen einer armen Witwe«, sagte sie zu dem Fremden oben bei Simpsons Prachtbau.

»Theoretisch ja«, sagte der Fremde. »Aber theoretisch hätte dieser Simpson das hier zum größten Kurhotel im ganzen Land machen können.«

»Aber dann kam die Depression«, sagte Mary und blickte zu der hochaufragenden leeren Hülle auf dem Felsvorsprung – eine Hülle, aus der die Bergler sogar die Installationen entfernt hatten.

»Sie hatten Ihre eigene Depression«, sagte der Fremde vorsichtig, »und jetzt sind Sie wieder voller Glaube und Hoffnung, als müsste man sich nur einen Ruck geben. Ha, an Ihrem ersten freien Tag – noch bevor Sie verheiratet sind – lernen Sie einen Mann kennen oder das, was von ihm übrig ist. Angenommen, wir würden uns verlieben und Sie träfen sich jede Woche hier oben mit mir. Dann würde dieser eine Tag wichtiger werden als die ganzen sechs Tage, die sie mit ihm verbringen. Und was machen Sie dann?«

Sie saßen mit baumelnden Beinen auf einer verwitterten Balustrade. Eine Frühlingsbrise wehte warm vom Tal herauf, und Mary ließ ihre Fersen im Wind gegen den Sandstein schlenkern.

»Ich habe Ihnen schrecklich viel erzählt«, sagte sie.

»Sehen Sie, Sie sind interessiert. Jetzt bin ich schon der Mann, dem Sie eine Menge erzählt haben. Das ist gefährlich – von Anfang an ein Vertrauen zu haben, für das andere Leute Wochen brauchen.«

»Ich komme seit zehn Jahren hierher, um nachzudenken«, widersprach sie. »Ich rede mit dem Wind.«

»Verstehe ich«, räumte er ein. »Mit diesem Wind kann man sich einiges erlauben, vor allem nachts.«

»Leben Sie hier oben?«, fragte sie überrascht.

»Nein, ich bin zu Besuch«, antwortete er zögernd. »Bei einem jungen Mann.«

»Ich wusste gar nicht, dass hier jemand wohnt.«

»Tut auch niemand – der junge Mann bin ich oder eher war ich.«

Er hielt inne. »Da kommt ein Sturm auf.«

Mary warf ihm einen neugierigen Blick zu. Er war Mitte dreißig und sehr groß, ein hagerer Mann, der langsam sprach. Er trug geschnürte Jagdstiefel und eine bräunliche Windjacke, die zu seinen braunen Augen mit ihrem harten Blick passte. Sein Gesicht war von jener leichenhaften Blässe, die von langer Krankheit kündet, und er zündete sich mit zitternden Fingern eine Zigarette an.

Zehn Minuten später sagte er: »Ihr Wagen springt nicht an, und zu Fuß dauert der Abstieg vier Stunden. Sie können im Leerlauf zur Garage am Fuß des Bergs hinunterrollen, und ich fahre Sie dann in die Stadt.«

Auf dem Rückweg schwiegen sie. Ein ganzer Tag mutwilliger Abwesenheit stellte sich als sehr lang heraus, und ihr kamen leise Zweifel an ihrem Vorhaben. Und als sie nun die Hauptstraße entlang zum Haus ihres Vaters fuhren, war es erst sechs Uhr, und sie musste noch den ganzen Abend herumbringen.

Aber sie riss sich zusammen – der erste Tag war immer am schwersten. In der boshaften Hoffnung, Sam würde sie sehen, behielt sie den Gehsteig im Blick. Der Fremde hatte zumindest etwas Geheimnisvolles.

»Halten Sie am Straßenrand«, sagte sie plötzlich. Direkt vor ihnen kam Sams Roadster zum Stehen. Als beide Wagen hielten, sah sie, dass Sam nicht allein war.

»Da vorne ist mein Liebster«, sagte sie zu dem Fremden. »Er hat sich heute offenbar auch eine Auszeit genommen.«

Er sah gehorsam hin.

»Das hübsche Ding neben ihm ist Linda Newbold«, sagte Mary. »Sie ist zwanzig und hat sich im vergangenen Monat an ihn herangemacht.«

»Und das kümmert Sie gar nicht?«, fragte der Fremde neugierig.

Sie schüttelte den Kopf.

»Eifersucht hat das Schicksal für mich nicht vorgesehen. Hat mir wahrscheinlich stattdessen eine große Dosis Überheblichkeit verpasst.«

Wirbelsturm in stillen Gefilden

Wieso ziehst du die Socke nicht einfach aus? Lass einen Pfleger kommen, der soll dir zur Hand gehen, meine Güte! Würde ich jedenfalls so machen, wenn mich ein Patient mit seinem idiotischen Gebimmel die ganze Nacht wachhält.«

»Daran habe ich auch schon gedacht«, sagte Bill. »Bin alles durchgegangen, was man mir im Studium beigebracht hat. Aber der Mann ist eine große Nummer –«

»Das muss dir völlig egal sein –«

»Nicht bloß reich – also, er tut so, als wäre er in seinem Beruf eine große Nummer, so wie Dandy und Kelly hier bei–«

»Du bist nervös«, sagte der andere Assistenzarzt. »Wie willst du so in zwei Stunden die Mädchen unterrichten?«

»Keine Ahnung.«

»Mensch, leg dich hin und schlaf ein bisschen. Ich muss gleich rüber in die Bakteriologie und will vorher noch frühstücken.«

»Schlafen!«, stöhnte Bill. »Habe ich ständig versucht letzte Nacht! Sobald ich die Augen zu hatte, kam ein Anruf.«

»Willst du frühstücken?«

Bill war bereits angezogen – streng genommen hatte er

sich am Vorabend gar nicht ausgezogen. Harris war fast fertig, und als auch seine Krawatte saß, schlug er Bill Craig vor:

»Raus aus den Sachen! Du siehst schlampig aus.«

Bill seufzte.

»Ich habe mich in zwei Tagen fünf Mal umgezogen! Du glaubst wohl, ich habe meine eigene Wäscherei.«

Harris ging zum Schrank.

»Nimm die hier – müsste dir passen – schließlich habe ich im letzten Herbst oft genug deine angehabt. Mach schon. Rein in die Hose – jetzt wird gefrühstückt.«

Bill riss sich zusammen und baute jetzt auf seine Nerven – das genügte, denn sie waren aus Stahl, außerdem war er ein strammer Bursche, dem eine lange Reihe von Ärzten vorausging. Er zwängte sich in die weiße Hose.

»Wir können. Aber ich sollte eine Nachricht für den Mann hinterlassen.«

»Wozu? Komm schon, wir gehen was essen. Ein Mann, der seine Socken nicht ausziehen will!«

Als sie auf den Flur traten, war Bill noch immer sichtlich beunruhigt.

»Ich fühle mich nicht ganz wohl damit. Der arme Kerl hat doch nur mich.«

»Du wirst sentimental.«

»Kann sein.«

Und nun kam über den Flur auf sie zu: Trouble. Trouble, so weiß und so reizend, dass sie sich nicht gleich als solcher zu erkennen gab. Dabei bedeutete Trouble nichts als Ärger. War der Inbegriff von Ärger – war leibhaftiger Ärger – war aufreizender …

… Ärger.

Lächelte am fernen Ende des Flurs, flog wolkengleich heran und beinah vorüber, blieb stehen, machte zackig kehrt, kam näher, presste sich, bildlich gesprochen, in sie hinein und sagte lediglich:

»Guten Morgen, Dr. Craig. Morgen, Dr. Machen.«

Und dann lehnte sich Trouble gegen die Wand – in dem Bewusstsein, oh, in dem vollen Bewusstsein, dass sie im Lehm der Männer einen deutlichen Abdruck hinterlassen hatte. Es war vollbracht.

Sie war eine Schönheit von sonderbar amerikanischer Art, und als Mischung verschiedener Völker nicht leicht zu fassen. Sie war weder blond noch brünett, von ganz eigenem Stolz, ähnlich dem Herbstblatt eines dreißig Jahre alten Küchenkalenders, mit blauen statt braunen Oktoberaugen. Urkundlich hieß sie Benjamina Rosalyn – Freunde sagten Trouble.

Wie sah sie sonst noch aus? Wie ein köstlicher Muffin, fanden die beiden Assistenzärzte, wie die Kaffeesahne im Frühstücksraum.

Es war nur ein kurzer Moment. Dann gingen sie weiter, und Bill bestand nun doch darauf, der Schwester eine Notiz zu hinterlassen, wo er zu finden sei.

»Der Alte macht dich noch kirre«, warnte Harris. »Konzentrier dich lieber auf seinen Sympathikus. Wenn wir den morgen abklemmen, braucht er deine Hilfe wirklich.«

Mrs. Harte am Tresen sagte:

»Station 4 ruft, Dr. Craig. Übernehmen Sie?«

Harris zog ihn Richtung Speisesaal, aber Bill sagte:

»Ich übernehme.«

»Du musst in einer halben Stunde unterrichten. Du verpasst das Frühstück.«

»Was soll's. Zimmer 1B, richtig?«

»Jawohl, Dr. Craig.«

»Junge, Junge, würde zu gern hören, was du den Lernschwestern erzählst«, sagte Harris angewidert. »Mach nur weiter so – du Teufelskerl –«

Bill betrat Zimmer 1B auf Station 4. Mr. Polk Johnston, kernige fünfzig, setzte sich auf.

»Also doch«, sagte er barsch. »Man hat mir gesagt, sie würden nicht kommen; Sie sind hier der Einzige, dem ich trauen kann – Sie und diese Schwester, die alle Trouble nennen.«

»Sie ist noch in der Ausbildung.«

»Nun, ich finde, sie sieht wie eine fertige Schwester aus. Also, weswegen ich Sie habe rufen lassen: Wie heißt die Operation noch gleich?«

»Es handelt sich um eine Sympathektomie. Mr. Johnston, dürfte ich Ihnen vielleicht die Socke ausziehen?«

»Niemals«, donnerte er. »Sie sind Arzt und kein Fußpfleger. Die Socke bleibt! Und falls Sie glauben, dass ich verrückt bin – wie bin ich dann, bitte schön, zu so viel Geld gekommen?«

»Niemand hält Sie für verrückt. Mr. Johnston, ich muss jetzt unterrichten, wir sehen uns später.«

»Wann?«

»In einer Stunde etwa.«

»Gut. Schicken Sie die Kleine vorbei.«

»Sie ist in meiner Vorlesung.« Der alte Mann seufzte, Bill ergriff die Flucht.

Das Krankenhaus war auf drei Gebäude verteilt, die Verbindungswege waren mit Platanen und Sträuchern bepflanzt.

Unterwegs zum Klassenraum blieb Bill kurz stehen und lehnte sich gegen einen der Bäume. Woher kam bloß diese große Unruhe? Vielleicht hätte er nie Arzt werden sollen.

»Dabei habe ich doch die nötige Konstitution«, dachte er. »Und den nötigen Mumm – hoffe ich jedenfalls. Und den nötigen Verstand. Wieso kriege ich bloß diese Nervosität nicht in den Griff?«

Er schlug einen Busch beiseite und ging weiter.

»Ich muss den Mädchen als Respektsperson gegenübertreten. Bill, mein Junge, reiß dich zusammen! Du wurdest für diesen Job ausgesucht. Und es wird noch viele Patienten geben, die dir zusetzen.«

Er sah die Lernschwestern, zwanzig an der Zahl, ins Klassenzimmer strömen und legte sich die Worte zurecht, mit denen er den Unterricht, in dem ein Kaninchen untersucht werden sollte, eröffnen würde. Das Kaninchen war narkotisiert, jederzeit konnten mit Adrenalin, Digitalis und Strychnin Reaktionen am offenen Herzen provoziert werden. Die jungen Frauen würden sich setzen und das Phänomen beobachten. Sie waren nett, ahnungslos in der Regel, aber nett. Er kannte etliche Ärzte, die mit ausgebildeten Krankenschwestern nichts anfangen konnten.

... Vor vierzig Jahren, sagten diese Ärzte, ergriffen die Mädchen wegen Florence Nightingale diesen Beruf – für ein Leben im Dienste des Menschen. Für viele von ihnen galt das noch immer, aber einige wollten bloß irgendeinen Beruf. In guten Kliniken wurde gesiebt. Die Ausbildung dauerte drei Jahre – ein Jahr länger, und man war Arzt. Wenn es eine Frau ernst meinte, warum dann nicht das komplette Programm? Aber dann dachte Bill:

»Die Armen. Die Hälfte hat kein Fünkchen Bildung genossen – abgesehen von dem, was wir ihnen vermitteln …«

Die Mädchen waren jetzt alle im Klassenzimmer. Mit seinen Aufzeichnungen und zwei Büchern unterm Arm ging er hinterher.

»Grundgütiger!«, rief er und beschloss, vor der Tür zu warten, bis sie sich beruhigt hätten. Er sah aus dem Fenster, Morgendämmerung, so weit das Auge reichte – und war in Gedanken wieder ganz bei sich. Dann, er wollte gerade ins Klassenzimmer gehen, schoss ein grüner Lernschwesternrock aus der Tür.

»Dr. Craig!«, japste das Mädchen.

»Warum so aufgeregt?«

»Das müssen Sie sehen! Das Kaninchen –«

»Immer mit der Ruhe. Was ist passiert?«

Er war sich nicht sicher, ob das Mädchen lachte oder weinte. Gereiztheit brach sich Bahn – er packte sie, bildlich gesprochen, bei den Schultern und schüttelte sie.

»So ein Theater! Was zum Himmel –«

Er bugsierte sie ins Klassenzimmer. Kämpfte sich durch ohrenbetäubende Echolalien idiotischen Gelächters, schrie: »Was ist hier los?«

– und stieß auf: Trouble. Da stand sie also in all ihrer prachtvollen Schönheit vor dem sektionsfertig aufgetrennten Kaninchen und weinte haltlos.

Er konnte kaum fassen, was er da sah – sie war zwar Gottes Geschenk an die Männer, aber doch auch seine intelligenteste Lernschwester.

– Plötzlich fiel neben ihm ein Mädchen in Ohnmacht. Er half ihr wieder auf. Ein Sturm der Hysterie brach los, entfacht allein durch die Macht ihrer Persönlichkeit, von Trouble, dem Mädchen, das ihn jedes Mal, wenn er sie sah, umhaute. Innerhalb eines Sekundenbruchteils schrie er nicht mehr, sondern sprach mit zusammengebissenen Zähnen.

»Ihr Angsthasen«, sagte er. »Was seid ihr doch bloß für Angsthasen!«

Er merkte, dass er die Kontrolle verlor, hörte aber nicht auf.

»Ihr wollt Menschen helfen – und habt Angst vor einem toten Kaninchen? Ihr, ihr –«

Trouble – die Schönheit war restlos aus ihren Zügen gewichen – riss sich zusammen und trat ihm entgegen.

»Tut mir schrecklich leid, Herr Doktor«, schluchzte sie. »Aber als ich klein war, hatte ich Kaninchen, und jetzt liegt hier dieses süße Häschen – aufgeschnitten –«

Dann sagte er es – das unerhörte Wort. Es sprach ihnen zwar nicht die Zugehörigkeit zum Homo sapiens ab, beschied ihnen aber, dass sie zu den besonders ungepflegten, ja unmoralischen Exemplaren ihres Geschlechts gehörten. Das Wort hallte noch durch den Raum, als die Tür aufging und die Oberschwester eintrat.

Als er sie sah, verrauchte seine Wut ganz plötzlich.

»Guten Morgen, Mrs. Caldwell.«

»Guten Morgen, Herr Doktor.« Man sah es ihr an – sie hatte es gehört und war entsetzt.

»Alle Mädchen hinaus!«, sagte Mrs. Caldwell. »Wartet auf der Terrasse! Der Unterricht wird für ein paar Minuten unterbrochen.«

Einen Moment lang herrschte Verwirrung. Die Mädchen wollten sich entschuldigen, wussten aber nicht, bei wem.

Dann begriffen sie, dass etwas Ungeheuerliches geschehen war – ein Arzt hatte sie beschimpft, sie wussten nur noch nicht, wie der Vorfall einzuordnen war, und konnten auch die Konsequenzen nicht ermessen.

»Pfui, Dr. Craig!«, sagte Mrs. Caldwell. Sie kam auf ihn zu, fast so wie Trouble auf dem Krankenhausflur.

»Pfui, Doktor – haben mich meine Ohren getäuscht, oder haben Sie die Mädchen tatsächlich *so* genannt –«. Sie stockte. Der Eiertanz, den sie aufführte, brachte ihn sofort wieder auf die Palme; mit einer schnippischen Antwort setzte er seine Karriere aufs Spiel:

»Darauf können Sie wetten.«

»Die Mädchen sind jung und unschuldig – und Sie nehmen ein solches Wort in den Mund! Ich kenne meine Pflichten.«

»Tun Sie sich keinen Zwang an.«

»Darauf können Sie sich verlassen, Dr. Craig. Der Unterricht ist für heute abgesagt!«

Bill war allein und setzte sich. Vielleicht hätte er doch kein Arzt werden sollen, dachte er wieder. Er hatte nicht vor, sich zu entschuldigen oder die Sache irgendwie wiedergutzumachen. Man würde ihn feuern. Das war so gut wie sicher. Er würde gehen, er würde sich von Mr. Polk Johnston und Harris verabschieden, und er würde versuchen, Troubles Entlassung zu verhindern.

… Dann dachte er nicht mehr weiter nach. Abwesend tätschelte er das Kaninchen und sah aus dem Fenster. Wie gut, dass sein Vater nicht mehr lebte – sein Vater war Arzt gewesen.

11

Eine halbe Stunde später saß Bill dem Direktor der Klinik gegenüber.

»So, Dr. Craig – was genau ist denn nun vorgefallen?«

»Ich habe die Beherrschung verloren und die Mädchen beschimpft.«

Dr. Haskell erhob sich, ging ein paar Schritte durchs Zimmer und setzte sich dann wieder auf seinen Stuhl. Er war ein gerechter Mann. Bill hatte ihn immer gemocht.

»Feuern Sie mich ruhig, Sir«, sagte er. »Ich hab's verdient.«

»Na schön. Sie wären dann hiermit gefeuert. Ich bin froh, dass Sie einverstanden sind. Ich kannte Ihren Vater –«

»Lassen wir das lieber. Sonst muss doch niemand gehen?«

»Oh doch! Mrs. Caldwell ist bei mir vorstellig geworden – Miss Rosalyn wird uns ebenfalls verlassen. Das entschuldigt allerdings nicht Ihr Verhalten.«

»Aber sie kann es mit jeder ausgebildeten Krankenschwester aufnehmen!«

»Ja«, sagte Dr. Haskell trocken, »ein Jammer.«

»Es gibt da noch was, wegen Johnston.«

»Wer ist das? Und was hat er mit der Sache zu tun? In welcher Abteilung arbeitet er? Ein Pfleger?«

»Nein, ein Patient.«

»Ach, Sie meinen den hypersensitiven Mr. Polk Johnston. Verstehe. Was ist mit ihm?«

»Es gibt da etwas, das Sie wissen sollten.«

Dr. Haskell stand wieder von seinem Stuhl auf:

»Wir wissen, dass er sich weigert, seine Socken auszuziehen. Wir wissen, dass er ein wahrer Krösus ist und seine Familie ein Krankenhaus führt. Er und sein Bruder leben in Schanghai oder Kanton. Gibt es irgendetwas hinzuzufügen?«

»Nur Folgendes: Er hat schreckliche Angst und könnte die Sache abblasen. Wenn er das Krankenhaus verlässt, ohne sich operieren zu lassen, dann wird er, das sagt mir mein Gefühl, nicht mehr lange unter uns sein und –«

Bill wurde unterbrochen, weil die Tür aufging. Es war Dr. Haskells Privatsekretärin.

»Dr. Haskell, Mrs. Caldwell ist hier, mit dieser Schwester. Wie heißt sie noch? Das hübsche Ding, das alle Trouble nennen.«

»Nicht jetzt. Ich dachte, Mrs. Caldwell würde das selbst in die Hand nehmen.«

»Sir, lassen Sie die beiden rein, bitte«, bat Bill inständig.

»Ich wüsste nicht, warum.«

»Bitte, Sir«, sagte Bill.

Die Sekretärin sah zwischen den beiden hin und her – der junge Arzt war verzweifelt, Dr. Haskell wägte ab.

»Herrje, lassen Sie die beiden schon vor!«

»Danke«, sagte Bill.

Mrs. Caldwell und Trouble sahen ziemlich blass aus. Noch der letzte Rest Farbe war aus Troubles lieblichem Gesicht verschwunden, es war jetzt so weiß wie das Fell des Kaninchens, das den Vorfall am Morgen verursacht hatte.

Die ältere Schwester ergriff das Wort.

»Dr. Haskell –«

Bill fuhr ihr über den Mund.

»Mrs. Caldwell, Sie finden es also angemessen, eine junge

Frau zu entlassen, obwohl ihr nur ein einziges Mal ein bisschen die Nerven durchgegangen sind?«

Dr. Haskell sagte: »Sie sind jetzt bitte still, Sir.«

»Danke, Dr. Haskell«, sagte Mrs. Caldwell. »Er ist in letzter Zeit ein so schwieriger, ein so schwieriger –«

»Ein so schwieriger *was* denn!«

»Nun, ich kann Beleidigungen nicht ertragen. Ich bin auf einer Farm in den Hügeln von Pennsylvania aufgewachsen, wir sind mit solch rabiaten Ausdrücken nicht in Berührung gekommen. Wie soll ich so etwas denn ertragen – ich – ich –«

Die jüngere Schwester stand ihr bei: »Oh, Mrs. Caldwell – ist doch schon wieder gut!«

Dr. Haskell nickte Richtung Tür – Bill stand auf, um sie zu schließen.

Mrs. Caldwell hatte sich wieder im Griff. »Das Mädchen ist einfach zu hübsch, das ist alles«, sagte sie.

»Wie bitte?«, fragte Mr. Haskell.

»Sie wissen es, alle wissen es, sie ist zu hübsch für den Beruf.«

»Seit wann erweist sich eine Schwester dadurch als untauglich?«, fragte Dr. Haskell. »In meiner Laufbahn sind mir Hunderte hübscher Schwestern begegnet.«

»Na hoffentlich«, sagte Bill.

»Mit Ihnen habe ich nicht gesprochen, Dr. Craig. Haben Sie nicht gerade gekündigt?«

Dann redeten alle durcheinander:

»Tut mir leid«, sagte Bill.

»Das ist wohl alles meine Schuld«, sagte Trouble.

»Kein Wunder, dass man Sie Trouble nennt«, sagte Mrs. Caldwell.

»Wir sind hier noch immer in einem Krankenhaus!«, brüllte Dr. Haskell.

Aber Bill war nicht unterzukriegen. Als sich Trouble zu Mrs. Caldwell hinabbeugte, ging ihm der Anblick ihres entzückenden Scheitels fast schon schmerzlich zu Herzen. Er wusste um die Arbeitszeiten, den Pflegealltag, die anstrengende Tätigkeit, er wusste, worin das Los der Lernschwestern bestand, während sie ihre ersten Schritte auf dem Gebiet der Anatomie und Chemie machten. Ihr Fehltritt war eher zu entschuldigen als seiner.

»Falls es ihr hilft, möchte ich mich bei Miss Rosalyn für meine Ausdrucksweise entschuldigen«, sagte er. »Sie hat sich nichts zuschulden kommen lassen, was meine Worte rechtfertigen würde.«

»Bei mir haben Sie sich nicht entschuldigt«, sagte Mrs. Caldwell.

»Das will ich gern – wenn es ihr hilft.«

»Früher habe ich Sie für einen Gentleman gehalten.«.

»Ich mich auch – muss mich geirrt haben.«

»Das genügt, Dr. Craig«, sagte der Direktor. »Sehr bedauerlich das alles. Also auf Wiedersehen, Sir, ich wünsche Ihnen alles Gute für die Zukunft.«

Bill warf Trouble einen verzweifelten Blick zu und ging.

Nun war sie an der Reihe. Sie wusste sehr wohl, dass sie nicht nur für ihren morgendlichen Ausbruch bestraft wurde, sondern auch für ihre kokette Art. Die Medizin war für diese Leute ein Götze, und sie hatte den Alabastersockel mit Kaugummi vollgeklebt …

»Ihr Lehrgeld bekommen Sie natürlich zurück«, sagte Dr. Haskell freundlich.

Sie ging auf ihr Zimmer, betrachtete sich im Spiegel, warf sich aufs Bett und weinte ein bisschen. Dann stand sie auf, packte ihre Tasche, dieselbe Tasche, die sie als Tänzerin benutzt hatte, damals, als sie vier Mal am Tag in einem Varieté aufgetreten war.

»So weit ist es also gekommen«, sagte sie und bedauerte sich sehr, »und das nur, weil ich mehr sein wollte als bloß hübsch.«

Ein paar Kleinigkeiten musste sie gesondert bündeln, und nachdem sie die letzten Schnüre mit zittrigen Fingern festgezogen hatte, klopfte ein Pfleger an.

»Sie werden gebraucht – Zimmer 1B, Station 4.«

»Ich weiß. Aber ich bin auf dem Sprung. Ich wurde entlassen.«

»Ich sollte Ihnen trotzdem Bescheid geben.«

»In Ordnung.«

Sie schloss die Tür. Dann fiel ihr auf, dass sie noch ihre Schwesternuniform anhatte.

– Na gut, dachte sie, gehe ich eben zum alten Johnston runter und nehme den Antrag doch an. Der hat ja die ganze Woche nichts anderes im Kopf gehabt.

Unterwegs wurde sie von einer jungen Schwester aufgehalten.

»Es tut uns allen so leid, Miss Rosalyn.«

Sie war gerührt, aber dieselbe Art von Gereiztheit, die am Morgen von Dr. Craig Besitz ergriffen hatte, veranlasste sie jetzt zu sagen:

»Nenn mich Trouble, bitte.«

»Na schön – Trouble, es tut uns allen so leid.«

Die Station war verwaist. Am Tresen war niemand zu

sehen, aber sie dachte sich nichts dabei. Sie zögerte nicht lange, atmete tief durch, strich sich unwillkürlich und rasch über die Hüften, wie um etwas abzuklopfen – und trat ein.

Im Zimmer war niemand.

Im Bett auch nicht. Jemand hatte die Decken und Laken abgezogen und ein provisorisches Seil um die gekippte Kommode gebunden, das aus dem Fenster in den dunklen Nachmittag reichte. Mr. Johnston war geflohen.

Sie reagierte rasch und spontan.

– Muss ja verrückt gewesen sein vor Angst, der Alte, dachte sie. Der bringt sich noch um, wenn er versucht, durch die Kiesgrube da unten zu kommen. In seinem Zustand!

Geklettert war sie das letzte Mal als kleines Mädchen. Sobald sie über den Sims hinaus war, ging es von Knoten zu Knoten, und als sie schließlich mit dem Gesicht zuerst aufkam, überprüfte sie nicht einmal, ob ihre Nase wackelte.

»Mein Gesicht hat mir noch nie Glück gebracht«, sagte sie sich und marschierte los. »Ich hoffe, es ist hin.«

Für einen Moment glaubte sie das tatsächlich, war allerdings Frau genug, die Finger zu kreuzen.

Bill Craig betrat das Zimmer, kurz nachdem Trouble es verlassen hatte. Ihm bot sich dasselbe Bild wie ihr, sein erster Impuls bestand jedoch darin, die Patientenklingel zu läuten. Er fragte die Schwester:

»Können Sie mir sagen, was hier los ist?«

»Dr. Craig! Heute Morgen schien mit ihm noch alles in Ordnung zu sein. Miss Rosalyn wollte zu ihm, um sich zu verabschieden, da habe ich mir schnell einen Kaffee geholt –«

»Miss Rosalyn war hier?«

»Aber ja doch, Sir.«

»Geben Sie bitte dem Stationsarzt Bescheid.«

»Natürlich, Dr. Craig.«

Er wartete, bis sie weg war, und kletterte aus dem Fenster.

Am Morgen war der Himmel rot gewesen, und jetzt, als Bill am Bahnhof ankam, wurde er immer dunkler. Im schummrigen Licht der Glühbirnen wirkte die geliehene Hose fast gelb. Falls der alte Mann nicht längst mit dem Zug auf und davon war, würde Bill sie wohl beide hier antreffen. Er konnte verstehen, dass Mr. Polk Johnston vor der Operation hatte fliehen müssen, und es stand so gut wie außer Zweifel, dass Trouble entweder mit ihm zusammen geflohen oder ihm gefolgt war. Zum Bahnhof, wohin sonst – sollte doch das Personal die Umgebung der Klinik absuchen –, er sah noch nicht einmal aus dem Fenster des Taxis, das er am Ortseingang herangewinkt hatte.

Er entdeckte die beiden am anderen Ende des schmuddeligen Wartesaals, schwenkte ins Bahnhofsbistro ab und beobachtete sie durch das rauchgraue Glas. Trouble saß am einen Ende der Bank, rührte sich nicht und starrte mit gesenktem Blick ins Nichts. Wie jedes Mal sah er etwas Neues in ihr. Trouble hatte diese großartige Eigenschaft – so wie Schönheit und Ärger auch –, unerwartet in neuen Facetten zu schillern. Wer auch immer an ihr vorüberging – Geschäftsmänner, einfache Reisende –, blieb für einen Augenblick stehen, sah sie unverwandt an, ging weiter …

Bill leerte seinen Kaffee, stand vom Tresen auf und war für Harris' Hose zutiefst dankbar – als er sie angezogen hatte, konnte er noch nicht wissen, was der Tag alles für ihn bereithielt. Sie war kaum schmutzig oder zerknittert. Er näherte sich dem Pärchen auf der Bank und stellte fest, dass Mr. Polk Johnston hingegen vom Tag gezeichnet war. Was Bill zuerst für einen Bienenschwarm hielt, der sich unerklärlicherweise auf ihm niedergelassen hatte, entpuppte sich als eine Ansammlung von Kletten. Von Kopf bis Fuß hingen sie an ihm, wie unnütze Epauletten und Beinschienen, klebten haufenweise an seinen Hüften und zogen sich wie Service Stripes über seine Ärmel.

Die beiden waren in ein Gespräch vertieft, als er sie ansprach.

»Guten Abend, Mr. Johnston. Guten Abend, Miss Trouble.«

Mr. Johnston sah ihn erschrocken an. »Was haben *Sie* denn hier zu suchen?«, fragte er. »Hat Sie mir etwa die Klinik auf den Hals geschickt?«

»Nein, ich bin aus freien Stücken hier.«

Johnston entspannte sich.

»Was ist mit Ihrer Nase passiert?«, fragte er.

»Nun, Mr. Johnston, Ihre Leiterkonstruktion war für drei Leute nacheinander nicht stabil genug, und ich war wohl der Gelackmeierte. Auf halbem Weg hat sich einer der Knoten gelöst.«

Trouble lachte.

»Wenn mehr Zeit gewesen wäre«, sagte Johnston gereizt, »hätte ich bessere Arbeit geleistet.«

Bill stellte sich vor, wie die ganze Belegschaft über Mr. Johnstons Leiter aus dem Fenster schwärmte.

»Seit wann sind Sie hier?«, fragte er.

»Seit etwa zwanzig Minuten«, sagte Trouble. Sie sah auf ihre Armbanduhr. »Ich war ungefähr eine Stunde unterwegs – habe am Ortseingang den Bus genommen.«

»Ich bin per Anhalter gekommen«, sagte Mr. Johnston zufrieden. »Und war nur fünf Minuten nach ihr da.«

»Ich bin mit dem Taxi gekommen«, sagte Bill, »dritter Platz, weit abgeschlagen. Wir sollten an den Olympischen Spielen teilnehmen, wie Bonthron, Venzke und Cunningham.«

»Hm«, machte Mr. Johnston. Er war nicht so freundlich wie sonst. Bill kam sich vor wie ein Eindringling.

»Ich werde nicht an den Olympischen Spielen teilnehmen«, fuhr Mr. Johnston fort, »weil ich nämlich im Sommer nach Tibet reise. Meines Wissens bekommt man dort ein Medikament, das gegen hohen Blutdruck hilft, auch ohne irgendwelche irrsinnigen Operationen.«

»Ziemlich weit weg«, sagte Bill.

»Ich reise nicht allein. Miss Trouble hat sich einverstanden erklärt, mich zu begleiten – und zwar als meine Ehefrau.«

»Verstehe«, sagte Bill und spürte, wie seine Gesichtszüge erstarrten.

»Das gefällt Ihnen wohl nicht«, sagte der aufmerksame Johnston. »Alter Knacker, junges Häschen, was man eben so sagt. Warum haben *Sie* sie denn nicht gefragt, als Sie die Gelegenheit hatten?«

Und da fragte er sie – allerdings ohne viele Worte zu machen, stattdessen schaute er ihr sehr fest in ihre blauen Augen.

»Als Assistenzarzt ist man nicht in der Position, Anträge zu machen.«

Trouble sträubte sich vorsorglich.

»Sie und mich fragen, Dr. Craig? Sie, der Sie uns heute Morgen beschimpft haben als –«

»Wollen wir uns das nicht sparen?«, fragte Bill. »Wir sind nicht mehr in der Klinik. Wie dem auch sei, ich störe hier wohl.«

»Das tun Sie ganz bestimmt«, sagte Trouble, die verzweifelt darum bemüht war, so streng zu gucken wie sie klang. Was sollte sie bloß tun – an der Seite ihrer Mutter ihre besten Jahre auf der Veranda eines Farmhauses verschaukeln – oder mit ihrer Schwester in Kinos von Bangor bis Tallahassee als Tänzerin auftreten, drei Mal hintereinander an einem Abend?

Sie war so sehr mit dieser Frage beschäftigt, dass sie erst in dem Moment, als Bills Augen plötzlich von ihr abließen, wieder zu Mr. Johnston sah. Er war totenbleich, die linke Gesichtshälfte zuckte im Takt mit dem rechten Arm, und die rechte Hand schlug eine unsichtbare Trommel. Bill packte ihn gerade noch rechtzeitig bei den Schultern, bevor er zu Boden sackte.

»Sie bleiben hier!«, verfügte Bill. »Ich hole Kaffee!«

III

Er schickte die Bistrobedienung mit dem Kaffee auf den Weg und rief einen Krankenwagen. Als er zurückkam, hatte sich eine kleine Menschentraube versammelt.

»Treten Sie bitte zurück!«, verlangte er, ohne laut zu werden. »Dieser Mann hier ist sehr krank!«

»Was haben Sie vor?«, fragte Trouble.

»Warten, bis die Sanitäter da sind. Hat er den Kaffee getrunken? Sie können ihm ruhig alles einflößen, Trouble!«

»Das ging nicht. Gerade hatte ich seinen Puls noch – in der Schulter. Jetzt kann ich ihn kaum noch spüren.«

»Damit habe ich gerechnet.« Wieder forderte er die Menge auf, zurückzutreten, dann winkte er den kräftigsten Mann zu sich heran.

»Könnten Sie mir behilflich sein? Ich will ihn beatmen.«

Er setzte sich rittlings auf Mr. Johnston und absolvierte die einzelnen Schritte. Er war kurz davor, die Hoffnung aufzugeben, als er eine leise Reaktion spürte und Trouble ihm ins Ohr sagte:

»Die Sanitäter sind da. Was nun?«

»Die sollen sich bereithalten.«

»Jawohl, Herr Doktor.«

»Brauchen Sie Hilfe, Sir?«, fragte einer der Sanitäter.

»Nein – aber halten Sie die Leute auf Abstand.«

Mr. Johnston erwachte zu neuem Leben – ein Keuchen, ein Rucken, dann machte ihm die jähe Wiederkehr seiner Geisteskräfte die Misere begreiflich, in der er sich befand, worauf er sich erfolglos aufzusetzen versuchte; und schon mit dem ersten Atemzug röchelte er Befehle hervor:

»Wer sind diese Leute? Schafft sie weg! Lasst sie wegbringen!«

»Schön wieder hinlegen.« Bill grinste in sich hinein, als er von dem Reanimierten herunterstieg: Glaubt er etwa, das sind seine Untergebenen?

»Wir können«, sagte Bill zu den Sanitätern. »Haben Sie die Trage?«

»Ja, Sir.«

»Laden Sie ihn auf. Wir fahren ins Battle Hospital.«

Er ging hinterher, ein wenig erschöpft von den Strapazen. Er fühlte sich alleingelassen, dann wusste er, was nicht stimmte – Trouble zögerte noch.

»Soll ich etwa mitkommen?«

»Komm schon, du Dussel, natürlich kommst du mit, beeil dich! Er ist schon im Krankenwagen.«

»Glauben Sie denn, dass uns dort überhaupt jemand wiedersehen will, Sie und mich?«

»Komm schon. Sei nicht albern.«

Im dunklen Krankenwagen bat Mr. Johnston matt um eine Zigarre.

»Glaube kaum, dass die hier so was haben«, sagte Bill.

»Dann will ich einen anderen Krankenwagen. Wissen Sie übrigens, dass Sie der einzige Arzt in Ihrer Klinik sind, der etwas taugt?«

»Nun, ich werde Ihnen jedenfalls keine –«

Dr. Craig konnte den Satz nicht zu Ende bringen. Er wurde jäh nach vorn geschleudert und landete auf einem anderen Sitz, etwa in der gleichen Position, in der er zuvor auf Mr. Johnston gesessen hatte. Er sah und hörte, wie Trouble, auf denselben heftigen Stoß hin, an ihm vorbeiflog und aufschrie, als sie mit der Schulter gegen das bruchsichere Glas schlug. Mr. Johnston schnellte vor und zurück wie eine Puppe. Es dauerte eine ganze Weile, bis sich Bill durch das dunkle Wageninnere getastet hatte, um nachzusehen, was passiert war – und was er zu sehen bekam, war allerhand.

Sie waren mit einem Schulbus kollidiert – der Bus brannte und lag halb umgekippt auf einem Erdwall am Straßenrand, kleine Mädchen taumelten schreiend aus dem Heck. Eines stand in Flammen, Bill stürzte hin, stieß dabei mit Trouble zusammen, die dasselbe Ziel hatte, lief zu einem anderen Mädchen und schlug mit den Händen nach den Flammen. Die beiden Sanitäter hatten die Situation schneller erfasst und waren schon bei ihm.

»Ist noch jemand im Bus?«, schrie Bill nach der ersten Aufregung, beantwortete sich die Frage selbst, wickelte ein Taschentuch um seine Faust und zerschlug die Glasscheibe. Der Krankenwagenfahrer legte seinen dicken Gabardinemantel in die Öffnung, auf dem sie das Mädchen herauszogen. Bill brannte jetzt auch und wälzte sich kurz im schlammigen Straßengraben. Ein halbes Dutzend Autos hatte angehalten, die Fahrer halfen mit. Ein Mädchen zählte rasch durch – niemand fehlte.

»Falls jemand in der Nähe wohnt – bitte bringen Sie Mehl!«, sagte Bill. »Die Mädchen ab in die Krankenwagen – alle! Ein Sanitäter stellt sich an die Tür und passt auf, dass nichts mehr kokelt. Lassen Sie niemanden in den Krankenwagen, bei dem Sie nicht sicher sind!«

»Ja, Herr Doktor«, sagte einer der Sanitäter.

»Und dann nichts wie los, so schnell Sie können! Notaufnahme.«

»Was ist mit Ihnen, Sir?«

»Keine Sorge. Ich finde schon jemanden, der mich mitnimmt.«

Als er im Straßengraben seine Hände mit Schlamm bedeckte, bemerkte er Trouble neben sich, die es ihm gleichtat.

»Komm, wir lassen uns von irgendjemandem hinbringen«,

sagte er. »Vielleicht nehmen sie uns jetzt wieder, was denkst du?«

»Und was ist mit Mr. Johnston?«

»Den habe ich ganz vergessen! Er ist noch im Krankenwagen – unterwegs zur Klinik. Ich kann nur hoffen, dass die Mädchen nicht auf ihm draufsitzen.«

»Wohl kaum. Die Sanitäter haben ihn rausgeholt, um Platz zu machen. Er liegt da drüben, auf der anderen Straßenseite.«

»Lebendig?«

»Und wie! Sie haben zweimal versucht, ihn wieder in den Krankenwagen zu bekommen.«

»Der alte Fuchs. Entweder ich ziehe ihm jetzt diese Socke aus – oder er verrät mir den Grund.«

Er kniete sich neben Mr. Johnston, fühlte seinen Puls und wiederholte seine Worte.

»Das werden Sie ganz sicher nicht«, sagte Johnston.

»Und warum nicht?«

»Weil ich sie längst ausgezogen habe. War mir ein bisschen unangenehm, wie Sie alle ranmussten, da dachte ich mir, ich tue Ihnen den Gefallen.«

Bill beugte sich über den freiliegenden Fuß.

»Scheibenkleister noch eins! Ein überzähliger Zeh – das ist alles!«

»Von wegen das ist alles! Der hat mir mein Leben lang Kummer gemacht.«

»Den nehmen wir Ihnen gleich morgen ab.«

Bill stand auf – und atmete durch.

»Mehr hat also nicht dahintergesteckt! Nun, das kostet Sie die Behandlung der kleinen Mädchen.«

»Nein«, sagte Mr. Johnston, widerspenstig wie immer. »Das wird mich so viel kosten, dass sich Ihr verdammtes Krankenhaus eine ganze Kinderklinik anbauen kann – falls man Sie wieder aufnimmt: Sie und Ihr Mädchen.«

Die Perle und der Pelz

Gwen war den ganzen Samstagnachmittag einkaufen gewesen und kam um sechs Uhr schwer beladen nach Hause. Unter anderem hatte sie zwei Dutzend kleine Drahtrollen erworben, die zur Schlafenszeit in die Haare gedreht werden und über Nacht darin stecken, einen Satz grotesker künstlicher Fingernägel, die gegen sämtliche Waffenstillstandsabkommen verstießen, einen Satz 15-cm-Wimpel von Navy, Princeton, Vassar und Yale und einen Packen Broschüren über Reisen zu den Bermudas, nach Jamaika, Havanna und Südamerika.

Erschöpft – so wie man mit vierzehn erschöpft sein kann – warf sie alles aufs Sofa und rief ihre Freundin Dizzy Campbell an.

»Rate mal«, sagte sie.

»Was?« Dizzy klang ganz aufgeregt. »War sie echt?«

»Nein«, sagte Gwen empört. »Ich habe sie dem Schmuckverkäufer bei Kirk gezeigt, und er hat gesagt, es sei nur ein Stück Perlmutt, wie man es oft in Austern findet.«

Dizzy seufzte.

»Tja, dann wird es Ostern wohl nichts mit unserer Reise.«

»Ich könnte platzen vor Wut. Daddy war sicher, dass es eine Perle ist, als er sich in dem Restaurant beinahe einen Zahn daran ausgebissen hätte.«

»Nachdem wir schon alles geplant haben«, jammerte Dizzy.

»Ich war so sicher, dass ich als Erstes ins Reisebüro gegangen bin und mir einen Stapel Broschüren geholt habe mit lauter schönen Bildern von Leuten, die auf Sonnenterrassen an Swimmingpools sitzen und mit den süßesten Jungen tanzen, schon ab siebzig Dollar aufwärts – wenn Daddy nur mit sich reden lassen würde.«

Sie stießen einen einmütigen lauten Seufzer aus.

»Aber eines bleibt uns«, sagte Dizzy. »– auch wenn es nicht das Gleiche ist. Mrs. Tulliver möchte vier oder fünf Mädchen aus der Schule für ein paar Tage nach New York mitnehmen. Mutter sagt, dass ich darf, aber ich habe ihr gesagt, dass ich mich später entscheide, weil ich erst abwarten wollte, was bei der Perle herauskommt – Vater meinte, dass sie vielleicht sowieso nichts mehr taugt, falls sie gekocht wurde. Es wäre jedenfalls besser als nichts.«

»Kann sein«, sagte Gwen zweifelnd. »Aber glaubst du wirklich, dass sie uns in den Rainbow Room mitnehmen würde oder ähnliche Lokale? Nicht nur in Museen und Konzerte?«

»Sie will mit uns ins Theater und zum Einkaufen.«

In Gwens strahlend blaue Augen kam wieder Leben.

»Gut, ich werde Daddy fragen«, sagte sie. »Nachdem er mit der Perle unrecht hatte, sollte er wenigstens *das* erlauben.«

II

Am folgenden Montag fuhren fünf junge Damen von vierzehn und fünfzehn Jahren nach New York. Mrs. Tulliver hatte vorgehabt, in einer Frauenpension zu nächtigen, aber nachdem die Mädchen vehement protestiert hatten, weil sie Musik zum Essen haben wollten, nahmen sie ein »ruhiges« Hotel südlich des Central Park. Sie sahen zwei Theaterstücke und besuchten das Rockefeller Center, kauften für ihr Taschengeld Sommerkleider und bekamen nachmittags eine Ahnung vom Nachtleben, als sie in einem für seine Tanztees berühmten Hotel ein beliebtes Orchester spielen hörten, ohne allerdings eigene Tanzpartner zu haben.

Sie hatten alle versucht, dieser Eventualität vorzubeugen, indem sie Jungen bedrängten – »komm her, wenn du es irgendwie einrichten kannst« – und sogar an lang vernachlässigte Verehrer aus dem letzten Sommer verzweifelte Briefe schrieben, dass sie an dem und dem Tag in der großen Stadt wären. Aber ach, auch wenn sie bei jedem Klingeln des Telefons aufsprangen, kam der Anruf doch unweigerlich aus einem der anderen Zimmer.

»Hast du was gehört?«

»Nein. Einen Brief habe ich gekriegt – tut mir furchtbar leid und so weiter.«

»Ich habe ein Telegramm von einem Jungen in New Mexico gekriegt.«

»Mein Brief kam aus Kalifornien. Ist denn keiner jemals in New York?«

Sie vergnügten sich zwar, aber es war alles recht zahm,

dachte Gwen. Das Problem war weniger der Mangel an Jungen als vielmehr die Unmöglichkeit, etwas wirklich Amüsantes, Mondänes ohne Jungen zu unternehmen. Am vorletzten Tag rief Mrs. Tulliver alle in ihrem Zimmer zusammen.

»Nun, ich bin weder blind noch taub, und ich weiß, dass ihr nicht all die aufregenden Dinge unternehmen konntet, die ihr erwartet habt, wobei ich nie versprochen habe, dass wir auf die Pauke hauen werden. Ihr sollt jedoch nicht das Gefühl haben, dass ich die ganze Zeit wie eine Glucke auf euch sitze, deswegen habe ich mir etwas ausgedacht.«

Sie hielt inne, und fünf Augenpaare richteten sich erwartungsvoll auf sie.

»Ich werde euch für ein paar Stunden ganz euch selbst überlassen; das dürfte von Nutzen sein, wenn die Schule wieder anfängt.«

Der Glanz in den jungen Augen erlosch, obwohl sie weiter höflich zuhörten.

»Morgen früh soll jede von euch alleine losziehen und einen Teil New Yorks erkunden – findet möglichst viel heraus, so als müsstet ihr einen Aufsatz darüber schreiben – auch wenn ich euch in euren Ferien nicht damit behelligen werde. Ich würde ja sagen, geht zu zweit, aber allein werdet ihr sicher viel mehr in Erfahrung bringen. Ihr seid alt genug für ein solches Abenteuer. Na, hört sich das nicht gut an?«

»Ich nehme Chinatown«, meldete sich Gwen.

»O nein, nein!«, sagte Mrs. Tulliver schnell. »An solche Dinge hatte ich nicht gedacht. Ich meinte eher so etwas wie das Aquarium, aber ihr sollt euch selbst etwas Passendes überlegen.«

Als die Mädchen wieder unter sich waren, ereiferten sie

sich über den Vorschlag. »Ich würde ja einen Sinn darin erkennen, wenn sie uns abends ausgehen lassen würde«, klagte Dizzy, »jede in einen anderen Nachtclub, und wir am nächsten Morgen einen Bericht abliefern müssten. Ich habe keine Ahnung, was ich tun soll – wir waren oben auf dem Empire State, und wir haben die Blumenschau und das Planetarium und den Flohzirkus gesehen. Wahrscheinlich werde ich einfach rüber ins Ritz Hotel gehen und mich dort umsehen. Ständig hört man, irgendwas sei ›ritzy‹, und ich würde gern wissen, was damit gemeint ist.«

In Gwens Kopf nahm ein Plan Gestalt an, aber sie behielt ihn für sich. Die Idee einer Reise ließ sie nicht mehr los, vielleicht eine Reise mit festgelegtem Ziel, aber doch eine Reise und damit etwas ganz anderes als das kasernierte Leben in der Schule.

Ich nehme den Bus die 5th Avenue rauf und fahre bis zur Endstation. Und dann nehme ich die Straßenbahn oder die Hochbahn und fahre damit bis zur Endstation.

Am nächsten Morgen um neun Uhr brachen sie zu ihren jeweiligen Zielen auf. Es war ein schöner Tag, und die Gebäude blitzten himmelwärts in der blauen Luft wie ein kühles Ginger Ale. Neben Gwen auf dem Oberdeck des Busses saß eine aufdringliche Frau, die ein Gespräch mit ihr beginnen wollte, aber Gwen bedachte sie mit einem eisigen Blick und sah aus dem Fenster. Der Bus fuhr den Riverside Drive am Hudson entlang und kam dann in ein Viertel mit monotonen Wohnblocks, die die Stadt in all ihrer Fülle verkörperten, nachts von dunklen Geheimnissen umwittert, nachmittags eintönig grau und morgens strahlend vor Hoffnung. Sie hatten die Endstation erreicht. Gwen stellte dem

Schaffner eine Frage, und er deutete auf den Zugang zur Subway einen halben Block die Straße hinunter.

»Gibt es denn keine Hochbahn?«, fragte sie.

»Die Subway fährt streckenweise oberirdisch.«

Der Zug nach Kingsbridge im Norden war fast leer. Kingsbridge – Gwen konnte es schon sehen: herrschaftliche Häuser mit normannischen Bergfrieden und gotischen Türmchen. Hier mussten irgendwo Southampton und Newport liegen, all die eleganten Orte, die in ihrer Vorstellung den Außenbezirken ihrer Heimatstadt ähnelten.

An der 230. Straße folgte sie den letzten beiden Fahrgästen nach Kingsbridge hinaus – und fand sich in der Ödnis wieder, verunstaltet von einigen vereinzelten »Bauprojekten«, einem Drugstore, einer Tankstelle und einem Schnellrestaurant. Sie erklomm eine kleine Erhebung und blickte mit Stolz auf die Strecke, die sie zurückgelegt hatte. Sie befand sich am äußersten Rand New Yorks – selbst in der kristallklaren Luft waren die Wolkenkratzer auf Manhattan Island winzig und weit entfernt. Sie fragte sich, ob Dizzy tatsächlich in einem Boot auf dem Central Park Lake ruderte und ob Clara sich bei einer Schauspielagentur angemeldet hatte – das hatte Gwen vorgeschlagen. Die beiden befanden sich irgendwo im Getümmel der Stadt, und sie war hier draußen, losgelöst wie in einem Flugzeug.

Gwen sah auf ihre Uhr und stellte fest, dass sie schon lange unterwegs war – sie würde es gerade noch zum Lunch um ein Uhr schaffen. Zurück an der Subway-Station sah sie den Zug, mit dem sie gekommen war, den Bahnhof verlassen und an Geschwindigkeit zulegen. Ein Neger, der den Bahnsteig kehrte, sagte, der nächste würde erst in einer Stunde gehen.

– Jetzt verpasse ich auch noch die Matinee, dachte sie traurig. Und es war die letzte.

»Gibt es hier draußen Taxis?«, fragte sie.

»Vorm Drugstore ist ein Stand, aber meistens sind da keine.«

Sie hatte Glück. Ein einzelnes Taxi stand da und daneben der Fahrer, ein sehr junger Mann mit nervösem Gesichtsausdruck. Als Gwen ihn fragte, ob er frei sei, schien seine Nervosität zu verschwinden, so als wären ihre Worte ein ›Sesam öffne dich‹, und er sagte mit offenkundigem Eifer: »Gewiss bin ich frei. Gehen Sie nur rein – ich meine, steigen Sie nur ein.«

Er schloss die Tür hinter ihr und stieg vorne ein.

»Wo wollen Sie hin?«

Sie nannte ihr Hotel. Er holte ein nagelneues kleines rotes Buch hervor und blätterte darin.

»Madison und 55. Straße«, erklärte er.

»Das hätte ich Ihnen auch sagen können«, sagte Gwen.

»Ja – bestimmt. Ich kenne die Stadt noch nicht besonders gut. Verzeihen Sie mir meine Dummheit.«

Er klang recht nett.

»Leben Sie nicht in New York?«, fragte sie.

»Jetzt schon, aber ich komme aus Vermont. Wie heißt die Straße noch mal – Madison und –?«

»Madison und 55.«

Er ließ den Motor an und machte ihn sofort wieder aus – drehte sich entschuldigend um.

»Tut mir leid, es wird noch ein bisschen dauern. Das hier nennt man Leerfahrt –«

»Stimmt mit dem Auto etwas nicht?«

»Nein – mit dem Auto ist alles in Ordnung. Unter Taxifahrern nennt man so was Leerfahrt, und wenn man eine hat, muss man in der Zentrale anrufen und sagen, dass man jetzt wieder losfährt.«

Mit diesen Worten sprang er aus dem Auto und lief in das Schnellrestaurant, und im nächsten Moment hörte sie ihn etwas Unverständliches am Telefon sagen. Gleich darauf war er zurück und fragte: »Sie sind nicht der falsche Anruf, oder?«

»Der was?«

»Die Leute, die angerufen haben und dann doch die Subway genommen haben. Deshalb die Leerfahrt.«

Ihre Blicke trafen sich, und sie sahen sich ernst an. Gwen fasste sich zuerst.

»Ich weiß immer noch nicht, was eine Leerfahrt ist«, sagte sie. »Aber wie sollte ich ein Taxi gerufen und dann die Subway genommen haben und immer noch hier sein?«

»Das stimmt«, gab er zu. »Also, eine Leerfahrt ist –«

»Ich hab's – das bedeutet, dass man Fahrunterricht bekommt.«

»Nein, nicht Lehrfahrt mit h«, berichtigte er sie. »Eine Leer-«

»Ich glaube, wir sollten losfahren«, sagte sie pikiert.

»Sie haben recht.«

Gehorsam setzte er sich wieder auf den Fahrersitz. Als sie losfuhren, fühlte er sich jedoch veranlasst, sich erneut umzudrehen.

»Ich sage es Ihnen lieber gleich: Ich fahre zum allerersten Mal ein Taxi. Oh, haben Sie keine Angst«, fügte er hinzu, als sie ihn erschreckt ansah, »ich habe Taxi gesagt und nicht

Auto. Es ist eben mein erster Tag – irgendwann muss man ja anfangen.«

Gwen, die immer noch beunruhigt war, fragte: »Wie alt sind Sie?«

»Siebzehn – nein, achtzehn –« Schnell sah er zu ihr nach hinten und wich einem Milchwagen aus. »Sechzehn, wenn Sie's genau wissen wollen. Ich hab' einen Führerschein, aber die Firma nimmt einen erst mit achtzehn, also hab' ich gesagt, ich bin achtzehn, damit ich den Job kriege.«

Nach einigen Meilen erreichten sie die ersten Wohnblocks der Außenbezirke, zunächst eine einzelne Ansammlung von sechs grüngrauen Ziegelbauten, dann zwei verlassene Straßen, die großzügig angelegt waren, aber nicht, wie zu erwarten, in einen öffentlichen Platz mit Springbrunnen mündeten, sondern auf einem Schotterfeld versandeten, als hätten sie plötzlich ihr Ziel vergessen. In einem unbebauten Abschnitt fing er an zu reden:

»Sie haben mich gefragt, was eine Leerfahrt ist. Und das habe ich selbst gerade erst begriffen. Das ist, wenn man durchgibt, dass man ohne Fahrgast irgendwohin fährt, oder umgekehrt, wenn sie einen wohin schicken, wo ein Fahrgast sein könnte und man warten muss. Ich weiß nicht, aber vielleicht haben sie mich auf den Arm genommen, weil ich neu bin, als sie mich heute Morgen hier rausgeschickt haben. Und an meinem ersten Tag wollte ich keine Zeit verschwenden –«

»Ja«, sagte Gwen.

Sie hörte nicht zu. Seit einigen Minuten war ihr Blick starr nach vorne gerichtet, aber nicht auf den morgendlichen Traum von ziellosem Herumwandern.

»– Offenbar meinen sie zwei Sachen damit«, fuhr der junge Fahrer fort. »Erstens –«

Unvermittelt streckte Gwen die Hand aus und zog etwas auf ihre Knie. Zuerst hatte sie es für eine Decke gehalten; aber es sah nicht aus wie eine Decke. Als sie dann das edelsteinbesetzte Schmuckstück an der Schulter entdeckte und die unbeschreibliche Weichheit fühlte, wusste sie, dass sie ein mehrere tausend Dollar teures Chinchilla-Cape in Händen hielt.

III

Sie summte ein paar Takte von ›Goody-Goody‹, um das leise Rascheln zu übertönen, als sie das Cape wieder auf den Boden des Autos fallen ließ. Zwei Dinge gingen ihr durch den Kopf. Der nette junge Mann konnte auch ein Gangster sein, der vergessen hatte, dass das Cape noch im Auto lag. Er hatte gesagt, es sei seine erste Fahrt als Taxifahrer.

– und zweitens, dass es vielleicht gar nicht echt war.

Sie ließ sich in die Ecke der Rückbank sinken, schob das Cape mit den Füßen außer Sichtweite und hörte wieder zu.

»– vielleicht rede ich ja zu viel, aber ich habe seit einer Woche mit niemandem geredet außer mit dem ruppigen Kerl, der die neuen Fahrer einweist. Und schauen Sie mich an, das kommt dabei raus.«

»Sie haben etwas vom College erzählt.«

»Ach, ich bin lieber still.« Er war ein wenig verletzt – sie konnte es selbst von hinten an der grimmig angespannten jungen Wange erkennen.

»Ich habe nur gesagt, dass ich aufs Williams College gehen wollte, und weil mein Lehrer meinte, dass ich das könnte, habe ich drei Aufnahmeprüfungen gemacht und auch bestanden. Aber, Mensch, es gibt so viele, die nebenher arbeiten müssen. Ich dachte, wenn das hier gut läuft, könnte ich es ja mal versuchen.«

»Williams«, sagte sie unbestimmt.

»Ja, das ist eins der besten Colleges.«

Fast trotzig drehte er den Kopf zu ihr. »Mein Lehrer war dort.«

»Halten Sie an«, sagte Gwen unvermittelt.

»Wo? Warum?«

»Gleich hier vor der Kirche.«

Er stieg auf die Bremse, während er weiterredete.

»Das Williams College ist –«

»Ich weiß, was das ist«, sagte Gwen, die ihr Geheimnis nicht länger für sich behalten konnte. »Ich kenne ein paar Mädchen, deren Brüder dort sind. Aber sehen Sie sich das an.«

»Was?«

Sie hielt es ihm hin.

»Das!«

Er stieg aus und stellte sich neben das Taxi, betrachtete das Cape verwundert, während sie es hin und her wendete.

»Das ist ein Pelz«, sagte er schließlich.

»Ein *Pelz*? Es ist ein Chinchilla, glaube ich. Erst wusste ich nicht, ob ich es Ihnen sagen soll. Ich dachte, dass Sie vielleicht ein Gangster sind. Aber als Sie gesagt haben, dass Sie aufs Williams gehen, hab ich gedacht, ich kann's Ihnen ruhig sagen.«

»Ich habe nicht gesagt, dass ich aufs Williams gehe. Ich habe gesagt, ich wollte –«

»Aber was ist damit? Was halten Sie davon?«

»Ein Waschbärenfell ist es nicht«, sagte er taxierend.

»Ich meine, was hat es hier zu suchen?«, fragte Gwen. »Glauben Sie, jemand hat es einfach hineingeworfen?«

Er überlegte.

»Ich hab überhaupt nicht nach hinten geschaut. Ich hab das Taxi von einem Burschen namens Michaelson übernommen – und der hat gesagt, er hätte mit einer Leerfahrt seit drei Uhr am Grand Central gestanden –«

»Ach, hören Sie doch auf mit diesen Leerfahrten.«

»Ich hab Ihnen erklärt –«

»Ich muss zurück in mein Hotel, und wir müssen etwas wegen des Pelzes unternehmen.«

»Jetzt werden Sie nicht gleich wütend!«, sagte er.

»Wie bitte?«

»Ich will nur nicht wegen nichts mit Ihnen streiten. Glauben Sie wirklich, dass der Mantel wertvoll ist?«

Er schüttelte ihn im Sonnenlicht aus und betrachtete ihn.

»– kann schon sein. Den muss jemand gestern Abend im Taxi vergessen haben. Wir sollten zur Zentrale fahren und fragen, ob sich jemand danach erkundigt hat. Vielleicht gibt es eine Belohnung.«

Er warf den Mantel wieder in einem armseligen Häufchen auf den Boden des Taxis.

»Dann lassen Sie uns hinfahren«, sagte Gwen. »Eigentlich muss ich zurück in mein Hotel. Sie fangen vielleicht schon mit dem Lunch an und denken, dass ich umgebracht worden bin.«

»Soll ich Sie in Ihr Hotel fahren? Es war doch –« Er tastete erneut nach dem kleinen roten Buch.

»Nein, zu Ihrer Garage.«

»Ich fahr zur Zentrale. Der an der Vermittlung in der 110. Straße ist nicht besonders freundlich.«

»Wie ist Ihr Name?«, fragte Gwen, als sie losfuhren.

»Ich glaube, Callahan oder so.«

»Sie kennen Ihren eigenen Namen nicht?«

»Oh, mein Name – mein Name ist Ethan Allen Kennicott. Schauen Sie, steht hier auf meinem Lichtbildausweis.«

Sie unterhielten sich auf der Fahrt in die Innenstadt. Er war von einer bitteren Heiterkeit, so als hätte das Leben ihn achtlos gebeutelt, weshalb er es lieber aus der Ferne betrachtete und sich fragte, was wohl als Nächstes kommen mochte. Seine Familie hatte ein von Geldsorgen freies Kleinstadtleben geführt, bis vor zwei Jahren. Gwen belohnte sein Vertrauen und erzählte ihm, dass ihr Vater nicht mehr so spendabel sein könne wie früher, und von der Enttäuschung mit der schwarzen Perle. Sie stellte fest, dass ihre Probleme, gemessen an seinen, banal waren.

»Mädchen müssen auf eine Gelegenheit warten«, sagte er plötzlich. »Männer müssen sich ihre Gelegenheiten selbst schaffen, hat mein Lehrer immer gesagt.«

»Mädchen auch«, sagte Gwen.

»Ja, klar«, spottete er. »Zeigen Sie mir ein Mädchen, das etwas tut, das ihm nicht gesagt wurde.«

»Das stimmt nicht«, sagte Gwen aus Solidarität mit ihrem Geschlecht. »Mädchen setzen eine Menge in Bewegung.«

»Wenn ein Mann hinter ihnen steht.«

»Nein, ganz allein.«

»Klar, sie finden einen Pelz – wenn Sie das meinen mit ›in Bewegung setzen‹.«

Beleidigt gab sie auf. Als sie die Garage an der 46. Straße erreichten, parkte er davor und ging hinein. Fünf Minuten später war er zurück und erklärte: »Es hat sich schon jemand nach dem Pelz erkundigt. Wem, glauben Sie, gehört er?«

»Wem?«

»Mrs. Peddlar TenBroek.«

»Oh!«

»Wahrscheinlich ist er ein Vermögen wert – ich habe gehört, wie der Vermittler sagte, dass den TenBroeks das Grundstück gehört, auf dem die Garage steht.« Er runzelte die Stirn. »Michaelson war auch da.«

»Wer ist Michaelson?«

»Der hat gestern Abend das Taxi gefahren. Auf dem Aushang steht, wo der Mantel verloren wurde, und er hat gedacht, dass ihn vielleicht einer seiner Fahrgäste liegenlassen hat. Er hat mich gefragt, ob ich ihn gefunden hab, und ich hab nein gesagt.«

»Warum haben Sie das gesagt?«

»Na ja, Sie haben ihn doch gefunden, oder? Außerdem ist mit dem nicht gut Kirschen essen. Kann sein, dass er die Belohnung für sich haben will.«

»Nun, *er* hat ihn ganz bestimmt nicht gefunden«, sagte Gwen. »Aber ich will keine Belohnung.«

Während er in einem Drugstore war, um Mrs. TenBroeks Adresse nachzuschlagen, stellte sie jedoch fest, dass sie überhaupt nichts gegen eine Belohnung hätte.

»Wenn wir eine bekommen, dann gehört Ihnen jedenfalls

die Hälfte«, sagte sie, als er rauskam. »Vielleicht können Sie dann aufs Williams College.«

Zehn Minuten später standen sie ehrfürchtig vor der Tür eines herrschaftlichen Wohnsitzes an der Fifth Avenue. Ein sehr alter Butler trat zwischen hohen weißen Säulen hervor, und als er Gwens Geschichte hörte, sagte er mit zittriger Stimme: »Sie können mir den Pelz übergeben.«

»Nein, ich möchte Mrs. TenBroek sprechen.«

»Sie sollten ihn besser mir geben«, sagte der Butler schnaufend – er streckte die Hand nach dem Cape aus, worauf Ethan Kennicott sanft nach vorne griff und seine Finger davon löste.

»Wo ist Mrs. TenBroek?«, fragte Gwen.

»Sie ist nicht zu Hause. Ich bin nicht befugt, Fremden irgendwelche Auskünfte zu geben.«

Gwen überlegte. Es war nach zwei – in wenigen Minuten würde sich der Vorhang zum ersten Akt von *Oh, Mr. Heaven* vor Mrs. Tulliver und ihren Schützlingen heben. Rasch traf sie eine Entscheidung.

»Wir warten im Taxi, bis sie nach Hause kommt. Sie wird allerdings für die Taxikosten aufkommen müssen.«

Als sie die Stufen hinuntergingen, entstand hinter dem Butler plötzlich Bewegung – der Eingangsraum schien auf einmal voller Jungen zu sein, und einer von ihnen streckte den Kopf über die Schulter des Butlers und rief mit einer unverkennbar englischen Stimme: »Sagen Sie mal – was haben Sie da zu verkaufen?«

Sie drehte sich um.

»Wohnen Sie hier?«, fragte sie.

»Meistens. Sagen Sie mal, ist das nicht das Cape, das Alicia Rytina verloren hat?«

»Es gehört Mrs. Peddlar TenBroek«, sagte Gwen.

»Stimmt – aber sie hat es Alicia Rytina geliehen, der Opernsängerin. Meine Mutter hatte gestern Abend fast die ganze Metropolitan hier, und Alicia Rytina dachte, sie hätte eine Mandelentzündung – also nicht meine Mutter, sondern Rytina. Und die hat es in einem Taxi liegenlassen.«

Mittlerweile standen drei weitere Jungen neben ihm auf den Stufen.

»Wo ist Mrs. TenBroek?«, fragte Gwen.

»Ehrlich gesagt, ist sie auf einem Schiff.«

»Oh.«

»Aber es hat noch nicht abgelegt – sie geht gerne vier Stunden früher an Bord, um sich an die Bewegung zu gewöhnen. Wir wollten eigentlich gerade los und sie verabschieden.«

»Ich würde ihr das Cape gerne persönlich übergeben«, sagte Gwen.

»Verständlich. Es ist die *Dacia,* Pier 31, North River. Können wir Sie mitnehmen?«

»Danke, ich habe ein Taxi.«

Die anderen drei Jungen – sie waren sechzehn oder siebzehn Jahre alt – hatten angefangen, auf der Treppe zu tanzen. Der Tanz war amerikanisch, die Darbietung aber englisch, seltsam zappelig und überschwänglich.

»Das sind die drei verrückten Rumbatänzer von Eton«, erläuterte Peddlar TenBroek. »Ich hab sie über die Frühjahrsferien mitgebracht.«

Tanzend verbeugten sie sich, und Gwen lachte.

»Tanzen Sie Rumba?«, fragte TenBroek.

»Früher mal«, sagte sie nachsichtig.

Die drei Tänzer wirkten leicht beleidigt. Gwen ging die Stufen hinunter.

»Sagen Sie Mutter, dass wir bald da sind«, sagte TenBroek.

Als Ethan Kennicott losfuhr, sagte sie: »Die waren reizend, aber ich frage mich, wie sie denken können, das sei ein moderner Tanz.«

Auf der Fahrt zum Pier schwieg er. Selbst als sie von einer langen Schlange mit Erdbeeren beladener Lastwagen aufgehalten wurden, sagte er nichts, und sie fragte sich, ob er die Jungen um ihre Sorglosigkeit beneidete.

Gleich darauf erfuhr sie es. Er stellte das Auto ab, und sie gingen auf den Eingang zum Pier zu, als er plötzlich stehen blieb.

»Das ist dumm«, sagte er mit seltsam angespannter Stimme.

»Was?«

»Den Pelz zurückzugeben. Sie hätte darauf aufpassen müssen.« Er sprach immer schneller, als wollte er seine eigenen Worte nicht hören. »Sie besitzt Dutzende Pelze, und wahrscheinlich ist er sowieso versichert. Wer's findet, darf's behalten – er gehört uns genauso wie Ihrem Vater die Perle, die er in dem Restaurant gefunden hat.«

»Oh nein, das ist etwas anderes«, rief sie aus. »Weil Vater für die Austern bezahlt hat.«

»Wir könnten womöglich ein paar Tausender dafür bekommen. Ich kann herausfinden, wo man ihn hinbringen –«

Entsetzt unterbrach sie ihn.

»An so etwas würde ich nicht im Traum denken – wir wissen doch genau, wem er gehört.«

»Niemand außer den Jungen weiß, dass wir ihn haben,

und Sie wohnen nicht in New York, und keiner kennt Ihren Namen –«

»Hören Sie auf!«, rief Gwen. »Etwas so Fürchterliches habe ich in meinem Leben noch nicht gehört. Sie wissen, dass Sie so etwas nicht tun würden. Kommen Sie sofort mit – wir nehmen das Ding hier.«

Sie nahm seinen Arm und zog ihn zu dem Förderband, auf dem Gepäck hoch zum Pier transportiert wurde. Sie ließ sich darauf plumpsen und dachte, er würde sich neben sie setzen, aber im letzten Moment befreite er sich aus ihrem Griff; und während sie langsam zwischen Taschen und Golfschlägern in die Höhe glitt, stand er da und sah ihr nach – das Cape über dem Arm.

»He, was machen Sie denn da?«, rief ein Wachmann Gwen zu. »Das ist fürs Gepäck.«

Aber Gwens aufgeregte Stimme übertönte ihn.

»Kommen Sie sofort mit dem Cape hier herauf!«

Ethan schüttelte langsam den Kopf und rief zurück: »Kommen Sie zurück – erst will ich mit Ihnen reden.«

Plötzlich sagte hinter ihm eine englische Stimme: »Was ist denn hier los?«

Verwirrt drehte Ethan sich um und sah sich Peddlar TenBroek und seinen drei Freunden gegenüber.

»Die junge Dame ist auf das Förderband gestiegen«, sagte er und errötete.

»Das seh ich. Dann tun wir das auch.«

Die drei jungen Engländer saßen bereits darauf und folgten Gwen zum unüberhörbaren Ärger des Wachmanns.

»Wir nehmen besser die Treppe«, sagte Peddlar und musterte Ethan neugierig. Als sie sich jedoch oben zu den anderen gesellten, sagte Gwen nichts – sie wandte nur ihren Blick von Ethan Kennicott ab.

Die drei Engländer steppten ihnen voran über den Pier.

Das Treiben an der Gangway, hin und her hastende Stewards, das Rumpeln der Eisenräder von hundert Handwagen, der flüchtige Hafengeruch – all das ließ Gwen den Vorfall kurz vergessen. Auf dem Schiff liefen sie viele Korridore entlang, die von Stewardessen mit ordnungsgemäß verschränkten Armen gesäumt waren. Ein riesiges Bukett schwebte vor ihnen her, ein mit Nachtjasmin eingefasstes Gebinde aus seltenen Iris, Rittersporn, Sonnenwenden und Eisenhut, dazwischen Ritterstern frisch aus New Orleans. Sie folgten seiner duftenden Spur. Nachdem das Bukett durch eine Tür gequetscht worden war, sagte der Steward, der sie geführt hatte: »Hier ist Mrs. TenBroeks Salon.«

Eine blühende blonde Schönheit, schick selbst nach Gwens strengen Maßstäben, erhob sich, um sie zu begrüßen, und einer der englischen Jungen sagte: »Den verrückten Rumbatänzern kann man nicht entkommen, Mrs. TenBroek – selbst wenn man zu den Westindischen Inseln reist.«

Die Worte elektrisierten Gwen; das war die Reise aus den bunten Broschüren – tropische Monde und glitzernde Swimmingpools und sanfte Musik an verzauberten Stränden.

Da erblickte Mrs. TenBroek das Cape und rief:

»Oh, man hat es also gefunden!« Sie nahm es an sich und besah es freudig. »Sagen Sie, wo wurde es gefunden?«

»Vielleicht ist es ein bisschen staubig«, sagte Gwen. »Es war draußen an der 216. Straße.«

»Wie kam es denn dahin? Ich habe es Madame Rytina geliehen, der Sängerin, und sie wohnt ganz gewiss nicht dort draußen.«

»Es war in dem Auto dieses Taxifahrers«, sagte Gwen. »Wir beide haben es gefunden.«

»Setzen Sie sich, und erzählen Sie mir alles! Ich bin sehr erleichtert, es ist ein so hübsches kleines Cape.«

Und schon erzählte Gwen, was sie zur 216. Straße geführt hatte. Als sie fertig war, sagte Mrs. TenBroek:

»Und jetzt haben Sie Ihre Matinee verpasst – wie schade!« Sie betrachtete Gwen mit einem zögernden Blick, unschlüssig, wie sie fortfahren sollte. »In der Nachmittagszeitung erwähnte ich einen Finderlohn –«

»Der Taxifahrer hat es wirklich genauso gefunden wie ich«, unterbrach sie Gwen.

Alle blickten zu Ethan Kennicott, und Peddlar TenBroek sagte unvermittelt: »Das ist ja alles schön und gut – aber ich wüsste gerne, was er mit dem Mantel unten am Pier wollte, als er sagte, er würde ihn Ihnen nicht bringen.«

Ethan lief rot an.

»Das habe ich nicht gesagt.«

»Etwas in der Art haben Sie gesagt. Mutter, sie hat das Cape gefunden – er hatte überhaupt nichts damit zu tun.«

»Das habe ich auch nie behauptet«, sagte Ethan.

»Also, wie ist es nun?« fragte Mrs. TenBroek. »Wer hat es gefunden?«

Sie hielt inne, als es klingelte und die Tür aufging und ein ranziges Lüftchen aus einer anderen Welt hereinwehte. Der Archetypus eines jeden Taxifahrers stand da – verdreckt, grimmig und zäh wie Schweinsleder.

»Hat hier jemand ein Cape verloren?«, fragte er mit nicht eben unsicherer Stimme.

»Was geht hier vor sich, Steward?«, fragte Mrs. TenBroek scharf.

»Er behauptet, er hätte ein Cape gefunden, Madame.«

»Nicht in dem Sinn gefunden«, berichtigte Mr. Michaelson ihn. »Aber es war meine Fahrt, auf der es liegen geblieben ist. Dann hab ich den Wagen dem Gauner da –«, er deutete auf Ethan, »übergeben, und der findet es dann und sagt mir nichts davon. Ich fand's gleich komisch, als er heute Vormittag zur Garage gekommen ist, und der Alte bei Ihnen zu Hause hat mir dann den richtigen Tipp gegeben.«

Mrs. TenBroek sah ungeduldig von Fahrer zu Fahrer.

»Ich sollte einen Anteil vom Finderlohn kriegen«, sagte Michaelson. »Nachdem ich gestern die Fuhre abgeliefert hatte, bin ich zum Grand Central und hab drei Stunden geschlafen, ohne das Auto zu bewegen, hab quasi darauf aufgepasst.«

»Aber Sie wussten doch gar nicht, dass es im Auto war.«

»Nicht direkt in dem Sinn. Der Knabe hier kommt heute Morgen vorbei und fährt mit dem Auto weg, bevor ich reingucken kann. Ich bin jetzt seit neun Jahren bei der Firma, und das ist sein erster Tag überhaupt, und er findet es und sagt keinen Ton. Und ich hab eine Frau –«

»Genug davon«, unterbrach ihn Mrs. TenBroek. »Es liegt doch auf der Hand, dass die junge Dame hier das Cape gefunden hat und keiner von Ihnen beiden auch nur das geringste Anrecht auf den Finderlohn hat.«

»Welche junge Dame?« fragte Mr. Michaelson. »Ach, die.«

»Wenn Sie die Nachmittagszeitung gelesen haben«, fuhr

Mrs. TenBroek fort, »dann haben Sie gesehen, dass ich keine Summe genannt habe, daher werde ich jedem von Ihnen drei Dollar geben, um Sie für Ihre Zeit zu bezahlen.«

Sie öffnete ihre Geldbörse und streifte das Gummiband von einem Bündel Scheine.

»Drei Dollar für einen Chinchilla-Mantel! Also wenn das mal kein –«

»Passen Sie auf, was Sie sagen«, unterbrach ihn Peddlar TenBroek.

»Ich sage dem da Dankeschön«, sagte Michaelson. »Die Ratte hat keinen Pieps von sich gegeben.«

Unvermittelt trat er einen Schritt vor und versetzte Ethan Kennicott mit der Linken einen kräftigen Kinnhaken, der ihn über einen niedrigen Koffer fliegen und gegen die Wand krachen ließ. Dann knurrte er: »Behalten Sie Ihre paar Kröten, Lady«, und verließ den Raum.

»Damit kommt er nicht davon!«, rief Peddlar TenBroek und wollte ihm nach.

»Lass ihn gehen«, befahl seine Mutter. »Ich ertrage solche Szenen nicht.«

Einer der Engländer hatte Ethan auf die Beine geholfen; zitternd lehnte er an der Wand, die Hand vor den Augen.

Mrs. TenBroek kramte in ihrer Börse nach einem Schein.

»Gib ihm zehn Dollar und sag ihm, er kann auch gehen.«

Ethan starrte den Schein an und schüttelte den Kopf.

»Schon gut«, sagte er.

»Steck's ihm in die Tasche«, insistierte sie. »Und dann soll er gehen.«

»Jemand sollte ihn stützen«, sagte Gwen gequält. »Er ist verletzt.«

»Ich mache das«, sagte der Engländer. Er bat einen der anderen um Hilfe.

Aufgewühlt und verwirrt wollte Gwen ihnen folgen, aber Mrs. TenBroek hielt sie zurück.

»Gedulden Sie sich bitte einen Moment, bis ich wieder zu Atem gekommen bin. Ich möchte mit Ihnen sprechen.«

»Er hätte ihn nicht schlagen dürfen«, sagte Gwen.

»Es war fürchterlich – man sollte sich tunlichst von solchen Leuten fernhalten.« Sie wandte sich an ihren Sohn. »Bestell mir ein Glas Sherry, Peddlar, und Tee für die junge Dame.«

»Nein danke, ich muss gehen«, sagte Gwen. »Ich muss meine Reisebetreuerin im Hotel anrufen.«

»Sie können vom Schiff aus telefonieren. Peddlar, hilf ihr bei der Suche nach dem Telefon.«

Gwen hoffte, dass ihre Gruppe wie geplant zur Matinee gegangen war, aber es konnte auch sein, dass Mrs. Tulliver noch im Hotel war und sich Sorgen um sie machte. Sie schrak zusammen, als sie ein paar Minuten später Dizzy am Apparat hatte.

»Warum bist du nicht in der Aufführung?«, fragte Gwen.

»Ich hab mich verspätet – Mrs. Tulliver hat zwei Karten für uns hinterlegt und uns eine Nachricht hinterlassen, ich wollte gerade los.«

»Dann sag ihr, dass es mir gut geht.«

»Wo bist du?«

»Ich bin auf einem Schiff zu den Westindischen Inseln«, sagte Gwen geheimnisvoll.

»Was?«, rief Dizzy. »Hast du eine echte Perle gefunden?«

»Nein, das Schiff fährt dorthin, nicht ich. Ich wünschte,

es würde ablegen und ich wäre versehentlich noch an Bord. Warum hast du dich verspätet?«

»Ich bin im Vogelhaus eingesperrt worden.«

»Wo?«

»Ich war im Zoo, und der Wärter ist zum Lunch gegangen. So eine dumme Sache – ich will nie wieder einen Vogel sehen.«

Als Gwen in die Suite zurückkam, empfing Mrs. TenBroek sie mit einer Idee.

»Einer jungen Frau wie Ihnen kann man schlecht einen Finderlohn anbieten«, sagte sie. »Aber ich habe mir etwas überlegt. Ich unternehme diese Reise, um eine alte Tante abzuholen und sie nach New York zurückzubringen, und vielleicht möchten Sie ja mitkommen und mir Gesellschaft leisten – ich bin sicher, dass ich das mit Ihren Eltern mittels eines Ferngesprächs arrangieren könnte.«

Die großartige Aussicht durchströmte Gwen wie ein Champagner-Cocktail, aber nachdem sie kurz nachgedacht hatte, schüttelte sie den Kopf.

»Das glaube ich nicht«, sagte sie. Und fügte freimütig hinzu: »Daddy kennt natürlich Ihren Namen, aber im Grunde weiß er nichts über Sie.«

»Ich habe dort einige Bekannte, die sicherlich für mich bürgen würden«, sagte Mrs. TenBroek.

»Ich danke Ihnen sehr, aber ich glaube, ich sollte lieber nicht.«

»Nun gut, wie Sie meinen.« Sie hatte Gefallen an Gwen gefunden und war enttäuscht. »Jedenfalls bestehe ich darauf, dass Sie zweihundert Dollar nehmen und sich ein hübsches Abendkleid kaufen oder was immer Sie sich wünschen.«

»Zweihundert Dollar«, rief Gwen aus. »Das sind zehn Abendkleider!«

»Ach, tatsächlich? Machen Sie damit, was Sie wollen. Und Sie sind wirklich sicher, dass Ihnen das Geld lieber ist als die Reise?«

Schmallippig sagte Gwen: »Ja, Mrs. TenBroek.«

– Wie schade, dass das Kind käuflich war. Mrs. TenBroek hatte das Gefühl gehabt, dass sich hinter diesen strahlend blauen Augen die gleiche Abenteuerlust verbarg, die sie in ihrer Jugend verspürt hatte – sie hätte die Westindischen Inseln gewählt, da war sie sicher.

Sie zählte vier neue Fünfzigdollarscheine ab.

Auf den Decks wurden die Becken geschlagen und Stimmen riefen: »Alle Besucher von Bord!« Als die *Dacia* zum Flattern von Taschentüchern aus dem Hafen glitt, verließen die fünf jungen Leute den Pier. Auf der Straße sagte Peddlar TenBroek: »Vielleicht möchten Sie sich heute mit uns zum Dinner treffen? Sie haben erwähnt, dass Sie zu viert sind, und wir sind auch zu viert und haben nichts vor. Wir könnten im Rainbow Room zu Abend essen und anschließend tanzen.«

»Das wäre wundervoll«, sagte Gwen. »Ich weiß allerdings nicht, ob unsere Betreuerin, Mrs. Tulliver –«

»Ich werde mit ihr sprechen«, sagte er zuversichtlich.

»Na gut.« Sie zögerte. »Aber würden Sie mich zuerst woandershin bringen? Eigentlich sind es zwei Adressen – ich muss erst zu der einen, um die andere in Erfahrung zu bringen.«

»Sagen Sie dem Chauffeur einfach, wohin Sie wollen.«

Eine halbe Stunde später klopfte Gwen leise an eine

dünne Tür und trat nach einem teilnahmslosen »Herein« ein.

Das Zimmer war karg, nur mit Tisch, Stuhl und Eisenbett ausgestattet. In der Ecke stand ein Pappkoffer, daneben lag ein Stapel Bücher; an einem Haken an der Wand hingen ein Straßenanzug und ein Hut. Ethan Kennicott, die eine Gesichtshälfte blau und geschwollen, saß an dem Tisch und starrte mit halbgeschlossenen Augen vor sich hin. Als er sie sah, schnellte sein Kopf hoch, und er sprang mit einer ungelenken Bewegung auf.

»Was wollen Sie?«, fragte er barsch.

»Ich störe Sie nur kurz. Mein Vater sagt immer, niemand sollte wütend zu Bett gehen, ganz gleich, was passiert ist.«

»Sagen Sie das diesen Lackaffen«, sagte er bitter. »Die können es sich leisten, höflich zu sein. Zufällig hab ich gerade meinen Job verloren.«

»Oh, das tut mir leid.«

»Was haben Sie denn erwartet? Aber vermutlich habe ich das auch verdient.«

»Ich glaube eher, dass es meine Schuld ist.«

Trotzig schüttelte er den Kopf.

»Es ist meine Schuld – aber inzwischen ist mir das egal. Es ist mir egal, ob ich studiere – mir ist alles egal.«

»So dürfen Sie nicht denken«, sagte sie entsetzt. »Sie müssen studieren.«

»Ach, und wie?« Er gab ein missglücktes leises Lachen von sich. »Ich sage Ihnen doch, dass ich nicht will. Ich bin nicht dafür gemacht, aber wenn Sie drei Monate hungern – und zu stolz sind, Hilfe anzunehmen, und dann sehen Sie eine solche Chance vor sich. Sie halten mich für einen Dieb, oder? – nun, ich sage Ihnen, dass ich so etwas noch nie in meinem Leben getan habe. Ich habe an so etwas nicht einmal gedacht, so wenig wie Sie.«

»Ich habe daran gedacht«, log sie.

»Ach, tatsächlich?«

»Ja, das habe ich – meine Familie hat nicht viel Geld, und ich dachte, wenn wir den Pelz verkaufen, dann könnte ich eine Reise machen.«

Ungläubig sah er sie an.

»Tatsächlich?«

»Nicht lange«, sagte sie hastig. »Aber gedacht habe ich daran.« Der Gedanke an die Perle, die keine Perle war, brachte sie auf die rettende Idee. »Ich dachte auch, wer's findet, darf's behalten, wer's verliert, hat Pech gehabt.«

»Aber das haben Sie nicht lange gedacht.«

»Sie doch auch nicht.«

Seine Haltung veränderte sich zusehends, als sie ihm nach und nach seine Selbstachtung zurückgab.

»Vielleicht nicht«, sagte er nachdenklich, doch dann kehrte die Verbitterung zurück, und er zuckte mit den Schultern. »Aber jetzt ist es zu spät – der Job ist weg. Und ich weiß nicht, ob ich jemals einen neuen bekomme.«

Sie war an den Tisch herangetreten, die Hand so fest um die vier Fünfzigdollarscheine geschlossen, dass sie ein harter kleiner Ball geworden waren.

»Das sollte Ihnen helfen«, sagte sie und warf den Ball auf den Tisch.

Bevor er sich rühren oder ein Wort sagen konnte, rannte sie wie ein Kind aus dem Zimmer, warf die Tür hinter sich zu und eilte die Treppe hinunter zu dem wartenden Auto.

Im Rainbow Room war es ganz wunderbar. Der Boden glitt durch den Himmel, während zwei Orchester vor Gwens begierigen Augen das Spektrum in all seine Farben zerlegten. Das Altmodische an dem Tanzstil der jungen Engländer verschwand unter kundiger Anleitung, und wenn den Mädchen auf ihrem Ausflug etwas gefehlt hatte, machte dieser Abend es wett. Es machte Spaß, Dizzy »Krah-krah« zuzurufen und so zu tun, als würden sie Vogelfutter für sie bestellen; und Gwen machte es Spaß, zu wissen, dass Peddlar TenBroek ihr aus der Hand fraß und dass sie das ganze Frühjahr über Briefe aus England bekommen würde. Es war alles ein Riesenspaß –

»Woran denken Sie?«, fragte Peddlar.

»Denken?« Sie kehrte zurück in die Realität. »Nun, wenn Sie's genau wissen wollen, ich habe an den jungen Taxifahrer gedacht. Er wollte wirklich aufs Williams College. Und jetzt hat er keinen Job, und ich dachte gerade, dass er wahrscheinlich traurig in seinem Zimmer sitzt.«

»Dann rufen wir ihn an«, sagte Peddlar sofort. »Wir sagen ihm, dass er herkommen soll. Sie sagen, dass er ein netter Kerl ist.«

Gwen überlegte.

»Nein, das wäre nicht gut«, entschied sie mit einer Weisheit, für die sie noch zu jung war. »Es kommen schwere Zeiten auf ihn zu, und das würde ihm nicht helfen. Lassen wir es.«

Sie war glücklich und ein wenig erwachsener geworden. Wie alle Kinder ihrer Generation nahm sie das Leben hin wie eine Ansammlung von Zufällen, eine Wundertüte, aus der man sich nahm, was man kriegen konnte, ohne dass irgendetwas sicher war. Die Perle, die ihr Vater gefunden hatte, war keine Perle gewesen, aber diesen vergnüglichen Abend hatte sie dem Umstand zu verdanken, dass sie über die Felle von vierzig südamerikanischen Nagern gestolpert war.

Monate später, als Gwen nicht mehr hätte sagen können, welche Lieder das Orchester gespielt hatte, erinnerte sie sich noch immer an die andere Perle, die Perle, die sie auf ihren persönlichen Rosenkranz gefädelt hatte – obwohl sie natürlich nicht auf diese Weise daran dachte, sondern vielmehr heimlich darüber frohlockte, dem Leben ein Schnippchen geschlagen zu haben. Dizzy erzählte sie nichts davon. Sie erzählte nie jemandem davon. Schließlich setzen Mädchen nie etwas in Bewegung, oder? Die Perle und der Pelz, beides Zufälle – aber es war kein Zufall, dass sie ihm ihre Reise zu den Inseln der Glückseligkeit opferte, aus einem Mitgefühl heraus, das so tief in ihr war, dass sie nicht einmal Dizzy davon erzählen konnte – wie überhaupt nie jemandem.

Ballettschuhe

Eine russische Familie (Theaterleute) kommt 1923 nach Ellis Island und wird dort festgehalten. Die achtzehnjährige Tochter hat im Kaiserlichen Ballett getanzt. Auf dem Zwischendeck tanzt sie zu Akkordeonmusik für die anderen Passagiere. Sie hat keine Vorstellung von New York und wirft einen alten Ballettschuh nach einem Mann in einer kleinen Barkasse, damit er sich zu ihr umdreht und sie nach New York bringt.

Er ist ein abenteuerlustiger junger Rumschmuggler, der gerade zurückkam, und sagt, wenn sie unbemerkt entwischen könne, werde er sie nach New York mitnehmen.

Das gelingt, aber am nächsten Tag können sie nicht zurückkehren. Und so verliert sie ihre Eltern. Der junge Mann begleitet sie erfolglos zu den Ausschiffungskais, und sie gelangt zu dem traurigen Schluss, dass ihre Eltern nach Europa zurückgeschickt wurden.

Der Rumschmuggler begleitet sie zu Theateragenten und erklärt ihr das Leben in New York. Aber niemand interessiert sich für sie. Bei einem dieser Anlässe rettet sie eine kleine Waise vor dem Straßenverkehr und bricht sich dabei den Knöchel. Sie kommt in die Notaufnahme, und der Schmuggler kümmert sich um das kleine Mädchen. Aber die junge Russin stellt fest, dass sie nie wieder tanzen kann. Der Knöchel ist der Belastung nicht mehr gewachsen.

Unterdessen durfte der Vater in die Vereinigten Staaten einreisen, aber er nennt sich nicht mehr Kryopiski, sondern Kress, wie es ihm auf der Überfahrt an Bord und auf Ellis Island eine komische Figur empfohlen hat, die in diesem Exposé nicht mehr erwähnt wird, aber den ganzen Film hindurch als Freund des Vaters auftritt, ein Mann, der glaubt, er wisse alles über die Vereinigten Staaten, obwohl er von nichts eine Ahnung hat. Der Vater durchstreift die Stadt auf der Suche nach seiner Tochter, fürchtet, sie sei in schlechte Gesellschaft geraten, fragt andere junge Frauen aus. Er spricht etwas Englisch und wird im Lauf der Zeit Theateragent.

Nach ihrem Krankenhausaufenthalt beschließt unsere Hauptfigur, das kleine Mädchen zu einer erstklassigen Tänzerin auszubilden, die sie selbst nie mehr sein kann. Sie streicht eigenhändig ein heruntergekommenes Studio und startet mit Hilfe des Rumschmugglers eine Ballettschule. Er hat eine kleine Schuhfabrik geerbt und ist jetzt ein ehrbarer Zeitgenosse. Aber sie heiraten nicht, denn die einzige Leidenschaft der Heldin gilt dem Ballett und der Zukunft der Kleinen, Ersatz für ihre eigene Zukunft.

Sechs Jahre vergehen, das kleine Mädchen wächst heran. Die Schule bringt nicht viel ein. Die große Pawlowa kommt nach New York, aber unsere Heldin und das kleine Mädchen können sich keine Eintrittskarten leisten. Auf den Rat ihres Verehrers hat auch sie ihren Namen gewechselt. Ihr Vater ruft sie oft an, wenn er Tänzerinnen für irgendein Ballett braucht, aber er weiß nicht, dass »Madame Serene« seine Tochter ist.

Dann steht der erste Auftritt des kleinen Mädchens an. Für die Finanzierung opfern sie alles, was sie haben. Das kleine Mädchen sitzt in ihrer Wohnung in der 125. Straße und schickt sein letztes Paar Schuhe zum Flickschuster, weil der Exschmuggler Schuhe aus seiner Fabrik bringen will. Das Mädchen kann nicht wissen, dass er mit den Armen voller Schuhkartons (darunter Ballettschuhe, die er für sie angefertigt hat) auf der 48. Straße von einem Polizisten aufgehalten wurde, der ihn als Zeugen für ein Vergehen in seinen Tagen als Schmuggler gesucht hat.

Die Zeit drängt; die junge Tänzerin durchsucht die ganze Wohnung und findet nur ein Paar abgenutzte Ballettschuhe. Sie zieht sie an und macht sich mit dem Geld für die Subway auf den Weg. Die Münze fällt in einen Gully, und sie muss zu Fuß weitergehen. Das Theater erreicht sie erschöpft und in Tränen aufgelöst und zum Entsetzen ihrer Lehrerin mit schrecklich wunden Füßen.

Sie wollen es trotzdem versuchen. Der Vorhang hebt sich, und ihre russische Beschützerin tanzt im gleichen Takt wie sie in den Kulissen mit, um sie seelisch zu unterstützen. Die erste Darbietung endet.

Die zweite Solonummer wird plötzlich unterbrochen. Der junge Mann, der unbedingt die Schuhe abliefern will, ist dem Polizisten davongelaufen, konnte ihn aber nicht abschütteln.

Unterdessen war der Vater unserer Heldin im Publikum von der jungen Ballerina beeindruckt und geht hinter die Bühne, um sie zu engagieren. Er sieht vor sich ein Handgemenge und stellt fest, dass die Ballettlehrerin seine Tochter ist. Und offenbar kann er Druck ausüben, um den jungen

Mann von letzten Endes unbegründeten Beschuldigungen zu entlasten.

Die Aufführung ist vorbei, die Bühne leert sich. Die Russin tanzt allein auf der Bühne für ihren Vater, der sie auf dem Klavier begleitet. Der junge Mann und das Mädchen sehen von den Kulissen aus zu. Saint-Saëns' *Der Schwan* schwillt zu einem Crescendo an, und dem Vater stehen Tränen in den Augen –

– und der Film endet.

Danke für das Feuer

Mrs. Hanson war eine hübsche, leicht verblühte Frau von vierzig Jahren, die als Handlungsreisende Mieder und Hüfthalter verkaufte. Von Chicago aus war sie viele Jahre lang in der Gegend um Toledo, Lima, Springfield, Columbus und Indianapolis bis nach Fort Wayne im Einsatz gewesen. Und weil ihre Firma westlich des Ohio fester verwurzelt war, kam ihre Versetzung nach Iowa, Kansas und Missouri einer Beförderung gleich.

Mit ihren alten Kunden war sie so vertraut gewesen, dass sie gern mit ihnen plauderte – nach Geschäftsabschluss hatte sie in den Büros der Einkäufer nicht selten einen Drink oder eine Zigarette angeboten bekommen. Das war in ihrem neuen Einsatzgebiet, wie sich bald herausstellte, anders. Nicht nur, dass man ihr keine Zigaretten mehr anbot. Auf die Frage, ob sie rauchen dürfe, entgegnete man ihr mehr als einmal ohne großes Bedauern:

»*Mir* würde es überhaupt nichts ausmachen, aber es hat einen schlechten Einfluss auf die Angestellten.«

»Oh, natürlich, ich verstehe.«

Manchmal war es ihr ein dringendes Bedürfnis zu rauchen. Die Arbeit war anstrengend, und wenn sie rauchte, kam sie zur Ruhe. Sie war Witwe, hatte keine engen Verwandten, denen sie abends hätte schreiben können, ihre

Augen vertrugen nicht mehr als einen Kinobesuch in der Woche, und so war das Rauchen zu einem unentbehrlichen Gedankenstrich im langen Satz ihres Arbeitstags geworden.

In der letzten Woche der ersten Reise in ihr neues Gebiet kam sie nach Kansas City. Es war Mitte August; sie hatte sich unter all den neuen Kunden der vergangenen zwei Wochen etwas einsam gefühlt, deswegen freute sie sich, als sie am Empfang einer Firma auf eine Bekannte aus Chicago traf. Bevor Mrs. Hanson sich anmelden ließ, nahm sie kurz Platz und erfuhr im Verlauf des Gesprächs ein paar Dinge über den Mann, mit dem sie gleich sprechen würde.

»Meinen Sie, es stört ihn, wenn ich rauche?«

»Was? Meine Güte, ja doch!«, sagte ihre Bekannte. »Er hat gespendet – für ein Rauchverbot.«

»Oh, danke für den Hinweis – vielen, vielen Dank.«

»Sie sollten sich hier besser vorsehen«, sagte ihre Bekannte. »Vor allem bei Männern über fünfzig, solchen, die nicht im Krieg waren. Mir hat mal jemand gesagt, keiner, der im Krieg war, hat was gegen Raucher.«

Bei ihrem nächsten Termin traf Mrs. Hanson auf die Ausnahme. Ein angenehmer junger Mann, hätte man meinen können, der jedoch die Zigarette, mit der sie gegen ihren Daumennagel klopfte, dermaßen verwundert anstarrte, dass Mrs. Hanson sie rasch wieder einsteckte. Er zeigte sich erkenntlich, indem er sie zum Lunch einlud; eine Stunde später hatte sie eine große Bestellung entgegengenommen.

Anschließend bestand er darauf, sie zu ihrem nächsten Termin zu fahren. Dabei hatte sie eigentlich vorgehabt, sich in der Nähe ein Hotel zu suchen und in der Damentoilette ein paar Züge zu paffen.

Es war einer dieser Tage, die sie vor allem mit Warten zubrachte. Alle hatten viel zu tun, kamen zu spät, und wenn sie dann endlich kamen, handelte es sich um hagere Männer, die wenig Verständnis für anderer Leute Schwächen hatten, oder um Frauen, die sich die Ansichten solcher Männer bewusst oder unbewusst zu eigen gemacht hatten.

Sie hatte seit dem Frühstück nicht mehr geraucht, und mit einem Mal ging ihr auf, dass dies der Grund für die vage Unzufriedenheit war, die sie nach jedem Termin empfand, mochte er geschäftlich noch so erfolgreich verlaufen sein. Sie sagte: »Unser Produkt ist einzigartig. Auch wir verwenden Gummibänder und Baumwolle – aber die Verarbeitung macht den Unterschied. Dreißig Prozent Steigerung des landesweiten Reklameaufkommens sprechen für sich.«

Dabei dachte sie: »Drei Mal ziehen, und ich würde sogar altmodisches Fischbein loswerden.«

Ein letzter Termin stand noch an, aber erst in einer halben Stunde. Zeit genug, ins Hotel zu fahren. Aber es war kein Taxi in Sicht, also ging sie zu Fuß und dachte: »Vielleicht sollte ich mit dem Rauchen aufhören. Langsam komme ich mir vor wie eine Drogensüchtige.«

Vor ihr erhob sich die katholische Kathedrale. Wie groß sie wirkte – auf einmal hatte Mrs. Hanson eine Idee. Wo doch schon so viel Weihrauch in die Türme und zu Gott aufgestiegen war, was machte da ein bisschen Rauch im Vorraum für einen Unterschied? Warum sollte es den lieben Gott stören, wenn eine erschöpfte Frau im Vorraum ein paar Züge nahm?

Sie war zwar nicht katholisch, nahm aber doch Anstoß an diesem Gedanken. War ihr die Zigarette wirklich so wichtig, selbst wenn sie andere Leute damit brüskieren würde?

Wobei – Ihm würde es nichts ausmachen, dachte sie wieder. Zu Seiner Zeit war Tabak ja noch nicht einmal entdeckt gewesen …

Sie betrat die Kirche. Im Vorraum war es dunkel, und sie tastete in ihrer Handtasche nach Streichhölzern, fand aber keine.

»Dann stecke ich sie mir an einer Kerze an«, dachte sie.

Das dunkle Kirchenschiff wurde nur an einer einzigen Stelle von einem Tupfen Licht erhellt. Sie ging durch den Mittelgang, hin zu dem hellen Schimmer, der, wie sie nun sah, kein Kerzenlicht war und schon bald vergehen würde – ein alter Mann war gerade dabei, die letzte Öllampe zu löschen.

»Das sind Votivgaben«, sagte er, »abends machen wir sie aus. Wir denken, dass die Spender dankbar sind, wenn wir die Lichter für den nächsten Tag aufsparen, statt sie die ganze Nacht brennen zu lassen.«

»Verstehe.«

Er löschte die letzte Lampe. Es war jetzt dunkel in der Kathedrale, bis auf einen elektrischen Leuchter hoch über ihr und das Ewige Licht vor dem Allerheiligsten.

»Gute Nacht«, sagte der Küster.

»Gute Nacht.«

»Sie sind wohl hergekommen, um zu beten?«

»So ist es.«

Er ging in die Sakristei. Mrs. Hanson kniete nieder und betete.

Es war lange her, dass sie gebetet hatte, und sie wusste nicht, wofür sie beten sollte – also betete sie für ihren Arbeitgeber und für ihre Kunden in Des Moines und Kansas

City. Als sie fertig war, richtete sie sich wieder auf. Sie war es nicht gewöhnt, zu beten. In einer Nische zwei Meter über ihr blickte ein Madonnenbild auf sie herab.

Sie betrachtete es im Halbdunkel. Dann ließ sie sich müde auf die Kirchenbank sinken. Ihr war, als käme die Jungfrau zu ihr hernieder, ganz wie in dem Theaterstück *Das Mirakel*, um Mieder und Hüfthalter zu verkaufen, bis zur Erschöpfung, genau wie sie. Dann muss Mrs. Hanson für ein paar Minuten eingeschlafen sein …

… Sie erwachte mit dem Gefühl, dass irgendetwas anders war. Erst nach und nach bemerkte sie den vertrauten Geruch, Weihrauch war es nicht, ihr Finger schmerzte. Da erkannte sie, dass die Zigarette, die sie in der Hand hielt, angezündet war – dass sie brannte.

Noch zu benommen, um einen klaren Gedanken zu fassen, tat sie einen Zug, damit das zarte Licht nicht verlosch. Dann sah sie noch einmal hinauf zu der schemenhaften Madonna im Dämmer der Nische.

»Danke für das Feuer«, sagte sie.

Aber das war nicht genug, also kniete sie nieder, während der Rauch der Zigarette zwischen ihren Fingern emporkräuselte.

»Vielen Dank für das Feuer.«

Daumen hoch

Der Buggy kam in müdem Trott voran. Seine zwei Insassen hatten sich schon vor dem Morgengrauen auf den Weg gemacht und waren genauso müde wie ihre Pferde, als sie die Rockville Pike in Richtung Washington erreichten. Die junge Frau war brünett und bezaubernd. Trotz der Julihitze trug sie ein hellblaues Kleid aus leichtem Bombasinstoff, und zu diesem Thema hatte sie sich unterwegs geduldig die Strafpredigten ihres Bruders angehört. Wenn sie in einem Krankenhaus in Washington als Krankenschwester arbeiten wolle, dürfe sie sich nicht im Sonntagsstaat vorstellen. Das stimmte Josie traurig. Es war die erste Erwachsenenkleidung, die sie je besessen hatte. Zu Hause war vielen Jungen der schockierende Schimmer ihres Haars aufgefallen, aber Josie kam aus einer strengen Familie, die von Ohio nach Massachusetts gezogen war. Dennoch näherte sie sich dem Krieg, als ginge es zu einem Fest.

»Wann werden wir da sein, Bruder?« Sie stupste ihn leicht mit dem Peitschengriff. »Sind wir noch in Maryland oder schon im District of Columbia?« Hauptmann Dr. Pilgrim wurde lebendig.

»D. C., vermute ich – falls es dir nicht gelungen sein sollte, im Kreis zu fahren. Lass uns an dem Farmhaus da vorne anhalten und Wasser besorgen. Und sei nicht zu freundlich zu den Leuten. Die meisten von ihnen sind Sezessionisten, und wenn man nett zu ihnen ist, nutzen sie das aus. Gib ihnen keine Chance, dich von oben herab zu behandeln.«

»Das tue ich nicht«, sagte sie. »Ich werde sie wissen lassen, wie wir empfinden.«

Sie waren wahrscheinlich die Einzigen in der näheren Umgebung, die nicht wussten, dass dieser Teil Marylands zur Zeit zum Gebiet der Konföderierten gehörte. Um den Druck auf die Südstaatenarmee bei Petersburg zu mildern und eine letzte verzweifelte Drohgebärde gegen die Hauptstadt zu machen, hatte General Early seine Truppe das Tal entlang bis zur Stadtgrenze von Washington geführt. Nachdem ein paar Granaten in die Vororte abgefeuert worden waren, hatte er seine erschöpften Kolonnen für den Rückmarsch nach Virgina kehrtmachen lassen. Die letzten Infanteristen waren kaum an ihnen vorbeimarschiert und hatten eine schwache Staubspur am Wegrand hinterlassen, und Josie hatte sich über die vielen bewaffneten Landstreicher gewundert, die in den letzten zehn Minuten an ihnen vorbeigehumpelt waren, als zwei Männer zielstrebig auf sie zuritten, sodass sie beunruhigt fragte: »Was sind das für Männer, Bruder? Sezessionisten?«

Für Josie wie für jedermann, der nicht an der Front gewesen war, wäre es schwierig gewesen, den Beruf dieser Männer zu erraten – und noch schwieriger zu erraten, welcher Sache sie dienten. Tib Dulany, dessen Verse hin und wieder im *Lynchburg Courier* erschienen waren, trug einen Hut, der einmal weiß gewesen war, einen gelbbraunen Überrock, blaue Hosen, die einst einem Unionskavalleristen gehört hatten, und als Abzeichen einen Patronengürtel mit dem

Stempelaufdruck C.S.A. Die einzige Gemeinsamkeit der zwei Reiter waren ihre schönen neuen Karabiner, die sie in der Woche zuvor Pleasontons Kavallerie entwendet hatten.

In einer Staubwolke hielten sie neben dem Buggy, und Tib sagte: »Hallo, Yank!«

Eingedenk der Warnung ihres Bruders zügelte Josie die Pferde.

»Wir wollen uns etwas Wasser holen«, sagte sie zu dem hübscheren der zwei Männer. »Wir –«, doch sie unterbrach sich, als sie sah, dass Dr. Pilgrims Ellbogen zurückgedrückt war, eine Hand am Pistolenhalfter, aber reglos; Josie erkannte den Grund – der zweite Reiter hatte seinen Karabiner in drei Fuß Entfernung auf das Herz des Arztes angelegt.

Langsam, fast schmerzlich, hob Hauptmann Pilgrim die Hände.

»Was soll das sein – ein Überfall?«, fragte er.

Josie spürte, wie ein Arm sie berührte, und schrak vor; Tib zog den Revolver ihres Bruders aus seinem Halfter.

»Was soll das?«, fragte Dr. Pilgrim. »Sind Sie Guerillas?«

»Und wer sind Sie?«, fragten Tib und Wash wie aus einem Mund. Ohne die Antwort abzuwarten, sagte Tib zu Josie: »Junge Dame, fahren Sie mit Ihrem Gespann ein bisschen weiter und kehren Sie in dem Farmhaus da drüben ein. Dort können Sie Wasser bekommen.«

Plötzlich erkannte er, wie bezaubernd sie war, wie erschrocken und tapfer sie war, und er sagte: »Niemand wird Ihnen etwas antun. Wir wollen Sie nur ein wenig aufhalten.«

»Würden Sie mir sagen, wer Sie sind?«, fragte Hauptmann Pilgrim. »Wissen Sie, was Sie tun?«

»Beruhigen Sie sich!«, sagte Tib. »Sie befinden sich hinter den Linien von Lee.«

»Lees Linien!«, rief Hauptmann Pilgrim. »Sie denken wohl, jedes Mal, wenn Sie Mosby-Mörder von Ihren Hügeln kommen und einen Telegrafenmasten umlegen –«

Die Pferde, die kaum losgegangen waren, blieben abrupt stehen – Wash hatte in die Zügel gegriffen und bedachte den Mann aus dem Norden mit einem finsteren Blick.

»Sagen Sie noch ein Wort gegen Major Mosby, und ich hole Sie aus Ihrem Buggy und poliere Ihnen Ihre komische Visage mit Löwenzahn.«

»Wash, wir haben eine Dame hier«, sagte Tib, »und der Offizier war bloß nicht informiert. Er ist jetzt Gefangener der Armee von Nord-Virginia.«

Hauptmann Pilgrim sah ungläubig zu, als Wash die Pferde antrieb und sie schweigend zu dem Farmhaus fuhren. Erst als das Blattwerk sich lichtete und den Blick auf zwei Dutzend Pferde freigab, um die sich grau gekleidete Offiziersburschen kümmerten, dämmerte ihm, dass etwas nicht stimmte – dass seine Informationen überholt waren.

»Wie kommt das?«, fragte er Wash. »Lees Armee ist hier?«

»Das wussten Sie nicht?«, sagte Tib. »Tja, im Augenblick haben wir Abe Lincoln in der Küche, wo er das Geschirr abspült, und General Grant ist oben und macht die Betten.«

»Ah-h-h!«, stöhnte Hauptmann Pilgrim.

»He, Wash, ich wäre zu gern heute Abend in Washington, wenn Jeff Davis eintrifft. Die Yankee-Rebellion war schnell vorbei.«

Und Josie – sie glaubte jedes Wort. Ihre Welt stürzte

krachend zusammen: die *Boys in blue* und *Union forever* und *Mein Auge sah die Ankunft unseres Herrn in seinem Ruhm*. Heiße Tränen des Kummers stiegen ihr in die Augen.

»Sie dürfen meinen Bruder nicht gefangennehmen. Er ist ja gar kein richtiger Offizier, weil er Arzt ist. Er ist bei Cold Harbor verwundet worden –«

»Arzt, so so. Kennt sich wohl nicht zufällig mit Zähnen aus, wie?«

»O doch – das ist sein Fachgebiet.«

Sie erreichten die Veranda, und die Kundschafter stiegen ab.

»Sie sind also ein Zahndoktor?«, sagte Tib. »Das ist genau das, wonach wir die letzte Stunde lang ganz Maryland, mein Maryland, abgesucht haben. Wenn Sie die Freundlichkeit hätten, ins Haus zu kommen, könnten Sie tatsächlich einem echten Napoleon einen Zahn ziehen, einem Cousin des Kaisers Napoleon III.«

Hauptmann Pilgrim warnte Josie: »Sie machen Scherze, aber sag nichts.«

»Scherze? – Aber keineswegs. Er gehört zum Stab General Earlys und hat sich die letzte Stunde lang die Seele aus dem Leib gebrüllt, aber die Ärzte sind mit dem Feldlazarett abgezogen, und keiner aus dem Stab kann Zähne ziehen.«

Ein Stabsoffizier kam auf die Veranda und lauschte nervös auf das Knattern von Gewehrfeuer in der Ferne; dann richtete er den Blick auf den Buggy.

»Leutnant, wir haben einen Fachmann für Zähne gefunden«, sagte Tib. »Die Vorsehung hat ihn geradewegs in unsere Linien geschickt, und falls Napoleon noch –«

»Großer Gott!«, rief der Offizier. »Bringt ihn rein. Wir

wussten nicht, ob wir den Fürsten mitnehmen oder zurücklassen sollen.«

Auf einmal sah Josie ihr erstes echtes Bild der Konföderierten, das für sie auf der weinlaubumrankten Veranda inszeniert wurde. Männer kamen plötzlich aus dem Haus: zuerst ein ergrauter Mann in einem schönen grauen Reitmantel, gefolgt von zwei jüngeren Männern, die Papiere in einen Segeltuchsack stopften. Und dann eine Schar von Offizieren, einer humpelte an einer Krücke, einer, dem der goldene Stern eines Generals an den Verband um seine Schulter geheftet war, trug bloß ein Unterhemd, einer lachte, als hätte er sich selbst einen Witz erzählt, aber die allgemeine Stimmung war nicht heiter – und Josie sah in den Augen der Männer den Widerschein der Enttäuschung.

Dann machten sie, wie ein einziger Mann, eine Geste; als sie Josie sahen, drehten sie sich zu ihr um, und ein Dutzend Hände wurde an ein Dutzend Hüte geführt, berührte sie leicht, und die Männer vollführten die Andeutung einer Verbeugung in Josies Richtung.

Josie erwiderte die Verbeugung steif und versuchte, ihrer Miene einen Ausdruck zu verleihen – hochmütig, verächtlich, vorwurfsvoll –, doch sie konnte nicht anders, als die Höflichkeit der Männer zu erwidern.

… Im Handumdrehen saßen die Männer im Sattel; der Adjutant, der als Erster aus dem Farmhaus gekommen war, wartete neben General Earlys Steigbügel.

»Schon gut«, sagte der General.

Er sah für einen Augenblick zu der Stadt, die er nicht erobern konnte, zu dem willkürlich angelegten Sumpf, den sich ein anderer Virginier ausgedacht hatte. »Keine neuen

Befehle«, sagte er. »Sagen Sie Mosby, dass ich stündlich Kuriere bis nach Charleston erwarte. Eine Batterie berittener Artillerie, um ordentlich Krach zu machen, während die Pioniere die Brücke über den Montgomery Creek in die Luft blasen – Sie verstehen, Major Charlesworth.«

»Ja, Sir.«

»Das dürfte so weit alles sein.« Er drehte sich um. »O ja.« Seine von der Sonne ermüdeten Augen konzentrierten sich auf den Buggy. »Ich habe gehört, dass Sie Arzt sind. Fürst Napoleon ist dort drinnen – er hat uns als Beobachter begleitet. Ziehen Sie ihm den Zahn oder was immer erforderlich ist. Diese zwei Kavalleristen werden bei Ihnen bleiben. Behandeln Sie ihn gut – sie werden Sie gehen lassen, ohne Ihr Ehrenwort zu verlangen, wenn Sie fertig sind.«

Dann ging alles unter in dem Klappern und Knarren, mit dem die Berittenen sich den Weg entlang entfernten. Das Grüppchen stand allein auf der Veranda, während die letzten Nachzügler der Armee von Nord-Virginia schnell in der Ferne verschwanden.

»Wir haben einen Zahnarzt für Fürst Napoleon«, sagte Tib zu dem französischen Adjutanten.

»Das ist sehr gut«, rief der Adjutant und führte sie in das Vorderzimmer des Farmhauses. »Er leidet schreckliche Qualen.«

»Der Doktor ist ein Yankee«, fuhr Tib fort. »Einer von uns muss anwesend sein, während er operiert.«

Der stämmige Invalide am anderen Ende des Zimmers, eine grobschlächtige Miniaturausgabe seines welterschütternden Onkels, nahm die Hand von seinem stöhnenden Mund und setzte sich in seinem Sessel aufrecht hin.

»Operieren!«, rief er. »*Mon Dieu!* Er will operieren?«

»Das hier ist der Arzt«, sagte Tib. »Er heißt –«

»Pilgrim«, sekundierte der Arzt kühl. »Meine Schwester – wo wird sie sein?«

»Ich bringe sie ins Wohnzimmer, Doktor. Wash, du bleibst hier.«

»Ich werde heißes Wasser brauchen«, sagte Dr. Pilgrim, »und meine Instrumententasche aus dem Buggy.«

Fürst Napoleon stöhnte wieder.

»Was Sie tun? Mir den Kopf schneiden vom Hals? Wie Sie wollen wissen, was tun, bevor Sie haben gesehen? *Ah, cette vie barbare!*«

Tib tröstete ihn. »Dieser Arzt ist Spezialist für Zähne, Fürst Napoleon. Er wird Ihnen nicht wehtun.«

»Ich bin ausgebildeter Chirurg«, sagte Dr. Pilgrim schroff. »Sir, würden Sie nun bitte Ihren Hut abnehmen?«

Der Fürst nahm den breiten weißen Sombrero ab, die Krönung einer Aufmachung aus einem grauen Schoßrock, französischen Uniformhosen und Dragonerstiefeln.

»Können wir diesem Mediziner trauen, wenn er ist ein Yankee? Wie ich soll wissen, dass er nicht mich schneidet zum Töten? Weiß er, dass ich bin von französischer Nationalität?«

»Fürst, wenn er Sie nicht richtig behandelt, haben wir draußen ein paar Apfelbäume und genug Seile.«

Tib ging ein Dienstmädchen holen; dann sah er in das Wohnzimmer, wo Miss Josie verängstigt auf der Kante eines rosshaarbezogenen Sofas saß.

»Was werden Sie mit meinem Bruder tun?«

Voller Mitleid mit ihrem hübschen verängstigten jungen

Gesicht sagte Tib: »Wir haben nicht vor, ihm etwas anzutun. Mir macht mehr Sorgen, was er mit dem Fürsten anstellen wird.«

Aus der Bibliothek ertönte ein Schreckensgeheul.

»Hören Sie das?«, sagte Tib. »Wer jemandem etwas antut, das ist Ihr Bruder.«

»Schicken Sie uns ins Libby-Gefängnis?«

»Jetzt regen Sie sich nicht auf, junge Dame. Diesmal wollen wir keine Gefangenen machen. Sie werden hier bleiben, bis Ihr Bruder den Fürsten kuriert hat. Und sobald unsere Kavallerievorposten vorbeikommen, können Sie und Ihr Bruder weiterfahren.«

Josie beruhigte sich.

»Ich dachte, es würde nur in Virginia gekämpft.«

»Das stimmt. Dorthin wollen wir auch – das ist jetzt das dritte Mal, dass ich mit der Armee nördlich nach Maryland geritten bin, und wenn ich mich nicht täusche, ist es auch das dritte Mal, dass ich mit auf dem Rückmarsch bin.«

»Was wollte mein Bruder damit sagen, dass er Sie einen Gorilla genannt hat?«

Zum ersten Mal sah sie ihn mit menschlicher Anteilnahme an.

»Das war wohl, weil ich mich seit gestern nicht rasiert habe.« Er lachte. »Aber er wollte nicht Gorilla sagen, sondern Guerilla. Wenn ein Yankee detachiert seinen Dienst verrichtet, nennen sie ihn einen Kundschafter, aber wenn es einer von uns ist, heißen sie ihn Spion und knüpfen ihn auf.«

»Jeder Soldat ohne Uniform ist ein Spion«, sagte Josie.

»Was heißt ohne Uniform? Sehen Sie meine Spange. Die Hälfte von Stuarts Kavallerie wäre nicht in Uniform, wenn sie die Uniformen trügen, mit denen sie aufgebrochen waren. Glauben Sie mir, Miss Pilgrim, ich war ein fescher Kavallerist, als ich vor vier Jahren aus Lynchburg aufbrach.«

Er schilderte ihr, wie die jungen Freiwilligen an jenem Tag gekleidet waren; Josie hörte zu und dachte sich, dass der Anblick nicht viel anders gewesen sein dürfte als jener der ersten jungen Freiwilligen, die in Chillicothe in den Zug stiegen.

»– mit einer großen roten Schleife aus Mutters Truhe als Schärpe. Eines der Mädchen verlas vor der Truppe ein Gedicht, das ich verfasst hatte.«

»Oh, sagen Sie es auf«, rief Josie. »Ich würde es so gerne hören.«

Tib überlegte. »Schätze, ich habe es vergessen. Alles, woran ich mich erinnern kann, ist: ›Lynchburg, deine Wächter entbieten deinen Hügeln ihr Lebewohl.‹«

»Das ist wunderschön.«

Josie wiederholte langsam: »›Lynchburg, deine Wächter entbieten deinen Hügeln ihr Lebewohl‹«, und ohne daran zu denken, was die Wächter von Lynchburg im Schild geführt hatten, fügte sie hinzu: »Wie schön es wäre, wenn Sie sich an den Rest erinnern könnten.«

Von jenseits des Flurs ertönte ein Schrei und ein Mischmasch französischer Ausrufe. In der Tür zeigte sich das hilflose Gesicht des Adjutanten.

»Er hat nicht nur den Zahn ausgerissen, sondern auch das Zahnfleisch. – Er hat ihn ermordet, er hat ihn zu Tode gebracht!«

Ein Gesicht schob sich über seine Schulter.

»He, Tib, der Yank hat den Zahn gezogen.«

»Hat er?«, sagte Tib geistesabwesend. Sein Hang zu

Metaphern hatte sich plötzlich wieder eingestellt, und er dachte: »In nur einer halben Stunde hat ein Yank einen Zahn gezogen und seine Schwester ein Herz erobert.«

II

Keine Minute später stürmte Wash in das Wohnzimmer.

»He, Tib, wir sollten uns davonmachen. Eben kam eine Patrouille vorbei, und sie haben aus dem Sattel gewaltig nach hinten geschossen. Lass uns verschwinden. Der Doktor hier weiß, dass wir zu Mosbys Leuten gehören.«

»Sie gehen ohne uns?«, fragte der Adjutant misstrauisch.

»Aber sicher«, sagte Tib. »Der Fürst kann den Krieg zur Abwechslung eine Zeitlang von der Yankee-Seite aus beobachten. Miss Pilgrim, ich möchte einer Gefangenen nicht zu nahe treten, aber ich muss sagen, dass ich nicht wusste, dass ein Yankee-Mädchen so hübsch sein kann.«

»So etwas Lächerliches habe ich noch nie gehört«, antwortete sie. Aber sie freute sich über das Kompliment, das über die Mason-Dixon-Linie gelangt war.

Mit einem hastigen Blick in die Bibliothek vergewisserte sich Tib, dass der Fürst sich einigermaßen erholt hatte und nun keuchend und hechelnd aufrecht saß.

»Sie sind eine Künstler!«, rief er Dr. Pilgrim zu. »Sie sehen, ich lebe! Nach all dem Schrecken ich lebe noch. In Paris, man hat mir gesagt, man blutet und muss sterben, wenn sie eine Zahn ziehen. Sie sollten nach Paris kommen, und ich werde dem Kaiser erzählen von Ihnen – von dem neuen Instrument, das Sie benutzen.«

»Das ist nur eine Art Zange«, sagte Dr. Pilgrim schroff.

Wash rief von der Tür.

»Komm jetzt, Tib!«

Tib sagte zu dem Fürsten: »Na, *au revoir,* Sir.«

Das Gewehrfeuer ertönte nun aus großer Nähe. Die beiden Kundschafter hatten ihre Pferde kaum losgebunden, als Wash rief: »Verdammtes Feuer!«, und die Auffahrt entlang deutete. Ein halbes Dutzend Unionsreiter kam aus dem Blattwerk am hinteren Tor hervor. Wash warf seinen Karabiner mit einer Hand auf die rechte Schulter und griff mit der freien Hand nach einer Patrone in seiner Patronentasche.

»Ich nehme die zwei zur Linken«, sagte er.

Hinter ihren Pferden verborgen warteten sie.

»Vielleicht könnten wir weglaufen«, schlug Tib vor.

»Ich habe mir alles angesehen. Es gibt sieben Umzäunungen.«

»Feuer erst, wenn sie nahe genug sind.«

Gemächlich trottete die Reihe der Kavalleristen die Auffahrt entlang. Auch nach vier Jahren Dienst als Kundschafter im ganzen Tal war es Tib noch immer verhasst, aus dem Hinterhalt zu schießen, aber er konzentrierte sich auf seine Aufgabe, und sein Karabiner zielte auf die Mitte der Uniform des Yankee-Unteroffiziers.

»Fertig, Wash?«

»Glaub schon.«

»Wenn sie sich trennen, reiten wir durch.«

Aber der Unstern, der an diesem Tag über den Truppen der Südstaaten stand, waltete, bevor sie einen Schuss abgeben konnten. Ein schwerer Körper schlug gegen Tib und machte ihn bewegungsunfähig. Neben seinem Ohr schrie eine Stimme: »Leute, hier sind Rebellen!«

Noch als Tib sich umdrehte und verzweifelt mit Dr. Pilgrim rang, machte die Nordstaatenpatrouille Halt und zückte ihre Pistolen. Wash hüpfte verzweifelt hin und her, um auf Pilgrim schießen zu können, aber der Arzt benutzte Tib als Schutzschild.

In weniger als einer Sekunde war es vorbei. Wash konnte einen Schuss abgeben, aber die Soldaten der Unionsarmee hatten ihn umringt, bevor er in den Sattel kam. Wütend stellten sich die zwei jungen Männer.

Dr. Pilgrim sagte zu dem Unionsunteroffizier: »Das sind Mosbys Leute.«

Es waren harte Zeiten an den Grenzen. Die Unionssoldaten töteten Wash, als er wieder zu fliehen versuchte und nach dem Revolver in der Hand des Unteroffiziers griff. Tib, der sich noch immer erbittert wehrte, wurde am Verandageländer festgebunden.

»Da drüben ist ein guter Baum«, sagte einer der Unionssoldaten, »und auf der Schaukel liegt ein Seil.«

Der Unteroffizier sah zu Dr. Pilgrim und dann zu Tib.

»Gehören Sie zu Mosbys Leuten?«

»Ich gehöre zur Siebten Kavallerie von Virginia.«

»Das habe ich nicht gefragt. Gehören Sie zu Mosbys Leuten?«

»Geht Sie nichts an.«

»Gut, Jungens, holt das Seil.« Dr. Pilgrims strenge Persönlichkeit machte sich wieder mit aller Autorität bemerkbar.

»Ich denke, Sie sollten ihn nicht aufknüpfen, aber solche irregulären Kämpfer haben eine Lektion verdient.«

»Manchmal hängen wir sie an den Daumen auf«, schlug der Unteroffizier vor.

»Dann tun Sie das«, sagte Dr. Pilgrim. »Er wollte mich aufknüpfen lassen.«

… Gegen sechs Uhr abends war auf der Straße wieder viel Verkehr. Zwei Brigaden von Sheridans besten Männern waren Early auf der Spur, verfolgten und bedrängten ihn das Tal entlang. Post und frische Gemüse wurden zur Hauptstadt gebracht, und der Überfall war vorbei, abgesehen von vereinzelten Nachzüglern, die erschöpft am Wegrand der Rockville Pike lagen.

Im Farmhaus herrschte Stille. Fürst Napoleon wartete auf eine Ambulanz aus Washington. Nichts war zu hören – bis auf Tib, der sich, während die Haut von seinen Daumen und langsam die Knöchel hinunterglitt, Bruchstücke der eigenen politischen Verse aufsagte. Wenn ihm keine mehr einfielen, dachte er über das nach, was ihm widerfuhr.

»Daumen sind wie Handschuhe – lassen sich von innen nach außen wenden. Wenn die Nägel sich wenden, werde ich laut schreien …«

Er sang ein neues Lied, das er gesungen hatte, bevor sie von Lynchburg aufgebrochen waren:

Wir folgen der Feder von Mosby heute Nacht;
Wir stehlen den Yankees unser Pferdefleisch und unser Leder,
Wir folgen der Feder, Mosbys weißer Feder.
Einst war sie ein Zeichen von Sünde und Scham;
Die Feder war weiß, doch er gab ihr einen Namen,
So anders als Scham wie vom Dunkel das Licht,

Und wir folgen der Feder von Mosby heute Nacht.

Josie hatte abgewartet, bis es dunkel war und der Wächter auf der Veranda schnarchte. Sie wusste, wo die Leiter lag, denn sie hatte gehört, wie die Soldaten sie hingeworfen hatten, nachdem sie Tib aufgehängt hatten. Als sie das Seil halb durchtrennt hatte, ging sie in ihr Zimmer zurück, um Kissen zu holen, und dann schob sie den Tisch unter Tib und legte die Kissen darauf.

Josie brauchte keinen Präzedenzfall für ihr Handeln. Als Tib keuchend und schnaufend hinunterfiel und murmelte: »– diene deinem Land und du musst dich nicht schämen«, schüttete sie eine halbe Flasche Sherry auf seine Hände. Dann war ihr plötzlich übel, und sie lief zu ihrem Zimmer zurück.

III

Wie immer, wenn man auf der Siegerseite ist, war der Krieg auch im Norden im Jahr siebenundsechzig vorbei. Josie war neunzehn und erwachsen und stolz darauf, ihrem Bruder bei seiner Karriere zu helfen, indem sie mit ihrem Taktgefühl ein Gegengewicht zu seiner Arroganz bildete. Ihr junges Gesicht strahlte in den Augen der jungen Männer im Regierungsdienst, wenn sie auf den Bällen tanzte, bei denen Präsident Johnsons Profil am Ende des Raums sich melancholisch von den unzähligen Blumen aus dem Shenandoah-Tal abhob.

»Was ist das eigentlich, ein Guerilla?«, fragte sie einmal einen Militär. »Danke, Sie halten mich eng genug.«

Aber sie heiratete keinen von ihnen. Ihr Auge hatte die

Ankunft des Herrn in seinem Ruhm gesehen, und dann hatte sie gesehen, wie der Ruhm des Herrn an den Daumen aufgehängt worden war.

Vom Markt zurückgekommen, rief sie dem Dienstmädchen zu: »Ich gehe an die Tür, Candy.«

Doch auf dem Weg zur Tür rutschte ihr Reifen aus dem Saum, sodass sie stolperte, und sie konnte nur rufen: »Wer ist da?«

»Ich möchte Dr. Pilgrim sprechen.«

Josie zögerte. Ihr Bruder schlief.

»Ich fürchte, er kann Sie jetzt nicht empfangen«, sagte sie.

Doch als sie sich abwandte, wurde wieder geklingelt, laut und herrisch. Diesmal war Candy aus der Küche herangeschlurft.

»Sag ihm, dass der Doktor heute Vormittag niemanden empfangen kann.«

Sie ging in den Salon und ruhte sich kurz aus. Candy kam herein und unterbrach sie. »Miss Josie, da draußen ist ein richtig komischer Mann. Sieht für mich aus, als hätte er irgendwas Böses für Sie alle im Sinn. Hat schwarze Handschuhe an, die wackeln, wenn er spricht.«

»Was hat er gesagt?«, fragte Josie beunruhigt.

»Hat nur gesagt, dass er Ihren Bruder sprechen will.«

Josie ging wieder ins Vorzimmer. Es war klein und quadratisch und bezog sein Licht aus einem kleinen halbrunden Fenster, das einen blauen und olivgrünen Schein verbreitete. Candy hatte die Haustür einen Spalt weit offen gelassen, und Josie spähte vorsichtig aus dem Halbdunkel des Zimmers hinaus. Sie sah einen halben Hut und einen halben Gehrock.

»Was wollen Sie?«

»Ich muss Dr. Pilgrim sprechen.«

Josie war im Begriff, nein zu sagen, als ein zweiter Besucher auf der Türschwelle in ihr Gesichtsfeld trat, und sie zauderte, weil sie sich nicht ermächtigt fühlte, zwei Besucher wegzuschicken, ohne ihren Bruder zu fragen. Von der Gegenwart des zweiten Mannes ermutigt, öffnete sie die Tür. Sofort wünschte sie, sie hätte es nicht getan, denn die zwei Gestalten, die vor ihr standen, riefen ihr in einer plötzlich aufwallenden Erinnerung einen Juli von vor drei Jahren ins Gedächtnis. Der erste der beiden Männer war der junge Adjutant aus der Entourage von Fürst Napoleon; den zweiten, in dessen Ton Candy etwas undeutlich Gefährliches gespürt hatte, hatte Josie zuletzt als zusammengekrümmtes Etwas voller Schmerzen auf dem Tisch eines Farmhauses gesehen. Der Franzose sprach zuerst.

»Sie erinnern sich wahrscheinlich nicht an mich, Miss Pilgrim. Ich heiße Silvé. Ich bin inzwischen militärischer Attaché der hiesigen französischen Botschaft, und wir sind uns begegnet an dem Tag, an dem Ihr Bruder im Krieg Fürst Napoleon von so großer Hilfe war.«

Josie hielt sich am Türrahmen fest im Bemühen, nicht laut zu rufen: »Ja, aber was will der Südstaatler hier?«

Tib hatte nichts gesagt, aber Josie dachte so schnell, dass Worte ihr nicht klarer hätten sagen können, warum er gekommen war, obwohl ihr Erscheinen und das gleichzeitige Eintreffen mit dem anderen Besucher ihn verwirrt hatten. Das Funkeln in seinen Augen kündete von einem lange gehegten, lange geplanten Vorhaben; zwei Jahre lang hatte er Josies Träume so sehr heimgesucht, dass sie in ihrer Phantasie alles nachvollzogen hatte, sein entsetzliches Erwachen in jener Nacht, seine Flucht vor Sonnenaufgang und die grauenhaften Qualen bei seiner Suche nach einem Versteck an jenem Morgen – und nach den vielen Monaten in einem Militärlazarett konnte Josie sich die Amputation seiner zerfetzten Daumen bildlich vorstellen.

Der Franzose ergriff wieder das Wort: »Ich wage nur, mich zu dieser Stunde einzufinden, weil das *paquebot Rochambeau* übermorgen ablegen wird. Miss Pilgrim, der Fürst hat nicht vergessen, welchen großen Dienst Ihr Bruder ihm geleistet hat. Heute Morgen wurden sogar die wichtigsten Telegramme nicht bearbeitet, weil ich zuerst Ihren Bruder aufsuchen sollte. In diesem Augenblick gibt es in Europa ein Zahnweh von so internationaler Bedeutung –« Zum ersten Mal wurde ihm mit einem vorsichtigen Blick Tibs Gegenwart bewusst, aber die beiden erkannten einander nicht. »Wenn ich Ihren Bruder für einen Augenblick sprechen könnte?«

Über Josies Schulter sprach plötzlich eine Stimme.

»Ich bin Dr. Pilgrim. Wer will mich sprechen?«

Unwillkürlich stellte Josie sich in das Sonnenlicht zwischen Tib Dulany, dem ehemaligen Sergeanten aus Stuarts Kavallerie, und ihrem Bruder.

»Bedaure, meine Herren«, sagte Dr. Pilgrim, »aber heute kann ich Sie nicht empfangen.« Zu Josie sagte er: »Diesen Vormittag will ich Candys Zahn widmen, das habe ich ihr versprochen, deshalb bin ich so verwünscht früh aufgestanden.« Er schob sich an ihr vorbei und stand den zwei Männern gegenüber. »Wir haben eine treue schwarze Bedienstete, der ich seit langem einen Zahn ersetzen will, und ich bedaure, an diesem Vormittag keine anderen Patienten behandeln zu können. Meine Schwester wird Ihre Adresse notieren und einen Termin mit Ihnen vereinbaren.«

Josie merkte, dass er besonders eisiger Laune war. Auf dem Weg ins Erdgeschoss hatte er Candy gerufen, die ihm nun mit einem Korb am Arm geschäftig folgte.

Josie, die als Einzige die Tragweite der Situation erfasste, versuchte Zeit zu gewinnen.

»Jawohl. Wenn die Herren mir bitte ihre Adresse nennen –«

»Ich möchte den Doktor nur einen Augenblick sprechen«, sagte Hauptmann Silvé.

»Den Augenblick räume ich Ihnen ein«, sagte der Arzt ungeduldig. »Diese arme Farbige benötigt meine Hilfe dringend, und ich würde niemals Weißen vor Schwarzen Vorrang geben, wenn meine Hilfe gebraucht wird.«

In den nächsten Minuten, in denen Hauptmann Silvé sein Anliegen erklärte, war Dr. Pilgrim so gnädig, mit ihm bis ans Ende der Veranda zu gehen. Josie blieb mit Tib zurück – im Geist mit ihm allein. Sie konnte die alten Bande nicht entwirren, die sie seinerzeit zerschnitten hatte – doch für diese kurze Zeitspanne konnte sie ihn mit ihrer strahlenden Schönheit festhalten.

»Mein Bruder weiß nicht, wer Sie sind«, sagte sie schnell. »Was wollen Sie hier?«

Wieder las sie in seinen Augen die dunklen Stunden und Jahre finsteren Brütens.

Tib wandte den Blick ab.

»Ich wollte nur einen Termin ausmachen.«

Dr. Pilgrim drehte sich um. »Meine Zeit ist wie gesagt

begrenzt. Josie, sag bitte allen weiteren Besuchern, dass ich nach vier Uhr erreichbar sein werde.«

Er nickte Tib kurz zu und ging die Treppe hinunter, hörte Silvés Bitten mit halbem Ohr zu. Und auf einmal gingen sie zu fünft die Straße im Sonnenschein entlang, Josie ohne Kopfbedeckung neben Tib und Candy in der Nachhut.

»– aber es ist ein Auftrag von Hofe«, insistierte Silvé. »Sie wären der Assistent des berühmten Doktor Evans und überall in Paris willkommen. Es ist, was man in England einen ›Befehl‹ nennt, Doktor, Sie verstehen.«

Dr. Pilgrim blieb stehen und sein Gefolge hinter ihm.

»Ich bin in erster Linie Amerikaner, und ich verlasse mich ganz und gar auf mein eigenes Urteil, ob ich ein so überraschendes Angebot überhaupt annehmen soll.«

Hauptmann Silvé hob verzweifelt die Hände. »Leibarzt des französischen Kaisers! Hohe Besoldung, wahrscheinlich die *Légion d'honneur*, eine schöne Equipage für den Bois de Boulogne – und dennoch sind Sie gesinnt, in diesem Dreckloch zu bleiben?«

Dr. Pilgrim hatte sich wieder in Bewegung gesetzt.

»Für mich ist es kein Dreckloch«, sagte er. »Haben Sie das Gebäude zu Ihrer Linken gesehen?«

»Gewiss. Es ist das Capitol.«

»Auf diesen Stufen hat unser zum Märtyrer gewordene Präsident seine Rede zur zweiten Amtseinführung gehalten.«

Hinter Josie meldete sich bescheiden eine leise Stimme: »Ich weiß nicht, wohin alle gehen, nur meinetwegen, aber ich tu bloß hinterherlaufen.«

Candys Bitte ließ Josie erkennen, dass sie Mitglied einer

Marschkolonne war, und sie sagte so munter wie möglich zu ihrem Bruder: »Wohin gehen wir, Ernest?«

»Natürlich zum Juwelier«, antwortete Dr. Pilgrim. »Einen goldenen Zahn kann ich nicht aus dem Ärmel zaubern, und du weißt, dass ich das letzte Blattgold gestern Nachmittag aufgebraucht habe.«

Wenn der junge Südstaatler ein Wort geäußert hätte, hätte Josie die Situation auflösen können, aber er war nur damit beschäftigt, ihre Unsicherheit angesichts des nächsten Schritts zu erwägen.

An der nächsten Ecke wandte sie sich mit einem fast persönlichen Zornesausbruch an ihn: »Würden Sie uns bitte entschuldigen, Sir? Sie können jederzeit kommen, wenn mein Bruder Sie empfängt.«

»Ich glaube, ich werde Ihren Bruder begleiten«, sagte Tib finster.

»O bitte«, flüsterte sie, »geht es dabei wieder um den scheußlichen Krieg?«

»Ich hoffe, dass es in Ihrer Gegenwart nicht wieder zu Gewalttätigkeiten kommen wird«, sagte Tib.

Dr. Pilgrim, der das Schritttempo vorgab, warf einen Blick über die Schulter. »Das Gehen ist gesünder, wenn man sich ein bisschen beeilt.« Und er hielt weiter seinen Vortrag über das Capitol bis zur Tür von Viner's Jewelry Store an der Pennsylvania Avenue.

In diesem Augenblick begriffen die zwei Besucher, dass sie Teilnehmer einer Unternehmung waren, die sie nicht betraf, und sie gingen langsamer, während Dr. Pilgrim, Josie und Candy vorausgingen.

»Ich kann das nicht verstehen«, sagte Hauptmann Silvé.

»Kein Vergnügen außer meiner Pflicht könnte mich in Washington halten. Zwei, drei Gebäude, schöne junge Frauen wie Miss Pilgrim, aber weiter nichts.«

Er griff gleichzeitig mit Tib nach dem Türknauf und zog erschreckt die Hand zurück. Sein Daumen hatte einen weichen und nachgiebigen Daumen in der schwarzen Lederumhüllung berührt.

»Habe ich Sie verletzt?«, rief er.

»Wie? Oh, ich verstehe.« Was Tib verstand, war, dass der Daumen seines ausgestopften Handschuhs von der zufälligen Berührung flachgedrückt worden war. Instinktiv bemühte er sich, mit der anderen Hand die Form wiederherzustellen, während er mit dem Ellbogen die Tür aufhielt. »Sie haben mich nicht verletzt – das ist die Folge eines Unfalls. Ich habe keine Daumen mehr.«

Hauptmann Silvé, erzogen in der stolzesten Tradition Saint-Cyrs, stellte keine indiskreten Fragen. Aber er warf einen neugierigen Blick zu Tib, als sie den Laden betraten. Und dann verfolgte er als typischer Franzose fasziniert die Verhandlungen zwischen dem Arzt und dem Juwelier.

Mr. Viner hatte aus seinem Lager ein samtbezogenes Tablett geholt, auf dem verschiedene Goldstücke lagen, Ehrenmedaillen und fremdländische Münzen. Manche Medaillen waren mit vielfarbigen Bändern verziert. Candy beugte sich darüber und murmelte, sie müsse erst zu sich finden, während Dr. Pilgrim eines der Goldstücke in der Hand wog.

»Das hier ist das beste Gold«, sagte er.

Candy genoss den wichtigsten Augenblick ihres Lebens, doch trotz ihrer Achtung vor dem Doktor wollte sie sich nicht bevormunden lassen.

»Doktor, Sie haben gesagt, dass ich meinen Zahn selbst aussuchen darf.« Sie sah zu dem Juwelier auf. »Haben Sie auch richtige Vergoldung?«

Dr. Pilgrim seufzte. Er hätte an diesem Vormittag ein Dutzend Patienten behandeln können. »Candy, ich habe dir erklärt, dass Vergoldung etwas anderes ist als Gold. Aus Vergoldermasse kann ich dir keinen Zahn machen, weil du damit nicht kauen könntest.«

»Ich weiß nur, da, wo ich gearbeitet hab, war Vergoldung mehr angesehen als wie Gold. Ich weiß, wovon ich rede, Dr. Pilgrim, als ich meinen ersten Ehering bekommen hab, ist er eine halbe Stunde vor der Trauung an meinem Finger geschmolzen, und ich hab jahrelang vergoldete Bilderrahmen geputzt und dabei nie viel abgewaschen.«

Nach einem nervösen Blick zu Tib beschloss Josie, ihrem Bruder zu helfen, Candys Vorstellungen von Edelmetallen zu korrigieren.

»Candy, aus einem Stück Orangenschale könnte man keinen Zahn machen, oder?«

»Nein, Ma'am, aber ich denke, ich hab in Dr. Pilgrims Praxis viel Vergoldung gesehen, genau wie die, was von den Porträts runterkam.«

»Das war Blattgold«, sagte Dr. Pilgrim. »Aber es gibt zur Zeit keines in Washington. Wir müssen eines von diesen Stücken einschmelzen und daraus deinen Zahn machen. Wenn du deinen Schneidezahn aussuchen willst, musst du dich beeilen. Hier haben wir *Für ein vereinigtes Irland* und *Die Freunde des Freigelassenen* –« In schroffem Ton sagte er zu dem Juwelier: »Das ist kein Gold; das ist ein Kronkorken, oder ich habe noch nie eine Zahnfüllung gemacht.«

Mr. Viner steckte den Gegenstand erschrocken ein. »Der muss aus Versehen auf das Tablett gekommen sein.«

Dr. Pilgrim bedachte ihn mit einem tadelnden Blick und wandte sich an Candy. »Der Vormittag ist bald vorbei, Candy. Und es wird eine Weile dauern, bis ich den Goldzahn fertig habe. Triff deine Wahl. Hier haben wir *Vereinigte Veteranen des Mexikanischen Krieges*, fünfunddreißig Jahre Dienst bei J. P. Wertheimer.«

»Hab nie bei keinen Wertheimers gearbeitet.«

»Also gut, hier ist die letzte Medaille, Candy, und wenn dir die nicht gefällt, suche ich selbst eine aus. Die hier besagt: *Ehrenlegion, Gefreiter George Aiken*, für außerordentliche Verdienste, gefallen bei Gettysburg am 2. Juli 1863.«

Plötzlich sprach Tib Dr. Pilgrim an: »Und daraus wollen Sie einen Zahn für einen Nigger machen.«

Hauptmann Pilgrim wandte sich steif zu ihm um. »Sir, ich weiß nicht, wer Sie sind oder was Sie von uns wollen, aber das Wort Nigger wird in unserem Haushalt nicht verwendet.«

Josie sah die Oberfläche von Tibs Revolver parallel zum Rand der Ladentheke. Ihr Blick glitt daran entlang zur Brusttasche ihres Bruders wie der Karabiner, der vor drei Jahren auf dasselbe Ziel gerichtet worden war.

»Hände hoch, Pilgrim«, sagte Tib.

Die Hände des Arztes, die zwei Metallstücke wogen, hoben sich.

»Wer sind Sie überhaupt?«, fragte Dr. Pilgrim. »Was soll dieser verwünschte Unfug?«

»Öffnen Sie die Hände. Gut, so ist es richtig.«

Die Mündung der Waffe hatte sich zu fünfundvierzig Grad aufgerichtet, den Händen des Arztes folgend.

»Höher, Doktor. Würden Sie bitte Ihre Handfläche umdrehen, sodass die Münze in meiner Schusslinie ist? Ich werde sie Ihnen aus der Hand schießen – noch höher.«

»Sie sind wahnsinnig.«

»Sie haben einmal angeordnet, mich an den Daumen aufzuhängen. Ich bin gekommen, um Sie zu töten, aber jetzt weiß ich, dass ich Ihnen nur diese Medaillen aus den Händen schießen werde.«

»Schwester, geh weg«, sagte Dr. Pilgrim. »Dieser Mann ist wahnsinnig.«

Tib wartete; worauf, wusste er nicht. Er versuchte sich an die fürchterliche Nacht zu erinnern; er versuchte sich Mut zu machen mit der gewaltsamen Erinnerung an den Tag, an dem er zum ersten Mal mit seinen verstümmelten Händen einen Pflug über einen Acker geführt hatte.

»Gehen Sie aus dem Weg«, sagte er drohend.

Josie wollte sich zwischen die beiden werfen, doch Hauptmann Silvé hielt sie zurück.

»Er ist wahnsinnig«, sagte er.

Mr. Viner war aus dem reglosen Tableau verschwunden und duckte sich schnell hinter der Ladentheke. Hauptmann Silvé begriff, wo er Tibs Gesicht schon einmal gesehen hatte.

»Warten Sie einen Augenblick«, sagte er. »Sie wissen, dass die Dame Miss Pilgrim ist?«

»Ja«, sagte Tib.

»Ist Ihnen klar, dass Miss Pilgrim Sie in jener Nacht abgeschnitten hat? Zuerst habe ich Sie nicht erkannt, aber ich war in jener Nacht mit Fürst Napoleon in dem Farmhaus, und ich weiß, dass sie am nächsten Morgen fast verhaftet worden wäre.«

In seiner Verwirrung merkte Tib nicht sofort, dass zwei Menschen vor Dr. Pilgrim getreten waren. Josie stand vor ihrem Bruder, und Candy stand vor Josie.

»Es wäre besser gewesen, sie hätte Sie hängen lassen«, sagte Dr. Pilgrim. »Schwester, geh weg.«

»Das wusste ich nicht«, sagte Tib mit unsicherer Stimme, und dann, als er spürte, wie ihm das Vorhaben, für das er drei Jahre lang gelebt hatte, genommen wurde: »Schätze, dann kann ich es nicht tun.«

»Sicher nicht«, sagte Candy ungnädig, »wo Sie sonst durch uns alle drei schießen müssten.«

Tib wich rückwärts zur Tür. »Das hatte ich nicht gewusst, Miss Pilgrim. Durch einen Engel kann man nicht schießen.«

Er war fort, und die fünf standen schweigend da. Mr. Viner tauchte vorsichtig hinter der Theke auf, fast im gleichen Moment, in dem Dr. Pilgrim langsam die Hände sinken ließ.

»Soll ich ihn verfolgen?«, fragte Mr. Viner. »Soll ich –«

»Nein«, sagte Dr. Pilgrim. Er legte die Medaille der Ehrenlegion auf die Theke und sagte forsch zu Mr. Viner: »Das ist das bei weitem beste Stück Metall.«

IV

Auch in Frankreich sah Josie die schwarzen Handschuhe manchmal um eine Ecke kommen. Ihr Bruder war damit beschäftigt, dem berühmten Dr. Evans zu helfen, das falsche Lächeln der königlichen Hoheiten zu arrangieren, und bevor Fürst Napoleon in Ungnade fiel, hatten sie in der amerikanischen Kolonie fest Fuß gefasst.

Als Josie im Jahr neunundsechzig von einer Reise nach den Staaten zurückkam, zwang die stürmische Überfahrt sie bis zum letzten Tag ins Bett. Im Hafen von Havre machte die plötzliche Windstille sie so schwindelig wie vorher das Geschaukel, und den Mann, der ihr an Deck beim Stehen half und sie am Ellbogen hielt, während das Boot sanft durch seichtes Wasser glitt, nahm sie kaum wahr. Als sie einander danach wiedererkannten, fielen ihr keine kühlen oder distanzierten Bemerkungen ein, die sie hätte äußern können. Sie sprachen über die Katastrophen, die den französischen Armeen an den Grenzen widerfuhren, und waren begierig auf Nachrichten nach der dreiwöchigen Isolierung auf See.

Als sie ein Erste-Klasse-Abteil in dem Zug nach Paris ausfindig gemacht hatten, fragte sie: »Machen Sie eine Rundreise?«

»Ich bin Kriegskorrespondent«, sagte Tib, »und ich fahre zur Front für den *Richmond Times-Dispatch,* die *Danville News* und den *Lynchburg Courier.*«

»Nun ja, wenn Sie in Paris sind –« Josie biss sich auf die Zunge. Sie war im Begriff gewesen, ihn zu einem Besuch einzuladen, und sagte stattdessen: »– dann werden Sie den Konsul sehr hilfreich finden.«

Tib war bereits aufgefallen, dass vier Männer vor der offenen Tür ihres Abteils standen, aber auf das Folgende war er nicht vorbereitet. Als der Zug mit Pfeifen die Abfahrt ankündigte, kamen die vier Männer ins Abteil, und in der nächsten Sekunde nötigten sie ihn in den nächsten Wagen »für ein paar Fragen, Monsieur«. Hinter ihnen hörte er Josies Stimme, die vor Überraschung und Empörung sehr laut wurde.

»Was soll das?«, fragte er.

»Reisen Sie ins Elsass?«

»Was geht Sie das an?«

»Das ist der eine, gar keine Frage«, sagte der Mann, der ihn von hinten festhielt. »Sie werden es im Hut der Frau finden.«

Im nächsten Wagen hatte Josie ihre eigenen Schwierigkeiten.

»In meinem Hut ist nichts. Den Hut habe ich in Amerika gekauft.«

»Bedauerlicherweise«, sagte einer ihrer Häscher, »hat er ein französisches Etikett.«

»Selbstverständlich, es ist doch ein französischer Hut.«

»Und selbstverständlich sind Sie nicht Madame Shirmer«, sagte der Mann ironisch, »und Ihr Freund ist nicht Signor Mario Villizo im Dienst der preußischen Regierung.«

Ein Mann in Uniform klärte die Situation.

»Ihr seid Dummköpfe«, sagte er. »Wir haben sie vier Wagen weiter erwischt.«

»Aber die hier machen genau den Eindruck. Man sieht es an ihren Mienen.«

»Wir sollten sofort den Hut untersuchen. Der Zug wird geteilt. Diese letzten vier Waggons warten auf das britische Postboot.«

Drei Minuten später händigten sie Josie einen Haufen Federn, Rosetten und Bänder in dem Behältnis aus, das einmal ein Pariser Hut gewesen war.

»Bitten um Verzeihung, Madame. Wollen Sie zu Ihrem Reisegefährten zurück?«

»Ja«, sagte Josie, »oder nein; es ist mir egal. Ich will in den vorderen Zug zurück.«

»Dann müssen Sie sich beeilen, Madame.«

Weiter vorne war das Dröhnen einer Lokomotive und das Klappern des Entkoppelns zu hören gewesen. Als sie den Zwischenraum zwischen den Wagen erreichte, trennten sich die Wagen.

»O weh, Madame, Ihr Ehemann fährt davon.«

»Er ist nicht mein Ehemann«, sagte Josie.

»Dann eben Ihr Freund«, sagte er. »Und der Zugteil kommt zurück.«

Aber der vordere Zugteil wartete nur. Unterdessen hatte Tib sich ausgewiesen und konnte als freier Mann zu Josie zurückeilen. Beide standen auf den zwei Zugenden, umringt von hilflosen Franzosen, die bedauerten, ein mögliches Liebespaar getrennt zu haben. Doch bevor man etwas daran hätte ändern können, hatte der erste Teil des Zugs einen Entschluss gefasst und bewegte sich ernsthaft vorwärts.

»Alles in Ordnung?«, rief Tib ihr zu.

»Mir geht es gut«, sagte sie, »aber meinen Hut haben sie in Fetzen gerissen.«

Der vordere Zugteil zockelte in der Ferne davon. Sie stand neben dem französischen Polizeioffizier auf dem offenen Ende des Zugs.

»Die Gegend hier ist sehr schön«, sagte er zum Trost.

»Ja«, erwiderte sie kurz angebunden.

»Und wenn man verliebt ist, ist alles noch viel schöner«, sprach er galant weiter. »Seien Sie unbesorgt, Sie werden Ihren Freund in Paris wiedersehen.«

»Sie könnten mich jetzt wenigstens in Ruhe lassen.«

Er verneigte sich. »Auch das weiß ich zu schätzen, Mademoiselle.«

Die Zugteile hatten sich inzwischen so weit voneinander entfernt, dass Josie nichts mehr sehen konnte als einen kleinen Flecken in der Ferne, und ihre Aussicht, ihn wiederzusehen, war kaum größer. Sie stand da und betrachtete trostlos die zerrissenen Rosetten in der Suppenschüssel aus Filz. Alles, was sie mit Tib erlebt hatte, war so gewesen.

V

Dr. Pilgrim, *Grand Maître de l'Ordre de l'Hygiène Publique,* Assistent des berühmten Dr. Evans, Hauszahnarzt des Hofes und verschiedener Bourbonen, Cecils, Churchills, Vanderbilts, Habsburger, Chambruns und Astors, hatte soeben ein Blumengesteck zum Geschenk erhalten. Ein Gärtner der Tuilerien, den er unentgeltlich behandelt hatte, hatte es ihm geschickt – aber es berührte ihn nicht. Er verrichtete seine Tätigkeit als Armenarzt gewissenhaft, aber ohne Anteilnahme, und sein Interesse galt weit mehr dem neuen Lehrstuhl, den er und Dr. Evans vor kurzem eingerichtet hatten. Er war froh, dass der Krieg vorbei war, auch wenn die Franzosen ihn verloren hatten. Um die Praxis würde es jetzt besser bestellt sein. Er hörte, dass es einmal und noch einmal klingelte. Beim dritten Mal ging er in das Vestibül, um zu sehen, warum niemand öffnete – und begegnete Josie, die aufgeregt die Treppe hinauf eilte.

»Warum geht niemand an die Tür?«, fragte er, aber sie unterbrach ihn.

»Ach, vergiss die Türklingel. Lass dir lieber sagen, wer eben kam und unten wartet.«

»Das interessiert mich nicht«, sagte Dr. Pilgrim. »Man muss zur Tür gehen.«

Tatsächlich wurde die Tür im selben Augenblick geöffnet. Der junge Mann, der draußen gewartet hatte, wunderte sich nicht wenig über die Worte der Frau, die ihn hereinließ.

»Kommen Sie von Dr. Evans?«

»Nein, Ma'am. Ich komme von der *Richmond Times-Dispatch*, von den *Danville News* und vom *Lynchburg Courier*.«

»Woher wussten Sie, dass ich hier bin?« fragte sie.

»Ich verstehe Sie nicht«, sagte Tib.

»Oh«, sagte die Dame nervös. »Nun ja, ich denke, Sie können genauso gut hereinkommen.«

Als sie in das Gaslicht des Vorzimmers traten, fragte sie: »Haben Sie Schmerzen?«

»Nein«, sagte er.

Sie wirkte aufgeregt, so als müsste sie sich entschuldigen.

»Ich war zum letzten Mal als ganz junges Mädchen in einer Arztpraxis. Es kommt mir eher befremdlich vor.«

»Haben Sie Schmerzen?«, fragte er zurück.

Die Frau nickte.

»Ja«, sagte sie, »ich habe Schmerzen – die Schmerzen, die Schimpf und Erniedrigung bewirken.«

Tib sah sie neugierig an.

»Das kann ich verstehen«, sagte er.

»Sie sind Amerikaner«, sagte die Frau. »Mein Vater war ein amerikanischer Bürger, obwohl er in Schottland geboren worden ist.«

»Ich bin kein Amerikaner«, widersprach Tib. »Ich bin Virginier. Diese zwei Dinge werden nie wieder in meinem Leben dasselbe bedeuten.«

Die Frau seufzte.

»Ach, ich stamme von nirgendwo. Ich habe mich dreißig Jahre lang mit aller Kraft bemüht, Französin zu sein, aber inzwischen weiß ich, dass ich nirgends hingehöre.«

Tib nickte. »So geht es mir auch – ich bin heimatlos, Relikt einer verlorenen Sache, mit ihr geschlagen und erniedrigt.«

Die Tür wurde geöffnet; Josie Pilgrim kam herein und ging schnell zu der Frau.

»Eure Majestät, Dr. Evans' Pferde werden in fünf Minuten da sein.«

»Das Warten hat mir nichts ausgemacht«, sagte die Kaiserin. »Ich habe mich mit diesem jungen Amerikaner unterhalten.«

Josie blickte überrascht zu Tib, verneigte sich und sagte zur Kaiserin: »Möchten Sie in mein Zimmer kommen?«

»Ich möchte lieber hierbleiben. Ich sitze auf meiner Schmuckkassette.«

Tib hatte eine halbe Stunde zuvor die Menschenmenge an den Tuilerien vorbeiströmen sehen und hatte sich kurz gefragt, was mit der Kaiserin und dem Hof geschehen würde, ob die schöne Spanierin mit dem verschlungenen Schicksal zu einer zweiten Marie Antoinette werden würde. Nun sah er zu der verblühten Dame mit dem schwarzen Hut und wusste, ohne fragen zu müssen, dass dies die Kaiserin war.

»Kann ich irgendwie behilflich sein?«, fragte er.

»Nein, vielen Dank«, sagte Josie hastig. »Mein Bruder und Dr. Evans kümmern sich um alles Erforderliche.«

»Aber er *kann* uns behilflich sein. Mit drei Amerikanern werde ich noch sicherer sein. Wenn er mit uns reiten will, würde ich das als großen Gefallen erachten.«

»Ich bin beritten«, sagte Tib.

»Umso besser«, sagte die Kaiserin. »Sie werden unsere Eskorte sein.«

… Zehn Minuten später versammelte sich die kleine Gruppe an den Stallungen. Von den Straßen hörten sie Stimmengewirr, Bruchstücke von Béranger-Liedern, gegen Kaiser, Kaiserin und Hofstaat gerichtete Verwünschungen und ein Geräusch von Schritten auf dem Kopfsteinpflaster, unterwegs zu Feuersbrunst und Chaos. Angespannt und entschlossen stand Dr. Evans zwischen der Kaiserin und dem roten Fackelschein von den Straßen, als wollte er Bedrohung und Hass von ihr fernhalten, so gut er konnte.

»Sie reiten also mit uns«, sagte er zu Tib. »Vergessen Sie nicht, dass wir so tun wollen, als wäre sie eine Geistesgestörte, die wir nach Trouville bringen.«

»Geistesgestört!«, rief die Kaisern. »Das glaube ich langsam wirklich. Lassen Sie den jungen Virginier mit uns im Wagen fahren, dann können wir uns darüber unterhalten, dass wir beide Exilanten sind. Unser guter Dr. Pilgrim wird nichts dagegen haben, sein Pferd zu besteigen und heute Abend den Postillion zu spielen. Nicht wahr, Dr. Pilgrim?«

Dr. Pilgrim funkelte Tib an.

»Ja, Euer Majestät.«

»Sind wir so weit?«, fragte Dr. Evans.

Der kleine Zug fuhr durch den Aufruhr die Avenuen entlang zur Porte Maillot. Mehrmals schrien Leute ihnen etwas zu, aber niemand versuchte ihnen den Weg zu versperren; draußen in der Vorstadt sahen kreideweiße Fenster an schlafenden Straßen gleichgültig auf sie; gegen Mitternacht fielen Josie vor Schläfrigkeit die Augen zu, und Tib konnte sie endlich nach Herzenslust betrachten, während die letzte Monarchin Frankreichs die Île-de-France verließ.

In der Auberge des Mariniers in Trouville wurde der nächste Schritt beraten. Im Hafen lag eine Jacht vor Anker, und sie vergewisserten sich, dass sie den Union Jack geflaggt hatte und Sir John Burgoyne gehörte. Die Kaiserin wurde überredet, sich hinzulegen, von Dr. Evans bewacht, und Tib und Dr. Pilgrim machten sich auf, um unauffällig ein Beiboot zu mieten. Es gab keinen Grund, zu befürchten, ihre Abreise aus Paris sei bemerkt worden. Nur ein Zwischenfall, der neugierige Blick eines Kellners, machte ihnen Sorgen. Doch als sie das Boot gemietet hatten, kam Josie atemlos herbeigelaufen, und beide Männer überkam eine ungute Vorahnung.

»Was ist los?«

»Dr. Evans braucht dich im Gasthaus, damit du mit dem Kellner sprichst. Der Mann lungert im Flur vor dem Zimmer der Kaiserin herum, und als ich ihn vorhin ansprach, hat er nur gelacht und so getan, als könnte er mein Französisch nicht verstehen.«

»Ich gehe zurück«, sagte Tib.

»Nein, ich gehe besser«, sagte Dr. Pilgrim. »In einem Ruderboot bin ich nur ein einziges Mal gesessen, und ich würde die Fahrt nicht allein wagen.«

Er marschierte los, und als er merkte, dass Josie nicht mitkam, drehte er sich um und sah sie mit Tib in das Beiboot steigen.

»Ist schon in Ordnung«, rief sie, »ich habe oft gerudert, und zu zweit kommen wir besser voran.«

Dr. Pilgrim ging weiter zum Gasthaus.

Es war ein herrlicher Morgen, und der funkelnde Hafen ließ Josie die düsteren Geschehnisse der Nacht und das gefährliche Vorhaben, das sie beschäftigte, vergessen. Dann fuhren sie durch dunkles Wasser jenseits des Hafens und fanden sich unvermittelt in stürmischem Wasser. Das kleine Beiboot kam langsamer voran. Die Paddel waren schwer zu handhaben, und als Josie sah, dass Tibs Hände in dem stürmischen Wasser nicht gut zurechtkamen, sagte sie: »Ich nehme die anderen Paddel, damit es schneller geht.«

»Nein«, widersprach er, »das sollten Sie nicht tun.«

Aber sie hatte sich bereits auf die Ruderbank im Heck gesetzt und steckte die Paddel in ihre Halterungen.

»In Ordnung«, sagte er. »Sie geben den Takt vor.«

Im nächsten Augenblick war sie in seinen Armen, und eines der Paddel schwamm ins Meer hinaus.

»Oh, das tut mir so leid«, keuchte sie. »Ich kann wirklich rudern.«

»Es macht mir nichts aus«, sagte er.

»Ich will es noch einmal versuchen«, sagte Josie beharrlich. »Mit Ihren Händen –« Sie verstummte.

»Mit meinen Händen ist alles in Ordnung«, sagte Tib. »Ich glaube, ich kann für uns beide rudern.«

»Das weiß ich«, sagte Josie impulsiv. Sie blieb demütig im Heck sitzen, bis sie an der hellerleuchteten Jacht anlegten und ein würdevoller britischer Seemann sie von der blinkenden Reling ansprach.

»Wer bitte wünscht Sir John Burgoyne zu sprechen?«, fragte er.

»Mich kann er nicht kennen«, sagte Tib.

»Bedaure, Sir, aber Sir John speist gerade Räucherhering

und darf bis in den späten Vormittag nicht gestört werden.«

»Ist schon gut«, sagte Josie, »ich bin seine Nichte.«

Der Seemann beäugte sie misstrauisch. In diesem Augenblick kam Sir John Burgoyne an Deck.

»Diese Dame sagt, sie sei Ihre Nichte, Sir«, sagte der Seemann.

Der alte Kapitän trat an die Reling.

»Wie es der Zufall will, habe ich keine Nichte«, sagte er.

Josie sprach schnell auf Französisch. »Die Kaiserin Eugénie ist in Trouville. Sie versucht nach England zu kommen.«

Nach kurzer Zeit hatten sie ihn von ihrer Geschichte überzeugt; er ließ seine geräucherten Heringe und seinen Toast kalt werden und schmiedete Pläne mit ihnen. Als sie übereingekommen waren, dass die Kaiserin nicht vor Dämmerung an Bord gehen sollte, ließ er seinen Bootsmann kommen.

»Ruf alle Leute an Deck.«

Dem Pfiff folgten zwei Dutzend Männer, die auf drei Seiten einer Viereckformation in Habachtstellung gingen, und nach einem gebellten: »Alle angetreten, Sir«, war kein Laut mehr zu hören.

»Keiner von euch soll heute an Land gehen. Die Kaiserin der Franzosen kommt heute Abend an Bord. Ich vertraue auf jeden Einzelnen von euch, nicht zu verraten, warum ihr das Schiff nicht verlassen durftet. Wegtreten.«

… Es war dunkel, als die Paddel wieder das Wasser neben der Jacht bewegten und Dr. Evans der Kaiserin half, an Bord zu gehen.

»Sie haben keine Zofe dabei?«, fragte Sir John. »Ich denke, die junge amerikanische Dame könnte Sie begleiten.«

»Das tue ich gern«, sagte Josie.

»Und Dr. Evans wird auch mitkommen?«

»Wenn die Kaiserin es wünscht, wäre es mir ein Vergnügen. Dr. Pilgrim wird sich in Paris um meine Angelegenheiten kümmern.«

»Ich fürchte, wir haben nicht viel Platz für Passagiere an Bord«, sagte Sir John zu Tib.

»Ich muss zurück«, sagte Tib, aber den anderen entging nicht der leise Ausdruck von Enttäuschung auf seiner und Josies Miene.

»Wann werden Sie wieder in Paris sein?«, fragte Tib schnell. »Ich werde voraussichtlich mehrere Monate als Korrespondent der *Richmond-Times-Dispatch*, der *Danville News* und des *Lynchburg Courier* dort bleiben.«

»Ich werde bald zurückkommen, wenn Sie den Frieden nicht brechen«, sagte Josie.

Als sie ablegten, hatte sich am Kai eine aufgeregte neugierige Menschenmenge eingefunden.

»Wir stechen sofort in See, obwohl ich mit schwerem Seegang rechne«, sagte Sir John.

Kaiserin Eugénie verteilte trotz Kummer und Verzweiflung Louis d'ors an die Seeleute.

»Und die zwei jungen Amerikaner sollen auch ein Andenken bekommen.«

Sie nahm zwei zusammengehörende Armbänder ab und reichte eines Tib und eines Dr. Pilgrim.

»Sie beide haben sich ab und zu angesehen, als gäbe es einen Streit zwischen Ihnen. Wollen Sie nicht im Angedenken an die große Hilfe, die Sie mir geleistet haben, und um der hübschen Josie willen all das für immer vergessen? Es wäre mir ein großer Trost zu wissen, dass ich Ihnen in diesen Tagen, in denen Sie mir so viel Gutes getan haben, auch etwas Gutes getan hätte.«

»Unser Streit ist vorbei, was mich betrifft«, sagte Tib.

Die zwei jungen Männer ruderten in dem Beiboot zum Ufer zurück, und die Hände, die ihnen von der Jacht aus nachwinkten, als sie diese in der zunehmenden Dunkelheit immer undeutlicher ausmachen konnten, waren wie ein Symbol, dass die Grausamkeit vergangener Zeiten mit jedem Ruderschlag mehr und mehr verdämmerte.

Zahnarztbehandlung

Der Buggy kam in müdem Trott voran, und seine zwei Insassen, seit dem Morgengrauen unterwegs, waren genauso erschöpft wie ihre Pferde, als sie die Landstraße nach Washington einschlugen. Die junge Frau war brünett und bezaubernd – obwohl es Juli war, trug sie ein hellblaues Kleid aus leichtem Bombasinstoff, und deshalb hatte sie sich unterwegs geduldig die Strafpredigten ihres Bruders angehört. Krankenschwestern in Washington kleideten sich nicht wie Damen von Welt. Josie war traurig, denn es war die erste Erwachsenenkleidung, die sie je besessen hatte. Sie stammte aus einer strengen Familie, doch mit ihrem zwölften Lebensjahr war vielen Jungen zu Hause der schimmernde Zauber um ihre Person aufgefallen, und sie hatte sich für diese Fahrt vorbereitet, als ginge es zu einem Fest.

»Sind wir noch in Maryland, Bruder?« Sie stupste ihn mit dem Peitschengriff, und Hauptmann Dr. Pilgrim wurde lebendig.

»Nun, wir nähern uns dem District of Columbia – falls du nicht im Kreis gefahren sein solltest. Wir halten an dem Farmhaus da vorne und lassen uns Wasser geben. Und sei nicht zu freundlich zu den Leuten. – Es sind fast ausnahmslos Sezessionisten, und wenn man nett zu ihnen ist, nutzen sie das aus und werden hochmütig.«

Die Pilgrims waren wahrscheinlich die Einzigen in der näheren Umgebung, die nicht wussten, dass dieser Teil Marylands völlig überraschend in der Hand der Konföderierten war. Um den Druck auf Lees Armee bei Petersburg zu mildern, hatte General Early seine Truppe das Shenandoah-Tal entlang geführt, um eine letzte verzweifelte Drohgebärde gegen die Hauptstadt zu machen. Nachdem ein paar Granaten in die Vororte abgefeuert worden waren, erfuhr er, dass die Unionstruppen Verstärkung erwarteten, und hatte seine erschöpften Kolonnen für den Rückmarsch nach Virginia kehrtmachen lassen. Seine letzten Infanteristen hatten sich gerade erst die Landstraße entlanggeschleppt und zähen Staub hinterlassen, und Josie hatte sich etwas über die Männer gewundert, die an ihnen vorbeihumpelten und wie bewaffnete Landstreicher aussahen. Und die zwei Männer, die auf ihr Fuhrwerk zuritten, hatten etwas, was sie beunruhigt fragen ließ: »Was sind das für Männer, Bruder? Sezessionisten?«

Josie oder jedermann, der nicht an der Front gewesen war, wäre es schwergefallen, diese Männer als Soldaten einzuordnen – Soldaten –, Tib Dulany, der hin und wieder Verse im *Lynchburg Courier* veröffentlicht hatte, trug einen Hut, der einmal weiß gewesen war, einen gelbbraunen Überrock, blaue Hosen, die einst einem Unionskavalleristen gehört hatten, und als Abzeichen einen Patronengürtel mit dem Stempelaufdruck C. S. A. Die einzige Gemeinsamkeit der zwei Reiter waren ihre schönen neuen Karabiner, die sie in der Woche zuvor Pleasontons Kavallerie abgenommen hatten. In einer Staubwolke hielten sie neben dem Buggy, und Tib begrüßte den Arzt: »Hallo, Yank!«

»Wir wollen uns etwas Wasser holen«, sagte Josie von oben herab zu dem hübscheren der zwei Männer. Dann sah sie, dass Hauptmann Dr. Pilgrim die Hand am Pistolenhalfter hatte, sich aber nicht bewegte – der zweite Reiter hatte seinen Karabiner in drei Fuß Entfernung auf das Herz des Arztes angelegt.

Fast schmerzlich hob Hauptmann Pilgrim die Arme.

»Was soll das sein – ein Überfall?«, fragte er.

Josie spürte, wie eine Hand nach ihr griff, und schrak vor; Tib ergriff den Revolver ihres Bruders.

»Was soll das?«, fragte Dr. Pilgrim. »Sind Sie Guerillas?«

»Und wer sind Sie?«, fragten die Reiter. Ohne die Antwort abzuwarten, sagte Tib: »Junge Dame, kehren Sie in dem Farmhaus da drüben ein. Dort können Sie Wasser bekommen.«

Plötzlich erkannte er, wie bezaubernd sie war, wie erschrocken und tapfer, und er sagte: »Niemand wird Ihnen etwas antun. Wir wollen Sie nur ein wenig aufhalten.«

»Würden Sie mir sagen, wer Sie sind?«, fragte Hauptmann Pilgrim.

»Immer mit der Ruhe!«, sagte Tib. »Sie befinden sich hinter den Linien von Lee.«

»Lees Linien!«, rief Hauptmann Pilgrim. »Sie denken wohl, jedes Mal, wenn Sie Mosby-Mörder von Ihren Hügeln kommen und einen Telegrafenmasten umlegen –«

Die Pferde, die kaum losgegangen waren, blieben abrupt stehen – der zweite Reiter hatte in die Zügel gegriffen und bedachte den Mann aus dem Norden mit einem finsteren Blick.

»Noch ein Wort über Mosby, und ich poliere Ihnen Ihre komische Visage mit Löwenzahn.«

»Der Offizier war nicht über die Neuigkeiten informiert, Wash«, sagte Tib. »Er weiß nicht, dass er jetzt Gefangener der Armee von Nord-Virginia ist.«

Hauptmann Pilgrim sah sie ungläubig an; Wash lockerte die Zügel, und sie fuhren zu dem Farmhaus. Erst als das Blattwerk sich lichtete und er zwei Dutzend Pferde sah, um die sich grau gekleidete Offiziersburschen kümmerten, begriff er, dass seine Informationen überholt waren.

»Lees Armee ist hier?«

»Das wussten Sie nicht? Tja, im Augenblick spült Abe Lincoln in der Küche das Geschirr, und General Grant ist oben und macht die Betten.«

»Ah-h-h!«, stöhnte Hauptmann Pilgrim.

»He, Wash, ich wäre zu gern heute Abend in Washington, wenn Jeff Davis eingeritten kommt. Die Yankee-Rebellion war schnell vorbei.«

Josie glaubte ihm plötzlich, und ihre Welt stürzte krachend zusammen: die *Boys in Blue, Union forever – Mein Auge sah die Ankunft unseres Herrn* in seinem Ruhm. Heiße Tränen stiegen ihr in die Augen.

»Sie dürfen meinen Bruder nicht gefangen nehmen. Er ist kein richtiger Offizier, sondern Arzt. Er ist bei Cold Harbor verwundet worden –«

»Arzt, so so. Kennt sich wohl nicht mit Zähnen aus, wie?«, fragte Tib, der an der Veranda vom Pferd stieg.

»O doch – das ist sein Fachgebiet.«

»Sie sind also ein Zahndoktor?«, sagte Tib. »Ha, das ist genau das, wonach wir ganz Maryland, mein Maryland, abgesucht haben. Wenn Sie die Freundlichkeit hätten, ins Haus zu kommen, können Sie einem echten Bonaparte einen Zahn ziehen, einem Cousin des Kaisers Napoleon III. Das ist kein Scherz – er gehört zum Stab General Earlys. Er hat sich seit einer Stunde die Seele aus dem Leib gebrüllt, aber die Ärzte sind mit dem Feldlazarett abgezogen.«

Ein Stabsoffizier kam auf die Veranda, lauschte nervös auf das Knattern von Gewehrfeuer in der Ferne und richtete dann den Blick auf den Buggy.

»Wir haben einen Fachmann für Zähne gefunden, Leutnant«, sagte Tib. »Die Vorsehung hat ihn in unsere Linien geschickt, und falls Napoleon noch –«

»Gottseidank!«, rief der Offizier. »Bringt ihn rein. Wir wussten nicht, ob wir ihn mitnehmen oder zurücklassen sollen.«

Auf einmal wurde für Josie ein Blick auf die Konföderierten auf der weinlaubumrankten Veranda inszeniert. Männer kamen aus dem Haus: ein spinnendünner Mann in einem abgetragenen grauen Reitmantel mit verblichenen Sternen, gefolgt von zwei jüngeren Männern, die Papiere in einen Segeltuchsack stopften. Dann eine Schar von Offizieren, einer humpelte an einer Krücke, einer im Unterhemd, dem der goldene Stern eines Generals an den Verband um seine Schulter geheftet war. Die allgemeine Stimmung war die nervöser Munterkeit, aber Josie sah in ihren müden Augen den Widerschein der Enttäuschung. Als sie Josie sahen, machten sie eine Geste: Ein Dutzend Hände wurde an ein Dutzend Hüte geführt, und die Männer verbeugten sich in Josies Richtung.

Josie erwiderte die Verbeugung steif und versuchte vergeblich, ihrer Miene einen Ausdruck von Hochmut und frommem Vorwurf zu verleihen. Im Handumdrehen saßen die Männer im Sattel. General Early sah für einen Augenblick zu der Stadt, die er nicht erobern konnte, einer Stadt, die ein anderer Virginier vor achtzig Jahren willkürlich aus einem Sumpf gestampft hatte.

»Keine neuen Befehle«, sagte er zu dem Adjutanten, der an seinem Steigbügel wartete. »Sagen Sie Mosby, dass ich stündlich Kuriere bis Harper's Ferry erwarte.«

»Ja, Sir.«

Der Adjutant sprach leise mit ihm, und seine von der Sonne ermüdeten Augen konzentrierten sich auf Dr. Pilgrim in dem Buggy.

»Ich habe gehört, dass Sie Zahnarzt sind«, sagte er. »Fürst Napoleon hat uns als Beobachter begleitet. Ziehen Sie ihm den Zahn oder was immer erforderlich ist. Diese zwei Kavalleristen werden bei Ihnen bleiben. Behandeln Sie ihn gut, sie werden Sie gehen lassen, ohne Ihr Ehrenwort zu verlangen, wenn Sie fertig sind.«

Dann entfernten sich die Berittenen unter Klappern und Knarren den Weg entlang, und die letzten Nachzügler der Armee von Nord-Virgina verschwanden schnell in der Ferne.

»Wir haben einen Zahnarzt für Fürst Napoleon«, sagte Tib zu einem französischen Adjutanten, der aus dem Farmhaus kam.

»Ausgezeichnet.« Er führte sie in das Haus. »Er leidet so schreckliche Qualen.«

»Der Doktor ist ein Yankee«, fuhr Tib fort. »Einer von uns muss anwesend sein, während er operiert.«

Der stämmige Invalide am anderen Ende des Zimmers, eine grobschlächtige Miniaturausgabe seines welterschütternden Onkels, nahm die Hand von seinem stöhnenden Mund und setzte sich in seinem Sessel aufrecht hin.

»Operieren!«, rief er. »Mein Gott. Er will operieren?«

Dr. Pilgrim sah Tib misstrauisch an.

»Meine Schwester – wo wird sie sein?«

»Ich bringe sie ins Wohnzimmer, Doktor. Wash, du bleibst hier.«

»Ich werde heißes Wasser brauchen«, sagte Dr. Pilgrim, »und meine Instrumententasche aus dem Buggy.«

Fürst Napoleon stöhnte wieder.

»Wollen Sie mir den Kopf schneiden vom Hals? *Ah, cette vie barbare!*«

Tib tröstete ihn höflich.

»Dieser Doktor ist ein verteufelt guter Zahnarzt, Fürst Napoleon.«

»Ich bin ausgebildeter Chirurg«, sagte Dr. Pilgrim schroff. »Sir, würden Sie nun bitte Ihren Hut abnehmen?«

Der Fürst nahm den breiten weißen Sombrero ab, die Krönung einer Aufmachung aus einem grauen Schoßrock, französischen Uniformhosen und Dragonerstiefeln.

»Können wir diesem Mediziner trauen, wenn er ist ein Yankee? Wie ich soll wissen, dass er nicht mich schneidet zum Töten? Weiß er, dass ich bin von französischer Nationalität?«

»Fürst, wenn er Sie nicht richtig behandelt, haben wir draußen ein paar Apfelbäume und genug Seile.«

Tib ging ins Wohnzimmer, wo Miss Josie auf der Kante eines rosshaarbezogenen Sofas saß.

»Was werden Sie mit meinem Bruder tun?«

Ihr bezauberndes besorgtes Gesicht rührte Tib, und er

sagte: »Mir macht mehr Sorgen, was er mit dem Fürsten anstellen wird.«

Aus der Bibliothek ertönte ein Schreckensgeheul.

»Hören Sie das?«, sagte Tib. »Um den Fürsten müssen wir uns Sorgen machen.«

»Schicken Sie uns ins Libby-Gefängnis?«

»Ganz gewiss nicht, Madam. Sie werden hier bleiben, bis Ihr Bruder den Fürsten kuriert hat, und sobald unsere Kavallerievorposten vorbeikommen, können Sie und Ihr Bruder weiterfahren.«

Josie beruhigte sich.

»Ich dachte, es würde nur in Virginia gekämpft.«

»Das stimmt. Dorthin wollen wir auch – das ist jetzt das dritte Mal, dass ich mit der Armee nach Maryland geritten bin, und wenn ich mich nicht täusche, ist es ist auch das dritte Mal, dass ich mit auf dem Rückmarsch bin.«

Zum ersten Mal sah sie ihn mit menschlicher Anteilnahme an.

»Was wollte mein Bruder damit sagen, dass er Sie einen Gorilla genannt hat?«

»Das war wohl, weil ich mich seit gestern nicht rasiert habe.« Er lachte. »Aber es heißt ›Guerilla‹, nicht ›Gorilla‹. Wenn ein Yankee detachiert seinen Dienst verrichtet, nennen sie ihn einen Kundschafter, aber wenn es einer von uns ist, heißen sie ihn Spion und knüpfen ihn auf.«

»Aber ist nicht jeder Soldat ohne Uniform ein Spion?«

»Was heißt ohne Uniform? Sehen Sie meine Spange. Ob Sie es glauben oder nicht, Miss Pilgrim, ich war ein fescher Kavallerist, als ich vor vier Jahren aus Lynchburg aufbrach.«

Er schilderte ihr, wie er an jenem Tag gekleidet gewesen

war, und Josie hörte zu und dachte sich, dass es nicht viel anders gewesen sein dürfte als bei den ersten jungen Freiwilligen, die in Chillicothe, Ohio, in den Zug stiegen.

»– mit einer großen roten Schleife meiner Mutter als Schärpe. Eines der Mädchen stand vor der Truppe und verlas ein Gedicht, das ich verfasst hatte.«

»Sagen Sie es auf«, rief Josie. »Ich würde es so gerne hören.«

Tib überlegte. »Schätze, ich habe es vergessen. Alles, woran ich mich erinnern kann, ist: ›Lynchburg, deine Wächter entbieten deinen Hügeln ihr Lebewohl.‹«

»Das ist wunderschön.« Ohne daran zu denken, was die Wächter von Lynchburg im Schild geführt hatten, fügte sie hinzu: »Wie schön es wäre, wenn Sie sich an den Rest erinnern könnten.«

Von jenseits des Flurs ertönte ein Schrei und ein Mischmasch französischer Worte. In der Tür zeigte sich das hilflose Gesicht des Adjutanten.

»Er hat nicht nur den Zahn ausgerissen, sondern auch den *estomac*. – Er hat ihn ermordet, er hat ihn zu Tode gebracht!«

Ein Gesicht schob sich über seine Schulter.

»He, Tib, der Yank hat den Zahn gezogen.«

»Hat er?«, sagte Tib geistesabwesend. Als Wash sich zurückzog, wandte Tib sich wieder an Josie.

»Ich würde so gerne ein paar Zeilen schreiben, in denen ich meine Bewunderung für Sie ausdrücke.«

»Das überrascht mich«, sagte sie leichthin.

Sie hätte auch für sich sprechen können – nichts ist überraschender.

Eine Minute später sah Wash wieder in das Wohnzimmer.

»He, Tib, wir sollten uns davonmachen. Eben kam eine Patrouille vorbei, und sie haben aus dem Sattel nach hinten geschossen. Lass uns verschwinden. Der Doktor hier weiß, dass wir zu Mosbys Leuten gehören.«

»Sie wollen ohne uns gehen?«, fragte der Adjutant misstrauisch.

»Aber sicher«, sagte Tib. »Der Fürst kann den Krieg zur Abwechslung eine Zeitlang vom Yankee-Standpunkt aus beobachten. Miss Pilgrim, ich entbiete Ihnen ein trauriges und, wie ich sagen darf, höchst unwilliges Adieu.«

Mit einem hastigen Blick in die Bibliothek vergewisserte sich Tib, dass der Fürst sich einigermaßen erholt hatte und nun keuchend und hechelnd aufrecht saß.

»Sie sind eine Künstler!«, versicherte er Dr. Pilgrim. »Nach all dem Schrecken ich lebe noch. In Paris man blutet manchmal und muss sterben, wenn sie einen Zahn ziehen.«

Wash rief von der Tür.

»Komm jetzt, Tib!«

Inzwischen hörte man Schüsse aus großer Nähe. Die beiden Kundschafter hatten ihre Pferde kaum losgebunden, als Wash rief: »Verdammtes Feuer!«, und die Auffahrt entlang deutete, wo ein halbes Dutzend Unionsreiter aus dem Blattwerk am hinteren Tor in Sicht gekommen waren. Wash warf seinen Karabiner mit einer Hand auf die rechte Schulter und griff nach einer Patrone in seiner Patronentasche.

»Ich nehme die zwei zur Linken«, sagte er.

Hinter ihren Pferden verborgen warteten sie.

»Vielleicht könnten wir weglaufen«, schlug Tib vor.

»Es gibt sieben Umzäunungen.«

»Feuer erst, wenn sie nahe genug sind.«

Gemächlich trottete die Reihe der Kavalleristen die Auffahrt entlang. Auch nach vier Jahren Dienst als Kundschafter war es Tib noch immer verhasst, aus dem Hinterhalt zu schießen, aber er konzentrierte sich auf seine Aufgabe, und sein Karabiner zielte auf die Mitte der Uniform des Yankee-Unteroffiziers.

»Fertig, Wash?«

»Glaub schon.«

»Wenn sie sich trennen, reiten wir durch.«

Aber der Unstern über den Truppen der Südstaaten an diesem Tag waltete, bevor sie einen Schuss abgeben konnten. Ein schwerer Körper schlug gegen Tib und machte ihn bewegungsunfähig. Neben seinem Ohr schrie eine Stimme: »Leute, hier sind Rebellen!«

Noch als Tib sich umdrehte und verzweifelt mit Dr. Pilgrim rang, machte die Nordstaaten-Patrouille Halt und zückte ihre Pistolen. Wash hüpfte verzweifelt hin und her, um auf Pilgrim schießen zu können, aber der Arzt benutzte Tib als Schutzschild.

In wenigen Sekunden war es vorbei. Wash konnte einen Schuss abgeben, aber die Soldaten der Unionsarmee hatten ihn umringt, bevor er in den Sattel kam. Wütend stellten sich die zwei jungen Männer. Dr. Pilgrim sagte zu dem Unionsunteroffizier: »Das sind Mosbys Leute.«

Es waren harte Zeiten an den Grenzen. Die Unionssoldaten töteten Wash, als er zu fliehen versuchte und nach dem

Revolver in der Hand des Unteroffiziers griff. Tib, der sich noch immer erbittert wehrte, wurde am Verandageländer festgebunden.

»Da drüben ist ein guter Baum«, sagte einer der Unionssoldaten, »und auf der Schaukel liegt ein Seil.«

Der Unteroffizier sah zu Dr. Pilgrim.

»Sie sagen, er gehört zu Mosbys Leuten?«

»Ich gehöre zur Siebten Kavallerie von Virginia«, sagte Tib.

»Gehören Sie zu Mosbys Leuten?«

»Geht Sie nichts an.«

»Gut, Jungens, holt das Seil.«

Dr. Pilgrims strenge Persönlichkeit machte sich wieder mit aller Autorität bemerkbar.

»Ich denke, Sie sollten ihn nicht aufknüpfen, aber solche irregulären Kämpfer haben eine Lektion verdient.«

»Manchmal hängen wir sie an den Daumen auf«, schlug der Unteroffizier vor.

»Dann tun Sie das«, sagte Dr. Pilgrim. »Er wollte mich aufknüpfen lassen.«

... Gegen sechs Uhr abends war auf der Straße wieder viel Verkehr. Zwei Brigaden von Sheridans besten Männern waren Early auf der Spur, bedrängten ihn das Tal entlang. Post und frische Gemüse wurden wieder zur Hauptstadt gebracht, und der Überfall war vorbei, abgesehen von vereinzelten Nachzüglern, die erschöpft am Wegrand der Rockville Pike lagen.

Im Farmhaus herrschte Stille. Fürst Napoleon wartete auf eine Ambulanz aus Washington. Nichts war zu hören – bis auf Tib, der sich, während die Haut von seinen

Daumen hinunterglitt, Bruchstücke der eigenen politischen Verse aufsagte. Wenn ihm keine mehr einfielen, versuchte er ein Lied zu singen, das sie in diesem Jahr oft gesungen hatten:

Wir folgen der Feder von Mosby heute Nacht;
Wir stehlen den Yankees unser Pferdefleisch und unser Leder,
Wir folgen der Feder, Mosbys weißer Feder …

Als Dunkelheit herrschte und der Wächter auf der Veranda eingeschlafen war, kam jemand, der wusste, wo die Leiter lag, denn sie hatte gehört, wie die Soldaten sie hingeworfen hatten, nachdem sie Tib aufgehängt hatten. Als sie das Seil halb durchtrennt hatte, ging sie in ihr Zimmer zurück, um Kissen zu holen, und dann schob sie den Tisch unter Tib und legte die Kissen darauf.

Sie brauchte keinen Präzedenzfall für ihr Handeln. Als Tib keuchend und schnaufend hinunterfiel und murmelte: »Nichts, wofür man sich schämen muss«, schüttete sie eine halbe Flasche Sherry auf seine Hände. Dann war ihr plötzlich übel, und sie lief zu ihrem Zimmer zurück.

III

Nach einem Krieg gibt es manche, für die er vorbei ist, und viele, die sich nicht damit abfinden. Verärgert über das Unvermögen der Regierung, den Süden in die Knie zu zwingen, verließ Dr. Pilgrim Washington und machte sich per Eisenbahn und Fluss nach Minnesota auf. Im Herbst 1866 erreichten er und Josie St. Paul.

»Hier sind wir außerhalb der Seuchenzone«, sagte er. »Ha, in Washington können Rebellen sich inzwischen ungestört auf die Straße wagen. Aber die Luft hier war nie von der Sklaverei verpestet.«

Die raue Stadt wirkte wie ein großer Fisch, frisch aus dem Mississippi geangelt, der am Ufer noch zappelte und zuckte. Um die Kais herum erstreckte sich eine Kartenhausstadt mit zwölftausend Einwohnern samt Kirchen, Läden, Stallungen und Kneipen. Auf den kotigen Straßen gingen die Neuankömmlinge Postkutschen und Planwagen, Ochsengespannen und freilaufenden Hühnern aus dem Weg, aber es gab auch einzelne Zylinderhüte und viel abenteuerliches Gerede, denn die Eisenbahn wurde erwartet. Die allgemeine Stimmung war eine Mischung aus waghalsiger Erwartung und großer Erregung.

»Du musst dir Stiefel aus Kuhleder besorgen«, sagte Josie, aber Dr. Pilgrim war in seine Gedanken versunken.

»Hier werden wir einigen Südstaatlern begegnen«, erwog Dr. Pilgrim. »Josie, es gibt da etwas, was ich dir nicht gesagt habe, weil es dich erschrecken könnte. In Chicago habe ich einen von Mosbys Männern gesehen – den Mann, den wir gefangengenommen haben.«

Trommeln wüteten in ihrem Kopf – das Getrommel erinnerter Qualen. Ihr Auge hatte die Ankunft unseres Herrn in seinem Ruhm gesehen und dann den Herrn in seinem Ruhm an den Daumen aufgehängt …

»Mir war, als hätte auch er mich erkannt«, fuhr Dr. Pilgrim fort. »Ich kann mich getäuscht haben.«

»Du solltest froh sein, dass er am Leben ist«, sagte Josie in merkwürdigem Ton.

»Froh sein? So habe ich das nicht gesehen. Ein Mosby-Guerilla wäre zu Rachsucht und Niedertracht fähig – wenn so jemand in den Westen kommt, ist er auf der Suche nach Desperados, wie er einer ist, Leuten, die Postkutschen ausrauben und Züge überfallen.«

»Das ist lächerlich«, widersprach sie, »rachsüchtig bist du. Du weißt gar nichts von seinem Charakter. Tatsächlich –« Sie zögerte. »Ich hatte den Eindruck, dass er eigentlich ein feiner Mensch ist.«

So eine Bemerkung klang nach mehr als halbherziger Zustimmung, und Dr. Pilgrim bedachte Josie mit einem verstimmten Blick. Mit seiner Schwester war er nicht recht zufrieden – in Washington hatte sie im letzten Jahr drei Anträge erhalten, eigentlich sogar sechs, aber statt sich als Herzensbrecherin zu betrachten, hatte sie die Anträge nicht mitgezählt, die sie sofort abgelehnt hatte. Doch als ihr Bruder Tib Dulany erwähnte, sah sie sich aufgeregt unter den Neuankömmlingen vor dem Hotel nach ihm um.

Tib kam nach St. Paul, ohne all das zu wissen. Er hatte Dr. Pilgrim in Chicago nicht wiedererkannt, und seine Gedanken waren weder rachsüchtig noch nachtragend. Er wollte sich mit früheren Kameraden im Westen treffen, und Josie war für ihn nur eine hübsche Fremde, die im Hotel frühstückte. Und dann erkannte er sie plötzlich oder erkannte eher eine Erinnerung und eine Empfindung tief in seinem Inneren, denn im Augenblick wusste er ihren Namen nicht mehr.

Und als Josie ihn sah, blickte sie auf seine Hände, dorthin, wo seine Daumen sein sollten, aber nicht waren, und der rauchige Raum drehte sich um sie.

»Es tut mir leid, dass ich Sie erschreckt habe«, sagte er. »Sie kennen mich, nicht wahr?«

»Ja.«

»Ich heiße Dulany. In Maryland –«

»Ich weiß.«

Eine Pause peinlich berührten Schweigens. Sie bemühte sich zu sagen: »Sind Sie eben erst angekommen?«

»Ja. Ich habe nicht damit gerechnet, Ihnen zu begegnen – ich weiß nicht, was ich sagen soll. Ich dachte mir oft –«

... Josies Bruder suchte nach Räumen für seine Praxis – und er konnte jeden Moment hereinkommen. Instinktiv befreite Josie sich von jeder Zurückhaltung.

»Mein Bruder ist mit mir hier«, sagte sie. »Er hat Sie in Chicago gesehen. Er denkt, Sie wären – irgendwie rachsüchtig gesinnt.«

»Da täuscht er sich«, sagte Tib. »Ich kann ehrlich sagen, dass ich so nie gedacht habe.«

»Für meinen Bruder ist der Krieg nicht vorbei. Und als ich sah – Ihre armen Hände –«

»Das ist vorbei«, sagte er. »Ich würde gerne mit Ihnen sprechen, als wäre das nie passiert.«

»Das wäre ihm nicht recht«, sagte sie, und dann: »Aber mir schon. Wenn er wüsste, dass Sie in diesem Hotel wohnen –«

»Ich kann umziehen.«

Sie wurden unterbrochen. Drei junge Männer grüßten Tib vom anderen Ende des Raums und kamen auf ihn zu.

»Ich muss mit Ihnen sprechen«, flüsterte er hastig. »Können wir uns nachmittags vor dem Postgebäude sehen?«

»Heute Abend wäre es besser. Sieben Uhr.«

Josie zahlte und ging hinaus, gefolgt von den Blicken der drei Männer – eines jungen Manns mit unbezwungenen südstaatlichen Augen, die unter einem Panamahut glommen, und rothaariger Zwillinge.

»Da hast du ja nicht lange gebraucht, Tib«, sagte der Erste, Mr. Ben Cary, der zu Stuarts Stab gehört hatte. »Wir sind seit drei Tagen hier, aber so etwas haben wir nicht aufgetan.«

»Lasst uns rausgehen«, sagte Tib. »Ich habe meine Gründe.«

In einem anderen Restaurant fragten sie ihn, als sie Platz genommen hatten: »Was ist denn los, Tib? Gibt es einen Ehemann im Hintergrund?«

»Nein, keinen Ehemann«, sagte Tib. »Einen Yankee-Bruder, einen Zahnarzt.«

Die drei wechselten einen Blick.

»Ein Zahnarzt. Junge, das ist interessant. Warum nimmst du vor einem Zahnarzt Reißaus?«

»Hatte im Krieg Ärger mit ihm. Und warum seid ihr in St. Paul? Ich wollte morgen zu euch nach Leesburg aufbrechen.«

»Wir haben geschäftlich hier zu tun, Tib – besser gesagt, es geht ums Ganze. Wir haben Ärger mit Indianern. An die zweitausend Sioux sind angerückt und wollen unsere Zäune niederreißen.«

»Seid ihr hier, um Hilfe zu holen?«

»Keine Chance. Denkst du, die Regierung würde eine Rebellenkolonie gegen einen Indianer mit Bürgerrechten verteidigen? Nein, wir müssen uns selbst helfen. Ich denke, wir können den Häuptling davon überzeugen, dass wir seine Freunde sind, wenn wir ihm einen großen Gefallen tun. Erzähl uns mehr über den Zahnarzt.«

»Vergiss den Zahnarzt«, sagte Tib verärgert. »Er ist eben erst angekommen. Ich mag ihn nicht, Punktum.«

»Eben erst angekommen«, wiederholte Cary versonnen, »das ist wirklich interessant. Hier gibt es schon drei; wir haben sie alle aufgesucht, und sie sind die hasenherzigsten Weißen aller Zeiten –« Er beendete den Satz nicht, sondern fragte: »Wie heißt der Mann?«

»Pilgrim«, sagte Tib, »aber ich werde euch nicht vorstellen.«

Wieder wechselten die drei einen Blick und wurden plötzlich sehr schweigsam. Am nächsten Tag würden sie nach Leesburg aufbrechen, und Tib war erleichtert, dass es nicht schon an diesem Abend sein würde. Aber mit seiner Erleichterung wäre es schnell vorbei gewesen, wenn er gehört hätte, was sie besprachen, nachdem er sie verlassen hatte.

»Wenn dieser Zahnarzt eben erst angekommen ist, dann ist er in gewissem Sinn noch unterwegs – ein kleiner Umweg kann ihm da nichts ausmachen.«

»Wir werden ihn nicht konsultieren. Den Termin werden wir draußen beim Patienten machen.«

»Dem alten Tib würde das gefallen – wie unter Mosby. Aber vielleicht wäre er nicht einverstanden. So ein Mädchen habe ich schon lange nicht mehr gesehen.«

IV

Dr. Pilgrim begann am selben Abend seine Praxis einzurichten – Josie blieb im Hotel, um zu nähen, wie sie sagte. Um sieben Uhr schlüpfte sie aus dem Hotel und lief zum Postamt, wo Tib mit einem gemieteten Buggy wartete, und sie fuhren zu dem Steilufer oberhalb des Flusses. Unter ihnen funkelten die Lichter der Stadt, Fata Morgana einer Metropole vor dem Hintergrund der dunkler werdenden Prärie.

»Das ist die Zukunft«, sagte er. »Dafür Virginia verlassen? Aber ich bin nicht traurig.«

»Ich auch nicht«, sagte Josie. »Als wir gestern ankamen, war ich ein bisschen traurig und fühlte mich einsam. Aber heute nicht mehr.«

»Das Problem ist, dass ich jetzt nicht von hier fortgehen will«, sagte er. »Wissen Sie, warum?«

Josie wollte es jetzt noch nicht von ihm hören.

»Es waren sicher die kleinen Dinge des Ostens«, sagte sie. »Jemand hat ein paar Fliederbüsche gepflanzt, und ich habe gesehen, wie ein Konzertflügel über die Straße getragen wurde.«

»Dort, wohin ich gehe, gibt es keine Klaviere, aber auch in Virginia hat es in den letzten Jahren nicht viel Musik gegeben.« Er zögerte. »Irgendwann würde ich Ihnen gerne Virginia zeigen – das Tal im Frühling.«

»›Lynchburg, deine Wächter entbieten deinen Hügeln ihr Lebewohl‹«, zitierte sie.

»Das haben Sie nicht vergessen?« Er lächelte. »Aber ich wollte dort nicht mehr bleiben. Mein Vater und meine beiden Brüder sind im Krieg umgekommen, und als Mutter dieses Frühjahr starb, war alles vorbei. Aber als ich im Hotel Ihr hübsches Gesicht sah, schien das Leben wieder neu zu beginnen.«

Diesmal wechselte sie nicht das Thema.

»Ich erinnerte mich, wie ich vor zwei Jahren an jenem Morgen aufwachte und durch den Wald kroch und darüber nachdachte, ob ein Mädchen mich abgeschnitten hatte oder ob das zu dem Albtraum gehörte. Später wollte ich gern glauben, dass Sie es waren.«

»Ja, ich war es.« Sie fröstelte. »Wir sollten langsam umkehren. Ich muss im Hotel sein, wenn mein Bruder zurückkommt.«

»Lassen Sie mich noch einen Augenblick darüber nachdenken«, bat er sie. »Es ist so ein schöner Gedanke. Natürlich hätte ich mich ohnehin in Sie verliebt.«

»Sie kennen mich doch fast nicht. Ich bin nur das einzige Mädchen, dem Sie hier begegnet –« Das sagte sie eher zu sich selbst, und es klang nicht sehr überzeugend. Und eine Minute später sprachen sie beide nicht mehr. In dieser kurzen Zeitspanne waren dieser Ort, diese Stunde und der Schatten von Pferd und Buggy unter dem Sternenlicht zum Mittelpunkt der Welt geworden.

Nach einer Weile löste sie sich aus der Umarmung, und Tib klatschte unwillig dem Pferd mit dem Zügel auf den Rücken. Sie hätten Pläne schmieden sollen, aber sie waren im Bann eines Zaubers, der stärker war als die Atmosphäre des nördlichen nächtlichen Herbstes. Sie würden sich am nächsten Tag wiedersehen – am selben Ort zur gleichen Zeit. Sie waren so sicher, dass sie sich wiedersehen würden –

Dr. Pilgrim war nicht im Hotel, und Josie, die keine Müdigkeit verspürte, ging zu dem Holzhaus, in dem er Praxisräume gemietet hatte. Sie gelangte mitten in ein Durcheinander. Um eine farbige Scheuerfrau hatten sich Leute versammelt, die herausfinden wollten, was genau geschehen war. Eines war gewiss – bevor Dr. Pilgrim auch nur Zeit gehabt hatte, sein Ladenschild aufzuhängen, war er gewaltsam entführt worden.

»Das waren keine Indianer«, rief die Negerin, »das waren Weiße als Indianer verkleidet. Haben gesagt, der Häuptling wäre krank. Als ich ihnen gesagt hab, sie sind keine Indianer, haben sie Kriegsgeheul gebrüllt und gesagt, sie würden mich skalpieren. Aber zwei von ihnen hatten rote Haare, und geredet haben sie, als kämen sie aus Virginia.«

Josies Lebenslust sank in sich zusammen und Angst kehrte ein. Keine Rachsucht, keine Ressentiments – und das hier hatten seine Freunde getan, während er sie so galant abgelenkt hatte. Auge um Auge – nicht zivilisierter als die Menschen vor tausend Jahren.

Die Entführer hatten Spuren hinterlassen. Mehreren Stadtbewohnern waren die »Indianer« aufgefallen, als sie das Haus betraten, doch die Zuschauer dachten, es handele sich um einen albernen Streich. Später am Abend war ein Wagen schnell aus der Stadt gefahren, begleitet von Reitern, wie die Negerin sie beschrieben hatte.

Josie erinnerte sich an den Namen des Handelspostens Leesburg, zwei Tagesreisen westlich von St. Paul. Sie hatte Empfehlungsschreiben bei sich, und am nächsten Tag erreichten hilfsbereite Geschäftsleute, dass der Kommandant von Fort Snelling ihr sein Ohr lieh. Gegen Mittag machte sie sich in der Fargo-Postkutsche und in Begleitung von sechs Kavalleristen auf den Weg.

V

Dr. Pilgrim war schon einmal aus beruflichen Gründen gekidnappt worden, und so hatte das Erlebnis nicht einmal den Reiz des Neuen. Von Pseudoindianern entführt zu werden, verwirrte ihn zuerst beträchtlich, doch als er den Grund der Entführung erfuhr, äußerte er seine Meinung unverblümt:

»Wegen eines Wilden!«, tobte er. »Ha, die Indianer wissen gar nicht, was Zahnheilkunde ist. Dafür haben sie ihre Medizinmänner, oder die Natur nimmt sich der Sache an.«

Sie saßen in einem Blockhaus, das zu dem halben Dutzend Gebäuden von Leesburg zählte. Ein Ausschuss von Bewohnern, die allesamt von jenseits der Mason-Dixon-Linie stammten, hörte voller Interesse zu.

»Die Natur hat sich aber Häuptling Red Weeds nicht angenommen«, sagte Ben Cary, »und deshalb müssen Sie es tun. Sie müssen wissen, dass er nichts gegen unsere Zäune hatte, bevor er die Zahnschmerzen bekam – und nun lässt er seine Krieger von der Dakota-Grenze kommen.«

»Ich will nicht mal die Nasenspitze eines Indianers sehen!«

»Es geht nicht um die Nase, sondern um seine Zähne.«

»Zum Henker mit seinen Zähnen! Von mir aus können sie verfaulen.«

»Aber Doktor, das klingt ziemlich herzlos. Der Häuptling ist ein Wilder, wie Sie sagen, aber die Regierung sagt, dass er ein edler Wilder ist. Wenn er ein Neger wäre, würden Sie ihn doch behandeln, oder?«

»Das ist etwas anderes.«

»So anders nicht. Der Indianer hat eine recht dunkle Hautfarbe, stimmt's, Leute? Vor allem, wenn Sie ihn in seinem Wigwam besuchen. Während der Behandlung können Sie ja so tun, als wäre er ein Nigger, nicht wahr?«

Der verbitterte Ton bestärkte den Arzt nur in seiner Unnachgiebigkeit.

»Sie ziehen meinen Beruf in den Schmutz. Würden Sie einen Wundarzt kidnappen, damit er eine verletzte Wildkatze zusammennäht?«

»So wild ist Red Weed gar nicht. Vielleicht nimmt er Sie sogar in seinen Stamm auf. Sie wären dann der einzige Rothaut-Zahnarzt der Welt.«

»Diese Ehre kann mich nicht verlocken.«

Cary versuchte es mit einer anderen Strategie.

»In gewisser Weise sind Sie uns überlegen, Doktor – wir können Sie nicht zwingen. Aber wir glauben, dass Sie Frauen und Kinder vor dem bewahren können, was hier zweiundsechzig passiert ist, wenn Sie einen kranken Indianer heilen.«

»Das ist Sache der Armee – die hat den Aufstand niedergeschlagen.«

Nun hatte er sich auf dünnes Eis begeben; Schweigen trat ein.

»Leute, wir lassen den Doktor die Sache überdenken.« Cary wandte sich an den indianischen Dolmetscher. »Sag Red Weed, dass der weiße Medizinmann heute nicht in das

Dorf kommen kann, weil er sich nach seiner Ankunft reinigen muss.«

Eine Stunde nach diesem Gespräch ritten Tib Dulany und ein Führer auf schweißbedeckten Ponys in Leesburg ein; Tib hatte in St. Paul die Morgenzeitung gelesen und sich lange vor der Postkutsche auf den Weg gemacht. Er war wutentbrannt, als er abstieg und sich Ben Cary gegenübersah.

»Ihr verdammten Narren! Sie werden Truppen aus St. Paul schicken.«

»Es war ein Notfall, Tib – wir wussten uns nicht anders zu helfen.« Cary erklärte die Lage, aber Tib zeigte wenig Verständnis.

»Wenn man mich schanghaien würde, ließe ich mich lieber erschießen, als zu tun, was man von mir verlangt.«

»Hast du nicht selbst zu Mosbys Zeiten den einen oder anderen mitgehen lassen?«

»Das ist etwas völlig anderes. Und was denkst du, wie ich jetzt vor dem Mädchen dastehe?«

»Das ist sehr bedauerlich, Tib, aber –«

Als Tib allmählich die unmittelbare Gefahr begriff, verblasste Josies Bild für kurze Zeit.

»Pilgrim ist ein sturer Zeitgenosse«, sagte er. »Weiß er, dass ich zu euch gehöre?«

»Ich dachte, das soll er nicht wissen.«

»Aber jetzt wäre es wohl besser. Vielleicht kann ich etwas tun. Sag ihm, es wartet noch ein anderer Patient auf ihn – mehr nicht.«

Dr. Pilgrim war felsenfest entschlossen, sich nicht überreden zu lassen, und als Tib zur Tür hereinkam, wollte er zu einer Tirade ansetzen. Doch er brachte kein Wort heraus, sondern starrte den Besucher an, der ruhig sagte: »Ich bin wegen meiner Daumen gekommen.«

Und Dr. Pilgrims Blick fiel auf das, was in Chicago ein Paar Handschuhe verborgen hatten.

»Ja, das sieht sonderbar aus«, sagte Tib. »Zu Anfang fand ich es hinderlich. Aber dann habe ich gemerkt, dass man es auf zwei Weisen sehen kann, als eine Kriegsverwundung oder als etwas anderes.«

Der Arzt versuchte die moralische Überlegenheit zurückzugewinnen, die für seine Selbstachtung so wesentlich war.

»In früheren Zeiten«, fuhr Tib fort, »wäre alles ganz einfach gewesen. Die Indianer hier hätten das verstanden. Sie haben eine Foltermethode, die recht ähnlich ist – man zieht dem Betreffenden Lederriemen durch die Brust und hängt ihn auf, bis er bewusstlos wird.« Dann sagte er: »Dr. Pilgrim, bis jetzt habe ich meine Daumen als Kriegsverwundung betrachtet, aber hier draußen, näher an der Natur, glaube ich, dass das nicht richtig war. Vielleicht sollte ich die Rechnung begleichen.«

»Was werden Sie mit mir tun?«

»Das kommt darauf an. Sie haben etwas Grausames getan. Und Sie scheinen es nicht zu bedauern.«

»Es war vielleicht eine extreme Maßnahme«, räumte der Arzt unsicher ein. »In dieser Hinsicht tut es mir leid.«

»Von Ihnen ist das ein großes Zugeständnis, aber es ist noch nicht genug. Alles, worum ich Sie an jenem Tag in Maryland gebeten habe, war, dem Franzosen einen Zahn zu ziehen. Das war doch nicht weiter schrecklich, oder?«

»Nein, das war es nicht. Ich wiederhole, dass ich die Geschichte bedaure.«

Tib stand auf.

»Ich glaube Ihnen. Und um es zu beweisen, kommen Sie mit mir und ziehen noch einen Zahn. Dann sind wir quitt.«

Der Arzt steckte in der Falle, doch in seiner Erleichterung fand er keine Widerworte. Wütend ergriff er seine Instrumententasche, und wenige Augenblicke später machte ein Grüppchen sich im Zwielicht zum Indianerdorf auf.

Am Grenzposten mussten sie warten, während ein Bote Red Weed aufsuchte; als er zurückkam, durften sie passieren. Als sie zu dem Wigwam des Häuptlings gelangten, ging Dr. Pilgrim zusammen mit einem Dolmetscher hinein.

Fünf Minuten später brachen die Squaws und die Kinder auf der Straße in Freudengeheul aus – die Fargo-Postkutsche, eskortiert von Kämpfern in Kriegsbemalung, fuhr vor, und in der Kutsche saßen vier entwaffnete Soldaten und ein halbes Dutzend Zivilisten.

VI

Instinktiv lief Tib zur Kutschentür, aber der Anblick von Josies Miene schnürte ihm die Kehle zu. Er wandte sich an den Kavallerieunteroffizier.

»Dr. Pilgrim ist in Sicherheit. Er ist gerade im Wigwam des Häuptlings und behandelt ihn. Wenn wir stillhalten, wird keinem von uns ein Haar gekrümmt.«

»Was hat das alles zu bedeuten?«

Ben Cary antwortete: »Es bedeutet, dass wir die Situation bis jetzt im Griff hatten, aber Ihr Oberst hat uns nicht zugehört, weil wir Virginier sind.«

»Ich stecke jetzt mit drin«, sagte Tib zu Josie, »aber gestern Abend wusste ich nichts davon.«

Aus dem Wigwam war Stöhnen zu hören, gefolgt von einem Schmerzensschrei, und die Krieger sammelten sich um das Zelt.

»Hoffentlich macht er nichts falsch«, sagte Cary finster.

Zehn Minuten vergingen. Das Jammern und Stöhnen stieg und fiel. Das Gesicht des Dolmetschers zeigte sich im Eingang des Wigwams, und er sagte schnell etwas in Sioux-Sprache und übersetzte es dann für die Weißen.

»Ihm hat geholt zwei Zähne.«

Und zu Tibs Erstaunen rief Josies Stimme aus der Dunkelheit nach ihm.

»Es ist alles in Ordnung, nicht wahr?«, sagte sie.

»Das wissen wir noch nicht.«

»Ich will sagen, alles ist in Ordnung. Es kommt mir nicht einmal seltsam vor, hier zu sein.«

»Dann glaubst du mir?«

»Ich glaube dir, Tib – aber das ist jetzt nicht wichtig.«

Ihre Augen mit dem strahlenden und zugleich verschleierten Ausdruck, den man als sternengleich bezeichnet, sahen an den jammernden Indianern, den besorgten Weißen, dem unheimlichen schwarzen Dreieck des Zeltes vorbei zu einer Vision, die sich für sie vor dem Himmel abzeichnete.

»Wenn wir zusammen sind«, sagte sie, »ist ein Ort so gut wie der andere. Sieh nur – sie wissen es, sie schauen zu uns. Hier sind wir keine Fremden – sie werden uns nichts antun. Sie wissen, dass wir zu Hause sind.«

Hand in Hand warteten Josie und Tib, und ein kühler Wind blies in die Locken um ihre Stirn. Von Zeit zu Zeit bewegte sich das Licht im Inneren des Wigwams, und sie konnten die Stimme des Arztes und die gutturalen Laute des Dolmetschers hören. Einer nach dem anderen hatten die Indianer sich auf den Boden gesetzt, und ein Soldat holte einen Korb mit Lebensmitteln aus dem Wagen. Im Dorf herrschte Stille, und plötzlich war ein Sternenbündel am leuchtenden Himmel zu sehen. Josie wusste, dass man sich nun keine Sorgen machen musste, weil ihr und Tib alles ringsum gehörte, weiter, als ihre Augen sehen konnten. Sie fühlte sich sehr sicher und warm mit ihrer Hand auf seiner Schulter, während Dr. Pilgrim in der stillen Dunkelheit seine Aufgabe erfüllte.

Abseits

Hell schien die Sonne auf Kiki herab, eine wohltuende, in den Schwaden der rauchenden Zuschauer blaue Novembersonne. Sie wurde Kiki völlig gerecht, denn Kiki war reizend und jung und strahlte vor Glück, auch wenn sie wusste, dass ein solcher Zustand nicht von Dauer sein konnte.

»– denn im Moment gehöre ich zu diesen furchtbaren Leuten, denen es an nichts fehlt.«

Sie übertrieb natürlich – andere Köpfe trugen nicht minder goldene, den nordischen Winter aufheiternde Schöpfe, andere Augen waren in dieselbe blaue Wolke des Entzückens getaucht. Außerdem hatte sie längst nicht das einzige kesse Mundwerk im Yale Bowl, und zweifellos waren noch andere Herzen zugegen, die den Hotelbetrieb eingestellt hatten. Trotzdem muss man sich Kiki hier zu Beginn als das glücklichste Mädchen der Welt vorstellen.

Und wie der Moment so andauerte, schillerte und schließlich in die Ewigkeit entschlüpfte, sagte der Mann an ihrer Seite, der unendlich begehrte, unendlich anbetungswürdige Considine, etwas, das sie auf dem Gipfel des Glücks aus dem Gleichgewicht brachte.

»Ich muss nach dem Spiel mit dir reden – dringend« – das war es, was er sagte. Aber er nahm dabei nicht ihre Hand, und er sah sie auch nicht an – er starrte weiter aufs Spielfeld, ohne wirklich hinzusehen – im Grunde sah er bloß weg.

»Worüber denn?«, fragte sie. »Sag's mir.«

»Nicht jetzt.« Der Ballführer ging zu Boden, Considine warf einen Blick auf die Spielerliste. »Schon wieder die 16. Der kleine Guard. Van Kamp. Hundertneunundfünfzig Pfund, und macht jedem Lineplay im Alleingang ein Ende.«

»Spielt er für uns?«, fragte sie abwesend.

»Nein, für Yale – und für die sollte er nicht spielen«, sagte er verärgert. »Die haben ihn gekauft, verflucht! Die haben seinen Körper und seine Seele gekauft!«

»Ach, wie ärgerlich«, sagte sie artig. »Und warum hat Harvard nicht geboten – nur für seinen Körper natürlich?«

»So etwas würden wir nie tun, aber die haben eben kein Gewissen. Da – da – guck dir das an! Wie er über das Spielfeld fliegt – mit erhobenem Kopf, der landet nie zuunterst.«

Kiki war mit den Gedanken woanders – sie ahnte schon, dass Ärger in der sonnigen Luft lag. Wenn es irgendein Problem gab, würde sie alles tun, um es aus der Welt zu schaffen. Alex Considine, ein Jahr zuvor der *Man of Promise* von Cambridge, »ließ keine Wünsche offen«, und sie vergötterte ihn.

In den Pausen wurde getrommelt, die Sonne erlosch, Leute drängelten an ihnen vorbei, riefen sich über die Zuschauerreihen hinweg etwas zu.

»Ich kenne keinen einzigen Lineman, der ein Spiel so dominiert wie dieser Van Kamp«, sagte Considine. »Mit einem roten Jersey wäre er eine Augenweide.«

Im dritten Viertel blockte der Musterknabe einen Punt und kam in Ballbesitz. Ein paar Spielzüge später konnte sein

Team punkten, der Rest der Partie bestand aus atemberaubend langen Pässen, die inmitten frenetischen Getöses in den Raum aufstiegen. Dann war alles vorbei. Kiki und Alex verließen mit der verstummten und geschlagenen Hälfte des Publikums das Stadion, trafen sich für eine sehr kurze halbe Stunde mit ein paar Freunden und eilten zum Zug. Etwas Privatsphäre wäre jetzt von Vorteil gewesen, aber es gab bloß noch einen einzigen freien Platz, Considine saß halb auf der Armlehne, halb im überfüllten Gang.

»Was hast du denn? Ich muss es wissen!«

»Warte, bis wir in New York sind.«

»Sag schon«, verlangte sie, »du musst – ist es wegen uns?«

»Also – ja.«

»Und was ist es? Geht es uns nicht gut miteinander? Geht es uns nicht bestens? Ich werde nicht zwei Stunden warten.« Dann sagte sie noch leichtfertig: »Ich weiß schon – du willst mich abservieren, aber nicht hier, in aller Öffentlichkeit.«

»Kiki, bitte!«

»Na, dann muss ich dich eben ausfragen. Erste Frage: Liebst du mich – nein, das will ich lieber doch nicht fragen, davor habe ich ein bisschen Angst. Lieber will ich dir sagen – ich liebe dich, auch wenn du mir etwas Schlimmes mitzuteilen hast.«

Er stieß einen stummen Seufzer aus.

»Dann ist es also wirklich schlimm«, sagte sie. »Ist es das, was ich denke –« Sie schwieg, alles war so ungewiss, die Heiterkeit dahin. Sie war den Tränen nah und wechselte das Thema.

»Sieh doch mal, der da drüben«, flüsterte sie. »Die Leute hinter uns sagen, das ist Van Kamp, der Spieler von Yale.«

Er sah zu dem Mann.

»Glaube ich nicht – der wäre noch nicht auf dem Weg nach New York. Er sieht ihm aber ähnlich.«

»Das muss er sein – mit diesen üblen Schrammen! Ohne die wäre er eine Augenweide.«

»Spielt eben mit erhobenem Kopf.«

»Er sieht trotzdem gut aus – ist einer der attraktivsten Männer, die ich je gesehen habe. Du könntest mich ihm ja vorstellen.«

»Ich kenne ihn nicht. Außerdem würde er mich nicht verstehen – er kann nur Handzeichen.«

Der erste Scherz an diesem Nachmittag, ein Hoffnungsfunke, aber gleich war er wieder ernst, noch ernster als zuvor, als wäre er auf einer Beerdigung und hätte gerade gelacht.

»Vielleicht ist er ein bedeutender Mathematiker und denkt in Zahlen«, plapperte sie vor sich hin. »Vielleicht ist Einstein sein Lehrer – aber der ist ja in Princeton.«

»Könnte wetten, er hatte einen Privatlehrer, um überhaupt reinzukommen.«

»Ich hatte auch einen – früher. Ich glaube dir nicht, dass er dumm ist.«

Er sah sie fragend an.

»Du kannst wohl jedem was abgewinnen, hm?«

Sie bemühte sich nicht weiter, ihn zum Reden zu bringen, griff stattdessen nach der Spielerliste und widmete sich den Fakten.

Left Guard – Eugbert G. Van Kamp – Newton High School – 1,80 m – 159 Pfund – 21 Jahre

Er war so alt wie Considine, aber erst im zweiten Jahr. Andere Männer hatten mit einundzwanzig schon große Werke geschrieben und Armeen kommandiert –

– und Mädchen hatten sich mit achtzehn aus unerwiderter Liebe umgebracht oder waren schon wieder darüber hinweg oder behaupteten, es wäre von Anfang an keine Liebe gewesen.

Am nächsten Bahnhof stiegen ein paar Leute aus, endlich ließ sich Considine neben ihr in den Sitz fallen.

»Redest du jetzt mit mir?«, fragte sie.

»Ja – und ich will ganz ehrlich mit dir sein. Kiki, du bist mir wichtiger als jedes andere Mädchen, das ich kenne. Letzten Sommer, als wir –«

»Hast du ihn letzten Sommer gesehen?«

»Wen gesehen?«

»Diesen Van Kamp. Wenn du ihn schon letzten Sommer spielen gesehen hast, wieso hast du dann nicht einfach mehr geboten als die anderen?«

Er sah sie an, ohne zu lächeln.

»Stimmt, darüber müsste man mal nachdenken –«

»Ach, halt doch die Klappe!«

»Ich verstehe dich nicht, Kiki.«

»Dann denk halt nach! Ich weiß schon seit zwei Stunden, was du mir sagen willst.«

»Ich –«

»– und ich bin sehr eigen, wenn es darum geht, *wie* man mich abserviert. Da hast du deinen Ring – tu ihn in deine archäologische Sammlung – steck ihn ein. Der Mann da beobachtet uns – wenn das hier mal keine Bände spricht.«

»Kiki, ich –«

»Halt die Klappe – Klappe – Klappe!«

»Gut«, sagte er grimmig.

»Schreib mir lieber einen Brief, den gebe ich dann meinem Mann. Kann nämlich sein, dass ich Van Kamp heirate. Ich bin froh, dass du mit mir gesprochen hast, auch wenn du eigentlich nichts gesagt hast. Heute Abend gehe ich aus, mit dem nächsten Kandidaten, und ich will mich frei fühlen. Wir sind da –«

Als sie nicht mehr saßen, ließ sie ihn stehen, bahnte sich zügig, verzweifelt und nicht ohne andere Reisende anzurempeln ihren Weg, griff schließlich, von dem Wunsch beseelt, Considine, koste es, was es wolle, abzuschütteln, nach dem Arm eines Mannes, dem man offenbar den Vortritt ließ, und wurde von ihm aus dem Zug und auf den Bahnsteig gezogen.

»Tut mir leid«, japste sie, »bitte ver–«

Es war Van Kamp. Verlegen lief sie neben ihm her und erwiderte sein Lächeln.

»Also, Sie haben wirklich grandios gespielt«, japste sie, »und jetzt ist gerade jemand hinter mir her, ein ganz furchtbarer Mensch. Würden Sie mich zu einem Taxi bringen? Ich bin nicht betrunken, wirklich nicht, aber er hat mir mit allem Drum und Dran das Herz gebrochen, und die Symptome sind in etwa die gleichen.«

Sie eilten in die ruhige Marmorgruft des Grand Central hinauf.

»Können Sie ihn denn nicht zurückgewinnen?« Die Frage schien halbwegs ernst gemeint, aber Kiki überhörte sie einfach.

»Sie Armer – Ihr Gesicht!«, rief sie. »Also Sie sind wirklich ganz wunderbar gewesen! Ich war mit einem aus Harvard da, und er war schlicht überwältigt. Und nein, ich werde nicht versuchen, ihn zurückzugewinnen. Zuerst wollte ich, dann habe ich mich in letzter Minute dagegen entschieden.«

Sie waren am Taxistand. Er musste nach Uptown und fragte, ob er sie mitnehmen könne.

»Oh, bitte!«

Inmitten der ersten auffunkelnden Stadtlichter sahen sie sich an. Van Kamp war blauäugig, aus Eisen geschmiedet, mit Mattgold überzogen. Er war schüchtern, insofern etwas unbeholfen, aber ungelenk bewegt hatte er sich in seinem Leben sicher noch nie.

Wie sie ihn so sah, beschloss Kiki, die plötzlich ins Nichts gefallen war, ein Mädchen ganz nach seinem Geschmack zu sein. Sie war mit ihm allein und hatte keine Pläne, es sei denn, sie machten gemeinsam welche. Eigentlich hatte er eine Verabredung, aber dann schien er es doch nicht mehr eilig zu haben – und noch bevor sie ihre Bestellung aufgegeben hatten, nannte sie ihn Rip.

»Ich wäre fast in Harvard gelandet«, erzählte er. »Eine Zeitlang wollte ich Profi werden, aber dann bin ich doch aufs College gegangen.«

»Und wie viel verdienen Sie?«

»Verdienen? Gar nichts.«

»Ich dachte, darum würde es gehen.«

»Schön wär's. Es gibt Jungs an irgendeinem College drüben im Westen, die bekommen hundert Dollar im Monat. Ich hab nur ein Darlehen bekommen und spezielle Verpflegung natürlich – aber ich muss auch arbeiten, ich mache ein halbes Dutzend Jobs auf dem Campus.«

»Das ist ungerecht«, sagte sie. »Die sollten Ihnen etwas zahlen. Die Leute kommen Ihretwegen zu den Spielen. Was Sie da zu bieten haben, ist viel wert – so wie andere –«

»Köpfchen – na los, sagen Sie's schon. Manchmal frage ich mich, wozu ich überhaupt aufs College geh.«

»In jedem Fall sollte man Sie dafür bezahlen, dass Sie dort bleiben.«

»Würden Sie denen das vielleicht ausrichten?«

Alle paar Minuten, wenn ihr Alex Considine einfiel, zuckte Kiki innerlich zusammen und fragte sich, ob es ihm wohl leid tat, und warum er sie nicht liebte, ob sie irgendetwas getan hatte, oder ob irgendetwas an ihr nicht stimmte; vielleicht hatte er auch ein anderes Mädchen. Aber jedes Mal sah sie sich dann wieder an Eubert G. (»Rip«) Van Kamp fest – 159 Pfund, 1,80 Meter – und fand, dass niemand je so schön gewesen war.

Sie gingen tanzen. Als die Band ›Gone‹ spielte und ›Lost‹, da fühlte sie sich leer, und ihr war bang ums Herz. Einen Monat zuvor hatte sie noch mit Considine zu diesen Songs getanzt. Aber als sie ›Goody-Goody‹ hörte, da war's schon wieder gut, so seltsam und anders fühlte es sich an, mit Van Kamp zu tanzen, und so nett. Später, im Taxi, küsste sie ihn, ganz und gar, fast schon unbeherrscht, so wie er es sich von ihr wünschte, sie spielte das Spiel bis zum Schluss, bis er nach wenigen Stunden zu einer jener sonderbaren Traumgestalten geworden war, denen wir sehr nahegekommen sind und die wir nicht mehr Fremde nennen und noch nicht Freunde.

II

Um vier Uhr am nächsten Nachmittag besuchte er Kiki und war angesichts der Pracht des Hauses ein wenig eingeschüchtert.

»Rate mal, was ich den ganzen Tag gemacht habe«, sagte sie. »Ich habe Zeitung gelesen – den Sportteil. Hast du das hier gesehen?«

> *David war ein Lineman – und er hatte es nicht nur mit einem, sondern mit sieben Goliaths zu tun. So heißt es heute in New Haven, wo gestern eines der härtesten Spiele ausgetragen wurde, seit Yale und Harvard vor sechzig Jahren zum ersten Mal gegeneinander angetreten sind. Ein 159-Pfund-Guard hat den Fleetbacks die Schau gestohlen –*

»Die können unmöglich mich meinen«, sagte er im Scherz. »Ich bring doch nur hundertsiebenundfünfzig Pfund auf die Waage. Aber lassen wir das. Ich wollte dich wiedersehen. Ich musste den ganzen Morgen erklären, wo ich gestern Abend gewesen bin.«

– Er hat sicher viele Mädchen, dachte sie. Und sagte:

»Mir will einfach nicht aus dem Kopf, worüber wir uns beim Dinner unterhalten haben – ist doch lachhaft, dass du nicht bezahlt wirst, obwohl du so viel leistest.«

»Das Stadion wird auch ohne mich voll – die sind sechzig Jahre ohne mich ausgekommen.«

»Bei den wichtigen Spielen vielleicht – aber nicht bei allen! Ich könnte wetten, du bringst denen Tausende Dollars extra ein.«

»Ach was, ich bin nur einer von elf Spielern.«

»In der Zeitung steht, *du* wärst die Mannschaft.«

»Ach was – das sieht bloß so aus, weil ich nach den ersten Zügen meist weiß, wie's weitergeht.«

Mit einem Mal kam es ihr so vor, als würde Rips leibliche Hülle verblassen, förmlich entschweben, ans Ende eines langen Tunnels. Dann war sie mit Considine, der eben das Zimmer betreten hatte, allein. Sie war kurz wie betäubt und von ihren innersten Regungen so beherrscht, dass sie aufgestanden und ihm wie ein benommener Krieger in die Arme gelaufen wäre, hätte er nur einen einzigen Schritt auf sie zu gemacht. Aber der vorige Tag und seine Konsequenzen entschieden die Angelegenheit – er war aufgewühlt und verzweifelt und noch weniger in der Lage als Kiki, mit der Situation umzugehen. Ihm entging die unbändige Erleichterung in ihren Augen, und er stammelte, stammelte Worte, die sich wie Steine zwischen ihnen auftürmten.

»… Kann ich dich kurz sprechen – eine Katastrophe alles – bevor ich nach Griechenland muss – erklären, warum ich mich so albern –«

Und wie er so vor ihr stand, blind und ungeschickt, verlor sich der Ausdruck in Kikis Augen, und wieder wurde sie von Schmerz und Schmach überwältigt. Dann, als er sie doch ansah, schien sie ihm so unbeugsam und respekteinflößend wie die Stimme, mit der sie sprach.

»Das hier ist Mr. Van Kamp. Es tut mir leid, aber ich habe jetzt keine Zeit für dich – es gibt nichts zu bereden, Alex. Entschuldige mich jetzt bitte.«

Ungläubig sah er zu Van Kamp, den er erst jetzt bemerkte. Und dann, als ihm viel zu spät aufging, dass hier nichts mit Worten zu lösen war, sondern längst Gesagtes bekämpft werden musste, trat er auf sie zu – und sie wich zurück, als wäre sie von ihm abgestoßen. Sogar Rip plusterte sich ein wenig auf. Alex blieb stehen und ließ die Arme wieder sinken.

»Ich schreibe dir«, flüsterte er. »Das ist ein schrecklicher Fehler.«

»Mag sein«, sagte sie. »Bitte geh jetzt.«

Dann war er fort, und für eine lange Minute, erfüllt vom schrecklichen Donnergrollen seiner Abwesenheit, sah sie zur Tür. Er war zurückgekommen, dachte sie, er konnte nicht aufhören sie zu lieben, vielleicht hätte sie in seinen Armen alles vergessen. Ein mächtiger Schauer durchfuhr sie – dann wandte sie sich Rip zu und antwortete auf seine Frage.

»Ja, das war er.«

»Sieht aus, als täte es ihm ungeheuer leid.«

»Ich möchte nicht über ihn sprechen. Ich kenne ihn nicht mehr. Komm zu mir, Rip.«

»So?«

»Nicht die Arme um mich legen. Setz dich einfach, damit ich dich ansehen kann.« Sie fühlte sich, als wäre sie beinahe erstickt und nun ans Fenster getreten, um frische Luft zu atmen. In dem Wissen, wie sehr Alex ihre Worte missbilligen würde, bereitete es ihr ein grimmiges Vergnügen zu sagen:

»In Hollywood gibt es Dutzende von Leuten in deinem Alter, die ein Vermögen machen, und die sehen nicht halb so gut aus wie du, Rip.«

»Meinst du, ich soll zum Film gehen?«

»Nein, bleib auf dem College. Aber du solltest richtig viel Geld dafür bekommen, dass du den anderen etwas voraushast – und das Geld solltest du sparen, eines Tages werden nämlich die anderen *dir* etwas voraushaben.«

»Du meinst, ich könnte als Nachtwächter enden oder so?« Sein Blick verfinsterte sich. »Ganz so dumm bin ich auch wieder nicht – darüber habe ich schon nachgedacht. Irgendwie traurig, findest du nicht?«

»Ja, irgendwie schon, Rip.«

»Aber man weiß ja nie. Irgendwo in der Welt gibt es für jemanden wie mich bestimmt einen Platz.«

»Den gibt es, da bin ich sicher – aber du musst dir jetzt etwas aufbauen. Ich helfe dir dabei. Und keine Sorge – ich werde mich schon nicht in dich verlieben.«

»Ach nein?«

»Ganz sicher – man hat mich abserviert, und ich habe mich nicht annähernd davon erholt – falls ich mich je davon erholen sollte.« Vorsichtig rückte sie ein Stück von ihm ab. »Hör auf, bitte. Das war doch gestern, das war nicht ich – du kennst mich nicht, Rip, vielleicht wirst du das nie.«

III

In jenem Winter lernte Kiki viele Männer kennen, aber ihr Herz war leer, und sie zahlte mit wertloser Währung. Wie im Schlaf besichtigte sie im Februar die Colleges, an denen sie angenommen worden war, nur in New Haven konnte sie die Augen gar nicht lang genug offen halten, um sich im

Gedränge nach Van Kamp umzusehen. Weil sie ihn nirgends entdeckte, schickte sie ihm eine Nachricht aufs Zimmer. Als sie am nächsten Tag durch den gleißenden Schnee spazierten, war sie von seinem stattlichen Anblick vor dem winterlichen Himmel aufs neue entzückt.

»Wo warst du gestern Abend?«, fragte sie ihn.

»Ich habe keinen Frack und keine weiße Fliege.«

»Du machst wohl Scherze!«, sagte sie empört. »Egal, ich habe einen Plan – ist noch nicht ganz ausgereift. Vielleicht habe ich einen Gönner für dich. Du darfst gespannt sein!«

Als sie ihm alles erzählte, saßen sie in seinem Zimmer an einem Feuer.

»Der Mann heißt Gittings, Jahrgang 1903, ein Freund der Familie. Er war letzten Monat ein paar Tage bei uns, und einmal kam ich ins Zimmer, als er gerade irgendwas aufschrieb – als er mich bemerkte, ließ er den Zettel verschwinden. Ich musste rausfinden, was auf dem Zettel stand – hab ich auch. Es war eine Namensliste – Ketcham, Kelley, Kilpatrick und so weiter. Irgendwann hat er mir gestanden, dass es sich um eine Footballmannschaft handelt, lauter ehemalige Yale-Spieler, deren Namen mit K anfangen. Er hat gesagt, wenn er ein bisschen Zeit hat, sucht er sich immer einen Buchstaben aus und stellt ein Team zusammen. Ich wusste sofort: Das ist unser Mann.«

»Selbst wenn er bis V kommt«, sagte Rip, »ich wüsste nicht –«

»Denk doch mal nach – Football ist seine Leidenschaft, verstehst du nicht? Er ist ein bisschen plemplem, was das angeht.«

»Scheint so.«

»Der hat bestimmt nichts dagegen, ein bisschen für seinen Spaß zu zahlen – das heißt für dich.«

»Ich weiß deine Bemühungen zu schätzen.«

»Tust du nicht – du denkst, ich hab 'ne große Klappe. Dabei habe ich dir noch nicht alles erzählt. Der Stein ist längst ins Rollen gebracht – ich hab ihm eingeflüstert, man hätte dir viel Geld geboten, damit du an ein College im Westen wechselst –«

Er sprang auf.

»Immer mit der Ruhe, Rip. Wobei ich sagen muss, Mr. Gittings hatte damit auch seine Schwierigkeiten. Er ist durchs Zimmer getobt und hat geschrien, das sei doch kriminell. Und dann wollte er wissen, von wem das Angebot kommt – da dachte ich, jetzt sag ich lieber nichts mehr. Bist du wütend auf mich?«

»Nein, nein – aber warum tust du das alles?«

»Ich weiß nicht, Rip – vielleicht ist es so was wie Rache?«

Als sie in der frühen Dämmerung über den alten Campus gingen, blieb Kiki in dem gelben Viereck stehen, das eine der Wandlampen auf den blauen Schnee warf.

»Du musst jetzt an dich selbst denken.« Und dann wie zu sich selbst: »So bekommst du auch das Mädchen, das du willst, wenn du dich für eins entschieden hast.«

»So eins wie du ist mir noch nie begegnet«, sagte er. »Seit wir im Herbst auseinander sind, musste ich ständig an dich denken, dabei hast du gesagt, es bedeutet dir nichts.«

»Habe ich das?«

Sie sah reizend aus – über ihre Wangen sagt er:

»So hübsch. So weiß.«

»Wie deine.«

Wange an Wange traten sie aus dem Licht in die eisige Dunkelheit.

»Ich werde im Taft erwartet, Rip«, sagte sie. »Komm nächsten Samstagnachmittag nach New York. Mr. Gittings wird auch da sein.«

IV

Seinen alphabetisch inspirierten Mannschaftsaufstellungen zum Trotz war Mr. Gittings kein Schwachkopf. Er gehörte zu den vielen Amerikanern, deren Mütter ein Faible für den Kleinen Lord gehabt hatten, die Spleens des Fünfzigjährigen waren nichts anderes als die logische Konsequenz. Wenn an einem kühlen Herbstsamstag elf Männer aufs Spielfeld liefen, bedeutete ihm das deshalb so viel, weil sie verkörperten, was er stets entbehrt hatte.

Er freute sich, Rips Bekanntschaft zu machen – war geehrt und beeindruckt.

»Das Spiel war eine Wonne!«, sagte er. »Wie's scheint, habe ich einer Dame die Federn vom Hut gerupft und in die Luft geworfen. Ich konnte mich einfach nicht beherrschen. Bei Ihrem Touchdown fühlte ich mich leicht wie ein Vögelchen. Wenn wir verlieren, wird mir richtiggehend schlecht. Sagen Sie, junger Mann, was ist mir da zu Ohren gekommen? Sie wollen das College verlassen?«

Kiki ergriff das Wort:

»Rip will eben nicht – es würde ihm geradezu das Herz brechen, aber er hat kein Geld – und außerdem hat Yale nächstes Jahr kein anständiges Team.«

»Na, aber gewiss!«, rief Mr. Gittings.

Kiki sah Rip streng an – er spurte:

»Die Aussichten sind schlecht.«

»Aber es gibt *Sie,* Mensch! – Sie sind die Aussichten. Ich hab's doch vor Augen, wie Sie da rauskommen und die ganze Arbeit allein machen.«

»Aber wenn die Mannschaft nicht gewinnt«, unterbrach ihn Kiki, »wird sich kein Profiverein um ihn bemühen! Er sollte das Angebot von diesem College annehmen.«

»Welches College?«, fragte Gittings ungehalten.

Rip warf Kiki einen Blick zu und stammelte:

»Ich darf nichts sagen.«

»Spieler wegkaufen – das schreit doch zum Himmel! Lieber sehe ich mit an, wie wir ein Spiel nach dem anderen verlieren, als damit leben zu müssen, dass die Mannschaft gekauft ist.«

»Rip muss an seine Zukunft denken«, sagte Kiki sanft. »Man hört von vielen Spielern, die als Wachmänner, Türsteher oder Knastbrüder enden.«

»Knastbrüder? Ich habe noch nie gehört, dass ein guter Footballspieler im Gefängnis gelandet wäre! Nicht doch, man wird Sie niemals vergessen! Wäre ich ein Richter, dem ein Footballstar vorgeführt wird, ich würde sagen, ›das muss ein Irrtum sein‹ – im Zweifel für den Mann mit so wohlgebildeter Muskulatur!«

»Falls ich je so tief sinken sollte«, sagte Rip, »kann ich nur hoffen, dass der Richter das genauso sieht.«

»Natürlich wird er das! Richter sind auch nur Menschen.«

Das Gespräch nahm, wie Kiki fand, einen etwas bedrückenden Verlauf.

»Rip möchte doch nur irgendwohin, wo die Alumni aufgeschlossener sind – damit er seinen Lebensunterhalt verdienen kann.«

»Was bietet man Ihnen?«, fragte Mr. Gittings.

»Einen ordentlichen Batzen«, platzte Kiki heraus.

»Nun, junger Mann, wenn Sie das Angebot annehmen, sind Sie ein Esel.«

»Es wäre schlimm, wenn ich das College verlassen müsste«, sagte Rip. »Aber alles ist besser, als im Gefängnis zu landen.«

Gittings seufzte. »Sie immer mit Ihrem Gefängnis! Ich werde dafür sorgen, dass Sie nicht im Gefängnis landen. Ich richte einen Fonds für Sie ein, falls mal was schiefläuft.«

»Wie vernünftig!«, lobte Kiki. »Auf einen Fonds ist Verlass.«

»Und wenn er fertig ist mit dem College, werde ich ihn an eine solide Firma vermitteln.«

»Die Idee mit dem Fonds gefällt mir besser.«

»Und mir scheint, junge Dame, dass Sie in dieser Angelegenheit unersättlich sind.« Er seufzte. »Wann müsste er wechseln?«

»Umgehend, nehme ich an. Er müsste sich jetzt einschreiben, um im nächsten Herbst spielen zu können. Die sind da sehr eigen.«

»Eigen!«, rief Mr. Gittings empört. »Eigen! Sagen Sie: Wie viel bietet man Ihnen?«

Dass er noch nie einen Sportler geschmiert hatte, war von Nachteil. Aber da die ganze Angelegenheit derart unrecht und anrüchig war, kam es auf die Summe eigentlich nicht an. Bei fünftausend Dollar schlug Kiki ein.

V

Und nun ging Kiki sechs Monate auf Reisen und erlebte dieses und jenes, worüber aus Platzgründen hier nicht berichtet werden kann. Es gibt Idealisten, die es Kiki übelnehmen würden, wenn sie im Mondschein von Honolulu und an einem See in Italien schmachten, um Haaresbreite sogar heiraten würde – einen Mann, der hier keine Rolle spielen soll. Seine Stimme war ein wenig lädiert, er zeigte Humor mit seiner Kleidung, jedenfalls tat oder unterließ er schließlich etwas, und von da an hatte er nichts mehr mit dem Morgenrot, den Winden und den Sternen gemein. Ende Oktober blies sie alles ab und eilte zurück nach Amerika.

Bei ihrer Ankunft sah sich Kiki schüchtern um, ohne recht zu wissen, was sie erwartet hatte – sicher nicht Considine, der nahm an einer archäologischen Expedition auf Kreta teil. Aber ein wenig verloren fühlte sie sich doch und war erfreut über das Telegramm, das Rip Van Kamp ihr schickte. Er wollte sie schnellstmöglich sehen und lud sie zum Spiel gegen Dartmouth ein. Auf dem Weg dorthin hoffte sie wiederzufinden, was ihr ein Jahr zuvor im Stadion abhanden gekommen war – ihre Jugend, ihre trügerischen Hoffnungen.

Falls ein Collegespieler je fünftausend Dollar wert war, dann Rip in dieser Saison. Die Mannschaft war schwach, schmächtige Backs hinter einer wackligen Line – umso mehr stach er hervor. Sein Stil war unverwechselbar, kein Trainer hatte je etwas daran zu ändern versucht – am ehesten handelte es sich um eine zulässige Form des Holding –, zahllose

Schiedsrichter hatten Rip vergeblich belauert. Er attackierte rasch und ziemlich weit oben, war Knie, Hüfte und fliegende Ellbogen, sodass er den Verteidiger im entscheidenden Moment fast zu umarmen schien, aber so wenig tatsächlichen Kontakt hatte, dass der Verteidiger frei blieb. Wenn ein Mann, dessen Gegner dreißig bis sechzig Pfund schwerer waren, jeden Samstag eine solche Vorstellung lieferte, war sogar ein Mr. Gittings wunschlos glücklich.

Kiki konnte das Ende des Spiels kaum abwarten.

»Wenn du spielst, bin ich wie ein kleines Schulmädchen«, sagte sie.

»Wünschte, das wärst du wirklich.«

»Ich auch. Früher konnte ich wenigstens Pompons schwingen. Inzwischen bin ich keine Hilfe mehr. Ich wünschte, du hättest richtige Probleme.«

»Die habe ich«, sagte er mit düsterer Miene. »Ich bin am Ende, deswegen habe ich dir das Telegramm geschickt.«

»Oh, Rip – was ist passiert?«

Die vielen Pärchen im Sachem Tea House waren seltsam still nach dem Spiel. Rip sah sich um, zog einen Zeitungsausschnitt hervor und gab ihn Kiki.

»Lies, ich erklär's dir nachher«, sagte er. »Es geht dabei nicht um mich.«

CAMPUSDIEB SCHICKT JUWELEN ZURÜCK

DEAN VON YALE ERHÄLT POST VON UNBEKANNT

Nachdem zahlreiche Philo Vances und Hercule Poirots den Campus in Aufruhr versetzt haben, hat es der Dieb, der in den Wohnheimen am Werk war, mit der

Angst zu tun bekommen. Gestern wurde Dean Masht Diebesgut im Wert von dreihundert Dollar zugesandt, darunter Armbanduhren, Anstecknadeln, Geldbörsen und diverse Schmuckstücke. Da der Dieb die Vorlesungszeiten der Studenten kannte usw., handelt es sich bei ihm wohl um einen Undergraduate.

»Ja und?«, fragte Kiki.

»Ich hab dir doch von meinem Bruder Harry erzählt – er ist im zweiten Jahr. Er hat ganz schön Pech gehabt – hat sich beim Football mit den anderen Freshmen das Knie gebrochen und konnte nicht mehr spielen. Dann hat er angefangen zu klauen. Ich verstehe das nicht. Jemand aus seiner Klasse hat ihn erwischt und ist zu mir gekommen, ich musste mein ganzes Geld nehmen und den Krempel zurückkaufen. Und jetzt brauche ich mehr.«

»Von den Fünftausend? Ich dachte, ich soll darauf aufpassen, bis du vom College gehst!«

»Was soll ich machen? Harry ist mein Bruder. Er geht auf keinen Fall ins Gefängnis!«

»Aber du hast die Sachen doch zurückgeschickt.«

»Das ist noch nicht alles. Der Kerl, der Wind davon bekommen hat, ist ein Dreckskerl. Ich muss ihn schmieren.«

Es war, als stiegen sie hinab in eine andere Welt. Rip war für Kiki von jeder Vergangenheit frei gewesen, das Meisterwerk eines unbekannten Bildhauers. Und nun fiel der Schatten seines Bruders auf ihn.

»Und wenn dein Bruder vom College geht? Er sollte ohnehin nicht hier sein, wenn er –« Sie scheute sich, das Wort auszusprechen.

»Das würde dem Kerl nicht reichen. Ich könnte ihm natürlich den Hals umdrehen –«

»Du darfst dich nicht einmischen, Rip!« Sie seufzte gequält. »Wie viel will er?«

»Hat was von tausend Dollar gesagt.«

»O Rip! Jetzt wünschte ich fast, du hättest ihm wirklich den Hals umgedreht.«

»Kann ich noch, wenn du's für richtig hältst.«

»Nein – wir müssen ihm das Geld geben – und du musst deinen Bruder wegschicken, bevor er noch mehr Ärger bekommt.«

»Das fällt doch auf, wenn er jetzt geht.« Sein Blick verfinsterte sich. »Das bringe ich nicht übers Herz. Ich habe dir nie davon erzählt, wir sind in einem Waisenheim aufgewachsen – ich habe immer auf ihn aufgepasst.«

Nun wusste sie alles über ihn – nie zuvor hatte sie ihn mehr gemocht.

»Früher oder später sitzt du seinetwegen richtig in der Klemme, dabei hat alles so gut angefangen. Ich weiß, wie ich Geld beschaffen kann – Rip, du musst ihn wegschicken.«

»Siehst du, da hättest du also deine Probleme«, sagte er.

»Wir bringen das wieder in Ordnung«, sagte sie und lächelte.

Als sie nach dem Essen die düstere Hillhouse Avenue entlangspazierten, sagte sie plötzlich:

»Rip, ich mag dich wirklich sehr.«

»Was soll das heißen? Die Leute im Stadion mögen mich auch.«

Sie hörte, wie sie ihn anlog.

»Den ganzen Sommer über hab ich an dich gedacht – so oft.«

Er legte den Arm um sie und zog sie zu sich heran. Der Mond stand rosig und golden am Himmel, von einem Kranz aus Licht umgeben, Glocken läuteten durch die Herbstnacht. So hatte sie vor einem Jahr mit ihrer Jugendliebe Alex Considine dagestanden und mit einem anderen Mann, im letzten Sommer, auf einem Schiff unter Sternen. Sie war glücklich und verwirrt – wenn man nicht verliebt war, glich ein attraktiver Mann dem anderen. Und doch fühlte sie sich Rip sehr nah. Was er über seinen Bruder gesagt hatte, erinnerte sie daran, woran es ihm fehlte, und für einen Moment war sie sicher, dass sie es ihm geben konnte – es würde ihr nicht schwerfallen, sich in ihn zu verlieben. Ihre strahlende, unnütze Schönheit war ihr eine Last.

»Du wirst mich niemals lieben«, sagte er. »Jemanden mit Köpfchen schon.«

Nachdem sie sich am Bahnhof verabschiedet hatten und Kiki im Salonwagen saß, war sie voller neuer Eindrücke über Rip. Als der Zug anfuhr, wirbelte ihr Sitznachbar zu ihr herum – es war Alex Considine.

Zunächst war er für sie nicht der Mann, den sie vor zehn Monaten gesehen hatte, sondern der Fremde von damals, der Fremde mit dem freundlichen, neugierigen Blick, aus dem Respekt und Verständnis sprachen. Dann fiel es ihr wieder ein, und sie lächelte, erst freundlich, dann frostig und schließlich gar nicht mehr.

»Gut siehst du aus, Kiki«, sagte er leise.

»Hast du etwa geglaubt, ich würde eingehen?«

»Ich habe oft an dich gedacht diesen Sommer.«

Zu Rip hatte sie dasselbe gesagt – wahrscheinlich übertrieb Considine ebenfalls.

»Ich wollte dich morgen anrufen«, sagte er. »Aber dann habe ich dich nach dem Spiel entdeckt.«

»Da hinten ist noch ein Platz frei«, sagte sie. »Würde es dir etwas ausmachen, dich umzusetzen?«

»Lieber nicht. Im Dezember geht es wieder zurück nach Kreta. Wäre schön, wenn du mitkommst – wir könnten heiraten – damit es kein Gerede gibt.«

»Ich setze mich um«, sagte sie. »Die Räder sind direkt unter mir.«

»Du willst doch sicher nicht, dass ich dich um Verzeihung bitte«, sagte er. »Das wäre einfach nur ekelhaft.«

»Warum hast du mit mir Schluss gemacht?«, fragte sie. »Du bist mir zwar egal, aber wissen möchte ich es schon.«

»Ich wollte ein bisschen für mich sein da draußen. Irgendwann erkläre ich es dir, aber im Augenblick kann ich nur noch daran denken, dass ich zehn Monate mit dir verloren habe.«

Plötzlich pochte ihr Herz wehmütig von Erinnerung zu Erinnerung.

»Hat dir das Spiel gefallen?«, fragte sie. »Für einen Harvardianer interessierst du dich ja mächtig für Yale.«

»Ich habe mich ein bisschen umgesehen. In meinem zweiten Jahr am College habe ich auch Football gespielt.«

»Da kannte ich dich noch nicht.«

»Kein Verlust. Ein Van Kamp war ich jedenfalls nicht.«

Sie lachte.

»Den Namen habe ich von dir zum ersten Mal gehört. Du hast gesagt, Yale hätte ihn gekauft.«

»Haben sie auch – vielleicht haben sie sich aber keinen Gefallen damit getan.«

Sie war alarmiert. »Was soll das heißen?«

»Ich hätte den Mund halten sollen. Noch wissen wir nichts mit Sicherheit.«

Rasch erwog Kiki alle Möglichkeiten. Hatte Mr. Gittings einen im Tee gehabt und ihren Handel ausgeplaudert? Hatte es etwas mit Rips Bruder zu tun?

»Vielleicht verläuft sich das Ganze wieder im Sande«, sagte er. »Außerdem steht es mir nicht gut zu Gesicht, schlecht über ihn zu reden, immerhin ist er ja wohl mein Nebenbuhler.«

»Lass gut sein – dass man von dir nicht viel erwarten kann, weiß ich sowieso.«

Unvermittelt stand sie auf und setzte sich um, er ging ihr nach, beugte sich zu ihr und sagte: »Ich mache dir keine Vorwürfe, Kiki – ich bin um dein Glück besorgt.«

»Muss ich etwa in die zweite Klasse wechseln?«

»Ich geh schon selbst.«

Er war ihr zuwider, und für einen kurzen Moment wünschte sie sich, Rip wäre da, um ihm eiskalt und elegant »den Hals umzudrehen«. Aber das hier war nicht das Spielfeld, auf dem Rip auftrumpfen konnte. Armer Rip – hatte nichts getan, war lediglich vorangekommen in der Welt dank seines fabelhaften Körpers.

Am Bahnhof versuchte sie, ihn ans Telefon zu bekommen, vergebens – am nächsten Morgen erreichte sie ihn schließlich, er war gerade beim Essen. Sie deutete an, was Considine erzählt hatte. Langes Schweigen am anderen Ende der Leitung, dann die verzweifelten Worte:

»Ich kann jederzeit vom College gehen.«

»Rip, sag so was nicht! Ich will nur, dass du dich vorsiehst. Weiß irgendwer von Gittings?«

»Nein.«

»Dann streite alles ab. Ach und Rip, vergiss nicht, dass ich immer für dich da bin, egal, was passiert.«

»Danke, Kiki.«

»Ich meine es ernst – ganz egal, was passiert.«

Erregt und mit einem erhabenen Gefühl legte sie auf. Ihre Beschützerinstinkte hatten sich um ihn versammelt, allmählich fühlte es sich echt an. Sie war stolz und glücklich, als er gegen Princeton brillierte. Drei Tage später stieß sie im Sportteil auf eine Überschrift, die sie erschütterte.

YALE WEIST GERÜCHTE ÜBER GESPERRTEN SPIELER ZURÜCK – MÖGLICHERWEISE STAR INVOLVIERT

New Haven, Connecticut: Der Vorsitzende der Yale Athletic Association hat heute die Behauptung zurückgewiesen, ein beliebter Spieler der Universitätsauswahl werde am Samstag nicht gegen Harvard spielen.

»Die Spieler, die gegen Princeton angetreten sind, werden auch am Samstag antreten«, so der Vorsitzende. »Uns liegt keine offizielle Beschwerde gegen die Teilnahme eines Spielers vor.«

Das Gerücht wurde in Cambridge laut und lässt sich bis in den New Yorker Harvard Club zurückverfolgen. New Havens Mannschaft hat dieses Jahr Schwächen gezeigt – nur zwölf Ausnahmespieler sind gegen Princeton zum Einsatz gekommen. Jeder weitere

Verlust eines wichtigen Spielers könnte weitreichende Folgen …

Kiki stockte das Herz. Wieder überlegte sie, an welcher Stelle etwas durchgesickert sein könnte. Mr. Gittings hatte jede Indiskretion von sich gewiesen, aber sein Scheck, ausgegeben von einer New Yorker Bank, war vielleicht durch die Hände eines Harvardianers gegangen, dem Rips Name ein Begriff war. Allerdings dürfte es schwer sein, irgendetwas zu beweisen. Zudem war sich Kiki sicher, dass Rip kein Risiko eingegangen war und im letzten Sommer das Angebot abgelehnt hatte, für ein Hotel Baseball zu spielen.

In einem Anfall von Panik schlug sie Alex Considines Nummer nach – die vertraute Zahlenfolge bestürzte sie. Er war in Cambridge, wurde aber noch für denselben Tag zurückerwartet, immer wieder versuchte sie es bei ihm, ohne ihren Namen zu hinterlassen, und verpasste ihn schließlich, um sechs Uhr abends, nur knapp – er sei zum Dinner, hieß es, im Harvard Club. Sie schlüpfte in ein Abendkleid, fuhr zur 44. Straße und bat den argwöhnischen Portier, eine Nachricht zu überbringen. Considine war überrascht, nicht einmal seinen Hut hatte er aufgesetzt. In einem Grillrestaurant in der Nähe kam sie sofort auf den Punkt:

»Ich habe die Zeitung gelesen. Heute Morgen. Die meinen Rip Van Kamp, habe ich recht?«

»Dazu kann ich nichts sagen, Kiki.«

»Das hast du doch schon. Im Zug. Was hast du gegen ihn in der Hand, sag es mir!«

Er zögerte.

»Ich kann dir nur eins sagen – wenn wir handfeste Beweise hätten, wären wir längst tätig geworden.«

»Also gibt es keine Beweise?«

»Nicht dass ich wüsste.«

Die Formulierung sprach Bände.

»Du willst sie von mir bekommen.«

»Liebst du ihn, Kiki?«

»Ja.«

»Aus irgendeinem Grund glaube ich dir nicht.«

»Ach nein? Solltest du etwas tun, damit man ihn sperrt, heirate ich ihn noch morgen Abend – wenn er mich will.«

Er nickte.

»Das glaube ich dir gern – du bist stur, Kiki, keine reicht dir so leicht das Wasser. Aber ich glaube dir nicht, dass du Van Kamp liebst.«

Auf einmal kamen ihr vor Wut die Tränen, denn er hatte ja recht. Sie fing ja gerade erst an mit dem Sich-Verlieben. Es würde schon werden, bald schon wäre es so weit und alles wieder gut. Aber bis dahin war sie eben dünnhäutig. Sie konnte nicht anders, sie musste den jungenhaften, ziellosen, in vielem so ahnungslosen Rip mit Alex Considine vergleichen, einem erwachsenen, selbstbewussten, einfühlsamen Mann, der seinen eigenen Willen hatte und seine ganz eigenen Fehler.

»Wirst schon sehen«, sagte sie mit erstickter Stimme. »Du hast immer alles gehabt, aber er hat nichts gehabt und hat es trotzdem geschafft, und deswegen willst du ihn niedermachen. Wie grausam das ist, wie gemein.«

»Kiki, ich bin es doch nicht gewesen, der das alles ins Rollen gebracht hat. Der Hinweis –« Er sprach nicht weiter.

»Das klingt, als wüsstest du etwas.«

»Oh, nein«, sagte sie schnell. »Und selbst wenn da irgendetwas wäre – ich stehe zu ihm.«

Sie stand auf und ließ ihn mit den Cocktails sitzen. Völlig durcheinander machte sie Halt an einem Telegrafenschalter und schickte Rip eine zärtliche und aufmunternde Nachricht.

VI

Rip hatte ihr vier Eintrittskarten geschenkt, und so fuhr sie mit ein paar Freunden nach Cambridge. Als sie im Stadion ankamen, fiel grässlich fisseliger Schnee vom Himmel. Das letzte Jahr kam ihr in den Sinn, schwereloses Glück und Sonnenschein; sie war traurig, dabei hatte die Morgenzeitung ihre schlimmsten Befürchtungen zerstreut. Eine weitere Stellungnahme der Athletic Association war nicht veröffentlicht worden, Rip gehörte zur offiziellen Auswahl. Sie nahm die Spielerliste zur Hand.

Left Guard Van Kamp 1,80 m 159 Pfund 22 J. Newton High

Ein Leben in Kurzform – der Junge aus dem Waisenheim, dessen Verstand seine Instinkte waren. Er befand sich jetzt da unten, auf dem Mittelfeld, stand einem weiß behelmten Spieler im roten Jersey gegenüber, die 50-Cent-Münze wurde geworfen und fiel in den Schnee. Yale schwärmte aus, dem Ball hinterher – das Leder war hoch aufgestiegen, Rip führte das Spielfeld an, wich einem gegnerischen Spieler aus, schlitterte um den nächsten herum und brachte den ersten Ballträger zu Fall.

»Der sollte als End spielen«, sagte jemand hinter ihr. »Der kann alles.«

»Aber als Guard ist er einmalig! Guck dir doch die Halfbacks an – siehst nichts als Ball – bei Van Kamp wird richtig gespielt!«

Der Schnee fiel immer dichter – wenn ein Spieler der Länge nach durch den Matsch rutschte, war das den Zeitungen und Radiostationen eine Erwähnung wert, das Spiel wurde jetzt wild und unvorhersehbar, es wurde zum Hindernisrennen, zum Wintersport. Hinter dem weißen Schleier hatten die ohnehin atemberaubenden Täuschungsmanöver und Lateralpässe etwas geheimnisvoll Flirrendes.

Sie sah Rip in der Hocke, während die gegnerischen Spieler die Köpfe zusammensteckten. Als es weiterging, war er prompt auf den Beinen, kurz zurückgedrängt von einer Schulter, dann wieder frei, und schoss kerzengerade ins Geschehen auf der andere Seite der Line. Deswegen fiel er auf, weil er auf diese Weise ins Spiel ging – deswegen war sein Gesicht die ganze Saison über voller Schrammen.

Zur Halbzeit lag Yale 10:3 in Führung. Die Temperaturen fielen, die Leute neben Kiki sorgten dafür, dass ihnen warm blieb, und wurden immer lauter – das Mädchen sagte zu seinem Begleiter:

»Ich kenne ihn nicht persönlich, aber das da unten, zwei Reihen vor uns, der mit dem schwarzen Hut, das ist sein Bruder Harry.«

Kiki sah zu ihm. Harry war einer dieser Männer mit blauschattigem Gesicht, die sich zwei Mal am Tag vergeblich rasierten und deren Los unsere Vorstellung von Ruchlosigkeit prägt. Jede rettende Eigenschaft ging ihm ab – die Augen standen so weit auseinander, als wollte die breite und platte Nase sie aus dem Gesicht stoßen – Kiki fiel eine nicht zu leugnende Ähnlichkeit auf, sie kam sich vor wie eine Verräterin.

Mit Beginn der zweiten Spielhälfte kam Harvard wieder zu sich – nach zehn Minuten dröhnte Jubelgeschrei von der roten Stadionseite herüber, und rings um Kiki verdüsterten sich die Gesichter. Durch das Fernglas sah sie Rip. Er war ruhig, wie immer, weiß und unantastbar und gelassen – als das Spiel ins vierte Viertel ging, es herrschte Gleichstand, schien er der Einzige in seiner Mannschaft zu sein, der noch bei Kräften war. Da brachte er einen verwirrten Mannschaftskollegen, der einen Pass abgefangen hatte und den Ball in die eigene Endzone tragen wollte, zu Boden.

Noch zehn Minuten. Yale kam an der eigenen 20-Yard-Linie in Ballbesitz und mit beiden Tackles rechts der Linie aus dem Huddle. Zwei Sekunden vor der Ballübergabe rannte der Left End auf die Seitenlinie zu, dann zurück Richtung eigenes Tor, ein Halfback kam rechts in die Line. Jetzt war der Guard passberechtigt, Rip fing den schlüpfrigen Ball und hatte so gut wie freie Bahn für einen Raumgewinn von 40 Yards und den ersten Down.

Auf der Yale-Tribüne keimte ein Fünkchen Hoffnung, doch plötzlich wurde die Uhr angehalten – ein verwundertes Raunen ging durch die Menge. Drei Männer, eine Delegation, wie es schien, standen vor Yales Auswechselbank und sprachen mit den Trainern; in Decken gehüllte Spieler versammelten sich und hörten zu. Bald schon ließ einer der

Spieler seine Decke zu Boden fallen, lief aus der Gruppe, wärmte sich auf, zurrte seinen Kopfschutz fest, rannte aufs Feld und meldete sich beim Schiedsrichter. Als der mit Rip Van Kamp zu sprechen begann, wurde das Raunen lauter, ringsum fragten die Leute:

»Was ist da los?«

»Die wechseln Van Kamp aus?«

»Die haben sie nicht mehr alle! Er ist doch nicht verletzt!«

»Ist das zu fassen? Und das bei Gleichstand!«

Kiki sah, wie sich Rip den Kopfschutz herunterriss und zur Seitenlinie lief. Aus der Menge, die noch immer nicht wusste, was vor sich ging, erhob sich wild donnernder Jubel, der mit einem Mal verebbte, als Rip mit dem Trainer sprach, auf dem Absatz kehrt machte und zu den Kabinen lief. Erneutes Raunen – diesmal kamen die Vermutungen der Wahrheit sehr nah.

»Haben sie ihn rausgenommen? Hat er gefoult?«

»Freiwillig haben die ihn bestimmt nicht rausgenommen.«

»War wohl von Van Kamp, von dem da in der Zeitung –«

Eine Minute später wussten alle Bescheid und stellten auf Anhieb die Verbindung her. Von den Plätzen unten am Spielfeldrand breitete sich die Bestätigung aus: Rip Van Kamp war nach einem Einspruch der Harvard Athletic Association aus dem Spiel genommen worden.

Kiki sank in sich zusammen und verbarg ihr Gesicht, als würde sie jeden Moment einem Mob zum Opfer fallen. Es war passiert – jetzt, ganz zum Schluss, hatten sie Rip alles genommen, hatten ihn vom Platz geschickt wie einen ungezogenen Schuljungen. Schnell war sie auf den Beinen, drängelte sich an ihren Freunden vorbei, eilte die Sitzreihe entlang, den dunklen Gang hinab und weiter unter der Tribüne, in die Richtung, in die Rip gelaufen war.

»Wo sind die Kabinen?«, rief sie. Ein stumpfsinniger Säufer sah sie mit leeren Augen an, über ihr toste die Menge, das Spiel ging weiter. Auf der verschneiten Aschenbahn lief sie von Gate zu Gate, bis ihr ein Aufseher sagte, wo sie hinmusste, dann fügte er noch hinzu:

»Sie kommen da aber nicht rein, nicht mal ehemalige Spieler werden reingelassen.«

»Und wann kommt die Mannschaft raus?«

Er sagte es ihr. Sie ging zu einem der Gitter und wartete. Nach einer ganzen Weile hörte sie, wie das Spiel zu Ende ging, mit dem pflichtschuldigen und enttäuschten Applaus eines Unentschieden, sah die ersten Zuschauer aus den Aufgängen tröpfeln, bis die Menschen an ihr vorüberfluteten, achtlos und gleichgültig, hinweg über sie und Rip …

Die Zeit verging. Bald waren es nur noch Bächlein, dann Rinnsale und schließlich tröpfelte es wieder einzelne Menschen. Ein Lieferwagen mit der Aufschrift *Harvard Crimson* fuhr eilig vor, ein Junge mit einem Packen Zeitungen sprang heraus.

»Endstand! Harvard legt Einspruch gegen Van Kamp ein! Yale Guard hat im Westen gespielt!«

Kiki kaufte eine Ausgabe und las mit zittrigen Händen. Es stand gleich unter dem Spielergebnis, in eilig gesetzten Lettern.

Van Kamp wurde aus dem Spiel genommen, laut Harvard hat er 1934 für das Almara College in Oklahoma gespielt. Seine Kommilitonin und Ehefrau bestätigt …

Das war alles – mehr hätte Kiki auch nicht ertragen. Laut und zornig sagte sie: »Das ist eine Lüge!«, und wusste plötzlich, es war die Wahrheit.

VII

Später fragte sie sich, wie Alex Considine sie gefunden hatte, damals, als sie mit der Zeitung im Schoß und gegen einen Betonpfeiler gelehnt auf dem Boden saß und ins Nichts starrte.

»Ich bin mit dem Wagen da«, sagte er. »Wir könnten gemeinsam hingehen. Falls du dir helfen lässt.«

»Es geht mir gut. Ich habe mich hingesetzt, um nachzudenken.«

»Ich habe nach dir gesucht, Kiki. Zuletzt habe ich gehofft, dass es nicht so weit kommt. Das Mädchen wollte nicht reden, bis –«

»Sag's nicht«, sagte Kiki schnell. »Was geschieht jetzt mit Rip?«

»Er wird wohl exmatrikuliert. Er kannte die Regeln.«

»Oh, armer Rip – armer Rip.«

Und plötzlich erzählte sie ihm von Mr. Gittings und dem Geld – sie erzählte ihm alles.

»Es hätte noch mehr sein müssen!«, sagte sie erbittert. »Er hat es verdient. Ich wollte nicht, dass er stirbt wie Ted Coy, mit nichts als einer vergoldeten Trophäe.«

»Er ist ein grandioser Spieler – das kann ihm niemand nehmen – wahrscheinlich landet er bei den Profis.«

»Alles ist ruiniert – dabei war er doch so schön.«

In der Dämmerung fuhren sie nach Boston.

»Bis New York ist es weit«, sagte er. »Wieso fahren wir nicht zu Freunden von mir aufs Land. Ich weiß, du willst dich nicht mehr verloben – wie wär's, wenn wir gleich heiraten? Für Sonnenschein am Nil kann ich die Hand ins Feuer legen.«

Sie schwieg, er sagte:

»Du denkst an Van Kamp.«

»Ja. Ich wünschte, ich könnte etwas tun. Wenn ich wenigstens wüsste, dass er nicht allein ist.«

»Liebst du ihn?«

»Nein. Das war gelogen. Aber ich muss daran denken, wie sie jetzt auf ihn losgehen – dabei hat er ihnen so viele herrliche Nachmittage beschert.«

Er hielt plötzlich an.

»Soll ich dich zu ihm fahren – ich weiß, wo die Mannschaft abgestiegen ist.«

Kiki zögerte.

»Im Augenblick kann ich nichts für ihn tun. Das alles war ein Fehler – wir hatten verschiedene Ziele. Ich komme mit dir, Alex.«

»Das freut mich.«

Der Wagen flog durch die Stadt, bog an den richtigen Kreuzungen ab, hielt an den richtigen Ampeln an und fuhr hinaus in die offene Landschaft, schneller und immer schneller – endlich waren sie auf dem richtigen Weg.

Die Frauen im Haus

Das hier ist eine dieser Geschichten, die eigentlich damit anfangen müssten, dass man den Helden »X« oder »H–B–« nennt, denn von all den Menschen, die sie sich einverleibt hat, wird wenigstens einer sie lesen und behaupten, eine der Hauptfiguren zu sein. Aber wie heißt es doch inzwischen so raffiniert, »Ähnlichkeiten mit lebenden Personen sind rein zufällig« – also versuchen Sie's gar nicht erst.

Stattdessen rücken wir gleich raus mit der Sprache, unser Mann heißt Emmet Monsen, und das ist (jedenfalls fast) sein richtiger Name. Wer vor drei Monaten eine Illustrierte oder eine Zeitschrift aufschlug, konnte erfahren, dass ebendieser Emmet Monsen an Bord der S. S. Fumataki Nagursha samt ausnehmend wichtiger Erkenntnisse über die Tide der großen Mond-Deklination und die Pilzorganismen auf den Omigis zurückgekehrt und im Hafen von Los Angeles eingelaufen war. In den Illustrierten tauchte er deshalb auf, weil er ausnehmend fotogen war, einunddreißig, feingliedrig, dunkler Typ, mit einem Ausdruck, der die Fotografen zu sagen veranlasste:

»Mr. Monsen – lächeln Sie doch bitte noch *ein* Mal, ja?«

– Jetzt möchte ich aber von einem Privileg unserer Zeit Gebrauch machen und die Geschichte ein zweites Mal eröffnen, diesmal beginne ich

– achtundvierzig Stunden, nachdem Emmet Monsen den Schiffsanleger hinter sich gelassen hat, in einem Labor in Downtown Los Angeles.

Ein hübsches Mädchen (aber nicht die Hauptfigur) sprach mit einem jungen Mann, dessen Aufgabe darin bestand, Elektrokardiogramme zu entwickeln beziehungsweise Herzkurven, maschinelle Protokolle jenes Organs, das noch nie als Präzisionsinstrument gerühmt war.

»Eddie hat heute nicht angerufen«, sagte sie.

»Verzeih die Tränen«, sagte er. »Verschleppte Sinusitis – hier, die Kardiogramme, für dein Fotoalbum.«

»Danke – findest du nicht, man sollte sein Mädchen jeden Morgen anrufen, wenn man in einem Monat heiraten will – oder wenigstens noch vor Weihnachten.«

»Na hör mal – wenn er seinen Job bei Wadford Dunn Sons verliert, gibt's auch keine mexikanische Hochzeit.«

Die Laborantin schrieb feinsäuberlich »Wadford Dunn Sons« auf den oberen Rand des Kardiogramms, stieß einen kurzen, aber üblen kalifornischen Fluch aus, radierte »Wadford Dunn Sons« wieder weg und schrieb stattdessen den Namen des Patienten hin.

»Konzentrier dich lieber auf deinen Job«, sagte der Laborant noch. »Die Kardiogramme sollen bis um –«

Dann fielen ihm Telefone ins Wort – und brachten alles andere als Nachricht von Eddie; zwei Ärzte waren dran und tobten auf der Stelle. Die junge Dame brach in rasende Betriebsamkeit aus, saß wenige Minuten später in ihrem Wagen, Baujahr 1931, und fuhr in einen der Vororte, die Los Angeles zur weitläufigsten Stadt der Welt machen.

Ihr erstes Ziel, das Anwesen des jungen Carlos Davis, den

sie bis dahin nur im Flimmerfilm und einmal in Technicolor gesehen hatte, versetzte sie in Aufregung. Nicht, dass irgendetwas mit Carlos Davis' Herz gewesen wäre, durchaus nicht, sie sollte das Kardiogramm ja nur zu dem Mieter eines kleinen Hauses auf dem Anwesen bringen, ein Haus, das ursprünglich für Davis' Mutter gebaut worden war – aber falls Davis gerade nicht drehte, konnte sie vielleicht einen Blick auf ihn erhaschen.

Tat sie aber nicht – und nun, da das Kardiogramm an der richtigen Tür abgeliefert ist, verschwindet sie aus der Geschichte.

Die Kamera fährt jetzt ins Haus, wie es bei den Filmleuten heißt, und nimmt uns mit.

Der Mieter war Emmet Monsen. Im Augenblick saß er in seinem Sessel und schaute in den sonnigen Maiengarten, während Doktor Henry Cardiff mit riesigen Händen den großen Umschlag öffnete, um das Kardiogramm und das beiliegende Schreiben in Augenschein zu nehmen.

»Ich bin wohl ein Jahr zu lange da draußen gewesen«, sagte Emmet, »und hab auch noch Wasser getrunken, ich Idiot! Ein Kollege ist auf die Idee gekommen, der hat zwanzig Jahre kein Wasser angerührt, nur Whiskey. War ein bisschen vertrocknet – Haut wie Pergament – aber auch nicht mehr als der durchschnittliche Engländer.«

Das Hausmädchen blitzte dunkel in der Tür zum Esszimmer auf, Emmet rief sie zu sich.

»Marguerite? So heißen Sie doch, oder?«

»Margerilla, Mist Monsen.«

»Margerilla, ich bin ausschließlich für Miss Elsa Halliday zu sprechen. Für niemanden sonst – keine

Menschenseele. Merken Sie sich diesen Namen – Miss Elsa Halliday.«

»Klaro, Sir, wie würde ich *das* vergessen. Haben gesehen sie auf Leinwand. Frank und ich –«

»Schon gut, Margerilla«, unterbrach er sie freundlich. »Bitte nicht vergessen, dass ich sonst für niemanden zu sprechen bin!«

Dr. Cardiff, der seine Lektüre beendet hatte, erhob seine fünf kolossalen Körperregionen und schritt gedankenverloren im Zimmer auf und ab – mal senkte er das Kinn auf die Brust, mal folgte es seinem Blick zum Deckenleuchter, als versteckte sich dort oben sein achtjähriges Studium wie ein Schutzengel, jederzeit bereit, sich zu seiner Unterstützung herabzulassen. Sobald Margerilla gegangen war, setzte er sich wieder und verschränkte die Hände auf eine Weise, die Emmet vage an das Ineinandergreifen zweier Bauelemente des Grand Coulee erinnerte.

»Also?«, fragte Emmet. »Ein Geschwür vielleicht? Ich hab mal ein Schwämmchen verschluckt – dachte, es wäre eine Garnele. Vielleicht hängt das Ding ja jetzt an mir – dran, mein ich. Sie wissen schon – wie Frauen. Also, so wie man das von Frauen erwartet.«

»Wir haben es hier«, sagte Dr. Cardiff freundlich – zu freundlich, dachte Emmet –, »nicht mit Röntgenplatten, sondern mit einem Kardiogramm zu tun. Als Sie sich gestern hinlegen mussten und ich Sie verkabelt habe?«

»Oh, ja«, sagte Emmet, »und als Sie vergessen haben, mir die Hosen aufzuschlitzen und noch schnell die Beichte abzunehmen.«

»Ha-ha«, lachte der Doktor so mechanisch, dass Emmet

sich halb erhob und vorschlug: »Machen wir doch die Fenster auf.«

– aber da war er schon über ihm, der gewaltige Kerl von einem Arzt, und drückte ihn sanft in den Sessel zurück.

»Mr. Monsen, Sie rühren sich *keinesfalls* vom Fleck. Um Ihren Transport kümmern wir uns später.«

Der Doktor sah sich schnell um, als könnte sich irgendwo im Zimmer der Eingang zur Subway oder wenigstens ein kleiner Hebekran befinden. Emmet behielt ihn im Auge – und plötzlich wimmelte es in seinem Kopf nur so von Gedanken.

Für den Weltkrieg war er zu jung gewesen, aufgewachsen war er mit Geschichten darüber, und den Großteil seines einunddreißigjährigen Lebens hatte er am Rande der Gefahr verbracht. Er war einer dieser Amerikaner, die einem vorkamen wie Überbleibsel aus einer Zeit, in der es die Siedlungsgrenze noch gab, und er hatte beschlossen, den schmalen Grat entlang zu gehen, zu reiten oder zu fliegen, der die fremde und bedrohliche von der sicheren und freundlichen Welt trennte. Aber gab es die überhaupt –

Emmet Monsen rührte sich nicht und wartete, dass der Arzt etwas zu ihm sagte. Seine schönen Augen waren groß vor Angst.

»Auf dem Schiff habe ich Fieber bekommen, deswegen will ich mich ja hier in Kalifornien erholen, aber falls das Kardiogramm etwas Ernstes zeigt, muss ich das wissen. Keine Sorge – ich verliere schon nicht die Nerven.«

Dr. Cardiff beschloss, ihm alles zu sagen.

»Offenbar leiden Sie unter einer Herzerweiterung von – von –« Er zögerte.

»Von beträchtlichem Ausmaß?«

»Tödlich ist es nicht«, sagte Dr. Cardiff hastig.

»Sieht ganz so aus«, sagte Emmet, »ich hör mich ja noch reden. Na los, Doktor! Was ist denn jetzt? Quittiert mein Herz den Dienst?«

»Also bitte!«, protestierte Cardiff. »So dürfen Sie das nicht sehen. Ich habe schon Männer erlebt, denen hätte ich keine zwei Stunden –«

»Kommen Sie zum Punkt, Mensch!«, rief Emmet, und als er merkte, wie der Blick des Doktors seiner Hand folgte: »Übrigens rauche ich jetzt. Tut mir leid, Doktor. Wie lautet die Prognose? Ich bin kein Kind mehr – ich habe selbst Typhus- und Ruhrkranke durchgebracht! Wie stehen meine Chancen – zehn Prozent? Wann und unter welchen Umständen verlasse ich diese malerischen Gefilde?«

»Das hängt vor allem von Ihnen ab, Mr. Monsen.«

»Na schön. Ich tue alles, was Sie wollen – weniger Sport, nehme ich an, keine Highballs mehr, das Haus nicht verlassen, abwarten, was sich die Natur so –«

Das farbige Hausmädchen stand in der Tür.

»Mist Monsen, Miss Halliday auf Apparat, ist mir so was von Schreck in Knochen!«

Bevor der Doktor sich hochhieven konnte, war Emmet schon unterwegs zum Telefon in der Anrichte.

»Konntest du dich also doch kurz losmachen«, sagte er.

»Ich musste den ganzen Morgen an dich denken, Emmet. Heute Nachmittag komme ich zu dir. Was hat der Arzt gesagt?«

»Alles in Ordnung – nur ein bisschen angeschlagen, ich soll mich ein paar Tage schonen. Wann kommst du?«

Pause.

»Kann ich mit ihm sprechen?«, fragte Elsa.

»Na sicher! *Was?* Wozu das denn?«

»Entschuldige bitte«, sagte er, und in diesem Moment streifte ihn jemand und ging weiter ins Wohnzimmer, er sah den Zipfel einer gestärkten weißen Uniform und fuhr fort:

»Na sicher! Gerade ist er aber nicht da. Elsa, ist dir eigentlich klar, dass ich dich ganze zwei Jahre nicht gesehen habe – bis auf die paar Minuten am Pier?«

»Zwei Jahre sind eine lange Zeit, Emmet.«

»Also, wie du das sagst!«, protestierte er. »Sei's drum, komm, sobald du kannst.«

Er legte auf und musste feststellen, dass er schon wieder nicht allein war. Da war Margerillas Gesicht, und neben Margerillas Schulter war ein zweites, völlig anderes Gesicht, das er für einen Moment so zerfahren und zerstreut angaffte, als wäre es bloß das Titelbild eines Magazins. Es gehörte einem Mädchen in einem taubenblauen Kleid. Rundliches Gesicht, runde Augen, nicht weiter aufregend, aber dieser Blick, mit dem das Mädchen ihn ansah, war auf so reizende Weise neugierig, verblüfft und amüsiert, dass er etwas sagen wollte. Das Gesicht fragte nicht, »Bist *du* wohl jener, welcher?«, wie die Gesichter manch anderer Mädchen, es fragte vielmehr: »Macht dir dieser Blödsinn etwa Spaß?« Oder auch: »Lass uns tanzen, Kumpel, das ist unser Song«, um dann hinzuzufügen: »– darauf warte ich schon mein ganzes Leben.«

Emmets Antwort auf die Fragen und Feststellungen, die das mädchenhafte Lächeln andeutete, war wenig bestechend, wie er später fand:

»Was kann ich für Sie tun?«

»Ganz im Gegenteil, Mr. Monsen.« Sie klang ziemlich

atemlos. »Was kann *ich* für *Sie* tun? Bürovermittlung Rusty schickt mich.«

Bekanntlich lassen wir unseren Ärger selten an den Dingen aus, die ihn verursachen. Emmet wiederholte das Wort – »Bürovermittlung!« – in einem Ton, der eine Erziehungsanstalt für Kleinganovinnen daraus machte und einen Ermittlungsgegenstand für die Herren Dewey und Hoover.

»Miss Trainor mein Name. Sie haben heute Morgen eine Sekretärin bestellt, deswegen bin ich hier. Ich habe ein Empfehlungsschreiben mitgebracht – von Mr. Rachoff, dem Musiker. Er ist letzte Woche nach Europa gegangen, bis dahin habe ich für ihn gearbeitet –«

Sie hielt ihm das Schreiben hin – aber Emmet war nach wie vor verstimmt.

»Nie gehört von dem Mann«, verkündete er hoheitsvoll, korrigierte sich dann aber: »Doch, habe ich, aber ich halte nichts von Empfehlungsschreiben. Empfehlungsschreiben kann man fälschen.«

Er musterte sie, anklagend sogar, aber sie lächelte wieder – und ihr Lächeln schien ihm zuzustimmen, dass Empfehlungsschreiben Blödsinn waren, schien zu sagen, dass sie schon seit Jahren davon überzeugt war – nur gut, dass es endlich jemand aussprach.

Sie mussten schon eine ganze Weile in der Anrichte gewesen sein. Emmet stand auf.

»Das Zimmer im Erdgeschoss ist ab sofort Ihr Schreibbüro. Margerilla wird es Ihnen zeigen.«

Er nickte ihr zu und ging zurück ins Wohnzimmer, wo ihm wieder einfiel, dass der Doktor auf ihn wartete.

Allerdings wartete er nicht allein. Sondern beriet sich

ernst und diskret mit der weißgekleideten Gestalt, die Emmet gestreift hatte. Ihr Gespräch war so sehr im Fluss, dass es von Emmet nicht unterbrochen wurde, und so floss es, nachdem er sich gesetzt hatte, noch eine ganze Weile dahin.

»Tut mir leid, dass es so lange gedauert hat. Ständig kommt wer. Dabei wurde mir gesagt, man hätte hier draußen seine Ruhe – dieser Davis hat sogar Leibwächter, die ihm seine vielen Verehrerinnen vom Leib halten.«

»Das ist Miss Hapgood, ihre Tagesschwester«, sagte Dr. Cardiff.

Die verdruckste, glockenförmige Dame lächelte erst, dann taxierte sie Emmet wie ein Pelzhändler einen Marderbalg.

»Ich habe sie über alles in Kenntnis gesetzt –«, erklärte der Doktor.

Die Krankenschwester bestätigte, indem sie einen vollgeschriebenen Notizblock hochhielt.

»– und ich habe sie gebeten, mich mehrmals am Tag anzurufen – vier Mal, richtig?«

»Vier Mal, Herr Doktor.«

»Es ist also bestens für Sie gesorgt. Ha-ha.«

Die Krankenschwester imitierte sein Lachen. Emmet fragte sich, ob ihm ein Witz entgangen war.

Dann musste sich der Arzt »sputen« – ein Vorgang, der das mehrmalige Aufnehmen und Abstellen seiner Tasche, das Ausstellen eines letzten Rezepts, das Entsenden der Krankenschwester auf die vergebliche Suche nach dem Stethoskop – und schließlich das haarscharfe Hinausmanövrieren seines massigen Körpers durch die Zimmertür beinhaltete. Auch ohne Stoppuhr kam Emmet zu dem Schluss, dass »sich sputen« nicht mehr sein konnte als Krankenhausrhetorik. Wie dem auch sei, der Anblick von Miss Hapgood, die über die Türschwelle gestolpert war und nun ausgestreckt auf dem Boden lag, irritierte ihn. Aber noch bevor er aufstehen konnte, war sie an seiner Seite und umklammerte sein rechtes Handgelenk.

»Mr. Moppel, vielleicht sollten wir uns erst einmal kennenlernen.«

Gerade wollte Emmet den Anfang machen und seinen richtigen Namen beisteuern, da sagte sie noch:

»Eins müssen Sie wissen – ich bin ziemlich tollpatschig. Sie wissen schon.«

Emmet war ein weitgereister Mann und oft mit Fragen konfrontiert, die er in Unkenntnis fremder Sprachen nicht verstand, aber er war nie um eine Hand-und-Fuß-Antwort verlegen gewesen – diesmal allerdings fiel ihm nichts ein. »Das tut mir leid«, traf die Sache nicht ganz, »Oh wie schade!«, genauso wenig. Er war drauf und dran, ihr entgegenzuschleudern, »Ja, können Sie denn daran nichts ändern?«, als ihm die Schwester diese Frage auch schon beantwortete, indem sie von seinem Handgelenk abließ, sich aufrichtete und im selben Atemzug über den Messingbeistelltisch mit dem zwölfteiligen Silber-Teeservice stolperte, der, so Emmets bisherige Überzeugung, am anderen Ende des Zimmers stand.

Dann, als würde eine Abfolge von Gongschlägen in einem Film seinen Auftritt ankündigen, erschien das jugendliche Gesicht von Carlos Davis in der Tür, neben ihm Miss Trainor. Carlos Davis war ein Kleinstadtjunge aus Dakota und, anders als ihm unterstellt wurde, kein bisschen affektiert – was konnte er denn dafür, dass er mit einem gewissen darstellerischen Talent und außergewöhnlicher Schönheit gesegnet war.

Emmet stand auf, darum bemüht, das Sahnekännchen nicht zu zertreten.

»Hallo, Mr. Davis.«

»Hallihallo!«, sagte Davis und fügte beschwichtigend hinzu: »Nicht dass Sie denken, ich gehöre zu den Vermietern, die gern mal ›vorbeischauen‹! Bin zufällig dem Arzt über den Weg gelaufen und wollte fragen, ob ich etwas für Sie tun kann.«

»Ach – das ist aber nett.«

Davis' Blick glitt langsam seitwärts, hin zu Miss Hapgood, die sich auf undefinierbare Weise an dem Silberservice zu schaffen machte – »aufsammeln« wäre eine ungenaue Bezeichnung gewesen, denn im Verlauf des Gesprächs ertönten immer neue Gongschläge.

»Wollte Sie nur wissen lassen, dass ich Ihnen jederzeit zur Verfügung stehe und dass ich –«, er betrachtete Miss Trainor mit sichtlichem Wohlgefallen, »– dass ich Ihrer Sekretärin meine Privatnummer gegeben habe – sie steht nicht im Telefonbuch, aber sie hat schon was.« Pause. »Soll heißen, sie hat die *Nummer*. Jetzt muss ich aber – schon wieder so eine Sendung! Gottchen!«

Er nickte melancholisch und winkte zum Abschied, ein bisschen wie Queen Elizabeth bei ihrer Ankunft in Kanada, und zog, sobald er im Flur war, mit sportlichen Sprüngen von dannen.

Emmet setzte sich und sagte zu Miss Trainor:

»Sie haben mir wohl nichts zu sagen? – Da geht er hin, unser Märchenprinz.«

»Ich wollte ihn nicht reinlassen«, sagte sie unbeeindruckt. »Aber die Naturgesetze waren stärker. Kann ich noch etwas für Sie tun?«

»Sicher. Setzen Sie sich. Ich erkläre Ihnen, was Ihre Aufgaben sind.«

Sie erinnerte ihn an ein Mädchen, dessentwegen er als Siebenjähriger einiges durchgemacht hatte, nur dass sich die junge Frau hier keine Zöpfe flocht, sondern ihr rotbraunes, blondgesträhntes Haar schulterlang trug; und ihr Lächeln war ein Lächeln so voller eigensinniger Neugier und Verheißung, wie ihm noch nie eines untergekommen war.

»Ich habe ein Buch geschrieben, eine Art wissenschaftliche Abhandlung. Es ist in der Küche – der Postbote hat die Verlagslieferung dort abgestellt. Morgen erscheint es, und niemand wird es lesen.« Er sah ihr unvermittelt in die Augen. »Wird's Ihnen auch ganz anders, wenn Sie an die Geschichte der Ozeane und die Entstehung von Flutwellen denken?«

Das Mädchen guckte ihn an, als müsste sie erst überlegen. »Schon möglich.«

»Ich meine: Würden Sie ein Buch darüber kaufen?«

»Nun«, Pause, »kommt drauf an.«

»Ganz die Diplomatin, was?«

»Offen gestanden, wenn ich ein signiertes Exemplar bekäme, würde ich *keins* kaufen.«

»Sag ich doch, Diplomatin«, knurrte er. »›Chefdiplomatin‹ sogar. Egal, die Bibliotheken werden das Buch in die Geographieabteilung stecken, und da wird es von Termiten befallen, bis der Nächste kommt, der den gleichen Spleen hat wie ich. Als Nächstes schwebt mir ein Abenteuerroman vor – was für Jungs vielleicht. Muss schön sein, wenn tatsächlich mal jemand liest, was man geschrieben hat. Ich habe schon jede Menge Notizen – schauen Sie doch bitte im Flur nach der Aktenmappe.«

»Mr. Mop–«, hob die Schwester tadelnd an, Emmet darauf:

»Einen Moment bitte, Miss Hapgood.« Als Miss Trainor mit der Aktenmappe zurückkam, sagte er: »Alles, was rot unterstrichen ist, muss abgetippt werden. Meine Handschrift dürfte lesbar sein. Und jetzt zu Ihren Arbeitszeiten. Ich glaube kaum, dass mir der Doktor gestatten wird, viel zu arbeiten – sagen wir also fünf, sechs Stunden.«

Sie nickte.

»Sie sind also rechtzeitig beim Abendessen mit Ihren Verehrern«, sagte er.

Sie lächelte nicht, Emmet kam sich ein bisschen ungezogen vor und fragte sich, ob sie verlobt war oder verheiratet.

»Kommen Sie aus der Nähe von Boston?«, fragte er schnell.

»Oh – ja. Man hört es wohl noch.«

»Ich komme aus New Hampshire.«

Sie sahen sich jetzt völlig gelöst an, im Geiste am anderen Ende des Landes.

Möglich, dass Miss Hapgood ihre Blicke missverstand, vielleicht fiel ihr auch wieder ein, dass sie es hier mit einem heiklen Fall zu tun hatte, jedenfalls rief sie sich in Erinnerung, indem sie polternd eine Bridge-Stehleuchte aufrichtete.

»Mr. Moppel – ich habe meine Anweisungen, und bevor irgendetwas passiert, wollen wir doch wohl mit der Behandlung beginnen!«

Sie warf einen Blick zur Tür; Miss Trainor ging auf, dass sie dieses »Irgendetwas« war, also griff sie nach der Aktenmappe und zog sich zurück.

»Jetzt aber erst einmal ab ins Bett mit uns!«, sagte Miss Hapgood.

Trotz dieser Formulierung hätte man das, was sich in Emmets Kopf abspielte, als er aufstand und ihr folgte, im *Youth's Companion* abdrucken können.

»Ich werde gar nicht erst versuchen, Ihnen behilflich zu sein, Mr. Mom – Mister – weil ich doch so tollpatschig bin, aber der Doktor sagt, Sie sollen *langsam* nach oben gehen und sich so – sehen Sie – am Geländer festhalten.«

Emmet ging stur voran, hörte erst das Holz laut knarzen, dann ein abschätziges Lachen.

»Wie die hier in Kalifornien bei den Treppen pfuschen, finden Sie nicht auch?«, kicherte sie. »Im Osten ist das anders.«

»Da kommen Sie wohl her?«, fragte er, oben angekommen.

»Na und wie – geboren und aufgewachsen in Idaho!«

Er setzte sich aufs Bett, löste die Schnürsenkel und ärgerte sich, dass ihm trotz Krankheit nicht kränker zumute war.

»Krankheiten müssen *ausbrechen*«, sagte er, »wie die Beulenpest.«

»Beulenpestfälle habe ich immer abgelehnt«, sagte Miss Hapgood verächtlich.

Emmet sah auf.

»Immer?«

Er wandte sich wieder seinen Schuhen zu, da kniete sie auch schon vor ihm und verwirrte seine Schnürsenkel gekonnt zu einem Knäuel. Als sie ihm gleich darauf genauso gekonnt das Jackett ausziehen wollte, fühlte er sich an die provisorische Zwangsjacke erinnert, in der er einen wildgewordenen Hafenarbeiter hatte stecken sehen.

»Um die Hose kümmere ich mich besser selbst«, schlug er vor – worauf Miss Hapgood federnden Schrittes auf die andere Seite des Bettes ging und dabei das Feuergitter aus dem Weg räumte. Unter drei mächtigen Ächzern brach es zusammen.

»Nicht weiter schlimm«, sagte er schnell. »Mein Schlafanzug ist im Koffer – ich habe noch nicht fertig ausgepackt.«

Nach eingehender Suche reichte ihm Miss Hapgood ein Anzughemd und ein Paar Cordhosen – zum Glück fielen Emmet die glänzenden Knöpfe auf, bevor das Hemd ganz angezogen war.

Als er schließlich mit zwei Tabletten im Magen und einem Fieberthermometer im Mund im Bett lag, stand Miss Hapgood vor dem Spiegel und fuhr sich mit seinem Kamm durch ihr sorgsam toupiertes Haar.

»Was für hübsche Sachen Sie haben«, sagte sie. »Zuletzt war ich immer bei Leuten, deren Zeug hätte ich nicht nachgeschmissen haben wollen. Deswegen habe ich Dr. Cardiff auch gebeten, mir einen Auftrag bei einem richtigen Gentleman zu verschaffen – ich bin nämlich eine Lady.«

Sie ging zum Fenster und warf einen Blick auf die Frühernte von San Fernando Valley.

»Was meinen Sie – wird Carlos Davis Mary Thomas heiraten? Bitte nicht antworten, bevor ich das Thermometer rausgenommen habe!«

Aber es war schon wieder draußen. Emmet setzte sich auf.

»Apropos – ich wollte nicht zu Bett gehen, bevor Miss Halliday angerufen hat.«

»Ich habe Ihnen zwei Schlaftabletten gegeben, Mr. Mom.«

Er schwang die Beine aus dem Bett.

»Dann geben Sie mir ein Brechmittel? Damit ich die wieder loswerde? Ein bisschen Salzwasser?«

»Konvulsionen hervorrufen?«, empörte sich Miss Hapgood. »Bei einem *Herz*patienten?«

»Dann lassen Sie heißen Kaffee kommen – und suchen Sie meinen Morgenmantel. Bald vergesse ich noch, wie ich heiße.«

Das war kein Vorwurf, Miss Hapgood war auch nicht beleidigt, sie schüttelte bloß den Kopf, setzte sich ans Klavier und spielte einhändig Tonleitern.

»Also, ich schlafe jetzt ein bisschen«, beschloss Emmet verzweifelt. »Miss Halliday kommt sicher erst in ein paar Stunden. Sie wecken mich dann?«

»*So* können Sie doch nicht schlafen.«

»Ich schlafe immer mit aufgestütztem Ellbogen ein.«

Behände wie kein einziges Mal, seit sie sich kannten, klappte sie ihn zusammen.

II

Als er aufwachte, war es draußen dunkel, und auch im Zimmer war es dunkel, abgesehen von einer kleinen, mit einem Handtuch verhängten Lampe. Miss Hapgood war nicht zu sehen, aber allmählich erkannte er eine andere Frau in Weiß, die in einem opulent gepolsterten Sessel am anderen

Ende des Zimmers saß – und demselben Hünengeschlecht wie Dr. Cardiff angehörte. Er warf einen Blick auf seine Uhr, es war halb elf, da fuhr die Dame aus dem Schlaf und setzte ihn darüber in Kenntnis, dass sie die Nachtschwester Mrs. Ewing sei.

»War jemand da?«, fragt er.

»Miss Halliday. Sie wird es morgen wieder versuchen. Ich habe ihr gesagt, dass Sie unter gar keinen Umständen gestört werden dürfen.«

Er grämte sich still und leise. Mrs. Ewing stand auf und expandierte in den Flur. Vor der Tür wurde gesprochen.

»Wer ist da?«, wollte er wissen. Eine atemlose Stimme, in der es zu glühen schien, erwiderte:

»Ihre Sekretärin, Mr. Monsen.«

»Was haben Sie um diese Uhrzeit hier zu suchen?«

Die beiden Frauen – die eine riesig, die andere schlicht eine Frau, die im Vergleich beinah zerbrechlich wirkte – standen in der Tür. Die schwächelnde gelbliche Glühbirne im Flur ließ gerade noch Miss Trainors Lächeln erkennen – reumütig zwar, aber auch ein bisschen keck, so als wäre sie ziemlich sicher, dass er nicht sehr streng mit ihr sein würde.

»Offen gestanden, Mr. Monsen«, gestand Mrs. Ewing ganz offen, »offen gestanden wusste ich doch nicht, mit was für einer Mannsperson ich es zu tun bekommen würde, als Sie noch geschlafen haben – und als mir klar wurde, dass das Hausmädchen nicht mehr im Haus ist, da habe ich offen gestanden diese – diese –«, ein kurzer Blick zu Miss Trainor, als wäre eine finale Bestätigung vonnöten, »diese Sekretärin gebeten, so lange zu bleiben, bis Sie aufwachen.«

Emmets Augen hatten sich noch nicht an das schummrige Licht im Zimmer und auf dem Flur gewöhnt, aber er hätte schwören können, dass Miss Trainor ihm zuzwinkerte.

»Nun, dann kann Miss Trainor wohl jetzt nach Hause gehen«, sagte er.

»Gute Nacht, Mrs. Ewing«, sagte sie. »Und auch Ihnen eine hoffentlich gute Nacht, Mr. Monsen.«

Während sich ihre Schritte treppab entfernten, fragte er: »Was für eine *Mannsperson* haben Sie denn erwartet?«

»Aber ich konnte es doch nicht wissen!«

»Haben Sie nicht mit Dr. Cardiff gesprochen?«

»Nein. Ich konnte mich nur auf das Krankenblatt stützen, aber nicht alles entziffern – ich habe oft mit Trinkern und Schießern zu tun gehabt.«

Zwar war Emmet jetzt so wach wie noch nie, aber das Wort sagte ihm nichts.

»Laien wie Sie nennen solche Leute ›rauschgiftsüchtig‹«, erklärte Mrs. Ewing sachlich.

Sie schauten sich an. Emmet rekonstruierte schnell ihre Vergangenheit und wurde von einer Welle des Mitgefühls für die wehrlosen Säufer und Drogenopfer überwältigt, die sie zerquetscht haben musste wie lästige Mücken.

Ihm war zum Lachen zumute, aber dann fiel ihm wieder ein, dass Dr. Cardiff gesagt hatte, er dürfe auf keinen Fall aus vollem Halse lachen oder irgendetwas anderes tun, das sein Zwerchfell erschütterte, also sagte er stattdessen: »Ich konsumiere Opium für gewöhnlich in Form von Milchtoast. Und was den Alkohol angeht – es wurmt mich, dass ich nicht schon letztes Jahr zur Flasche gegriffen habe, als wir unser Trinkwasser mit Reinigungstabletten aufbereiten mussten. Wenn Sie das Krankenblatt nicht lesen können, warum rufen Sie dann nicht Dr. Cardiff an?«

Und dann fügte er freundlich hinzu:

»Schauen Sie, Miss Trainor arbeitet tagsüber. Sie möchten ihr doch sicher nicht beim Tippen helfen, oder?«

Mrs. Ewing wechselte resolut das Thema.

»Möchten wir jetzt vielleicht ein Bad nehmen?«

»Habe ich heute schon. Hatte ich sehr hohes Fieber? Ich nehme an, Miss Hapgood hat das notiert.«

»Was Fragen dieser Art angeht, müssen Sie sich an Dr. Cardiff wenden, Mr. Monsen.«

Da war wohl nichts zu machen, also beschloss er, dass es *seine* Schuld war, dass er gereizt war – und dass es *seine* Sache war, das Thema zu wechseln.

»Mrs. Ewing, ich habe ein Mittel aus Melbourne mitgebracht«, sagte er. »Ich habe vergessen, Dr. Cardiff davon zu erzählen. Es handelt sich um ein subtropisches Heilpflanzenextrakt. Sie finden es in dem Arzneikoffer, den Margerilla in den Schrank in der Kammer am Ende des Flurs gestellt hat.«

»Sie hat Feierabend, Mr. Monsen, Sie bekommen jetzt eine andere Medizin von mir.«

»Nein – Sie werden den Koffer schon finden – braunes Leder – das Zeug ist in den grünen Kapseln.«

»Ohne Erlaubnis des Herrn Doktor werde ich Ihnen wohl kaum ein Medikament verabreichen.«

»Holen Sie das Zeug, rufen Sie ihn an und lesen Sie ihm die Rezeptur vor, sie steht auf der Flasche. Oder ich rede selbst mit ihm.«

Sie kam an seine Seite gewogt, ihre Blicke trafen sich.

Dann nahm sie, von gewichtigen Zweifeln beschwert, Kurs auf den Flur, und wenig später hörte er, wie sie den Koffer in dem improvisierten Arzneikämmerchen aufklickte. Sie rief:

»Kann nichts finden! Wir hätten hier Chinin, ein Serum gegen Typhus, Erste-Hilfe-Sachen – aber keine grünen Kapseln.«

»Bringen Sie den Koffer her!«

»Ich habe meine Taschenlampe mitgenommen und alles rausgeräumt, Mr. Monsen.«

Er war aufgestanden und wollte zur Kammer, griff im Vorbeigehen entnervt nach einem Quilt und merkte, dass er schweißgebadet war.

»Mr. Monsen! Sie hören nicht auf mich.«

»Das Zeug muss hier sein. In einer der Seitentaschen.«

Während Emmet in die Tasche langte, war hinter ihnen ein leises Klacken zu hören.

»Leuchten Sie mir bitte und –« Mitten im Satz begriff er, was passiert war. Ein Luftzug hatte die Tür geschlossen. Schlimmer noch, im Licht der Taschenlampe zeigte sich, dass es auf der Innenseite keinen Riegel gab und keinen Knauf – und genau in diesem Moment gab sang- und klanglos die Batterie der Taschenlampe ihren Geist auf.

III

Emmet ging schneller mit sich zurate als Mrs. Ewing und begriff als Erster, dass ihre Lage misslich war. Sein zweiter Gedanke galt – reichlich selbstsüchtig – sich selbst. Es war kalt in der Kammer, er schlang sich den Quilt in Arabermanier um die Schultern, hörte die Schwester keuchen, Männer in auf Grund gelaufenen U-Booten kamen ihm in den Sinn, und er fragte sich, wie lange die von einem Brustkorb in der Größe eines Jollenkreuzers ein- und ausgeatmete Luft noch Sauerstoff enthalten würde.

»Kreuzer« war das richtige Stichwort, es dauerte nämlich nicht lange, bis Mrs. Ewing vollen Körpereinsatz bewies, um Emmet davon zu überzeugen, dass die Kammer kleiner war als gedacht. In der Dunkelheit war nicht auszumachen, ob sie von einer Verschwörung ausging oder gegen das Ersticken ankämpfte – und so musste er in seinem klatschnassen Burnus eine ganze Weile um sie herumhüpfen, damit sie ihn nicht zwischen sich und der Wand zermanschte – bis sich die Situation entspannte, auf einmal hatte sie nämlich eine brisante Neuigkeit zu verkünden:

»Da ist ja ein Fenster!«

Ein Fenster, fürwahr, die Schwärze der Nacht hatte es vor ihnen verborgen. Die Frage war nun, ob es auf ein Dach oder ins Nichts hinausführte – flugs war Mrs. Ewings vorderes Teilstück hinausgeklettert und versuchte diese Frage wider die Finsternis des Firmaments zu beantworten. Dann gab es Grund zu frohlocken.

»Ich sehe da was«, sagte sie. »Da unten ist noch ein Dach.«

Irgendwo in den Weiten ihres Vorhandenseins flammte Pfadfinderinnengeist auf, und ehe er sie warnen konnte, war sie auch schon ganz draußen, und er hörte, wie das Blechdach ächzte. Ein kühler Lufthauch zog jetzt durchs Fenster, Emmet hockte sich auf den Boden, und Mrs. Ewing trompetete in die Kammer:

»Ich kann doch nichts sehen.«

»Morgen früh kommt der Doktor«, sagte Emmet hoffnungsvoll, beschloss dann aber, dass Humor nicht angezeigt war, und fügte hinzu:

»Rufen Sie um Hilfe. Nein – rufen Sie nicht ›Hilfe‹! Rufen Sie lieber ›Mr. Monsen in Schwierigkeiten‹ oder so – und rufen Sie ›keine Einbrecher‹ – sonst kommt noch wer mit seiner Flinte und knallt Sie über den Haufen.«

»Mr. Monsen in Schwierigkeiten«, donnerte sie folgsam, »– keine Einbrecher!«

Und donnerte weiter – eine Reaktion blieb aus. Emmet stellte sich vor, er müsste eine ganze Woche hier festsitzen und sich von grünen Kapseln und Jodtinktur ernähren.

Wenn er gerade nicht zitterte, hörte er Mrs. Ewing mit jemandem sprechen, verstand aber nur die Hälfte. Dann erstattete sie Bericht:

»Da ist einer in einem weißen Mantel!«

Er lauschte.

»Wie schaut's aus, Süße?« Die Stimme klang sehr weit weg.

Dann die Schwester:

»Vielleicht ist die Tür zur Küche nicht abgeschlossen. Falls doch, müssen Sie hier raufkommen, dann sage ich Ihnen, was zu tun ist!«

»Haste bisschen Sprit für mich, Süße?«

»Ich scherze nicht«, sagte Mrs. Ewing empört. »Ich bin approbierte Krankenschwester und sitze in einer Arzneikammer fest.«

»Haste auch Medizin von mei'm Kaliber?«

Emmet verstand nicht alles – auf einmal schaute Mrs. Ewing wieder in die Kammer.

»Vielleicht hat er's verstanden«, sagte sie. »Aber er war *unheimlich* betrunken. Er versucht's über die Küchentür.«

Einmal mehr verschwindet eine Figur aus der Geschichte. Die beiden bekamen den Streuner nie wieder zu Gesicht. Äonen später, zwanzig Minuten etwa, ergriff Emmet das Wort.

»Jetzt kommen Sie schon wieder rein, und machen Sie das Fenster zu«, sagte er. »Es wird immer kälter.«

»Ich bleibe lieber hier draußen.«

»Dann machen Sie das Fenster zu!«

Pause.

»Ich würde ja reinkommen, Mr. Monsen, aber Sie müssen mich schon verstehen, ich kenne Sie kaum.«

»Verstehe ich. Ich kenne Sie auch kaum.«

Sie zögerte – dann gab sie sich einen Ruck, kletterte wieder in die Kammer und machte das Fenster halb zu.

»Wir warten einfach ab«, sagte er schläfrig. »Ich habe ein Aspirin genommen.«

Zeit verging, wie viel genau, konnte Emmet nicht sagen, aber er war ziemlich sicher, dass sich Mrs. Ewing unbequem hingehockt hatte und die Augen offen hielt. Er wachte auf, als sie mit den Fäusten gegen die Tür trommelte – »Margerilla!«, rief sie, »Margerilla!«

»Was ist denn?«

»Margerilla!«, schrie sie. »Ich habe ihr Auto gehört!«

»Rettung«, murmelte Emmet, aber Mrs. Ewings Gezeter ermutigte Margerilla nicht gerade, nach oben zu kommen – es dauerte eine Weile, bis sie den Schlüssel ins Schloss steckte.

Zum Ausgleich für ihre Trägheit brach sie in umso verschämteres Gekicher aus.

»Ui, *Sie* beide!«, rief sie. »Was denn *da* gemacht drin?«

Emmet stand auf und schlang den Burnus fest um sich. Sosehr er sich auch auf seine kindlichen Ritterlektüren besann, es kam ihm nichts Ritterliches über die Lippen.

»Wir haben uns in der Kammer eingesperrt«, sagte Mrs. Ewing gravitätisch.

»Ja«, sagte Emmet hochmütig, »so ist es.«

Er ging, wie der geschundene Cäsar in seiner Toga, an der gackernden Margerilla vorbei, folgte der Krankenschwester und fiel hinter der geschlossenen Krankenzimmertür fix und fertig ins Bett.

Als er erwachte, hatte die Welt etwas seltsam Bedrohliches an sich. Noch war es Mai; über Nacht war der Park von Carlos Davis' Anwesen von flammendem Rosenblust heimgesucht worden, süßes Gift rankte über die Veranda und das Fenstergitter. Etwas in ihm wehrte sich gegen den verzweifelten Übermut, mit dem er sich über den vergangenen Tag gerettet hatte. Wusste er alles über seinen Zustand? Würde Elsa Halliday heute kommen? War sie dieselbe wie vor zwei Jahren, als ihre Wege sich getrennt hatten? Und was war mit ihm? Würde sie einen anderen in ihm sehen, wo doch ein Fieber in ihm brannte, dessen Ursprung in seinem Herzen verborgen lag?

Als er vorwitzig genug war, die Augen zu öffnen, kam die diensthabende Miss Hapgood auf ihn zugestürzt, ein Fieberthermometer in der zittrigen Hand – wie ein Stilett.

Etwas musste passieren mit ihr, so viel stand fest, jetzt, wo sie abrupt innehielt, und das Thermometer herunterschüttelte – strenggenommen zu Boden pfefferte, wo die Bruchstücke unter die Kommode kullerten.

Müde läutete er zweimal – am Tag zuvor hatte er dieses Zeichen mit der Sekretärin vereinbart. Als sie kam, richtete er sich in den Kissen halb auf – dann folgte er ihrem ansteckenden Blick zum Fenster. »Ganz schön viele, was?«

»Ich würde sie direkt ins Zimmer wachsen lassen«, sagte Miss Trainor. »Übrigens hat Miss Halliday heute Morgen Blumen geschickt.«

»Ach so?« Er war neugierig. »Was für welche?«

»Rosen – American Beautys«, fügte sie nach einer kurzen Pause hinzu.

»Würden Sie mir die wohl bringen, Mrs. Hapgood?« Dann, an Miss Trainor gerichtet: »Und draußen auf der Veranda?«

»Talisman-Rosen – und ein paar Cécile Brünners.« Nachdem Miss Hapgood die Tür hinter sich geschlossen hatte, bot Miss Trainor ihre Hilfe an: »Ich könnte zum Drugstore fahren und ein neues Thermometer besorgen. Es hat wohl ein kleines Malheur gegeben.«

»Danke. Wir müssen vor allem darauf achten, dass ich wach bin, wenn Miss Halliday kommt – falls sie denn kommt. Sieht aus, als würde hier am Hirn eines kranken Mannes rumgeklempnert – der Doktor und die Schwestern scheinen sich verbündet zu haben, damit ich mich nicht mehr vom Fleck rühre – wie die Dame auf dem Titelblatt da.«

Sie öffnete das Fenster, brach eine Rose ab und warf sie auf das Kissen neben ihm.

»Auf eins können Sie sich verlassen«, sagte sie, dann forsch: »Unten wartet Post auf Sie. Manche Leute beginnen den Tag am liebsten mit der Post – Mr. Rachoff dagegen wollte vor der Zeitungslektüre immer erst die Arbeit erledigt wissen.«

Emmet, in dem sich leise Feindschaft gegen Mr. Rachoff regte, erwog die Möglichkeiten.

»Also, Telefonanrufe von Miss Halliday haben Priorität, und bitte bringen Sie in Erfahrung, wann sie kommt, aber dezent! Was die Arbeit angeht – gestern war mir danach – jetzt ist mir nach gar nichts mehr. Ich muss erst wissen, was dieser Arzt vorhat. Reichen Sie mir doch bitte die Aufzeichnungen der Schwester, ja?«

»Ich läute lieber nach Miss Hapgood.«

»Bloß nicht!«

Er war schon fast aus dem Bett, als Miss Trainor einlenkte. Emmet machte es sich mit seiner Krankenakte bequem und las ein paar Minuten. Dann stand er endgültig auf, langte nach seinem Morgenmantel und läutete drei Mal nach der Schwester. Gewisse Wörter fielen – angesichts einer schlimmer werdenden Bronchitis, die er sich in der Kammer zugezogen hatte, unter erschwerten Bedingungen hervorgebrachte Wörter, die Miss Trainor, so Emmets frommer Wunsch, nicht verstehen würde.

»Holen Sie mir Dr. Cardiff ans Telefon! Und dann *lesen* Sie – lesen Sie selbst! Drei Stunden auf der rechten Seite liegen, dann vorsichtig auf die linke Seite drehen. Das sind doch keine ärztlichen Maßnahmen! Das sind die Maßnahmen eines Leichenbestatters – fehlt nur noch, dass man mich einbalsamiert!«

Ein Teil der Schuld, die man ihr später in die Schuhe schob, lag tatsächlich bei Miss Trainor, denn in dem Moment, als sie Emmet das Krankenblatt gab, änderte sich der

Charakter des Falls. Sie räumte ein, sie hätte ihm das Krankenblatt wieder aus der Hand reißen und damit aus dem Zimmer rennen können, was angesichts seiner Verfassung jedoch eine Verfolgungsjagd nach sich gezogen hätte – und damit ein wohl noch größeres Übel.

Emmet ging ins Wohnzimmer, setzte sich in seinen Sessel und brütete. Er bat Miss Trainor, ihm Gesellschaft zu leisten – etwas an ihr hielt ihn davon ab, unleidlich zu werden. Nie durften diese stabsichtig zusammengekniffenen Augen, mit denen sie auf eine andere, eine buntere und vergnüglichere Welt zu blicken schien, korrigiert werden, nie durfte sie derselben trüben Wahrheit ins Auge sehen wie er in diesem Moment. Er wollte nicht, dass sie sah, was er sah. Als Dr. Cardiff erschien, war er relativ ruhig.

»Lassen Sie mich den Anfang machen«, schlug er vor, »am Ende entscheiden sowieso Sie.«

Dr. Cardiff nickte betont langmütig.

»Ich habe das Krankenblatt gelesen«, sagte Emmet. »Doktor – ich kann so nicht leben – vier Monate lang!«

»Wie oft ich das schon gehört habe«, sagte Dr. Cardiff gallig. »Dutzende sogenannter Hochdruckpersönlichkeiten haben zu mir gesagt: ›Wenn Sie glauben, ich bleibe in diesem – – – Bett liegen, sind Sie nicht ganz richtig im Kopf!‹ Ein paar Tage später kriegen sie's mit der Angst zu tun und sind so klein mit –«

»Aber ich kann nicht den ganzen Tag an die Decke starren – und dann die Sache mit der Bettpfanne – und nur noch Pampe zu essen – da wird man doch plemplem!«

»Mr. Monsen, wenn Sie schon unbedingt das Krankenblatt lesen müssen, dann bitte *richtig*! Es ist nämlich vorgesehen, dass Ihnen die Schwester vorliest – und morgens haben Sie eine halbe Stunde, um Ihre Post zu bearbeiten und Schecks auszustellen. Ich für meinen Teil finde, Sie sollten sich glücklich schätzen, hier draußen krank sein zu dürfen, wo es doch hier so herrlich ist und –«

»Das finde ich doch auch«, unterbrach ihn Emmet, »ich vegetiere meinetwegen auch vor mich hin – aber das muss doch anders gehen! *So* geht es jedenfalls nicht – ich war gerade zwölf, da bin ich von zu Hause weggelaufen und habe mich nach Texas durchgeschlagen –«

Der Doktor stand auf.

»Aber Sie sind nicht mehr zwölf. Sie sind ein erwachsener Mann. Und nun, Sir –«

Er zog ihm rasch den Morgenmantel aus, legte die Blutdruckmanschette an und sagte:

»Sie müssen sofort ins Bett!«

Die Manschette ächzte in sich zusammen – Dr. Cardiff warf einen Blick auf den Wert, nahm die Manschette wieder ab, dann trat Miss Hapgood neben ihren Patienten, und Emmet glaubte für einen kurzen Moment, sein Arm wäre in einen Schraubstock eingespannt.

Dr. Cardiff wandte sich an Miss Hapgood: »Wir bringen Mr. Monsen jetzt nach oben.«

»Ich bin durchaus in der Lage, allein –«

Miss Trainor sah, wie Emmet, flankiert von seinen zwei Helfern, die Treppe hinaufging. Trotz des eigenwilligen Entzückens, das sich in ihrem Gesicht abspielte, war sie ein ernstes, besonnenes Mädchen und verließ sich nur selten auf ihre Intuition. Ihre Zweifel jedoch, ob Dr. Cardiff wusste, wo das Herz dieser Angelegenheit wirklich schlug, blieben bestehen.

Sie wurden sogar noch größer, als sie tags darauf vor dem Fenster an ihrer Schreibmaschine saß und über ein Rosenbeet hinweg in die Küche sah. Mr. Monsen stand am Herd, neben ihm die zunehmend entkräftete Miss Hapgood.

Margerilla war also noch nicht da, dabei war es weit nach eins. Als sie gegen elf von irgendwoher angerufen hatte, war Miss Trainor irgendwann im Verlauf des Gesprächs zu dem Eindruck gelangt, Margerillas Großmutter hätte sich irgendetwas gebrochen. Margerilla hatte versprochen, noch vorbeizukommen, aber inzwischen wurde der Patient immer ungeduldiger und unruhiger.

Miss Trainor lauschte:

»Aber Mr. Monsen, so können Sie doch nicht kochen – mit 39 Grad!«

»Ach nein? Und was war mit den Hunnen? Die sind den lieben langen Tag auf Satteln aus rohem Fleisch durch die Gegend geritten – so haben die nämlich die Fleischfasern verdaulich gemacht – kein moderner Herd kann das besser.«

»Mr. Monsen!«

Miss Trainor konnte ihn wie besessen Fleisch hacken hören und kniete sich in die Reinschrift. Was für ein angenehmer und gutaussehender Mann er doch gewesen war.

»Sie sind zu schwach«, sagte Miss Hapgood verzagt.

»Ist das so? Gegen Schwächezustände haben wir doch einen guten Brandy in der Anrichte! Glauben Sie etwa, die Beruhigungsmittel, die mich rund um die Uhr benebeln, stärken mich?«

Der Kaffeeperkolator knackste, das Hacken verstummte.

»Ich werde ja sowieso nichts essen wollen«, verkündete Emmet. »Und jetzt entschuldigen Sie sich bloß nicht! Soll

Miss Trainor eben Sandwiches besorgen. Am liebsten würde ich das Krankenblatt in Rizinusöl schmoren und Dr. Cardiff das Maul damit stopfen.«

Miss Trainor wünschte sich, sie hätte zur Entschädigung eine gute Neuigkeit für ihn gehabt – eine halbe Stunde vorher hatte er nämlich am Telefon erfahren, dass Elsa Halliday nicht mehr kommen würde, dafür wohl aber am nächsten Tag. Sie hörte, wie er ins Wohnzimmer ging. Dann zog ein Wagen, der vor dem Hintereingang hielt, ihre Aufmerksamkeit auf sich.

Wenig später kam sie, gefolgt von Miss Hapgood, ins Wohnzimmer geeilt.

»Was gibt's?«, fragte er und sah mit müden Augen aus seinem Sessel auf.

»Es geht um Margerilla«, schnatterte Miss Hapgood drauflos. »Also, sie ist jetzt endlich da, wissen Sie, aber sie riecht äußerst seltsam. Nun ja, also –«

Er fiel ihr ins Wort und fragte Miss Trainor: »Worum geht's?«

»Das Hausmädchen trinkt«, sagte sie. »Wir hatten sie schon gestern im Verdacht. Sie hat einen großen Kerl dabei, der auch betrunken ist – er ist eingeschlafen, auf ihrem Bett –«

»Und als ich Margerilla gefragt habe, ob sie uns etwas zu essen besorgen würde«, plärrte Miss Hapgood, »da hat sie bloß gesagt: ›Kein Hunger‹!«

Miss Trainor übernahm wieder:

»Ich könnte die Polizei rufen – oder ein paar Gärtner von Mr. Davis herholen, aber ich möchte nichts unternehmen, ohne Ihnen vorher Bescheid zu geben. Miss Hapgood und ich können den Mann nicht in Schach halten – er ist zu groß.«

Emmet erhob sich. Angesichts der drückenden Flaute hatte die Situation etwas Stimulierendes, aber weil er für Ärger nicht in Form war, schwang er sich zu eindrucksvoller Entrüstung auf. Bedrohlichen Schrittes betrat er die Küche, den Ort des Geschehens.

Unheilvoll schwankend, mit glasigem Blick und halboffenem Mund stand Margerilla vor dem Herd und veranstaltete mit einem Topf – Undefinierbares. In der Tür zu ihrem Zimmer, das neben der Küche lag, stand ein riesiger, stattlich gebauter schwarzer Mann. Er setzte seinen Flachmann ab und grinste Emmet an.

»Morgen, Sir. Hab mir erlaubt mitzukommen, Mr. Monsen. Hab bei 'ner Menge Filmleute den Diener gemacht, da dacht ich mir –«

»Ui, Mr. Monsen«, quiekte Margerilla gutgelaunt. »Wissen Sie, hab schon Schwester gesagt, wär nicht hier zurück, wenn mich nicht er gebracht. Netter Mann wie *Sie* würde nicht schlimm finden – schon *so* viele Frauen kümmern um *Sie*!«

Emmet ging an ihr vorbei zu dem schwarzen Kerl.

»Ihr Auto? Das hinterm Haus?«

»Klar doch. Schlückchen gefällig, Mr. Monsen?«

»Sie wenden den Wagen jetzt – Schnauze Richtung Ausgang. Und danach helfen Sie Margerilla beim Packen.«

»Mr. Monsen, Sie wollen Margerilla doch nicht wegen so einer Kleinigkeit feuern – falls doch, vielleicht kann *ich* mich dann weiter um Sie kümmern –«

»Raus!«

Der Gesichtsausdruck des Mannes änderte sich jetzt, er verschloss seinen Flachmann und musterte Emmet.

»Bin mir gar nicht mal sicher, ob Margerilla überhaupt hier arbeiten sollte. Mir ist mal so'n Komponistenknabe pampig gekommen, dem hab ich aber –«

Als Emmet einen Schritt auf ihn zumachte, änderte sich sein Gesichtsausdruck wieder. Dann verfiel er in blödsinniges Gelächter, drehte sich um und ging aus der Tür. Emmet packte Margerilla beherzt bei den Schultern und manövrierte sie in ihr Zimmer.

»In fünf Minuten sind Sie verschwunden«, sagte er. »Beeilen Sie sich!«

Sie taumelte, Emmet öffnete eine Kommodenschublade und setzte sie darauf ab. Als er wieder in die Küche kam, stand Miss Trainor im Durchgang zur Anrichte und scheiterte daran, einen braunglänzenden Revolver rechtzeitig in ihren Rockfalten verschwinden zu lassen. Jetzt begriff er, warum der schwarze Kerl so komisch geguckt hatte.

»Wessen Revolver ist das?«, fragte er.

»Ihrer.«

»Danke dafür. Würden Sie Margerilla bitte einen Scheck ausstellen?«

Margerilla schluchzte unüberhörbar und beklagte sich bei ihrem Freund, der ihr zur Hand ging. Noch bevor der Wagenanlasser brummte, setzte Emmet sich hin, stützte den Kopf auf und dachte nach – da hörte er, wie in der Anrichte Miss Hallidays Name fiel. Als ihm Miss Trainor die Nachricht überbrachte, war er sofort wieder angespannt.

»Miss Hallidays Sekretärin war am Apparat. Miss Halliday ist auf dem Weg – sie kann jede Minute da sein.«

»Wo ist die Schwester?«, rief er und sprang auf.

»Sie trägt das Krankenblatt nach. Kann ich etwas für Sie tun?«

»Sorgen Sie dafür, dass Miss Halliday nicht nach oben kommt!«, rief er ihr von der Treppe aus zu.

Im Schlafzimmer brachte er Miss Hapgood dazu, ihn schnell mit einem feuchten Handtuch abzuwischen, während er sich, an sie geheftet wie ein Pilotfisch an einen Hai, etwas zum Anziehen suchte.

Vielleicht stand ihm der wichtigste Moment seines Lebens bevor. Als er Elsa Halliday in Ceylon auf einer Kinoleinwand gesehen hatte, wusste er, dass nur ein Trottel so eine Frau verließ – als er sie vor drei Tagen auf dem Pier gesehen hatte, war er sich ganz sicher – und jetzt musste er sie hinhalten, sich verleugnen und ihr ausweichen, weil er nicht wissen konnte, was ihm noch alles bevorstand.

– Habe schon ganz andere Sachen gestemmt, dachte er verbissen.

»Wir haben seit Stunden kein Fieber mehr gehabt«, sagte Miss Hapgood – und als wollte sie, dass es auch so blieb, zerbrach sie das Thermometer. Ein leises Knacken, und es war geschehen – Emmet und seine makellose Garderobe waren wieder klatschnass.

»Suchen Sie mir noch mal etwas Ähnliches raus«, befahl er fieberhaft. »Sie kann jede Minute hier sein.«

Miss Hapgood betrachtete noch hoffnungsfroh die beiden Thermometerhälften, als Miss Trainor klopfte. Nachdem sie verkündet hatte, dass ihn sein Besuch erwarte, brachte Emmet sie dazu, eine neue Garderobe zusammenzusuchen, und zog sich im Badezimmer vorsichtig um. Dann ging er nach unten.

Elsa Halliday war brünett, hatte leinwandfeste rosige Wangen und seelenruhige verheißungsvolle Schlafzimmeraugen. Außer ihr hatte nur Priscilla Lane in den vergangenen zwei Jahren einen so rasanten Aufstieg im Filmgeschäft hingelegt. Emmet küsste sie nicht, sondern blieb neben ihrem Stuhl stehen, griff nach ihrer Hand und sah sie an – dann nahm er Abstand, setzte sich ihr gegenüber und war fürs Erste nicht so sehr mit ihr, sondern mit der Frage beschäftigt, ob er den Schweiß auf seiner Stirn und seiner Brust unter Kontrolle halten würde.

»Wie geht es dir?«, fragte Elsa.

»Viel besser! Überhaupt nicht der Rede wert – bloß keinen Gedanken daran verschwenden. Ich bin ruckzuck wieder auf den Beinen.«

»Dr. Cardiff sieht das anders.«

Schon war sein Unterhemd nass.

»Hat sich der Idiot etwa über mich ausgelassen?«

»Viel hat er nicht gesagt. Aber er findet, du solltest auf dich achtgeben.«

Emmet war wütend, auf beide, machte aber einen großen Bogen um das Thema.

»Elsa, du hast zuletzt phantastische Arbeit geleistet. Das ist mir nicht entgangen – auch wenn ich noch nicht alle Filme kenne. Ich habe dich sogar in Kinos gesehen, wo kaum jemand die Untertitel verstanden hat – jeder Stummfilm wäre mitteilsamer gewesen – ich habe gesehen, wie ihre Augen und Münder eins geworden sind mit dir – wie du sie nicht mehr losgelassen hast.«

Ihr Blick verlor sich im Unendlichen.

»Das macht es so romantisch«, sagte sie. »Dass man

Menschen, denen man nie begegnen wird, *so* viel Gutes tun kann.«

»Ja«, erwiderte er.

– Elsa muss natürlich noch lernen, dass sie solche Dinge nicht sagen darf, dachte Emmet und erinnerte sich an die Handlung von *Partygirl* und *Die Frau von Port Said*.

»Die Gabe des lebendigen Ausdrucks«, sagte er nach einer Weile. »Das Lebendige im Schönen – wie bei den Malern, die auch dort Bewegung zu sehen imstande waren, wo keine Bewegung war – nur kam zur selben Zeit die Perspektive ins Spiel und überschattete –«

Das war ihr wohl etwas zu hoch, also ließ er sich wieder herab: »Damals, als wir einander so nah waren, da hat mir deine Schönheit Angst gemacht.«

»Als ich vom Heiraten gesprochen habe«, sagte Elsa und kam zu sich.

Er nickte freimütig.

»Ich kam mir vor wie ein Kunsthändler oder wie ein Bankier, der mit einer Operndiva gesehen werden will, als hätte er ihre Stimme gekauft wie eine Phonographenplatte.«

»Für meine Stimme hast du jedenfalls sehr viel getan«, sagte Elsa. »Den Phonographen und die Platten habe ich noch immer, vielleicht soll ich in meinem nächsten Film sogar singen. Und dann die Drucke von Juan Gris und Picasso – ich sage den Leuten immer noch, dass sie echt sind – aber inzwischen habe ich auch einen ganz, ganz eigenen Geschmack entwickelt – ich habe Insiderinformationen, welche Gemälde später etwas wert sein werden – ich weiß noch, wie du zu mir gesagt hast, ein Gemälde *kann* eine bessere Investition sein als ein Armband –«

Sie verstummte.

»Hör zu, Emmet – ich bin nicht hier, um über früher zu reden. Mein Regisseur ist krank, aber vielleicht drehen wir morgen schon weiter, und ich wollte dich sehen, jetzt, solange ich Zeit habe. Verstehst du – damit wir uns auf den neuesten Stand bringen – über alles reden – frei von der Leber weg – verstehst du?«

Jetzt war es Emmet, der kaum noch zuhörte. Sein Hemd war klatschnass, er fragte sich, wann der Kragen verräterische Flecken bekommen würde, und knöpfte das leichte Jackett zu. Dann war er ganz Ohr.

»Zwei Jahre sind zwei Jahre, Emmet – wir können auch einfach zum Punkt kommen. Ich weiß, du hast mir geholfen, und ich habe auf deinen Rat vertraut – aber zwei Jahre –«

»Hast du geheiratet?«

»Nein, habe ich nicht.«

Emmet atmete auf.

»Mehr muss ich nicht wissen. Ich bin nicht blauäugig. Wahrscheinlich hast du dich in die halbe Hauptdarstellerriege von Hollywood verguckt, während ich weg war.«

»Das habe ich eben *nicht*«, sagte sie, fast schon schnippisch. »Das zeigt doch nur, wie wenig du mich im Grunde kennst. Das zeigt doch nur, wie fremd wir Menschen einander werden können.«

Emmets Welt war aus den Fugen, als er sagte:

»Entweder heißt das, es hat niemanden gegeben – oder jemanden ganz Bestimmtes.«

»Jemanden *sehr* Bestimmtes« – ihre Stimme war jetzt sanfter. »Weiß Gott, es ist schrecklich, dir das sagen zu müssen, wo du doch krank bist und vielleicht sogar – also, für eine junge Frau ist das eine schrecklich schwierige Situation. Aber in den letzten drei Tagen war ich so beschäftigt. In dieser Branche ist man doch nicht mehr als eine Sklavin, weißt du – man bestimmt so wenig über seine Zeit wie irgendein Ladenmädchen oder eine von diesen –«

»Heiratspläne?«, fragte Emmet dazwischen.

»Ja«, sagte sie trotzig. »Aber ich weiß noch nicht, wann – und frag bloß nicht, wie er heißt – dein Arzt hat nämlich gesagt – weil du doch irgendwann vielleicht im Delirium liegst – die ganzen Klatschkolumnisten, die würden ein Mädchen wie mich doch in den Wahnsinn treiben.«

»Das hast du nicht erst letzte Woche beschlossen.«

»O nein, vor einem Jahr!«, versicherte sie ihm fast ungehalten. »Wir wollten schon ein paar Mal nach Nevada. Hier muss man vier Tage warten, bis die Sache durch ist – und jedes Mal –«

»Ist er verlässlich? Sagst du mir das?«

»Die Verlässlichkeit in Person. Da kannst du lange drauf warten, dass ich mich mit irgendeinem Winkeladvokaten oder Säufer liiere. Ab nächsten Januar schwimme auch ich im Geld.«

Emmet stand auf, jeden Moment würde der Schweiß durch sein Jackett sickern.

»Entschuldige mich bitte«, sagte er.

Er stützte sich in der Anrichte auf dem Spülbecken ab. Dann klopfte er bei der Sekretärin.

»Werden Sie Miss Halliday los«, sagte er und erblickte im Spiegel sein fahles, verbittertes eingefallenes Gesicht. »Sagen Sie ihr, mir ist unwohl – was auch immer – aber schaffen Sie sie raus!«

Mitgefühl war ihm zuwider, also auch der Blick von Miss Trainor, als sie vom Schreibtisch aufstand.

»Jetzt beeilen Sie sich schon! Das gehört zu Ihrem Job!«

»Natürlich, Mr. Monsen.«

»Viel verlange ich doch nicht«, sagte er. »Da kann ich wohl Qualität erwarten.«

Er ging hinaus, tastete sich vom Spülbecken zur Schwingtür zur Stuhllehne. Unaufhörlich ratterte ihm ein verächtlicher Satz in wildem Stakkato durch den Kopf: »Was soll man schon von jemandem halten, der beim kleinsten Problem zur Flasche greift.«

Er näherte sich dem Schrank mit dem Brandy.

IV

Ein leichtfertiger junger Mensch, der die ersten Schnäpse seines Lebens kippt, mordet nicht, verprügelt auch keine Frau, sondern veranstaltet, mit jeder Faser seines Herzens und seiner Seele, fürchterlichen Trubel. Engländer klettern, Iren kämpfen, Amerikaner »trubeln« (das Wort steht nicht im Wörterbuch). So erging es auch dem sonst so enthaltsamen Emmet – er trubelte. Es lag auf der Hand, dass Cognac und Fieber gemeinsame Sachen machen würden – und so hatte das Fieber bereits Fahrt aufgenommen, während er auf der Bettkante saß und Miss Hapgood ihn aus seinen klitschnassen Sachen zu befreien versuchte. Plötzlich verschwand er in seinem begehbaren Kleiderschrank und tauchte fast genauso plötzlich wieder auf, in einer Art Sarong, von einem Klappzylinder gekrönt.

»Ich bin der Menschenfresserkönig«, sagte er. »Ich gehe jetzt in die Küche und fresse Margerilla.«

»Margerilla ist nicht mehr da, Mr. Monsen.«

»Dann muss ich Carlos Davis fressen.«

Schon war er im Flur und telefonierte mit dem Butler von Mr. Davis. Er fragte, ob Mr. Davis zu Hause sei und umgehend kommen könne.

Er legte auf und hüpfte, um Miss Hapgoods Spritze zu entgehen, flink zur Seite.

»Nein, nein, nein!«, wies er sie zurecht. »Jetzt bestimme ich – und zwar im Vollbesitz meiner Kräfte! Muss stark sein.«

Zur Erprobung seiner Kräfte bückte er sich und pflückte eine Sprosse aus dem Treppengeländer.

Ging wie geschmiert – er war begeistert. Er pflückte noch eine – und noch eine. Es war wie in einem dieser unerfreulichen Alpträume, in denen man staunend und schaudernd Zähne aus seinem Mund holt.

Sein Vorhaben führte ihn die Treppe hinab. Er hielt eine Sprosse in der Hand, mit der er Mr. Davis, in Vorbereitung auf dessen Zubereitung und Verzehr, beim Betreten des Hauses bewusstlos schlagen wollte.

Eine Fehleinschätzung unterlief ihm jedoch. Unweit der Küche fiel ihm die Brandyflasche ein, mit der er noch kurz und schnell zugange war – praktisch sofort fand er sich auf einem Kartoffelsack unter der Spüle wieder – neben sich seine Keule, die schwarzseidene Krone schief auf dem Kopf.

Zum Glück entging ihm, wie sich die Ereignisse jetzt überstürzten – weder bekam er etwas davon mit, wie Miss Trainor Carlos Davis entdeckte, der in der Absicht, das

Haus seines Mieters über die Hintertür zu betreten, quer über den Rasen des dämmrigen Anwesens lief, noch wie Miss Trainor aus der Küche ging, hinter sich die Tür schloss und Carlos Davis abfing.

»Hallo allerseits, guten Morgen und derlei mehr. Monsen wollte mich sprechen. Ein Krankenbesuch muss sein, sag ich immer.«

»Mr. Davis, kurz nachdem sich Mr. – Mom – bei Ihnen gemeldet hat« – nervös wie sie war, eiferte sie Miss Hapgood nach – »hat ihn sein Bruder aus New York angerufen. Mr. Mom lässt fragen, ob es Ihnen recht ist, wenn er sich später am Abend mit Ihnen in Verbindung setzt – oder morgen.«

Miss Trainor hoffte inständig, die Spüle möge sich ruhig verhalten, da hörte sie, wie eine Kartoffel langsam über den Fußboden hüpfte.

»Gottchen, ja doch!«, sagte Davis überschwänglich. »Das Drehbuch lässt noch zwei Tage auf sich warten. Mein Autor ölt sich wieder den Schlund – der Hund!«

Er pfiff sich eins – und bewunderte Miss Trainor – üblicherweise war's umgekehrt.

»Mal den Swimmingpool besichtigen irgendwann? Sie arbeiten ja nicht rund um die Uhr. Also –«

»Das wäre ganz wunderbar«, sagte Miss Trainor – und überspielte eine aus dem Haus dringende Abart des Ächzens mit den bemerkenswerten Worten: »Der Summer.«

Die Verblüffung in Davis' Gesicht – verflog. Erleichtert atmete sie auf.

»Na, dann mal tschüs und immer schön den Kopf hoch und derlei mehr«, riet er ihr.

Er war keine drei Schritte entfernt, da betrat sie wieder die Küche. Emmet Monsen war nicht mehr da, aber über den Ort seines Aufenthalts bestand kein Zweifel – sie hörte, wie Geländersprossen die Treppe heruntersegelten und Glas zersplitterte – dann seine Stimme:

»Nein! Trinken *Sie* das doch! Ich weiß, was das ist – Chloralhydrat – ein Mickey Finn ist das! Pfui Teufel, ich kann's ja riechen!«

Miss Hapgood stand vergebens lächelnd auf der Treppe und hielt ihm das Glas hin.

»Trinken!«, befahl Emmet und ließ sich auch nicht von seinen Abrissarbeiten, die darin bestanden, dass er die gezogenen Sprossen aus dem eingeschlagenen Fenster in den Garten warf, vom Weiterkommandieren abhalten. »Reihenweise sollt ihr alle aus den Latschen kippen, bevor dieser Cardiff *seinen* Becher bekommt. Großer Gott! Kann man denn nicht mal in Ruhe sterben?«

Miss Trainor schaltete das Flurlicht ein, es dämmerte schon – Emmet Monsen sah sie undankbar an.

»Und *Sie!* Mit ihrem ach so hübschen Lächeln! Kali*fooor*nien!« Die Nennung des Bundesstaats wurde von einem gedehnten Zerbersten des oberen Handlaufs untermalt.

»Ich komme aus Neuengland, Mr. Monsen.«

»Macht nix! Sie dürfen sich trotzdem einen Scheck ausstellen – stellen Sie auch Miss Hapgood einen aus – direkt aufs Krankenblatt!«

Miss Hapgood wuchs jetzt über sich hinaus. Womöglich hatte sie eine Vision gehabt, so wie Jeanne d'Arc, vielleicht hatte ihr auch der Geist von Florence Nightingale etwas eingeflüstert:

»Mr. Monsen – wenn ich das hier trinke, gehen Sie dann endlich ins Bett?«

Hoffnungsvoll erhob sie das mit Chloral gefüllte Glas.

»Jawohl!«, willigte Emmet ein.

Aber als sie das Glas an ihre Lippen führte, stürmte Miss Trainor die Treppe rauf, griff nach Miss Hapgoods Hand und verschüttete die Flüssigkeit.

»Irgendwer muss hier doch aufpassen!«, protestierte sie.

Plötzlich schien der Flur voller Menschen zu sein. Dr. Cardiff war gekommen und für sich allein schon ein Riese; Mrs. Ewing erschien zu ihrer Schicht, und einer von Davis' Gärtnern war da, mit einem Brief in der Hand.

»Raus hier!«, schrie Emmet. »Das gilt auch für Dr. Hippokrates!«

Er hatte die Arme voll mit zerborstenem Holz, ging rückwärts ein paar Schritte die Treppe hinauf und lehnte sich gegen das, was vom zahnlosen Geländer noch übrig war.

»Im nächsten Hafen lasse ich ihm die Approbation entziehen. Stellen Sie ihm einen Scheck aus, Miss Hapgood! Er ist abgesetzt. Ich behandle mich jetzt selbst. Los, los! Schecks schreiben! Weg, weg!«

Dr. Cardiff nahm die erste Stufe, Emmet schwang ein Stück Holz und bleckte zufrieden die Zähne.

»Rauf auf die Brille. Nix Curveball – einfach nur drauf. Hoffe, Ihre Augenhöhlen sind versichert.«

Der Doktor zögerte, und Emmet bewies seine Entschlossenheit, indem er die Glühbirne im oberen Flur mit einem winzigen Holzgeschoss ausknipste.

Dann kam der Gärtner, ein Mann von siebzig Jahren, langsam die Treppe herauf und hielt Emmet den Brief hin.

Emmet klammerte sich an ein großes Holzstück, dabei erinnerte ihn der unerschrockene alte Mann an seinen Vater.

»Von Mr. Davis«, sagte der Gärtner mit ausdruckslosem Gesicht. Er streckte den Brief durch eine Lücke im Geländer der Galerie und ging wieder hinunter.

»Raus mit euch!«, schrie Emmet, »solange ihr noch ganz seid – bevor ich anfange –«

Alles um ihn herum drehte sich wie ein Rundgemälde –

– und mit einem Mal wusste er, dass der Flur leer war. Es war vollkommen still. Ein paar Minuten stand er nur da und versuchte angestrengt, sich zu konzentrieren. Ein letztes Mal loderte Unruhe in ihm auf, er schleppte sich die Treppe hinunter – und lauschte. In der Ferne fiel eine Tür ins Schloss – Motoren sprangen an.

Vornübergebeugt, die Hände auf den Stufen, kroch er wieder hinauf. Oben kamen seine Hände mit dem Umschlag in Berührung. Er legte sich auf den Rücken und riss ihn auf:

Mein lieber Mr. Monsen:
Ich wusste nichts von Ihrem Zustand. Ich habe die Sprossen aus dem Fenster fliegen sehen – eine habe ich abbekommen. Ich muss Sie bitten, bis morgen Vormittag neun Uhr das Haus zu räumen.

Hochachtungsvoll
Carlos Davis

Emmet setzte sich so schnell auf, dass seine Beine unbeabsichtigt ins Leere gingen, dahin, wo vorher das Geländer gewesen war. Es war jetzt vollkommen still. Als er die letzte Sprosse die Treppe hinab in den Flur fallen ließ, hallte das

Geräusch von den Wänden wider. Gleich, sagte er sich, würde er zu Bett gehen. Wie schön es jetzt war, wie ruhig. Das Haus war menschenleer. Er hatte gesiegt.

V

Als Emmet aufwachte, schien nirgendwo Licht zu brennen, außer unten im Flur. Zwischen Schlafen und Wachen glaubte er, ein Geräusch gehört zu haben, weit weg in der Dunkelheit des Hauses. Er lag ruhig da, sah den kleinen runden Mond im Fenster und wusste, dass es spät war – zwischen Mitternacht und zwei Uhr.

Dann hörte er es wieder, dieses leise Geräusch, als ginge jemand auf Zehenspitzen – Emmet setzte sich auf. Er schlich ins Bad, schlüpfte in seinen Morgenmantel und tastete in der Kommode nach seinem Revolver. Er ließ die Trommel aufschnappen, die zu seinem Ärger leer war, und fand auch in der Schublade keine Patronen. Wenn es ein Einbrecher war, dann wahrscheinlich ein glückloser Tramp. Er steckte die ungeladene Waffe in die Manteltasche und ging auf Zehenspitzen die Treppe hinunter.

Er stand an der Tür des dunklen Wohnzimmers und lauschte – dann an der Küchentür und der Bürotür – wieder war da dieses Geräusch, wahrscheinlich irgendwo hinter ihm.

Er griff nach dem Revolver und schlich zurück zur Wohnzimmertür –

Plötzlich hörte er eine Stimme.

»Hier ist Miss Trainor, Mister Monsen.«

»Was?«

»Trainor. Der Lichtschalter ist gleich neben Ihnen.«

Er kniff die Augen zusammen, weil es ihn blendete, und da lag sie, zusammengerollt auf dem großen Sessel, als wäre auch sie gerade erst aufgewacht.

»Abends kann man keinen Antrag bei der Fürsorge einreichen«, sagte sie. »Da bin ich einfach hiergeblieben.«

»Irgendwer macht hier Geräusche«, sagte Emmet. »Sie haben bis eben geschlafen, also können Sie es nicht gewesen sein. Wissen Sie, wo meine Revolverpatronen hin sind?«

»Mrs. Ewing hat sie rausgenommen, schon an ihrem ersten Abend.«

»Das heißt, die Waffe war in der Küche gar nicht geladen?«

Miss Trainor nickte.

»Psst!«, machte er plötzlich, knipste das Licht aus und flüsterte:

»Da ist jemand! Wissen Sie, wo sie die Patronen hingetan hat?«

»Nein – übrigens bin ich vorhin selbst durchs Haus gegangen.«

Emmet blieb skeptisch und huschte zurück Richtung Küche. Entweder gingen ihm wieder die Nerven durch oder er hörte es zwischendurch tatsächlich, dieses Knarren wie von Schritten. Wieder flüsterte er Miss Trainor etwas zu, mit einem misstrauischen Unterton:

»Sind das etwa diese Möchtegernweißkittel? Der Doktor? Die Schwestern? Seien Sie ehrlich.«

Schweigen – einen Moment lang glaubte er, den Nagel auf den Kopf getroffen zu haben – dann merkte er, dass Miss

Trainor nicht mehr da war. Als sie auf leisen Sohlen aus dem Wohnzimmer zurückkam, wiederholte er seine Frage.

»Sie sind alle weg, Mr. Monsen.« Sie zögerte. »Aber ein Tischler ist hier gewesen, er kommt um halb sieben wieder, mit neuen Sprossen für das Treppengeländer und einem neuen Fenster.«

Emmet vergaß den mutmaßlichen Eindringling und fragte erstaunt:

»Wie das?«

»Na ja«, sie wirkte etwas betreten, »ich hatte nichts zu tun – da habe ich die Sprossen eingesammelt.«

»Mr. Davis hat mir geschrieben, ihn habe eine erwischt. Er hat mich rausgeschmissen.«

Sie sagte erst nichts, dann klang ihre Stimme sehr heiter.

»Na ja, durchbohrt hat sie ihn sicher nicht, die Sprossen lagen ja vollzählig im Garten – und wenn die erst wieder an Ort und Stelle sind, dürfte es gar nicht so leicht für ihn sein, Sie zu verklagen.«

»Wo haben Sie denn um diese Zeit einen Tischler aufgetrieben?«

»Mein Vater«, sagte sie, »ehemaliger Schiffszimmermann.«

»Verdammt nett von Ihnen«, sagte er, und dann plötzlich wieder: »Psst!«

Sie horchten angestrengt, Emmet sah sie an, aber sie schüttelte den Kopf – und lächelte traurig. Sie wollte ihm ja zustimmen, sie wollte ihm ja sagen, dass auch sie etwas gehört hatte, aber reinen Gewissens konnte sie das nicht tun.

»Muss das Haus sein«, beschloss er mit einem Mal. »Ein richtiges Geisterhaus ist das. Ich gehe ein bisschen spazieren. Wenn ich rieche, wie da draußen die Felder reifen, vielleicht –«

Er zog sich im Flur gerade eine leichte Jacke über den Morgenmantel, da fragte ihn Miss Trainor:

»Wäre es Ihnen recht, wenn ich mitkomme?«

Emmet klang jetzt wieder misstrauisch:

»Und Sie werden mich auch nicht herumkommandieren?«

Er schämte sich sofort und wechselte den Ton.

»Meinetwegen.«

Als sie an der Garage vorbeigingen, glaubte er wieder, ein seltsames Geräusch zu hören, aber dann blieb es still, und Miss Trainor und er marschierten hinunter von Carlos Davis' Anwesen.

Der unbefestigte Weg führte bergab, und es dauerte nicht lange, bis sich Emmet, ohne eigentlich erschöpft zu sein, in einen der frisch gemähten Heuhaufen setzte, mit denen das Feld gesprenkelt war.

»Machen Sie es sich doch auf dem da drüben bequem«, schlug er taktvoll vor. »Schließlich haben Sie einen guten Ruf zu verlieren – das haben Sie mir voraus.«

Gleich darauf begann es zu rascheln, und aus dem Geraschel drang ihre Stimme:

»Wer weiß, was hier so alles rumkriecht, aber ich wollte das schon immer mal machen.«

»Ich auch – wie genau gehen Sie vor? Häufen Sie das Heu über sich – oder wühlen sie sich rein? Nicht, dass sich Miss Hapgood hier versteckt!«

Schweigen. Ein Weilchen betrachtete er den abnehmenden Mond, dann flüsterte er schläfrig: »Wie gut das hier alles riecht.«

– Und dachte schläfrig: Kein schlechter Ort, um zu sterben. Nicht einmal Elsa schien hier noch eine Rolle zu spielen. Schon eine ganze Weile kam aus dem anderen Heuhaufen kein Mucks, er fragte aus reiner Neugier: »Träumen Sie von Neuengland?«

»Nicht die Bohne – wir haben Kaffee getrunken, mein Vater und ich – ich bin hellwach.«

»Ich fühle mich von Minute zu Minute zurechnungsfähiger.«

»So schlimm war es gar nicht.«

Emmet setzte sich auf, war fast schon ein bisschen beleidigt und wischte sich die glänzenden Heubüschel von den Ohren.

»Was soll das heißen? Ich war zum *Fürchten*! Ich soll ausziehen.«

Miss Trainor war aufgestanden und jetzt ganz nah bei ihm.

»Wir müssen der Wahrheit ins Auge sehen«, sagte sie. »Die Nacht ist feucht, das Heu ist klamm, ich werde Sie jetzt verlassen.«

»Was sagen Sie denn da? Am Heu ist überhaupt nichts auszusetzen.«

Schweigen.

»Mich verlassen?«, rief er. »Aber Sie wollten doch mitkommen.«

Sie antwortete aus einiger Entfernung.

»Aber das Heu ist klamm – und Sie haben gesagt, Sie wollen keine Ratschläge mehr.«

»Sie könnten wenigstens einen Moment warten!«

Er seufzte, stand auf und lief ihr hinterher. Jetzt ging es bergauf, und nachdem er zu ihr aufgeschlossen hatte, mussten sie alle paar Minuten anhalten. Beim dritten Mal war es ihnen aus irgendeinem Grund zur Angewohnheit geworden, sich anzuzwinkern.

»Dürfte nicht einfach sein, das hier dem Dieb zu erklären«, sagte er, als sie sich wieder dem Haus näherten. »Vielleicht sollten wir uns ein bisschen abputzen.«

»Tugend ist sich selbst ihr Lohn.«

Trotzdem klopfte sie ihm gewissenhaft die Heufitzelchen vom Mantel, auch sich selbst, und er schaute noch einmal zum Mond und auf das silbrig-gesprenkelte Feld unter ihnen. Dann betraten sie die Küche, sie knipste das Licht an. Ihr Lächeln überstrahlte alles, alles, was ihm je zu Gesicht gekommen war.

VI

Nächste Einstellung: Carlos Davis beim Aufstehen in einem exklusiv eingerichteten Schlafzimmer. Es ist halb neun, und er ärgert sich noch immer über die Ereignisse des Vorabends.

Er hat gerade eben mit dem Frühsport begonnen, als sein Filipino das Zimmer betritt.

»Doktor sich kümmert um Mr. Monsen – will sprechen Telefon. Sehr wichtig.«

Carlos Davis nahm das Lexikon von seinem Bauch, während Manuel das Telefon einstöpselte. Ein paar ernste Worte, und Dr. Cardiff hatte ihm Emmet Monsens Betragen vom Abend zuvor auseinandergesetzt.

Der Doktor flüsterte jetzt fast.

»Ist Ihnen je in den Sinn gekommen, Mr. Davis, dass es hier

nicht nur um eine Okklusion – eine Koronarthrombose – gehen könnte?«

»So heißt das also bei Ihnen? Ich dachte, das heißt Delirium tremens. Gottchen! Wenn Geländersprossen auf einen abgefeuert werden –«

»Genau darum geht es ja, Mr. Davis.« Der Doktor sprach sehr bedächtig. »Es gab nur eine Flasche Brandy im Haus – und davon hat er nicht einmal die Hälfte getrunken.«

Schweigen am anderen Ende der Leitung.

»Lassen Sie es mich so sagen: Wenn ein Arzt den Patienten ganz seinen Launen überlässt –«

»Launen?«, protestierte Davis. »Wenn einer solche Launen hat!«

»Bei einer Überlebenschance von gerade einmal fünfundzwanzig Prozent will man als Arzt natürlich alles *ganz genau* wissen – damit man den weiterbehandelnden Kollegen ins Bild setzen kann.«

Carlos Davis war gründlich verwirrt – Dr. Cardiff fuhr fort: »Was wissen Sie über Monsen, Mr. Davis?«

»Nichts – außer, dass er kein ganz – unbekannter Mann ist – und derlei mehr –«

»Mit Blick auf sein Privatleben, meine ich. Ist Ihnen noch nie in den Sinn gekommen, dass es Dinge gibt, die sich leichter verstecken lassen als Alkohol?«

So früh am Morgen, fand Davis, war das eine ziemlich harte Nuss – ein ziemlich verzwicktes Drehbuch.

»Ein Stilett zum Beispiel – oder Dynamit?«, wagte er einen Versuch und fragte dann:

»Kommen Sie doch heute Nachmittag zu mir, dann können wir darüber sprechen.«

Davis zog sich ziemlich aufgeregt an und beschloss noch während des Frühstücks, einen Trupp Gärtner zusammenzutrommeln und nachzusehen, ob der Mieter ausgezogen war. Davis hatte das Gesetz auf seiner Seite. Es war jetzt nach neun – die Frist war abgelaufen. Er wollte aber um jeden Preis einen Skandal vermeiden, und da er kein Hasenfuß war, ließ er seine Getreuen draußen stehen und betrat das Haus über die Hintertür – allein.

Es war still im Haus. Er linste ins Büro der Sekretärin, ging zum Wohnzimmer – und blieb in der Tür stehen. Auf dem Sofa ausgestreckt und zweifellos lebendig ruhte sanft und traumverloren – Miss Trainor. Einen Moment lang glotzte er sie stirnrunzelnd an, stieß einen Seufzer aus, war fast schon versucht, sie zu wecken und das Wort an sie zu richten, zwang sich dann aber doch, dem Schlummer seine Macbeth'sche Reverenz erweisend, zum Rückzug – und ging die Treppe hinauf.

Auch Emmet Monsen, den er in seinem großen Schlafzimmer fand, träumte friedlich. Etwas verwirrt ging er denselben Weg zurück, den er gekommen war, als ihm plötzlich wieder die aus dem Fenster segelnde Sprosse einfiel – er stand jetzt da wie gelähmt: Die Sprossen waren alle da. Er hüpfte ein paar Mal locker auf und ab, prüfte mit einem Gefühl aufkeimender Übelkeit sein Sehvermögen an anderen Gegenständen – und schließlich zog er in die Küche ab.

Wo er wieder zu gewohntem Aplomb zurückfand – auf dem Regal stand, nicht zu übersehen, eine halbleere Flasche Brandy – und mit Erleichterung erinnerte er sich an etwas, das Dr. Cardiff zu ihm gesagt hatte – und diesmal ergab es Sinn.

»– Dinge, die sich leichter verstecken lassen als Alkohol.«

Carlos Davis stürmte aus dem Haus und atmete vor der Garage stehend in tiefen Zügen die saubere kalifornische Luft.

Gottchen! Natürlich – Drogen! Emmet Monsen war insgeheim rauschgiftsüchtig! Drogen – aus irgendeinem Grund brachte er das Thema mit Boris-Karloff-Filmen in Verbindung, aber das erklärte alles – nur ein Rauschgiftsüchtiger war zu solch teuflischer Schläue imstande, ausgerissene Geländersprossen noch vor dem nächsten Morgen einwandfrei zu ersetzen!

Und dann die junge Frau auf dem Sofa – er seufzte – wahrscheinlich hatte sie ein ziemlich anständiges Leben geführt, bevor sie dieser mit allen tropischen Wassern gewaschene Monsen reingelegt und sie vor ein paar Tagen ihren ersten Zug aus der Opiumpfeife genommen hatte …

Er ging in Begleitung seines Chefgärtners zum Haus zurück. Weil er es nicht so mit Worten hatte, zog er jene des Doktors heran.

»Es gibt Dinge, die sich leichter verstecken lassen als Alkohol«, raunte er.

Der Gärtner begriff – und sah ihn entgeistert an.

»Donnerwetter! Ein Morphinist also.«

»*Und* amerikanische Frauennatur«, sagte Davis kryptisch.

Der Gärtner konnte mit der Bemerkung nichts anfangen und bemerkte seinerseits: »Hätte mich längst an Sie wenden sollen – wissen Sie vielleicht schon, aber unten beim alten Stall –«

Davis hörte kaum noch zu – er war unterwegs zum Telefon und Dr. Cardiff.

»– was da ins Kraut schießt, ist Hanf – sollten wir rausreißen und verbrennen –«

»Gut, gut.«

»– hab gelesen, die von der Regierung machen das auch – gibt Typen, die das Zeug an Schulkinder verkaufen, musste hier schon mal so Kerle wegjagen –«

Davis blieb stehen.

»Wovon reden Sie eigentlich?«

»Marihuana, Mr. Davis – die stopfen so Glimmstängel damit – da schnappen die Schulkinder von über. Wenn die Zeitungsleute rauskriegen, dass auf Ihrem Anwesen Marihuana wächst –«

Carlos Davis erstarrte und stieß einen langen klagenden Schrei aus.

VII

Miss Trainor, die vor kurzem noch Carlos Davis' Mitleid auf sich gezogen hatte, erwachte zur Mittagszeit unter dem Eindruck, dass der Raum voller Menschen war, die sie anstarrten. Sie setzte sich auf und betastete auf jene unerlässliche Weise ihr Haar, die, obgleich von rein symbolischem Wert, einer Frau das Gefühl gibt, »hergerichtet« zu sein.

Die Runde bestand aus Dr. Cardiff und zwei stämmigen jungen Männern, die einen entschlossenen und wachsamen Eindruck machten, während im Hintergrund, nur noch ein Schatten seines berühmten Selbst, Carlos Davis herumgeisterte.

Dr. Cardiff wünschte ziemlich grimmig einen guten

Morgen und setzte sein Gespräch mit den beiden jungen Männern fort.

»Das County Hospital hat Sie bereits instruiert. Ich bin lediglich auf Wunsch von Mr. Davis hier. Sie wissen, wie findig diese Leute sind – und wie *klein* so eine Spritze sein kann.«

Die jungen Männer nickten. Einer sagte: »Verstanden, Doktor. Wir sehen unter den Matratzen nach, in den Abflussrohren, außerdem in Büchern und Puderdosen.«

»Und hinter den Ohren«, ergänzte der andere junge Mann. »Manchmal verstecken sie es dort.«

»Und nehmen Sie gern die Sprossen des Treppengeländers unter die Lupe«, schlug Dr. Cardiff vor. »Monsen könnte es manipuliert haben.« Er grübelte kurz. »Wenn wir doch bloß eine von den ramponierten Sprossen hätten.«

Carlos Davis meldete sich nervös zu Wort.

»Bloß keine Gewalt! Sie gucken erst hinter seine Ohren, wenn Sie ihn festgesetzt haben!«

Von der Tür kam eine seltsam klingende Stimme.

»Was war das gerade mit meinen Ohren?«

Emmet, nach seiner Rasur wie erschlagen, ging zum Sessel, sah den Doktor fragend an, erhielt aber weder von ihm noch von einem der anderen Anwesenden eine Erklärung, bis er sich schließlich Miss Trainor zuwandte – die ihm vielsagend zuwinkerte. Diesmal schien es sich um eine Warnung zu handeln.

Es gab noch andere Auffälligkeiten. Die beiden jungen Männer tauschten rätselhafte Blicke, worauf einer von ihnen den Raum verließ, während der andere einen Stuhl heranzog und sich neben Emmet setzte.

»Pettigrew mein Name, Mr. Monsen.«

»Tag«, sagte Emmet kurz angebunden – und dann: »Setzen Sie sich doch, Davis – Sie müssen erschöpft sein, habe gesehen, wie Sie vor einer Stunde jede Menge Gras geerntet haben, hinterm Stall. Sie haben sich ja mächtig ins Zeug gelegt!«

Möglich, dass Dr. Cardiff den Schweiß bemerkte, der auf die Stirn des jungen Schauspielers getreten war, denn er gab ihm mit einem Nicken, das überall auf der Welt das Gleiche heißt, zu verstehen: Ignorieren Sie das!

Pettigrew fing an, Emmets Knie zu tätscheln.

»Mr. Monsen, Sie sind krank gewesen, ich weiß – manchmal wissen kranke Menschen sich nicht anders zu helfen und nehmen aus Versehen die falsche Medizin. Stimmt's, Doc?« Er sah zu Dr. Cardiff, der Zustimmung signalisierte. »Ich bin Bevollmächtigter der County Police – und Krankenpfleger –«

In diesem Moment klingelte es, und da die Aufmerksamkeit aller Personen im Raum auf Emmets Sessel gerichtet zu sein schien, war es Miss Trainor, die in den Flur ging.

Vor der Tür stand ein hübsches, aufgelöst wirkendes Mädchen, einen Umschlag in den Händen. Sie starrte Miss Trainor unschlüssig an.

»Sind Sie die Dame des Hauses?«

»Ich bin die Sekretärin von Mr. Monsen.«

Die Besucherin atmete erleichtert auf.

»Sie sind also auch berufstätig, dann haben Sie sicher Verständnis. Ich komme vom Johanes-Labor – es gab da eine Verwechslung, einen Eilauftrag – und ich – die haben das falsche Kardiogramm geschickt.«

Sie versuchte sich rauszureden – wie grausam angesichts eines so unendlich wohlwollenden Lächelns. »Sie wissen schon. Die falsche Herzkurve?«

Miss Trainor nickte – sie wollte hören, was drinnen vor sich ging, und war nicht ganz Ohr.

»Es wäre fast ernst geworden. Der Patient, der Mr. Monsens Kardiogramm bekommen hat, glaubte, kerngesund zu sein – er wollte schon wieder Polo spielen – und *sein* Kardiogramm, das Mr. Monsen bekommen hat –«

Allmählich ging ihr die Luft aus – aber Miss Trainor war inzwischen so glücklich, dass man die Strahlkraft ihres Lächelns in Watt hätte angeben müssen. Sie nahm die Sache an sich.

»Ist dies das richtige Kardiogramm?«

»Ja.«

»Bestens – ich werde mich darum kümmern. Und keine Sorge – Dr. Cardiff hat den Fall abgegeben.«

Nachdem das Mädchen erleichtert gegangen war, öffnete Miss Trainor den Umschlag. Mit dem Kardiogramm konnte sie nichts anfangen – dafür erlaubte sie sich, das Begleitschreiben zu lesen, bevor sie zurück ins Wohnzimmer ging.

Die Situation war weitgehend unverändert, es ging nur etwas lebendiger zu. Junger Mann Nummer zwei war von seiner Hausdurchsuchung zurückgekehrt und wachte, mit einem halben Dutzend Tabletten in der Hand, über Emmet. Emmet fand das überhaupt nicht komisch. So wie jetzt hatte sie ihn noch nie gesehen – sie fühlte sich an die Ruhe vor einem jäh losrauschenden Monsun erinnert, die in seinem Buch beschrieben wurde.

»Das sind die Tabletten, die ich von Dr. Cardiff bekommen habe«, sagte er langsam. Dann wandte er sich leise und vertraulich an den anderen Mann:

»Falls Sie wissen wollen, wer mich mit dem Zeug versorgt hat –« Dann drehte er sich zu Davis. »Es gibt da so eine Pflanze, die hier wild wächst –«

Er redete nicht weiter, weil sie erneut unterbrochen wurden – diesmal von einer matten Stimme, die von der Tür kam.

»Tag, Charlie.«

Pettigrew erkannte den dritten Mann, der dort stand.

»Tag, Jim!«, rief er. »Was machst du denn hier?«

»Bin im Einsatz«, sagte er. Er deutete vorwurfsvoll auf Miss Trainor: »Die Lady hat mich gestern Abend kommen lassen – muss mich wohl vergessen haben, hab die Nacht auf der Rückbank von irgendeinem Wagen verbracht.«

Miss Trainor schaltete sich ein und sagte zu Carlos Davis:

»Der Mann ist Krankenpfleger. Ich habe ihn kommen lassen, nachdem Mr. Monsen die beiden Schwestern entlassen hatte.«

»Ich durfte ihr nicht in die Quere kommen!«, monierte Jim. »Musste mich im Haus herumdrücken – und dann sind die auch noch spazieren gegangen! Ich habe erst um sieben geschlafen.«

»Ware gefunden?«, wollte der diensteifrige Pettigrew wissen.

»Ware gefunden? Ich weiß nur, dass meine Nacht der *wahre* Alptraum war – musste in einer 1932er-Schrottschüssel –«

»Das ist *mein* Wagen«, protestierte Miss Trainor. »Und ein sehr guter noch dazu.«

Vielleicht war es diese letzte Bemerkung gewesen, die sie dazu veranlasste, vorzutreten und Dr. Cardiff das richtige Kardiogramm auszuhändigen – mit ein paar energischen Worten – Worte, die man zuweilen als »der Sache angemessen« bezeichnet.

Eine Woche darauf blühten die Rosen noch immer – die Angèle Pernets, die Cherokees, die Cécile Brünners im Hof – und die Talisman-Rosen und Black Boys, die in buntem Blust über die Veranda kletterten und um die Ecken von Fenstern und Türen lugten. Interessanterweise schienen sie – eine Eigenschaft, die man Rosen üblicherweise nicht zuschreibt – wie Heilpflanzen zu wirken, denn obwohl Emmet sich nicht einmal die Mühe machte, die grünen Pillen zu Ende zu nehmen, erholte er sich von seiner Malaria.

Vielmehr gab er schon wieder den Ton an – und weil das ein bisschen unfreundlich klingt, soll an dieser Stelle ergänzt werden, dass oftmals kein einziges Wort nötig war und die beiden sich schlicht verständigten. Und obwohl die Zeit der Rosen in diesem Jahr fast vorüber war, schien es recht wahrscheinlich, dass es mit den beiden so weitergehen würde bis in alle Ewigkeit.

– ENDE –

Gruß an Lucy und Elsie

Jedes Mal, wenn George Lawson Dubarry seinen Vater auf Kuba besuchte, passierte das Gleiche. Georges Post kam vor ihm an, und sein Vater, der Lawson Dubarry hieß, ohne George, schlitzte den ersten Brief auf und las die Anrede »Lieber George« (oder bisweilen »George, mein Schatz«), bevor er merkte, dass der Brief nicht für ihn bestimmt war. Und jedes Mal schloss er dann im Wortsinn die Augen und steckte den Brief in den Umschlag zurück – und wenn er ihn später seinem Sohn gab, erklärte er das Missverständnis mit schuldbewusster Miene.

Was Lawson später als »diesen Brief« bezeichnete, kam an einem heißen Julitag in seinem Büro bei der Pan-American Refining Company an. Vielleicht lag es an dem Schweiß auf seinen Brillengläsern, vielleicht an dem vieldeutigen Auftakt »Hallo, alter Freund«, dass Lawson die ersten Seiten las, bis er begriff, dass es sich um die Korrespondenz seines Sohnes handelte.

Danach musste er zu Ende lesen.

George war achtzehn Jahre alt, Erstsemester in New Haven, wo Lawson selbst seinen Abschluss gemacht hatte. Georges Mutter war tot, und Lawson hatte sich ungeschickt in die Mutter-und-Vater-Rolle zu fügen versucht, bis George endlich in Yale landete wie ein erschöpfter Fisch in einem Boot, und Lawson hoffte, das Schlimmste läge hinter ihm.

Der Brief, in Paris aufgegeben, stammte von Georges Zimmergenossen Wardman Evans; nach der ersten Lektüre ging Lawson zur Tür und sagte zu seiner Sekretärin: »Bitte die nächste Stunde keine Telefonanrufe durchstellen.«

Er kehrte zu seinem Schreibtisch zurück und las den Brief ein zweites Mal. Er übersprang die vernichtenden Bemerkungen des jungen Mannes über fremde Sitten und Orte und richtete seine Aufmerksamkeit auf Folgendes:

30. Juni, 1939

... Na ja, auf dem Schiff ist sie weich geworden, und ich kann Dir sagen, dass ich etwas Angst hatte, weil ich der Erste war. Eine Minute lang hatte ich Angst, weil ich dachte, sie könnte die Nerven verlieren, und es waren nur noch zwei Tage bis Cherbourg. Aber das Schlimmste war, dass sie auf einmal alles so ernst nahm, und es war fürchterlich schwierig, sie in Paris loszuwerden. Sie ist siebzehn und auf dem College, und wenn ich es nicht gewesen wäre, wäre es ein anderer gewesen ... Wie war's mit Elsie? Hast Du sie fl..., oder faselt sie immer noch davon, dass sie katholisch ist und nichts von Empfängnisverhütung hält? Je jünger, desto besser, das ist mein Credo; wenigstens passiert einem dann nicht so was wie mir letzten April ...

Sollten wir die Suite im Harkness House bekommen, schick mir ein Eiltelegramm. Und wenn Du mir schreibst, erzähl mir von der süßen Sechzehnjährigen. Falls sie mitgemacht hat, können wir einige pikante

Details vergleichen. (Ich wollte Dir noch berichten, dass der Arzt gesagt hat, mit mir sei alles in Ordnung, bevor ich unser gesegnetes Land verließ, aber nach einer Woche in dieser verrückten Stadt – also, um mich mache ich mir jetzt mehr Sorgen als um Lucy.)

Dein Wardman (Zimmergenosse)

Lawson Dubarry hatte im Valedero Beach Club Zimmer reserviert; er wollte mit seinem Sohn fischen gehen und sich mit ihm »austauschen«. Doch als er den Brief auf den Schreibtisch legte, dachte er: »Worüber austauschen?«, und er hätte schwören können, dass noch keine Stunde vergangen war, als seine Sekretärin die Tür öffnete und ihm versicherte, dass eben das der Fall war.

»Könnten Sie mir eine Schreibmaschine bringen – ich möchte einen Brief tippen.«

»Können Sie Maschine schreiben, Mr. Dubarry?«

»Ich glaube ja.«

»Sie wissen«, sagte sie, »falls Sie Ihrem Sohn schreiben wollen, wird der Brief ihn nicht mehr erreichen. Er kommt morgen mit dem Klipper von Miami.«

Seiner Miene sah sie an, dass sie zu weit gegangen war; sie wechselte schnell das Thema und erkundigte sich nach der Reservierung im Beach Club.

»Annullieren Sie alles«, sagte Lawson. »Oder nein, bestätigen Sie die Reservierung, als wenn –«

Er hielt inne. Er fühlte sich sehr allein. Es gab niemanden, mit dem er über diese Sache sprechen konnte – ganz gewiss nicht mit George. Mit Abscheu erinnerte er sich an einen Pfadfinderführer aus seiner Jugend, der über die Gefahren

»heimlicher Sünde« schwadroniert hatte – und an einen wenig feinfühligen Freund, der seinen siebzehnjährigen Sohn vorsätzlich in ein »Haus« gebracht hatte. Aber Lawson war ein moderner Vater und diskret, wie George wusste – und bestenfalls wäre so ein Gespräch eine wahre Orgie der Peinlichkeit für beide Seiten. Er hatte etwas anderes im Sinn.

Langsam und mühevoll tippte er einen Brief an Wardman Evans.

Er erklärte, warum er den Brief geöffnet hatte, und dann ging er ohne viel Federlesens zu einem Erpressungsversuch über:

Wenn Sie sich an die Einzelheiten Ihres Schreibens erinnern, werden Sie verstehen, dass ich es meinem Sohn nicht aushändigen kann und dass ich es für ratsam halte, wenn Sie beide nächstes Jahr nicht zusammenwohnen. Dies soll keine Kritik an Ihnen sein und keine Unterstellung, Sie könnten einen schlechten Einfluss gehabt haben. Vielleicht ist es umgekehrt. Aber die von Ihnen geschilderten Betätigungen können Ihnen beiden bei Ihren Studien nur hinderlich sein.

Ich vertraue darauf, dass Sie als der Ältere den Registrar von Yale und meinen Sohn umgehend von Ihrem Wunsch informieren, verlegt zu werden, mit welcher Ausrede auch immer.

Zweifellos werden Sie einen derart intimen und verräterischen Brief zurückhaben wollen – sobald Sie mir eine Kopie Ihres Schreibens an den Registrar übersenden, teilen Sie mir bitte die Adresse mit, an die ich den Brief schicken soll.

Mit freundlichen Grüßen – und nicht ohne Mitgefühl,
aber hochgradig verstört und fest entschlossen –
Lawson Dubarry

Lawson frankierte ausreichend für die Beförderung nach Paris; in drei Wochen konnte er mit einer Antwort rechnen.

Es blieb die Frage, ob Wardman Kampfgeist zeigen würde. Lawson erinnerte sich an einen gutaussehenden Jungen mit heller Stimme, naiver Offenheit und dürftigen Park-Avenue-Manieren. Den Vater hatte Lawson nicht kennengelernt; vielleicht gehörte nonchalantes Verführen zur Familientradition seit zwei Generationen und einem Schiff mit Emigranten oder seit zwanzig Generationen und den Kreuzzügen.

Als er an der Zollstation auf das Schnellboot wartete, dachte er immer wieder, dass nichts in dem Brief George und die »süße Sechzehnjährige« überführte – er schrak davor zurück, den Namen des Mädchens zu denken. Vielleicht hatte George nur mit der Gefahr geliebäugelt. Lawson musste Geduld und Selbstbeherrschung zeigen, um Georges Vertrauen zu gewinnen, und ihn dazu bewegen, seine ethischen Grundsätze zu offenbaren, falls er welche besaß. Er hoffte, Wardman als Georges besten Freund abzulösen, noch ehe Wardmans Antwort eintraf …

»Vater! Siehst prima aus!«

Erleichterung überkam Lawson. Dieser gesunde, großzügige, fröhliche Mensch konnte gar nicht im Tenor dieses Briefes denken. Schnellen Schrittes verließen sie den Kai.

»Ich wollte diesen Sommer mit dir arbeiten«, sagte George. »So viel Urlaub hättest du nicht planen sollen.«

»Es ist auch *mein* Urlaub.«

»Aber ich will schwitzen, so wie du. Lass uns das Schwimmen und Fischen auf die Wochenenden beschränken. Im September bin ich auf ein paar Partys eingeladen.«

Gegen Ende der ersten Woche ließ George den Namen *Wardman Evans* fallen, während sie im El Patio beim Lunch saßen. Wie eine Granate fiel der Name auf Lawsons Teller.

»Wir haben den gleichen Sinn für Humor«, sagte George. »Das ist einer der Gründe, warum ich gerne mit ihm zusammenwohne. Er ist nicht der Hellste, aber wenn ich reden will, treffe ich mich mit anderen Burschen.«

»Er kam mir – na ja, ziemlich gewöhnlich vor«, sagte Lawson obenhin.

»Gewöhnlich?«, protestierte George. »Jede Senior Society würde ihn liebend gern aufnehmen!«

Lawson dachte: »Das beweist gar nichts«, sagte es aber nicht laut.

Von hie und da in Europa kamen Briefe in Wardmans Handschrift für George, Briefe, die Lawson seinem Sohn umgehend weiterreichte. Und Briefe von Mädchen in verschiedenen Handschriften, die Lawson in seiner Phantasie las; sie waren alle mit Elsie unterschrieben, alle besagten sie: »George – hilf mir! Was haben wir nur getan?«

Doch morgens war Lawson aufgeklärt genug zu denken: »Wir sind nicht im Jahr 1890. Und für eine Verführung braucht es immer zwei.«

In etwa diesem Sinn gab George eine Kostprobe seiner ethischen Grundsätze zum Besten. »Wenn ich zurück bin, werde ich einen großen Bogen um Philadelphia machen. Mein Gott, wenn ein Mädchen es auf einen Mann abgesehen hat, scheut es wirklich vor nichts zurück.«

»Tatsächlich?«

»Absolut. Das alte Spiel mit der Mausefalle.«

»Warum haben sie es nicht auf heiratswillige Männer abgesehen?«

»Das kommt erst später. Ich spreche von Sex, was dich hoffentlich nicht schockiert. So etwas gibt es nämlich immer noch.«

Ganz ruhig, flüsterte Lawson sich insgeheim zu und dachte nur daran, dass George von Wardman getrennt werden musste und dass George, sollte er Raubtiergelüsten frönen, gebremst werden musste, bevor es zu einer Katastrophe für ihn und die »süße Sechzehnjährige« käme. So vergingen die Wochen, in deren Verlauf Georges Vater sich abwechselnd jung und alt fühlte. Dann kamen die Briefe.

Der für Lawson bestimmte Umschlag, in London aufgegeben, enthielt den Durchschlag eines Briefes an den Registrar. Darin teilte Wardman Evans mit, er werde im nächsten Semester nicht mit George Dubarry zusammenwohnen, und als Grund gab er an: »– da ich mich exmatrikulieren werde, wie ich dem Dekan erklärt habe.«

Am Fuß des Blattes hatte er mit Tinte hinzugefügt:

Ich hoffe, das ist in Ihrem Sinn. Eine Kopie meines Briefes an George lege ich nicht bei, da ein Mann sich nur von seinem eigenen Vater oder seinem Arbeitgeber Vorschriften machen lassen muss, aber ich versichere Ihnen (falls Sie beabsichtigen, ihn »versehentlich« zu öffnen), dass Ihr Brief darin in keinerlei Weise erwähnt ist.

Hochachtungsvoll
G. Wardman Evans

In dieser Handschrift gab es auch einen Brief an George, aber George war zu einer zweitägigen Geschäftsreise nach Pinar del Rio aufgebrochen, und Lawson blieb nichts anderes übrig, als ein unbehagliches Wochenende damit zuzubringen, Wardmans Brief an George und seinen eigenen Brief an Wardman wieder und wieder zu lesen und sich zu fragen, ob er den jungen Mann zu einem so extremen Schritt gezwungen haben könnte. Er tröstete sich mit dem Gedanken, dass Wardman offenbar nicht viel an seiner Universität lag und sein Verlust für die Studentenschaft nicht groß sein dürfte.

George kam am Montag ins Büro, steckte den an ihn adressierten Brief ein und erzählte von Pinar del Rio und von seinem Wunsch, die Partys zu streichen und bis zum Semesterbeginn in Kuba zu arbeiten. Doch später am Nachmittag, als sie sich in Lawsons Club trafen, war George in finsterer Stimmung.

»Dieser Narr Wardman! Ärgerlich genug, dass ich mir einen neuen Zimmergenossen suchen muss – aber er ist so ein schrecklicher Narr.«

»Was hat er angestellt?«

»Verlässt die Uni«, sagte George fassungslos. »Was für ein Wahnsinn!«

Lawson schwieg, seine Nerven zuckten.

»Warum geht er? Oder ist das ein Geheimnis?«

»Ha, so was kann man nicht geheim halten!«

»Ja – darf ich also wissen, was er getan hat?«

»Allem Anschein nach hat er ein Flittchen namens Lucy Bickmaster geheiratet.«

Lawson winkte einen vorbeikommenden Kellner her

und bestellte einen doppelten Whiskey. George bestellte ein Bier. Beide schwiegen, und George nahm den Brief aus der Tasche und überflog ihn.

»Warum hat er sie geheiratet?«, fragte Lawson.

»Das ist das große Rätsel.«

»Vielleicht – musste er es tun.«

»Dass ich nicht lache. Ich kenne Lucy seit drei Jahren.« Dann fügte er schnell hinzu: »Aber komm nicht auf irgendwelche Gedanken, Vater – ich war nie hinter ihr her. Ich kenne einfach nur ihren Charakter. Vermutlich war er bei der Sache nicht ganz nüchtern.«

»Sind das nicht bloße Spekulationen«, sagte Lawson kühl, »denn ohne Beweise kannst du nicht unterstellen, dass eine Siebzehnjährige –«

Angesichts von Georges verblüffter Miene verstummte er.

»Woher weißt du, dass sie siebzehn ist?«

»Ich dachte, du hättest mir das gesagt.«

»Ich kann mich nicht erinnern, dass ich sie erwähnt hätte.«

Lawson stellte sein Glas ab und bestellte einen neuen Drink.

»Er erwähnt dich in dem Brief«, sagte George.

Lawsons Herz raste.

»Er lässt dich grüßen und hofft, dass du einen guten Einfluss auf mich hast.«

»Vergessen wir das alles«, sagte Lawson. »Es tut mir leid, weil es dir leid tut, aber wie du sagst, war er ein Narr – seine Bildung eines Mädchens wegen aufzugeben.«

»Er ist ihr in die Falle gegangen.«

»Vielleicht.«

Sie standen auf.

»Ich kenne das Mädchen nicht«, sagte Lawson, »als Unbeteiligter hoffe ich nur, dass sie nicht auch in eine Falle geraten ist.«

Er war versucht, sich auf dem Weg zur Tür noch einen Drink zu genehmigen, aber das hätte seinen Grundsätzen widersprochen. Und in seiner leisen Frustration verplapperte er sich ein zweites Mal.

»Vielleicht ist Wardman gar kein so großer Frauenheld.«

Als Lawson aus dem Club in das blendende Sonnenlicht trat, war ihm triumphal und gesprächig zumute; er war froh, dass er und George den Abend nicht zusammen verbringen würden und seine Diskretion nicht auf die Probe gestellt werden würde.

... Später ging er für einen Schlummertrunk in eine Bar, in der junge Frauen die Gäste bedienten. Als er ging, tippte er in südamerikanischer Manier an seinen Hut.

»Muchas gracias, Lucia«, sagte er leutselig – und zu der anderen Kellnerin: »Adios, Elsie.«

Er tippte wieder an seinen Hut und verneigte sich, und als er die Bar verließ, starrten die zwei Mädchen ihm nach, ohne zu wissen, dass er sich über zwei Generationen hinweg in eine amerikanische Vergangenheit verneigt hatte.

Das Triumphgefühl hielt an bis zum nächsten Morgen, als er spät in seinem Büro erschien, voller neuer Hoffnungen für seinen Sohn und sich selbst. George war noch nicht da, aber auf dem Schreibtisch lag ein Umschlag, in Georges Handschrift mit dem Wort »Persönlich« versehen. Lawson öffnete ihn und las. Und dann klingelte er, wie schon einmal, nach seiner Sekretärin und sagte: »Bitte – keine Anrufe.« Dann las er den Brief ein zweites Mal.

Nach Deiner letzten Bemerkung begann ich zu ahnen, dass irgendwas nicht sauber ist. Ich habe mir die ganze Nacht den Kopf darüber zerbrochen, und als ich heute Morgen ins Büro kam, hat Deine Sekretärin mir einen Brief gegeben und gesagt, er sei versehentlich in Deine Unterlagen geraten. Angeheftet war Deine Antwort, und ich behaupte nicht einmal, dass ich sie »versehentlich« gelesen habe.

Wenn Du das hier liest, werde ich auf dem Klipper sein. Der Kassierer hat mir meinen Lohn ausgezahlt. Wenn ich Dir jetzt Adieu sage, will ich festhalten, dass ich versucht habe, ein guter Sohn zu sein und zu handeln wie ein Gentleman, soweit ich verstehe, was dieses Wort bedeutet.

Erst Wochen später, als er aus der Zeitung von Georges Heirat erfuhr (»die Eheschließung fand in Elkton, Maryland, statt – die Braut Miss Elsie Johnson ist sechzehn Jahre alt«), begriff Lawson, dass in dem Übermaß guter Absichten Elsie, der unberechenbare Faktor, gerettet worden war – aber das Opfer hatte sein Sohn gebracht.

Er konnte sich nie richtig darüber klar werden, wie er anders hätte handeln können, doch später erlaubte er sich ab und zu Bemerkungen über moderne junge Frauen und ihren Lebensstil. Sein freundlichster Kommentar lautete, dass sie die einzigen Jäger seien, die in ihrer Verzweiflung eine Falle mit zerfleischten und zerbrochenen Teilen ihrer selbst bestückten. Einschränkend fügte er dann hinzu: »– es ist nicht ihr eigener Mut, es ist der Mut der Natur.«

Er ertappte sich bei anderen Bemerkungen, die hier nicht wiedergegeben werden können. Nicht nur Wardman Evans wäre davon ernsthaft schockiert gewesen.

Liebe kostet Nerven

Ein sehr hübsches Mädchen von achtzehn Jahren, Ann Dawes, befindet sich unter den letzten Amerikanern, die aus dem europäischen Kriegsgebiet zurückkehren. Sie wird am Landungsplatz von zwei jungen Männern erwartet. Sie haben Mühe, sie ausfindig zu machen, weil sie nicht auf der Passagierliste steht. Ihr wohlhabender Großvater ist schuld daran, er verabscheut Glamour jeder Art. Sollte sie auch nur drei Mal in der Zeitung erwähnt werden, bevor sie zwanzig wird, enterbt er sie wohl.

War sie an der Front?

Nein. Aber sie hat mit ein paar Leuten gesprochen, die dort gewesen sind, und ist allemal froh, wieder zu Hause zu sein.

Als sie aus dem Zollamt kommen und zum Anwesen ihres Großvaters in der Nähe von Princeton fahren wollen, bemerken wir, dass sie verfolgt werden. Ann ist dem Krieg nicht entkommen. Das *glaubt* sie nur.

Tom, einem der beiden jungen Männer, fällt es auf. Er weist auf den Mann hin, aber Ann kann darüber nur lachen, und sein Freund Dick behauptet, er sehe Gespenster. Tom räumt ein, er habe sich wohl geirrt.

Nachdem die beiden Ann bei ihrem Großvater abgesetzt haben, bemerkt auch Dick den Verfolger. Sie nehmen die

Jagd auf, überwältigen ihn und setzen ihn fest. Ihr Gefangener, ein sehr gutaussehender Mann, zeigt eine Kennkarte, die ihn als Angehörigen des Secret Service ausweist, und versichert, er habe gute Gründe, hinter Ann Dawes her zu sein, könne sie aber nicht preisgeben.

Die beiden jungen Männer sind schockiert und lassen ihn laufen.

Am nächsten Morgen fahren sie zu Ann, um ihr ein Geständnis abzuringen. Ann glaubt zunächst an einen Scherz, dann wird sie wütend auf die beiden und ihren selbstgefälligen Hurra-Patriotismus. Sie schickt sie weg und geht auf ihr Zimmer. Der Streit hat sie aufgewühlt, sie fühlt sich ungerecht behandelt. Sie fängt an – am Tag zuvor war sie zu faul –, ihre Reisetruhe auszupacken. Ganz unten in der Truhe stößt sie auf eine ihr fremde Ledertasche, in der sich eine 45 Pfund schwere 156 mm-Granate befindet.

Zuerst ist sie entsetzt, dann legt sie ein paar Kleider über die Granate, schließt die Truhe wieder, und erst dann stellt sie eine Verbindung zu dem Verfolger her – es hat ihn wohl doch gegeben. Falls er für den Secret Service arbeitet, wird sie bestimmt schon von der Polizei verdächtigt. Die Angelegenheit könnte ihr folgenschwere Prominenz einbringen.

Sie ist verwirrt und weiß nicht, was sie tun soll. An diesem Punkt möchte ich betonen, dass die Rolle mit einer jungen Schauspielerin – vielleicht vom Typ Brenda Joyce – besetzt werden sollte, das heißt mit einem Mädchen, das noch nicht ganz erwachsen ist und dem Partys alles bedeuten. Eine reifere junge Frau, von sagen wir neunzehn Jahren, würde nicht zögern, zur Polizei zu gehen.

Ann beschließt, ihren Großvater zu fragen, was er in

einem solchen Fall tun würde, allerdings ohne ihm die ganze Wahrheit zu sagen. Der Großvater schöpft keinen Verdacht und sagt, man müsse sich in jedem Fall an die Gesetze halten – woraufhin Ann bei der Polizei anrufen will. Aber die Leitung ist tot.

Sie geht ins Erdgeschoss und verlässt das Haus – vor der Tür trifft sie auf einen Elektriker, der zu ihr sagt, er sei gekommen, um das Telefon zu reparieren. Anders als Ann erkennen wir in ihm den Mann, der sie tags zuvor beschattet hat.

Offensichtlich besteht eine Verbindung zwischen seiner Mission und der Granate – wahrscheinlich soll er sie in seinen Besitz bringen. Anders als erhofft, trifft er ausgerechnet auf Ann und nicht auf ein anderes Mitglied der Familie. Er will sich das Telefon in ihrem Zimmer ansehen, dabei war natürlich er selbst derjenige, der die Leitung am Haus gekappt hat. Ann traut dem Mann nicht, also geht sie mit ihm, und während er seine Arbeit macht, sitzt sie auf der Truhe.

Sie kommen ins Gespräch. Es handelt sich offenbar um einen gebildeten Mann. Er sei studierter Ingenieur und vor kurzem gezwungen gewesen, beruflich umzusatteln. Uns fällt ein leichter, womöglich französischer Akzent auf.

Die beiden mögen sich auf Anhieb und fühlen sich zueinander hingezogen, aber vorerst haben sie andere Sorgen: Ann will die Sache mit der Granate aufklären, der Elektriker will, dass sie das Zimmer verlässt. Er bittet sie um einen Hammer und hofft darauf, dass sie selbst ihn holen geht, stattdessen läutet sie nach dem Hausmädchen. Er fragt nach einem Glas Wasser – misstrauisch holt sie es aus dem Badezimmer. Schließlich ist sie doch einmal unaufmerksam –

während sie ihm den Rücken zukehrt, wirft er glühende Kohlenreste aus dem Fenster und auf einen Strohhaufen. Dann tut er so, als würde er das Feuer entdecken. Die List funktioniert. Ann läuft schnell ins Erdgeschoss, währenddessen öffnet er die Truhe und holt die Ledertasche mit der Granate heraus.

Im Erdgeschoss wurde das Feuer von der Küche aus schnell entdeckt und von den Hausangestellten gelöscht. Ann eilt wieder hinauf und hört gerade noch, wie die Truhe zuklappt. Schnitt ins Zimmer, wir sehen den Elektriker, der, als er hört, wie Ann zurückkommt, die Granate für einen Moment nicht mehr an sich nehmen will. Sie denkt jetzt, dass er für die Regierung arbeitet, erzählt freiheraus von der Granate und dass sie nicht weiß, wie sie in die Reisetruhe gelangt ist. Der Elektriker widerspricht nicht, als ihn Ann einen amerikanischen Agenten nennt. Er sagt, er wolle die Granate mitnehmen, Ann solle den Vorfall vergessen, er verschwinde jetzt aus ihrem Leben. Ann hat inzwischen romantische Gefühle für den Agenten entwickelt und will nicht, dass er geht. Sie fragt, wohin er mit der Granate wolle. Er sagt, nach Washington, und Ann fragt, ob er sie bis Princeton mitnehmen könne. Der Geheimagent ist einverstanden.

Ann beschließt, den Mann vor ihrem Großvater, für den er natürlich weder ein Elektriker noch ein Agent sein darf, als Flugsportler und Freund auszugeben, der gerade vom Flugplatz kommt. Der Großvater hält die Elektrikerkluft für die eines Piloten. Ann sagt, sie fahre nach Princeton, um eine Freundin zu besuchen.

Noch bevor sie sich auf den Weg machen, erhält Ann

einen Brief von Dick, in dem er seine Einladung zum Princeton Prom zurückzieht. Er liebe sie noch immer und werde nie aufhören, sie zu lieben, aber jeder müsse sich in diesen Zeiten zu Amerika bekennen, und so lange sie nicht »reinen Tisch« mache, wolle er nichts mehr mit ihr zu tun haben. Natürlich handelt es sich bei dem Brief um eine versteckte Drohung, öffentlich zu machen, dass die Behörden hinter ihr her sind – falls sie nach Princeton kommt.

Ann und ihrem Plan kommt das nur gelegen. Sie will Tom und Dick in Princeton zeigen, wen sie da an ihrer Seite hat – und die Angelegenheit an Ort und Stelle klären. Sie pfeift auf den Prom, aber der geheimnisvolle Mann ist ihr alles andere als egal. Sie erzählt ihm zwar nicht von ihrem Vorhaben, aber in Princeton angekommen, bringt sie ihn dazu, vor dem Wohnheim von Tom und Dick zu halten. Sie spricht einen jungen Mann an, der gerade an dem Cabriolet vorbeikommt; bereitwillig ruft er zu Dicks Zimmer hinauf. Als Dick und Tom kommen, startet sie ihren Coup – sie überrumpelt die beiden und den Geheimagenten, indem sie sagt, er werde jetzt ihre Ehre retten. Und das tut er auch – allerdings ohne weiter ins Detail zu gehen. Von der Granate ist keine Rede.

Dick jubiliert und besteht darauf, sie solle über Nacht in Princeton bleiben. Er duldet keine Widerrede. Um die Sache zu besiegeln, greift er nach der Ledertasche mit der Granate auf der Rückbank.

»Was ist da denn drin?«, ruft er. »Blei?«

»Die gehört mir«, sagt der Geheimagent. »Liegen lassen.«

In diesem Moment geht ein Professor für Sprachen an ihnen vorüber, er sieht den Geheimagenten und ruft ihm etwas zu, aber nicht auf Englisch. Der Tonfall lässt seine Verwunderung darüber erahnen, dass der Agent im Land ist.

Sofort wissen Ann, Dick und Tom, dass der Mann kein Amerikaner und also auch kein Angehöriger der amerikanischen Behörden sein kann. Der Agent antwortet ungerührt: »Sie irren sich«, wirft den Gang ein und fährt mit Ann davon.

Am Stadtrand von Princeton biegen sie in eine Straße ein, als jemand gerade ein Schild aufstellt. *Umleitung, Bauarbeiten auf dem Highway. Umleitung*. Aber sie sind bereits auf der Straße, *bevor* das Schild steht. Ein paar Meilen später entweicht Luft aus einem Reifen.

Bis zu ihrer Entführung stand Ann auf der Seite des Agenten, der wohl der attraktivste Mann ist, dem sie je begegnet ist, aber jetzt wendet sie sich leidenschaftlich gegen ihn. Er ist ohne jeden Zweifel ein Spion, und er entführt sie, in der Tat.

Er verspricht, dass sie aussteigen darf, sobald sie nicht mehr in der Nähe von Princeton sind. Sie zeigt sich einverstanden, aber als er aussteigt, um den Reifen zu reparieren, dreht sie den Zündschlüssel und wirf den Gang ein. Der Geheimagent kommt ihr rechtzeitig auf die Schliche, klettert über den Rücksitz ins Auto und hält den Wagen an. Als er wieder aussteigt, nimmt er den Schlüssel an sich, die Granate sicherheitshalber auch. Dabei scheint er bester Dinge zu sein.

Ann wartet wieder – bis er den Wagenheber unter die Hinterachse schiebt. Er zieht seine Jacke aus und wirft sie hinten in den Wagen – zuvor hat Ann beobachtet, wie er den

Schlüssel in die Jackentasche gesteckt hat. Vorsichtig zieht sie die Jacke näher und schnappt sich den Schlüssel.

Diesmal gelingt es ihr. Aber schon nach ein paar Metern hält sie wieder, lässt den Motor aber laufen. Sie befürchtet, er könnte einfach verschwinden, wenn sie ihn mit der Granate zurücklässt.

Der Geheimagent deponiert die Granate hinter ein paar Bäumen am Straßenrand und will sich Ann mit charmantem Gesäusel nähern. Aber Ann fährt immer wieder ein Stück weiter. Er gibt auf. Wenn er sich mit der Granate querfeldein davonmacht, kann sie ihm zwar nicht folgen, aber sie kann und wird nach Princeton fahren und Hilfe holen, auch mit einem platten Reifen. Ann hofft inständig, ein anderer Wagen möge vorbeikommen. Sie weiß schließlich nicht, was wir wissen – dass die Straße beidseitig wegen Bauarbeiten gesperrt ist. *Niemand* wird kommen.

Ann nimmt an, dass die Zeit auf ihrer Seite ist, dabei ist sie gegen sie. Es dämmert. Es tröpfelt. Ann will das Verdeck schließen, schafft es aber nicht. Der Geheimagent nutzt die Gelegenheit und schleicht sich an – da beginnt es so richtig zu schütten. Sie wirft den Schlüssel ins Unterholz, achtet darauf, wo er hinfällt, alles unbemerkt. Es regnet zu stark für einen Reifenwechsel, also schließt er das Verdeck, und so sitzen sie unter ihrem unzureichenden Regendach, bis wir ABBLENDEN.

Am nächsten Morgen unterhalten sich Tom und Dick in Princeton über die Ereignisse vom Vortag. Sie wissen nur, dass Ann – freiwillig oder unfreiwillig – mit jemandem davongefahren ist, der angeblich für die Regierung arbeitet, in dem ein ausländischer Professor aber einen Landsmann erkannt zu haben glaubt. Der Professor hat gesagt, er sehe Captain Soundso so ähnlich, dass man ihn für seinen Bruder halten könnte, hat aber auch eingeräumt, dass ein Irrtum nicht ausgeschlossen sei, was die Verwirrung und das Zögern der beiden erklärt. Sie beschließen, bei Anns Großvater anzurufen, vielleicht ist sie ja dort, aber ein Hausangestellter teilt ihnen mit, Ann besuche in Princeton eine Freundin. Das stimmt nicht, und sie wissen es. Dick, der in Ann verliebt ist, will die Polizei informieren. Tom erinnert ihn daran, dass Ann nicht in der Zeitung stehen will, also suchen sie auf eigene Faust nach ihr. Beunruhigt leihen sie sich einen Wagen und brechen Richtung Washington auf, fahrende Ritter ohne konkrete Spur. Zuerst kommen sie an dem Schild vorbei. *Umleitung – Bauarbeiten*. Sie reden auf einen Polizisten ein, aber er lässt sie nicht passieren.

In der Zwischenzeit sind unsere beiden Hauptfiguren wieder wach geworden und haben Hunger. Der Geheimagent hat eine »eiserne Ration« im Wagen, die sie sich teilen. Sie waschen sich – in aller Diskretion – in einem nahegelegenen Bach. Dann besteht er entschieden darauf, zum Wagen zurückzugehen, und wechselt bei strahlendem Sonnenschein den Reifen. Erst jetzt bemerkt er, dass der Schlüssel weg ist. Er fragt danach – sie lacht. Solange er sie nicht körperlich bedroht, hat sie die Situation im Griff, und dass er ein Gentleman ist, wurde bereits deutlich gemacht. Wieder versucht er, sie zu überlisten. Er klemmt, ohne ihr etwas davon zu sagen, den Anlasser ab und geht dann die Straße hinunter, wo noch immer der Wagenheber liegt. Er behält sie im Auge, und nachdem er sich ein gutes Stück entfernt hat, steigt Ann aus und sucht im Gebüsch eilig nach dem Schlüssel. Der Geheimagent kommt zurückgelaufen. Er weiß jetzt, wo sie den Schlüssel hingeworfen hat und findet ihn sofort. Jetzt sitzt wieder er am längeren Hebel.

Es hat den Anschein, als würden die beiden sich schon sehr lange kennen, den Kleinkrieg um den Schlüssel haben sie mit viel Humor geführt.

Während sie weiterfahren, unternimmt Ann den Versuch, etwas Licht ins Dunkel zu bringen. Wie ist die Granate in ihre Reisetruhe gekommen? Es muss im Ausland passiert sein, aber auf ihrer Rückreise hat sie so viele Länder durchquert, dass sie nicht weiß, wo es dazu gekommen oder warum die Granate nach Amerika geschickt worden ist. Er hält sich bedeckt.

»Der Zoll hätte die Granate finden können«, sagt sie, »wenn am Landungsplatz wegen der vielen Flüchtlinge nicht so ein Gedränge gewesen wäre.«

Er sagt unbedacht: »Das war das einzige Risiko.«

Er muss ein Spion sein. Den ganzen Morgen war sie guter Dinge, jetzt ist sie wütend. Sie wird zur leidenschaftlichen Patriotin, dabei hatte sie vor vierundzwanzig Stunden nichts als Tanzen im Kopf.

Dick und Tom haben mittlerweile das Ende der Umleitung erreicht und biegen auf die Hauptstraße. Auch hier stoßen sie wieder auf ein Schild. *Bauarbeiten.* Der Vorarbeiter sagt, seit fünf Uhr am Vortag, als eine Brücke einstürzte, sei niemand mehr auf der Straße unterwegs gewesen. Jetzt wissen sie, dass Ann und ihr Entführer irgendwo hinter der Absperrung sein müssen. Sosehr sie den Vorarbeiter auch zu überzeugen versuchen, er lässt sie nicht auf den gesperrten Straßenabschnitt. Er hat seine Anweisungen. Sie steigen in einen Lastwagen um, der die Arbeiter zu der beschädigten Brücke bringen soll. Jetzt müssen sie auch noch befürchten, das Auto könnte von der Brücke gestürzt sein.

Inzwischen haben sich Ann und der Geheimagent ganz überworfen. Er hat zugegeben, dass er kein Amerikaner ist – sondern ein ausländischer Patriot, der nur seine Pflicht erfüllen wolle.

»Wenn Sie das so sehen, kann ich Sie unmöglich freilassen. Sie müssen wohl mit mir mitkommen.«

»Wohin?«

»Ist nicht mehr weit.«

»Ich hasse Sie.«

»Unnötig«, sagt er. »Sie sehen mich ohnehin nie wieder. Wenn ich geschnappt werde, komme ich ins Gefängnis. Falls nicht, ist meine Mission auf dieser Seite des Atlantiks beendet. Wozu der Hass, wo wir doch ohnehin bald wieder getrennt sind? Unsere Länder führen keinen Krieg gegeneinander.«

»Und was ist mit der Granate?«

»Dazu kann ich nichts sagen. Menschenleben sind in Gefahr.«

»So viel Achtung vor dem Leben, obwohl Sie mit so was da Ihr Geld verdienen?«

Sie deutet auf die Rückbank.

»Man hat nicht immer die Wahl –«

Er unterbricht sich, weil ihm plötzlich aufgeht, dass die Granate nicht mehr im Auto, sondern noch immer am Straßenrand liegt. Ihr fällt es jetzt auch auf, und sie muss schallend lachen. Er dreht sich zu ihr, und in diesem Moment fährt der Wagen über die Brücke.

Sie sind zwar nicht verletzt, aber wieder völlig durchnässt. Sie schwimmen ans Ufer und lassen sich trocknen. Ann entdeckt ein halb von Bäumen verdecktes Haus. Sie überlegt, wie sie ihn austricksen könnte, um zum Haus zu gelangen. Vielleicht kann sie dort telefonieren. Der kürzeste Weg führt über eine scharfkantige Schotterbank. Sie greift sich seine Schuhe, die er ausgezogen hat, um das Wasser aus ihnen auszugießen, und läuft Richtung Haus. Er rennt ihr über die Schotterbank hinterher, aber der Schmerz ist, wen wundert's, nicht zum Aushalten. Er gibt auf und nimmt einen Umweg. Mit einigem Vorsprung erreicht sie das Haus.

Eine unheimliche Gestalt schaut aus dem Fenster – eine sehr kleine Frau in Krankenschwesternuniform. Wie gesagt, sie wirkt unheimlich und geheimnisvoll, aber nicht besonders bösartig. Was es mit ihr auf sich hat, können wir zunächst nicht wissen. Es ist vor allem der verwunschene und abweisende Charakter des Hauses, der bedrohlich auf uns wirkt. Die Krankenschwester öffnet die Tür, und Ann rennt ins Haus.

In diesem Moment erreicht der Lastwagen mit den Arbeitern die Brücke. Nachdem Dick und Tom das Auto im Fluss entdeckt haben, blicken sie sich panisch um, und ihr Blick fällt auf das Haus.

Der Geheimagent befindet sich inzwischen auf der Veranda; als er sieht, dass Dick und Tom im Anmarsch sind, entwischt er in den Wald und verschwindet vorerst aus unserer Geschichte.

Drinnen hat Ann stotternd ihre Situation erklärt. Die Krankenschwester versichert, der Mann könne nicht ins Haus gelangen, alle Türen und Fenster seien mit Läden verschlossen. Sie gehen ins Obergeschoss, dort soll das Telefon sein. Aber dort ist kein Telefon – stattdessen wird Ann von der Frau mit einer Waffe bedroht, sie verlangt ihre Armbanduhr und ihren Schmuck. Sie knebelt Ann und fesselt sie mit Handschellen an einen in der Wand befestigten Ring. Unten klopft es an der Tür, die Krankenschwester sagt: »Wenn du den Mund aufmachst, blase ich dir die Birne weg.«

Die beiden jungen Männer wollen die Hausbewohner auf sich aufmerksam machen. Eine Reaktion bleibt aus, es ist wohl niemand da. Sie beschließen einzubrechen, in der leisen Hoffnung, ein Telefon vorzufinden – jetzt, wo sie wissen, dass Ann und der Agent einen Unfall hatten.

Sie reißen einen Fensterladen los, da tritt ihnen die Krankenschwester entgegen. Sie habe niemanden gesehen, sagt sie, sie habe nur gehört, wie ein Auto in den Fluss gestürzt sei, das sei alles. Die jungen Männer wollen wissen, warum sie als ausgebildete Krankenschwester nicht gehandelt habe. Weil es sie nichts angehe, sagt sie, und jetzt schöpfen die beiden Verdacht. Als sie sich im Haus umsehen wollen, bedroht die Krankenschwester sie mit ihrem Revolver und sperrt sie in einen Wandschrank.

Die Krankenschwester bereitet eilig ihren Aufbruch vor und behält dabei die Arbeiter auf der Brücke im Blick. Sie packt eine kleine Tasche, öffnet leise das Fenster und pfeift wie ein Vögelchen.

Der Geheimagent sitzt in aller Ruhe unter einem Baum und raucht, als er den Pfiff hört. Er pfeift zurück und geht zum Haus. Offenbar wollte er Ann und die Granate zu einem kleinen Stelldichein mitnehmen. Die Schwester sagt, sie habe den Schmuck nur zum Vorwand genommen, aber er will Ann nicht einfach so zurücklassen. Er bringt ihr den Schmuck und sagt, er werde die Polizei informieren, sobald er weit genug weg sei. Er bedauert, was passiert ist, und wirkt ehrlich beschämt. Er lässt sogar die Schlüssel für die Handschellen zurück, aber außerhalb ihrer Reichweite.

Zusammen mit der Krankenschwester verlässt er das Haus, sehr leise, damit die beiden jungen Männer keinen Wind davon bekommen und Alarm schlagen. Die Arbeiter haben den Lastwagen inzwischen verlassen und sich auf der Brücke an die Arbeit gemacht. Der Agent und die Schwester nähern sich unauffällig dem Lastwagen, steigen ein und fahren über die Wiese und eine flache Furt auf die andere Seite des Flusses. Sie rasen die gesperrte Straße entlang und wollen die Granate wieder in ihren Besitz bringen.

Ann konnte den Knebel inzwischen loswerden. Sie hat gehört, was sich unten abgespielt hat, und ruft, dass der Agent und die Krankenschwester weg seien. Dick und Tom brechen die Schranktür auf und machen Ann los. Sie erzählt ihnen von der Granate. Zusammen laufen sie zu den Arbeitern am Brückenkopf. Der Vorarbeiter erwartet einen neuen Wagen, um die Verfolgung aufzunehmen. Als er da ist, steigen auch Tom, Dick und Ann ein.

Zurück auf dem Straßenabschnitt, wo sich noch die Granate befindet. Ein altmodischer Hobo, Typ Norman Rockwell, kommt vorbei. Er wischt sich die Stirn und rastet am Straßenrand. Er setzt sich auf die Tasche mit der Granate, die man im Gras für einen Holzblock halten könnte. Er holt ein Kartenspiel aus seiner Jackentasche und legt eine erste Patience. Um das Ganze ein bisschen amüsanter zu gestalten, holt er ein Fläschchen Gin hervor und betrachtet wehmütig die letzten paar Schlucke. Er trinkt aus, und als er die Flasche absetzt, schlägt sie gegen die Granate und zerbricht.

Neugierig öffnet er die Ledertasche, und als er die Granate entdeckt, ist er im Nu auf den Beinen und starrt sie mit großen Augen an. Er kratzt sich an der Schläfe und schaut zum Himmel. Er schüttelt den Kopf. Weiß Gott, wie das Ding dahin gekommen ist. Er rennt weg, dann legt sich seine Panik wieder, und als ihm einfällt, dass die Granate noch einen gewissen Schrottwert haben könnte, geht er zurück. Er nimmt sie vorsichtig in die Hände, horcht daran – aber sie tickt nicht. Er legt sie vorsichtig zurück und hebt die Tasche hoch. Als er in der Ferne Motorengeräusche hört, versteckt er sich hinter einem Baum.

Der Lastwagen mit dem Geheimagenten und der Krankenschwester hält. »Ungefähr hier muss es sein«, sagt er.

Hektisch sucht er den Straßenrand ab, während ihn der Tramp aus seinem Versteck beobachtet. Vorsichtig setzt er die Tasche hinter dem Baum ab, geht ein Stück weiter, tritt dann auf die Straße und fragt den Geheimagenten, ob er etwas suche. Der Geheimagent beschreibt in allen Einzelheiten die Tasche. Der Tramp behauptet, nichts gesehen zu haben.

»Das Ding ist weg«, sagt der Agent zur Krankenschwester.

Jetzt macht der Tramp einen dummen Fehler. Er sagt: »Vor einer halben Stunde ist hier ein Wagen vorbeigekommen und irgendwer hat was mitgenommen.«

Der Geheimagent und die Krankenschwester gehen ratlos zum Lastwagen zurück, als es die beiden trifft wie ein Schlag. Der Geheimagent sagt: »Er kann unmöglich jemanden gesehen haben. Die Straße ist seit gestern Abend gesperrt. Er lügt!«

Sie gehen zurück. Der Tramp versucht, sich rauszureden. Die Schwester bedroht ihn mit der Waffe, sie wollen jetzt die Wahrheit wissen. Sie haben ihn beinah so weit, da hören sie Motorengeräusche – es ist der Lastwagen, der die Verfolgung aufgenommen hat. Der Geheimagent sagt zur Krankenschwester, sie solle losfahren, sonst würden sie auffliegen. Er zieht dem Tramp eins über, zerrt ihn zwischen die Bäume und entdeckt dort die Granate. Aber die Krankenschwester ist schon weggefahren.

Der Lastwagen hält. Ann springt heraus und geht zu der Stelle, wo sie die Granate zuletzt gesehen hat. Der Vorarbeiter ist überzeugt, dass längst jemand da war, und sieht plötzlich dort, wo die Straße einen Hügel hinaufführt, den anderen Lastwagen wieder in Sicht kommen. Er wartet nicht, bis Ann wieder eingestiegen ist, sondern fährt sofort hinterher.

Ann steht auf der Straße. In diesem Moment rollt die Granate, die auf einer kleinen Erhöhung liegt, auf den bewusstlosen Tramp zu. Sie versetzt ihm einen Stoß, er stöhnt auf.

Ann hört das Stöhnen und erschrickt. Der Geheimagent tritt auf die Straße und tut so, als müsste er gähnen. Er sagt: »Sie sind ein bisschen zu spät.«

Schnitt auf den Lastwagen der Verfolger. Tom und Dick, die Ann nicht zurücklassen wollen, springen vom Wagen. Sie sind schon eine halbe Meile unterwegs gewesen.

Der Geheimagent befindet sich in einer aussichtslosen Lage. Er kommt nicht vom Fleck und braucht auch nicht darauf zu hoffen, es sei denn, die Krankenschwester schüttelt ihre Verfolger ab und kehrt zu ihm zurück. Ganz abgesehen davon, dass er in das Mädchen verliebt ist und nichts lieber täte, als sich ihr zu erklären. Außerdem ist da noch der Tramp hinter den Bäumen, der jeden Moment wieder zu sich kommen könnte. Und im Gestrüpp liegt die Granate – die Granate, für die er ein so großes Risiko eingegangen ist.

Nun sitzt Ann wieder am längeren Hebel – und weil sie wegen der Sache mit den Handschellen wütend ist, will sie das ausnutzen.

»Und jetzt?«, fragt sie.

»Na ja, wenigstens können wir Karten spielen.«

Er meint die Patiencekarten, die noch am Straßenrand liegen. Er geht hin, setzt sich ins Gras und sammelt die Karten ein. Sie sieht ihn skeptisch an, fragt sich, was er wohl vorhat, dieser Mann, der sie so fasziniert, den sie lieben würde, wenn sie ihn nicht verabscheuen müsste. Widerwillig setzt sie sich zu ihm und lehnt sich an einen Baum.

»Was spielen wir?«, fragt er und mischt schnell und auf eigenwillige Art und Weise die Karten. »Bloß kein Bridge. Von Brücken hab ich vorerst genug.«

Er legt ein Ass. »Einer allein – schwierig. Aber man muss nun mal vieles allein bestreiten. Zwei. Schon besser –«

Ann unterbricht ihn: »Nicht immer.«

»Meistens schon. Zwei Herzen sind besser als eins.« Vor ihm liegt eine Herz Zwei.

»Ich habe kein Herz«, sagt Ann.

»Oh, das stimmt nicht! Ich hab's gesehen, dreimal.« Er legt eine Pik Drei. »Als Elektriker. Als es geregnet hat. Als die Brücke plötzlich weg war.«

Er legt eine Vier. Ann tippt auf die Karte und sagt: »Aber jetzt weiß ich, was für ein Mensch Sie sind, deswegen bin ich so reser-*vier*-t.«

»Für die Fünf fällt mir nichts ein«, sagt er und legt die Karte weg. »Aber wenn dieser vermaledeite Krieg nicht wäre, könnten wir, statt uns zu streiten, sechs Tage feiern und den siebten vor der Kirche sitzen.«

Nach der Sechs und der Sieben legt er die Acht. Ann sagt: »Wann haben wir zuletzt gegessen, ich hab so einen Schm*acht* – machen Sie dem hier ein Ende, bitte!«

Auf die Acht legt er eine Neun und sagt ernster als zuvor:

»Für diesen Job brauche ich – neun Leben.« Er blättert durch den Kartenstapel, sie sagt: »Keine Zehn – dann ist das Spiel wohl zu Ende, Freundchen.«

Er findet doch noch eine Zehn und legt sie obenauf. Sie hebt den Arm, wie eine Schützin:

»Ich bin bereit – die Elf bitte!«, sie schnippt mit den Fingern.

»Sie haben ausnahmsweise unrecht«, sagt er und legt einen Buben. »Der hier heißt Jaques auf Französisch – so wie ich, früher jedenfalls. Wirklich, so heiße ich.«

»Jaques«, probiert sie den Einsilber.

»Alberner Name, wenn man einen so ernsten Job hat, finden Sie nicht?« Er legt eine Königin obenauf, betrachtet die Karte und sieht dann langsam zu Ann.

»Genau so sehe ich das auch«, sagt Jaques, ganz ruhig und ernst und aufrichtig. Er legt noch eine Karte und fügt hinzu: »– als König, der ich nicht bin.«

Sie sitzen im Schneidersitz und blicken sich in die Augen. Es zieht sie immer mehr zueinander hin, da kommen Dick und Tom zurück und pirschen sich leise an. Dann stürmen sie aus dem Gestrüpp und fesseln Jaques' Hände hinter dem Rücken mit ihren Krawatten. Es sieht so aus, als wäre das Spiel jetzt wirklich zu Ende.

Der Tramp liegt wach im Gras und rührt sich nicht. Staunend beobachtet er das Geschehen.

Dick und Tom sehen aus, als würden sie von Ann Applaus erwarten. Aber sie sagt nur genervt:

»Müsst ihr mal wieder euer Land verteidigen, ja?«

In diesem Moment hält ein Übertragungswagen. Ein Reporter mit Mikrophon springt heraus.

»Haben Sie etwas zu sagen?«, will er wissen. »Unsere Sendung heißt ›Unterwegs gefragt‹. Wie heißen Sie?«

Er hält Ann das Mikrophon unter die Nase. Sie sagt:

»Ich heiße Glamor O'Hara, und ich finde, jeder sollte sich um seinen eigenen Kram kümmern.«

Der Reporter sagt entrüstet: »Sie machen wohl Witze!« Er läuft zu seinem Wagen zurück und blafft ins Mikrophon: »Was soll's, Freunde! Da haben wohl irgendwelche Leute für ein Theaterstück geprobt. Die wollten einfach nicht reden, Freunde. Also wieder zurück zu diesem Gefühl von *Sauberkeit* –«

Aber die gestrandete Vierertruppe läuft ihm hinterher. Die beiden jungen Männer haben den Geheimagenten am Arm gepackt, Ann folgt nur widerwillig.

»Wir haben hier einen Gefangenen«, sagt Dick, »der von der Polizei gesucht wird. Wenn Sie uns nach Princeton bringen, wird er schon den Mund aufmachen.«

Sie zwängen sich in den Wagen, Ann neben den Fahrer, der Gefangene neben Ann, Tom und Dick auf dem einen, der Reporter auf dem anderen Trittbrett. Sobald der Wagen Fahrt aufnimmt, knallt der Reporter dem Geheimagenten das Mikrophon vor den Latz, aber Ann greift es sich.

»Der wird auch nichts sagen.«

»Da hat sie recht«, sagt Jaques.

»Der Gefangene will nicht reden«, sagt der Reporter, »aber Sie wollen ja sowieso lieber hören, wie Ihre Kleidung schön frisch und sauber bleibt!«

Am Ortseingang von Princeton fällt uns auf, dass der Lastwagen, den die Krankenschwester gestohlen hat, dem Übertragungswagen auf den Fersen ist. Plötzlich überholt sie, hält abrupt, zwingt den Fahrer zu einer Vollbremsung, sodass es die beiden jungen Männer von den Trittbrettern fegt, und ermöglicht Jaques auf diese Weise die Flucht. Der Reporter kommentiert in dieser Szene ununterbrochen – ob wir nun die Flucht des Geheimagenten zeigen oder Ann, die in ihrem tiefsten Innern unheimlich erleichtert ist.

»Der Gefangene ist entkommen, Leute«, sagt der Reporter. »Mehr weiß ich nicht. Wirkt jedenfalls alles sehr, sehr verdächtig auf mich.«

Mit diesen Worten und mit einer Nahaufnahme von Anns Gesicht, aus dem Bedauern darüber spricht, dass das große Abenteuer vorbei ist, geht es zurück zu dem Straßenabschnitt, wo wir den Tramp zurückgelassen haben. Er hält die Granate im Arm und streckt den Daumen raus. Ein freundliches Paar hält an. Mit seinem wertvollen und schweren Gepäck steigt er ein. Als sie losfahren, fragt er den Samariter: »Wohin fahren Sie?«

Der Samariter antwortet: »Nach Washington. Ich bin

Fabrikant und habe einen Termin im Kriegsministerium.« Der Tramp denkt an die Granate zu seinen Füßen und packt die Gelegenheit beim Schopf: »Ich auch«, sagt er. Abblende.

Aufblende: Der Prom in der Sporthalle von Princeton zwei Monate später. Wir sehen Ann beim Tanzen, eine ganze Schar von Kavalieren klatscht ab. Sie sieht etwas ernster und besorgter aus als bisher. Jedenfalls ist sie nicht mehr das ausgelassene, unbekümmerte Mädchen vom Anfang. Sie hält nach jemandem Ausschau. Jedes Mal, wenn einem ihrer Tanzpartner auf die Schulter geklopft wird, nimmt sie den Neuankömmling erwartungsvoll in Empfang. »Vielleicht ist er es ja?«, scheinen ihre Augen zu sagen. Aber er ist es nie – und so arrangiert sie sich, höflich und freundlich, mit jeder neuen Enttäuschung.

An irgendeinem Punkt der Erzählung hat Jaques erfahren, dass sie zu diesem Ball geht.

Und auf einmal steht er da, im Frack, sehr selbstsicher, gelöst, nicht verkleidet entdeckt er sie in der Menge. Als sie ihn sieht, fürchtet sie um ihn, aber auch um sich selbst.

»Darf ich bitten?«

Sie unterhalten sich, sind ängstlich, erfreut, fühlen sich abgestoßen und angezogen zugleich.

»Sie haben vielleicht Nerven«, sagt sie.

»Durchaus nicht, diesmal ist das Gesetz auf meiner Seite. Ich bin Botschaftsattaché in Washington.«

»Wenn Dick und Tom Sie entdecken –«

»Ich genieße diplomatische Immunität.«

Sie beendet den Tanz.

»Ich hasse Sie«, sagt sie. »Ich kann nicht mit Ihnen

tanzen! Wer sind Sie überhaupt? Sagen Sie es mir jetzt endlich? Was sollte das alles?«

»Tanzen Sie mit mir, dann erzähle ich Ihnen alles.«

Sie scheut sich, zögert und kann ihre Neugier nun doch nicht unterdrücken.

»Reden Sie schon«, verlangt sie, und dann tanzen sie weiter.

Während sie tanzen, beantwortet sie die Versuche, abgeklatscht zu werden, mehrmals mit den Worten »Danke, jetzt nicht« – dabei zeigt sie stets ein strahlendes Lächeln, das wieder aus ihrem Gesicht verschwindet, sobald sie Jaques ansieht.

»In einem der Länder, die Sie bereist haben«, sagt er, »wurde eine Granate entwickelt, die wir uns genauer ansehen wollten. Einer meiner Verbindungsmänner hat einen Arbeiter bestochen und ist so in ihren Besitz gekommen – und genau an dem Tag ist der Krieg ausgebrochen. Da stellte sich die Frage, wie ich die Granate zur weiteren Untersuchung in mein Land schaffen konnte. Die Wahrscheinlichkeit, dass man Sie als Amerikanerin ohne jede Gepäckkontrolle ausreisen lassen würde, war groß – außerdem stand Ihre Truhe mit der Aufschrift ›Wird auf der Überfahrt nicht benötigt‹ im Foyer des Hotels. Ich bekam eine verschlüsselte Nachricht. Ich verrate Ihnen besser nicht, wie wir die Truhe am Zoll vorbeibekommen haben, sonst machen sich Ihre Landsleute noch Gedanken.«

Sie wirkt gereizt, er fährt rasch fort:

»Entschuldige, *unsere* Landsleute, wollte ich sagen. Wenn der Krieg vorbei ist, bleibe ich hier, dann gehören du und ich für immer zu *einem* Land.«

»So einfach ist das nicht. Was ist denn aus der Granate geworden?«

»Hast mich erwischt.«

Auf einmal lächelt sie.

»Tatsächlich?«, sagt sie, und sie schlingen die Arme noch fester umeinander.

Überblendung auf das Eingangsportal des Kriegsministeriums in Washington, wo der Tramp, jetzt in Uniform, stolz Wache hält.

Das Ehepaar

Der Höhepunkt der Tragödie ereignete sich auf dem großen und breiten bequemen Sofa, das fast das älteste Besitztum ihres Ehelebens war.

»In Ordnung«, sagte der junge Pawling sehr ernst und traurig, »lassen wir es dabei bewenden. Wir können uns nicht einigen, also trennen wir uns besser. Wir haben es ein Jahr lang versucht und uns nur das Leben zur Hölle gemacht.«

Carrol nickte.

»Du willst sagen, du hast mir das Leben zur Hölle gemacht«, korrigierte sie ihn.

»Nein, das wollte ich nicht. Aber lassen wir es dabei bewenden. Lass es dabei bewenden. Ich will nicht länger mit dir streiten. Du liebst mich nicht. Ich verstehe bloß nicht, warum du das nicht schon vor unserer Heirat erkannt hast. Und jetzt –« Pawling zögerte. »Wann wollen wir tatsächlich – tatsächlich –«

Die Nachtluft im frühen Mai wehte kühl in das Zimmer, und Carrol ging anmutig zum offenen Feuer.

»Ich würde gerne hier bleiben, bis Mutter aus Europa zurück ist«, sagte sie. »Bis dahin sind es zwei Wochen, und ich kann alles zusammenpacken. Natürlich würde ich morgen gehen, wenn du das möchtest, aber ich wüsste nicht, wohin.«

»Kommt nicht infrage«, sagte Pawling hastig. »Du bleibst hier. Ich ziehe aus, schon morgen früh.«

»Nein. Wenn du so empfindest, dann ziehe ich aus. Ich dachte nur, wenn es dich nicht stört, dass ich noch hier bin –«

»Mich stören! Kein bisschen. Also –« Er biss sich auf die Lippe. Das allein war der Grund für die Trennung. Alles, was er tat, störte sie fürchterlich. Seit einigen Wochen versuchte er nicht mehr, ihr alles recht zu machen.

»Natürlich kannst du hier bleiben«, sagte er steif. »Ich hole heute Nacht meinen Kram aus dem großen Zimmer.«

»Es sind ja nur zwei Wochen.«

»Also, ich wäre ent–« Wieder verstummte er. Er war im Begriff gewesen zu sagen: »entzückt«, aber das wäre nicht das richtige Wort gewesen. Dennoch wäre es nicht unwahr gewesen – er klammerte sich an die Vorstellung, dass sie blieb, wenn auch nur für zwei Wochen. Die Trennung war unumgänglich, gewiss – aber der kurze Zeitraum, in dem sie zwar schon beschlossen, aber noch nicht vollzogen war, würde den Abschiedsschmerz etwas mildern.

»Und noch etwas«, sagte seine Frau. »Zwei Dinge. Zum Ersten habe ich für morgen Abend ein paar Leute zum Essen eingeladen –«

»In Ordnung.«

»– und zweitens wegen der Bediensteten. Esther und Hilda gehen morgen früh, und wir brauchen jemanden bis – bis Mutter zurückkommt. Und deshalb habe ich heute in der Stadt zwei Leute besorgt.«

»Zwei. Selbstverständlich.«

»Nein, ich meine ein Ehepaar. Das ist etwas anderes. Ein

Mann und seine Frau. Sie kocht, und er gibt den Butler und hilft ihr bei der Hausarbeit. Sie machen einen guten Eindruck – er ist Engländer und sie Irin. Ich hätte sie natürlich nicht genommen, wenn ich mir sicher gewesen wäre, dass wir uns trennen – aber da sie nun mal kommen –«

Sie verstummte und richtete den Blick auf den Teppich.

»Ja, selbstverständlich«, murmelte Pawling und blickte auf dieselbe Stelle. Er nahm kaum wahr, dass sie zu sprechen aufgehört hatte und Schweigen im Zimmer herrschte. Er dachte daran, dass er in wenigen Minuten nach oben gehen musste, nicht zornig, sondern mit dem Rest Würde, der ihm geblieben war, seine Sachen aus dem großen Vorderzimmer holen musste – Bürste und Kamm, das Kästchen mit seinen Manschettenknöpfen und die Papiere in seinem Toilettentisch. Und dann wäre es mit seiner Ehe vorbei. Heute Nacht, wenn sie getrennt in ihren Zimmern lägen, würde etwas geschehen, das für immer die zarten geheimnisvollen Bande zwischen ihnen durchschneiden würde, die unfassbare und halb geschwundene Ehe ihrer Herzen, die sie davon abgehalten hatte, sich schon längst zu trennen. Am Morgen würden sie die Augen auf eine andere Welt öffnen im Wissen, dass sie nicht mehr vereint waren und nie mehr vereint sein würden.

Pawling stand auf.

»Ich glaube, ich gehe jetzt hoch«, sagte er knapp.

»In Ordnung. Ich schließe die Tür ab.«

Eine halbe Stunde später schaltete er im Gästezimmer das Licht aus und schlüpfte ins Bett. Die kühle, klare Mainacht draußen brachte die Erinnerung an ein anderes Frühjahr zurück, eine Erinnerung, die in den letzten Monaten zerkratzt und verschmutzt worden war und doch eigentlich etwas Liebliches und Idyllisches war. Er fragte sich, ob die Liebe jemals mit dieser Intensität, mit diesem heiteren Zauber der ersten Liebe wiederkommen würde, oder ob sie nun für immer dahin war.

Nach einer Weile hörte er, wie Carrol unten umherging. Die Lichter wurden ausgemacht, und Carrols Schritte ertönten auf der Treppe. Sie ging sehr langsam, als wäre sie müde. Oben auf dem Treppenabsatz blieb sie einen Augenblick lang an der Schwelle seines Zimmers stehen. Dann ging sie in das große Vorderzimmer und schloss die Tür, und tiefe Stille schien mit der Nachtluft durch das Fenster hereinzudringen und das ganze Haus zu erfüllen.

II

Am Morgen fuhr Pawling zum Bahnhof, um die neuen Bediensteten abzuholen. Er erkannte sie sofort in der Menschenmenge, die aus dem Zehn-Uhr-Zug stieg.

»Reynolds?«

Der Mann, ein Brite mittleren Alters mit langem Hals und einem audruckslosen Cockney-Gesicht, nickte ausgiebig.

»Ja, Sir – Reynolds.«

Er wandte sich zu einer stattlichen Dame irischer Abstammung um, die unmittelbar hinter ihm stand.

»Das ist meine Frau, Sir. Sie heißt Katy.«

Offenbar hatten sie einen Schrankkoffer mitgebracht. Reynolds ging ihn holen, während Pawling und die stattliche Dame auf dem Bahnsteig ein Gespräch begannen – das heißt, Pawling bemerkte, es sei nicht weit zu seinem Haus, und Katy wackelte ausführlich und entgegenkommend mit dem Kopf.

»Schon lange in diesem Land?«, fragte Pawling, als sie losfuhren.

Reynolds nickte.

»Nicht sehr lange«, widersprach Katy. »Vielleicht zwei Monate.«

»In New York gearbeitet?«

»Nein, wir haben in Philadelphia gearbeitet – oh, für zwei sehr vornehme Gentlemen. Vielleicht kennen Sie die beiden – Mr. Marbleton und Mr. Shafter?«

Nein, Pawling kannte sie nicht. Aber er nickte, als wüsste er, wie nett sie waren.

Im Haus zeigte Pawling den beiden die Küche und wies diskret darauf hin, dass ihre Privaträume unmittelbar darüber lagen. Dann ließ er sie allein und schlenderte auf die Vorderveranda.

Diese drei Wochen waren sein erster Urlaub in diesem Jahr. Natürlich war es günstig, dass der Urlaub mit der Katastrophe einer Scheidung zusammenfiel, und dennoch hätte Pawling sich gerne mit Arbeit abgelenkt. Das Melancholische an der Sache würde durch sein Nichtstun noch verschärft werden – er konnte nichts tun als im weichen Mailicht sitzen und zusehen, wie die Tage vergingen, an deren Ende das unwiederbringliche Abenteuer vorbei wäre. Er war natürlich froh, dass das letzte Wort gesagt war. Carrols Arroganz, ihre Unzugänglichkeit, ihre wachsende Abneigung ihm gegenüber waren mehr gewesen, als man ertragen konnte. Er selbst war jähzornig, und oft wären die Streitigkeiten der vergangenen Monate fast in körperliche Gewalt ausgeartet.

»Lou.«

Er sah auf und erblickte sie im hellen Sonnenlicht.

»Hallo«, sagte er und stand auf, um sie einzulassen, »dein Paar ist da. Sie sind in der Küche.«

»Danke«, sagte sie kühl und trat auf die Veranda, die Arme voller Blumen. »Ich gehe gleich hin und sehe nach ihnen.«

Sie trug, wie ihm auffiel, ein steifgestärktes Kleid von hellstem Blau, das sie seit dem vergangenen Sommer nicht mehr getragen hatte. Er sah sie aufmerksam an, um an ihren Augen Anzeichen von Schlaflosigkeit zu entdecken, wie sie an seinen Augen sicherlich zu sehen waren, aber sie war so frisch und rosig wie die Blumen in ihren Armen.

»Ich habe sie für das Abendessen gepflückt«, sagte sie. »Sind sie nicht bezaubernd?«

»Ja, sehr.«

Ohne ihn anzusehen, ging sie hinein.

Sie aßen um ein Uhr zu Mittag, und als er sich setzte, beschloss er, dass dies sein letztes Mittagessen mit ihr sein würde. Er musste etwas finden, um die Tage in der Stadt herumzubringen. Er hatte keinen Appetit auf weitere Mahlzeiten, die mit gesenktem Blick gegessen wurden.

Wie nicht anders zu erwarten, war das Mittagessen ein unappetitlicher Mischmasch – das neue Paar musste sich erst in der Küche zurechtfinden. Aber er fragte sich, ob Reynolds den Tisch nicht unnatürlich laut umrundete.

»Sie sind neu hier«, sagte Carrol. »Drüben herrscht ein ziemliches Durcheinander. Heute Abend wird es besser gehen.«

Dann kam das Dessert – Pfirsichscheiben in einer Sauciere.

»Für den Anfang ist das völlig in Ordnung, Reynolds«, sagte Carrol. »Aber heute Abend möchte ich das Dessert aus einer Schale serviert bekommen.«

»Wie bitte, Madam?«

»Ich sagte, ich möchte das Dessert aus einer Schale serviert bekommen – die Mandelspeise, von der ich Ihnen erzählt habe.«

Reynolds nickte. Er zögerte.

»Und soll ich heute Nachmittag den Rasen mähen?«

Carrol sah erstaunt auf.

»Nun ja, gut – das wäre schön. Aber vielleicht warten Sie lieber bis morgen.«

»Wie?«

»Ich habe gesagt, vielleicht warten Sie lieber bis morgen«, sagte Carrol etwas lauter. »Heute Nachmittag werden Sie nämlich viel zu tun haben.«

Reynolds nickte und stapfte in die Anrichte.

»Er ist es offenbar gewohnt, den Rasen zu mähen«, sagte Carrol. »Vielleicht ist das bei Paaren so üblich.« Und leise fügte sie hinzu: »Er ist allem Anschein nach ein bisschen schwerhörig. Vermutlich tritt er deshalb so laut auf.«

Es waren drei Gäste zum Abendessen eingeladen, das Ehepaar Harold Gay aus Portchester, das sie nur flüchtig kannten, und Roderick Barker, ein alter Verehrer Carrols aus New York.

Pawling ertappte sich bei der Überlegung, ob Barker nun, da Carrol frei sein würde, ihr wieder den Hof machen würde. Hoffentlich nicht – wenigstens nicht Barker; die

Vorstellung, dass Carrol mit Barker ausgehen würde, mit Barker flirten würde, sich von Barker küssen lassen würde, war ihm unerträglich – und er gab sich alle Mühe, diesen Gedanken zu verdrängen.

»Wie geht es Twine?«, fragte Barker.

Twine war ein winziger Pudel mit spärlicher Behaarung und den Augen eines schweren Trinkers, und Carrol liebte und verabscheute ihn abwechselnd.

»Twine geht es phantastisch«, sagte sie. »Heute hätte er beinahe den neuen Butler gebissen. Oh, ich habe euch noch gar nicht erzählt, dass wir jetzt einen Butler haben – sind wir nicht vornehm?«

»Ja, das kann man nicht anders sagen«, rief Barker begeistert.

»Er ist mit seiner Frau zusammen gekommen«, erklärte Carrol, »frisch aus England. Nicht übel, oder?«

Eine Minute später erschien besagter Gentleman in der Tür und verkündete in lautem Singsang:

»Das Abendessen ist bereit!«

Alle Blicke richteten sich auf ihn. Der Ton der Unterbrechung hatte die Runde aufgeschreckt, und alle erhoben sich hastig, als wären sie von einem Zimmer in ein anderes beordert worden. Carrol nahm sich vor, am nächsten Tag ein Wort über seine Lautstärke mit ihm zu sprechen.

»Ich schicke ihn in die Küche und lasse das Essen warmhalten«, sagte sie mit gespielter Scherzhaftigkeit, als sie ins Esszimmer gingen.

»Reizend«, murmelte Barker lächelnd.

Während des Essens wurden Bemerkungen fallen gelassen, harmlose, beiläufige Dinge, die Pawling zu Bewusstsein brachten, dass alles anders geworden war. Ausführlich wurde die Scheidung eines Bekannten erörtert, was »sie« gesagt hatte und wie herzlos »er« gewesen war, und die Auflistung enthielt auch sämtliche Details darüber, mit wem die Scheidungspartner inzwischen »gingen«.

»Ihr geltet in Rye als vorbildlich«, sagte Mrs. Gay liebenswürdig. »Ihr seid das einzige Paar, das sich unter keinen Umständen jemals in der Öffentlichkeit gestritten hat.«

»Das sind die gefährlichsten Partnerschaften«, bemerkte Barker. »Es bedeutet nämlich, dass sie zu Hause streiten. Und das ist ein Laster wie heimliches Trinken. Wenn verheiratete Paare sich nicht in der Öffentlichkeit streiten, dann deshalb, weil sie die ganze Grausamkeit erst herauslassen können, wenn sie allein sind.«

Pawling und Carrol wurden beide feuerrot – und die Gäste merkten, dass etwas Unpassendes gesagt worden war. Unbehaglich wechselte man zum Thema Golf über.

Der Braten war serviert worden, wie Carrol es angeordnet hatte, in der Küche bereits tranchiert. Etwas später läutete sie nach der nächsten Portion. Voller Furcht vor Reynolds lautem »Ja, bitte?« erhaschte sie seinen Blick und deutete mit einer Kopfbewegung auf ihren Teller. Er nickte zurück, und bevor sie begriff, was er tat, hatte er den Teller ergriffen und verschwand in der Anrichte. Das Gespräch verebbte kaum merklich – in einem dieser Momente, die alles oder nichts bedeuten können. Carrol sah Mrs. Gays Blick, der neugierig auf ihren leeren Teller gerichtet war.

Dann wurde die Tür zur Anrichte aufgestoßen, und Reynolds marschierte herein. Er brachte Carrols Teller zurück. Er hatte ihn mit Braten und Gemüse beladen und setzte ihn mit einer schwungvollen Geste vor ihr ab, als wollte er sagen: Da. Sehen Sie, was ich für Sie getan habe.

Natürlich blieb das nicht unbemerkt. Carrol wurde rot vor Verlegenheit, und ihren Ohren entging nicht das unterdrückte Kichern der drei Männer.

»Servieren Sie allen noch einmal, Reynolds«, sagte sie ungehalten.

»Ja, bitte?« Er beugte seinen langen Hals, und sein Mund stand höflich fragend offen.

»Servieren Sie allen noch einmal.«

Sie hatte nur noch den Wunsch, das Abendessen zu Ende zu bringen, ohne dass dem Service zu viel Aufmerksamkeit geschenkt wurde.

»Finden Sie doch bitte ein Haus in Portchester für uns«, sagte sie schnell zu Mrs. Gay. »Wir wollen dort den nächsten Sommer verbringen.«

Sie begegnete dem Blick ihres Mannes über den Tisch hinweg und erschrak über ihre unpassenden Worte, redete aber nervös weiter: »Zumindest haben wir das vor, aber vielleicht fahren wir auch nach Europa oder sind dann gar nicht mehr am Leben.«

Glücklicherweise oder unglücklicherweise war Reynolds nun aufgeregt, weil er gepatzt hatte, und entschlossen, dafür zu sorgen, dass alle genug zu essen bekamen.

»Ja, bitte?«, sagte er zu Mrs. Gay. »Keinen Spargel mehr?«

Das unvermeidliche und in Carrols Ohren leicht gespenstische Gelächter, das folgte, traf ungehört an seine Ohren.

Offenbar war er so taub wie ein Zaunpfahl. Bumm! Bumm! Bumm! So stapfte er um den Tisch herum und in die Anrichte und wieder hinaus, unterbrach das Gespräch und vermittelte den Eindruck, als würden Töpfe und Pfannen klappern und es würde gehämmert und ständig würde Geschirr auf dem Fußboden zerschellen.

Nach dem Mittagessen hatte Carrol ihm alles über das Dessert erklärt. Er solle für jeden einen Dessertteller vorbereiten, hatte sie gesagt, mit einer kleinen Serviette und einer Fingerschale darauf. Die Gäste würden Serviette und Fingerschale selbst herunternehmen.

All das war in Reynolds' Kopf durcheinandergeraten. Er wusste, wie Teller, Serviette und Fingerschale auf dem Tisch aussehen sollten, und hatte die vage Idee, dass etwas entfernt werden müsse. Wie oder warum, das wusste er nicht. Aber er wusste sich zu helfen.

Als das Gespräch gerade wieder etwas lebhafter geworden war, kam er mit der Mandelspeise herein, trat zu Carrol und entfernte nach kurzem Zögern ihre Fingerschale. Dann löffelte er eine große Portion Mandelspeise auf die Leinenserviette. Unverzüglich stapfte er zu Barker und wiederholte die Darbietung. Geistesgegenwärtig entfernte Mrs. Gay die Serviette von ihrem Teller – die anderen blickten verdutzt auf ihr Leinen-Dessert.

»Wenn jemand mehr möchte –«, sagte Reynolds in vertraulichem und lautem Ton zu der Dame des Hauses, »– es gibt noch reichlich in der Küche.«

III

Es waren inzwischen nur noch zwölf Tage, und deshalb beschlossen sie, das Paar nicht wegzuschicken. Sobald die

Gäste gegangen waren, erschien Pawling die Angelegenheit völlig unbedeutend, verglichen mit der nahen Trennung. Nicht dass er die Trennung nicht mehr gewünscht hätte – keineswegs –, er kam jetzt besser damit zurecht als zum Zeitpunkt ihrer Entscheidung, aber in der kühlen Ruhe nach den leidenschaftlichen Krächen der letzten drei Monate nahm sich die Trennung wie ein schwerwiegendes und folgenreiches Geschehen aus.

Pawling fuhr früh in die Stadt und verbrachte den Tag im Yale Club, wo er sich unter den jüngeren Männern fehl am Platz fühlte, ja sogar älter als seine Klassenkameraden und auch ein bisschen beschmutzt angesichts der bevorstehenden Scheidung. In gewisser Weise versprach er sich davon Freiheit. Er würde mehr lesen und reisen können, er wäre befreit von Carrols aufbrausendem, nervösem Temperament – aber er würde nie wieder ledig sein können wie früher. Es wäre fast unanständig, wollte er sich als völlig frei betrachten.

Als es Abend wurde, sah er keinen Grund, aufs Land zurückzufahren. Er konnte im Club übernachten und einen weiteren Tag in der Stadt verbringen. Doch als es Zeit für den letzten Nachmittagszug wurde, wusste er, dass er ihn nehmen würde. Die Vorstellung, dass Carrol allein im Haus mit zwei fremden Dienstboten blieb, machte ihn unruhig.

Seine Vorahnungen waren gerechtfertigt. Sobald er die Tür geöffnet hatte, sah er Carrol mit Twine auf dem Schoß auf dem Sofa sitzen und zornig vor sich hinstarren.

»Du musst diese Leute entlassen«, sagte sie sofort. »Sie sind grauenhaft. Zwei Wochen lang würden wir sie nie und nimmer aushalten.«

»Warum? Was haben sie nun schon wieder angestellt?«

»Erstens haben sie mir ein abscheuliches Mittagessen serviert, und als ich in die Küche gegangen bin und mich beschweren wollte, hat die Frau mich so grässlich angesehen, als wollte ich ihr mit einer Pfanne auf den Kopf hauen. Ich habe gar nicht gewagt, irgendwas zu sagen. Und der Mann ist noch schlimmer.«

»Ich spreche mit ihnen.«

»Und noch etwas – sie haben Twine geschlagen.«

»Twine geschlagen?«, fragte er ungläubig. »Warum?«

»Wegen nichts. Sie haben gesagt, er hätte den Mann gebissen – ›Mr. Reynolds‹, wie seine Frau ihn nennt –, aber wenn er das getan hat, dann haben *sie* ihn dazu gebracht. Twine hat noch nie jemanden gebissen. Und außerdem habe ich die beiden dabei ertappt, wie sie ihn geschlagen haben.«

»Und was hast du getan?«

»Ich habe mich nicht getraut, etwas zu tun. Die Frau hat geschimpft, und Reynolds ist in der Küche auf und ab gestampft, als hätte ein Grizzlybär ihn angegriffen. Ich habe mir Twine geschnappt und bin hierher gekommen. Seitdem sitze ich hier.«

»Hm!«, rief Pawling. »Ich werde sie gleich nach dem Abendessen feuern.«

Das Abendessen war ungenießbar. Carrol saß mit aufgestützten Ellbogen am Tisch, das Gesicht in den Händen, und schüttelte nur kurz den Kopf, wenn ihr ein Gericht angeboten wurde. Nach dem Essen stieß Pawling die Tür zur Anrichte auf.

»Reynolds!«, rief er.

»Ja, Sir.«

Als hätte er auf den Ruf gewartet, stürzte Reynolds mit kämpferischer Eile aus der Küche.

»Reynolds, ich bedaure, aber wir kommen nicht miteinander zurecht und sollten es nicht länger versuchen.«

Reynolds sah ihn ausdruckslos an. Augenscheinlich hatte er kein Wort verstanden.

»Ich sagte«, wiederholte Pawling, »dass wir offenbar nicht miteinander zurechtkommen und es nicht länger versuchen sollten.«

Reynolds nickte.

»Oh, wir kommen gut mit Ihnen zurecht«, verkündete er, beugte seinen langen Hals und sah treuherzig zu Pawling hinunter.

»Aber wir kommen nicht mit Ihnen zurecht«, sagte Pawling verärgert. »Und ich denke, wir sollten besser –«

»Was stört Sie an mir?«, fragte Reynolds. »Hat die Madam sich über mich beschwert?«

»Die Madam lassen wir aus dem Spiel.«

»Warum kommen Sie nicht mit uns zurecht?«

»Weil wir einen erfahrenen Butler brauchen. Wir zahlen Ihnen einen guten Lohn, und wir brauchen jemanden, der sich mit der Arbeit auskennt.«

»Sie können noch nicht mal Betten machen«, sagte Carrol. Sie war ins Esszimmer gekommen und stand neben Pawlings Ellbogen. »Ich habe heute Nachmittag einen Blick auf mein Bett geworfen, und es war nur die Decke zurechtgelegt, das Laken voller Falten – ich musste das Bett selber machen.«

Reynolds hatte sie empört aus seinen blassen Augen angefunkelt.

»Ich habe immer zur vollsten Zufriedenheit gearbeitet«,

rief er. »Als wir bei den zwei Gentlemen in Philadelphia waren, da – da haben sie alles für uns getan.«

Sein Ton besagte, die zwei Gentlemen in Philadelphia hätten sie mit zärtlichen Gefühlen überschüttet.

»Ich bin John Bull persönlich, der bin ich«, fuhr er aufsässig fort, »und wenn ich etwas falsch gemacht habe, will ich das wissen. Warum sagt die Dame mir nicht, was ich falsch mache, statt so viel Ärger zu machen?«

»Weil das hier keine Butlerschule ist«, schrie Pawling. »Sie wurden mir als erfahrener Butler angedient. Das haben Sie meiner Frau gegenüber behauptet.«

Reynolds nahm Zuflucht zu seiner vorherigen Behauptung.

»Man hat nie etwas an mir auszusetzen gehabt.«

»Das Essen ist abscheulich«, schrie Carrol.

»Wie?« Er sah sie ungläubig an. »Ha, meine Frau und ich haben zehn Jahre lang ein Restaurant in England betrieben.«

»Hören Sie, ich will nicht mit Ihnen streiten«, rief Pawling. »Ihre Art zu kochen und zu servieren mag ganz in Ordnung sein, aber sie passt nicht zu uns. Mehr gibt es dazu nicht zu sagen. Gute Nacht.«

Sie kehrten ins Wohnzimmer zurück.

»Warum hast du ihnen nicht gesagt, dass sie morgen gehen sollen?«, fragte Carrol.

»Ich habe es nicht übers Herz gebracht. Offensichtlich ist das erst ihre zweite Stelle in Amerika, und es wird ein paar Stunden dauern, bis in seinen Holzkopf einsickert, dass er gefeuert ist.«

Carrol nahm eine Filmzeitschrift vom Tisch und ging nach oben.

Ein paar Minuten später kam Reynolds ins Wohnzimmer getrampelt.

»Und?«, fragte Pawling. »Was kann ich für Sie tun?«

»Ich möchte Sie um ein Empfehlungsschreiben bitten.«

Bei diesem überraschenden Verlangen setzte Pawling sich auf dem Sofa auf.

»Ein Empfehlungsschreiben! Sie sind ja erst drei Tage hier.«

»Ja«, stimmte Reynolds zu, »aber wir sind den ganzen Weg von Philadelphia gekommen.«

»Was hat das damit zu tun?«

Reynolds ignorierte die Frage und fuhr fort: »Wissen Sie, wir haben nur eine Empfehlung, und wenn man nicht wenigstens zwei hat, ist es schrecklich schwer, eine Stelle zu bekommen.«

»Tja –«, Pawling zögerte, »ich denke, ich kann etwas für Sie aufsetzen.« Er ging zum Schreibtisch in der Ecke.

»Was haben Sie gearbeitet, bevor Sie Butler wurden?«, schrie er.

»Oh, wir haben ein Restaurant geführt, und danach war ich Briefträger in Devonshire.«

Pawling begann zu schreiben.

»Hören Sie zu«, sagte er dann. »Ich lese es Ihnen vor.

Empfehlungsschreiben und Zeugnis:

Hiermit bestätige ich, dass James Reynolds und Ehefrau in meinem Dienst standen und sich durch Fleiß und Ehrlichkeit ausgezeichnet haben. Er hat Erfahrung und hat sich in der Gastronomie und als Butler bewährt.

Ist Ihnen das so recht? Ich fürchte, mehr kann ich nicht sagen.«

Reynolds las das Schreiben und faltete es langsam.

»Und Sie kündigen mir mit Monatsfrist«, sagte er.

»Mit Monatsfrist!«, rief Pawling. »Ich will, dass Sie am Samstag gehen.«

Reynolds' Kopf schoss vor wie der einer Ente. »Am Samstag?«

»Selbstverständlich. Mit Monatsfrist kündigen wir hier nicht.«

Reynolds erwog das in tiefer Melancholie.

»Schon recht«, sagte er widerstrebend. »Sie bezahlen mir den Monatslohn, und wir gehen.«

»Hören Sie mal, mein Bester, ich werde Ihnen keinen Monatslohn bezahlen! Ich zahle Ihnen den Lohn für zwei Wochen; Sie waren nur drei Tage hier!«

»Damit kann ich mich nicht einverstanden erklären.«

Pawling streckte die Hand aus und riss Reynolds das Empfehlungsschreiben aus der Hand.

»Wenn Sie weiter Schwierigkeiten machen«, sagte er, »gebe ich Ihnen das nicht.«

Er empfand ein gewisses Mitleid mit dem Mann und seiner Unfähigkeit und Hilflosigkeit, aber als am nächsten Morgen der Streit wieder losging, verlor er die Geduld. Offenbar war Katy sehr verletzt und wahrhaftig enttäuscht.

Pawling hatte seinen Mantel angezogen und wollte nach New York aufbrechen.

»Jetzt passen Sie mal auf«, sagte er. »Sie werden mich nicht dazu bringen, dass ich es mir anders überlege. Wenn Sie irgendwas zu sagen haben, wenden Sie sich besser an Mrs. Pawling.«

Ohne Reynolds' »Warten Sie einen Augenblick« Beachtung zu schenken, setzte Pawling seinen Hut auf und eilte zur Tür hinaus.

Er war froh, als die Woche vorbei war. Am Samstag öffnete er nach dem Frühstück die Tür zur Anrichte und rief Reynolds ins Esszimmer.

»Ich bin bereit, Sie zu bezahlen, sobald es Ihnen passt.«

»Wie?«

»Ihren Lohn.«

Reynolds wedelte nonchalant mit der Hand.

»Ach, den können Sie mir an dem Tag zahlen, an dem wir gehen.«

»An dem Sie gehen!«, rief Pawling. »Heute ist dieser Tag. Heute ist Samstag.«

»Wir gehen am Mittwoch«, verkündete Reynolds gelassen. »Mrs. Pawling hat gesagt, dass wir bis Mittwoch bleiben können.«

Die Tür zur Anrichte stand einen halben Fuß weit offen, und aus der Öffnung funkelten Pawling zwei zornige schwarze Augen an.

»Das hat sie gesagt«, sagte Katy in drohendem Ton. »Ich habe selbst mit ihr gesprochen.«

Als Carrol herunterkam, fragte Pawling ungläubig: »Du hast ihnen versprochen, dass sie bis Mittwoch bleiben können?«

Sie zögerte. »Ja, das habe ich.«

»Und warum?«

»Diese Frau – diese Katy –«, sagte sie unsicher. »Sie kam neulich nach oben, als du in die Stadt gefahren warst, und hat mich dazu gezwungen.«

»Dazu gezwungen? Wie konnte sie sich unterstehen –«

»Hat sie aber. Sie kam hoch und murmelte vor sich hin, und dann hat sie gesagt, ich hätte sie mit der Aussicht auf eine Stelle hergelockt und mich dann hinter ihrem Rücken über sie beschwert. Sie war schrecklich aufgeregt und redete so laut, und Reynolds stapfte im Flur auf und ab wie eine ganze britische Armee, und da habe ich mich gefürchtet und habe ihnen gesagt, sie könnten bis Mittwoch bleiben. Außerdem haben sie mir leid getan – sie sagte, sie hätten keine neue Stelle.«

»Hm.«

»Es sind ja nur ein paar Tage«, sagte sie. »Mutter hat mir gestern ein Marconi geschickt. Sie kommt am Donnerstag mit der *Mauretania* an.«

Am Nachmittag legte Pawling sich auf das Tagesbett auf der Veranda, von den schlaflosen Nächten ermüdet, und fiel in ein unruhiges Dösen. Die Stunden vergingen, von abscheulichen Träumen unterbrochen. Um fünf Uhr wachte er plötzlich auf und sah Carrol vor sich stehen. Sie schluchzte herzzerreißend und versuchte etwas zu sagen.

»Was ist los?«, murmelte er und setzte sich auf.

»Twine«, rief sie weinend. »Sie haben ihn umgebracht. Ich wusste, dass es so kommen würde. Er ist seit heute Morgen verschwunden, und vorhin habe ich auf dem Küchentisch einen Revolver gesehen.«

IV

Pawling sprang auf.

»Wie? Bist du dir sicher?«

»Absolut. Vor einer halben Stunde habe ich einen Schuss

gehört und etwas wie ein Winseln. Oh, einen armen, hilflosen kleinen Hund zu erschießen –«

»Warte hier«, sagte Pawling. »Ich kümmere mich darum.«

»Er wird dich erschießen«, rief Carrol. »An deiner Stelle würde ich nicht ohne deine Pistole hingehen. Die beiden sind rasende Irre, das ist meine Meinung.«

Er fand Katy allein in der Küche. Sie war mit einem riesigen Teigknödel beschäftigt, der ihre großen muskulösen Arme bis zu den Ellbogen bedeckte.

»Wo ist Mr. Reynolds?«, fragte er schroff.

»Mr. Reynolds ist draußen.«

»Und wo ist er?«

Sie zuckte schwerfällig mit den Schultern.

»Hat er nicht das Recht, ab und zu spazieren zu gehen?«

Schachmatt. Pawling ließ den Blick rasch durch die Küche schweifen.

»Haben Sie den Hund gesehen?«, fragte er beiläufig.

»Den Hund.« Katys Augen folgten seinem Blick. »Ja, den Hund habe ich gesehen. Er ist die ganze Zeit auf Achse, rein und raus. Aber jetzt sehe ich ihn nicht. Ich mag keine Hunde«, fügte sie unheilvoll hinzu.

»Meine Frau will wissen, wo der Hund ist.«

Katy warf den Teigklumpen zornig hin und her.

»Ich habe diese Stelle nicht angetreten, um auf einen Hund aufzupassen«, sagte sie. »Es ist schlimm genug, das stinkende Tier in der Küche zu haben.«

»Er stinkt nicht.«

»Er stinkt«, sagte Katy entschieden.

Das Gespräch schien wieder in einer Sackgasse zu enden. Er versuchte es mit etwas Neuem.

»Meine Frau sagt, sie habe hier einen Revolver gesehen.«

Katy nickte unbeeindruckt.

»Der gehört Mr. Reynolds. Er hat ihn geputzt. In Philadelphia hat er damit einen Einbrecher zusammengeschossen.«

In diesem Augenblick wurde die Küchentür geöffnet, und Reynolds kam herein. Von seiner Hand hing ein Lederriemen, den Pawling sofort als Twines Leine identifizierte.

»Wo waren Sie?«, fragte er.

»Wie bitte?«, sagte Reynolds.

»Ich sagte: Wo waren Sie?«

»Ich war draußen«, sagte Reynolds gelassen und warf die Leine auf den Küchentisch.

»Was wollen Sie damit?«, fragte Pawling und deutete auf den Tisch.

»Damit? Oh, die ist für den Hund. Ich wollte mit ihm nach draußen gehen.«

»Das wollten Sie? Ach ja?«

»Ich konnte ihn aber nicht finden.«

»Hm.« Pawling fragte sich, was das bedeuten mochte. Wozu die Leine, wenn Reynolds den Hund getötet hatte?

»Was soll das mit dem Revolver?«

Reynolds Hals verlängerte sich vor Empörung.

»Ich kann einen Revolver bei mir haben, wann es mir passt. Was sagen Sie dazu? Das geht Sie gar nichts an.«

»Sie sind ein Idiot!«, erwiderte Pawling aufgebracht.

Reynolds trat einen Schritt vor und legte seine Hand auf Pawlings Schulter.

»Sehen Sie, Pawling –«, setzte Reynolds an und verstummte dann. Pawling wich zornig zurück, und Reynolds ließ die Hand sinken.

»Nehmen Sie sich in Acht!«, rief Pawling. »Sie sind hier ein Dienstbote.«

»Ich bin ein Dienstbote«, erwiderte Reynolds hochmütig, »aber ich bin John –«

»Das interessiert mich nicht«, unterbrach ihn Pawling. »Zurzeit werden Sie von mir als Dienstbote bezahlt und täten gut daran, Ihre Hände im Zaum zu halten. Morgen verlassen Sie dieses Haus.«

»Ich bin vielleicht ein Dienstbote«, blökte Reynolds, »aber ich bin John Bull persönlich.«

Pawling war hin- und hergerissen zwischen Verärgerung über die Begriffsstutzigkeit des Mannes und Belustigung über seine Identifizierung mit dem Empire.

»Ich habe in besseren Häusern als diesem hier gearbeitet«, fuhr Reynolds fort. »Ha, die zwei Gentlemen in Philadelphia, Mr. Marbleton und Mr. Shafter –«

»Sie haben alles für uns getan«, schrie seine Frau.

Pawling rannte aus der Küche. Eine Stunde lang suchte er die Nachbarschaft nach einem frisch ausgehobenen Grab ab, spähte ins hohe Gras und erkundete sogar Hinterhöfe. Zahllose Wachhunde bellten ihn an, aber von Twine fand er keine Spur. Sollte der Pudel umgebracht worden sein, dann war die Tat offenbar in unmittelbarer Nähe des Hauses begangen worden.

Als Nächstes suchte er im eigenen Hof und in jedem Winkel der Garage, suchte im Keller hinter Kisten und unter den Kohlen und im kalten Ofen. Vergeblich. Twine blieb verschwunden.

Sie aßen im Golfclub zu Abend, sehr kühl und förmlich. Wieder zu Hause, ging Carrol nach oben, um zu packen. Er war sich kummervoll bewusst, dass sie ihm insgeheim auch die Schuld am Verschwinden ihres Hundes gab – als wäre es seine letzte Rache dafür, dass sie ihn verließ.

In seinen Träumen sah er nachts, wie Reynolds auf der *Mauretania* Twine Carrols Mutter servierte – Twine *à la maître d'Hotel.*

»Ich bin John Bull persönlich«, sagte Reynolds, während er den dampfenden Hund mit dicker Sauce bedeckte.

»Gut«, antwortete Carrols Mutter. »Ich gehe meine Tochter abholen.«

»Sehr gut«, sagte Reynolds. »Ich werde Ihre Tochter mit den zwei Herren in Philadelphia bekanntmachen.« Pawling schrak nervös auf. Der Knauf der Zimmertür hatte sich leicht bewegt, leise wurde die Tür aufgestoßen.

»Wer ist da?«, fragte Pawling drohend.

»Lou.« Es war Carrols Stimme, die ängstlich flüsterte. »Unten ist jemand.«

Pawling stand auf, schlüpfte schnell in seinen Morgenmantel und ging zu ihr in den Flur.

»Ich glaube, es ist Reynolds«, flüsterte sie. »Jedenfalls versucht derjenige, leise aufzutreten.«

»Hoppla«, murmelte er und spähte die Treppe hinunter. »Er hat Licht gemacht.«

»Willst du ihn nicht rufen?«

Er schüttelte den Kopf.

Die Pistole in der Hand stieg er leise die Treppe hinunter, durchquerte den kurzen Flur und steckte den Kopf um die Ecke ins Wohnzimmer.

Reynolds kniete in einem prächtigen geblümten Morgenmantel vor dem Schreibtisch; seine Finger strichen vorsichtig die Kante des Schreibtischs entlang, als suchten sie nach einem Geheimfach. Die Schubladen standen offen, ihr Inhalt war auf dem Boden verstreut.

Reynolds war nicht allein. Katy, ebenfalls im Negligé, ging im Zimmer umher, spähte neugierig in Blumenvasen, Zigarrenkistchen, hinter Bücher und auf Kaminsimse. Manchmal wechselten die beiden einen Blick und schüttelten einmütig den Kopf, als hätte ihre Suche bisher nichts gefruchtet.

Pawling trat entschlossen in das Zimmer.

»Hände hoch!«, befahl er und richtete den Revolver auf Reynolds.

Der Mann war so verdutzt, dass er vergaß, sich am Schreibtisch festzuhalten, mit dem Hintern auf den Boden plumpste und mit stummem Entsetzen zu der Pistole aufsah. Mit einem schwachen Schrei hob Katy die Hände hoch.

»Was soll das?«, fragte Pawling.

Reynolds blickte hilflos zu seiner Frau.

»Wir sind arme Leute«, jammerte sie angsterfüllt.

»Sie sind unehrliche Leute«, zischte Pawling. »Und Sie werden ins Gefängnis kommen.«

»O nein!« Katy brach in Tränen aus. »Sagen Sie das nicht. Wir haben sehr schwere Zeiten hinter uns, Sir, sehr schwere Zeiten. Mr. Reynolds ist so taub, dass es nicht viele Möglichkeiten für uns gibt, unseren Lebensunterhalt zu verdienen. Wir haben nie etwas Böses getan.«

»Und das hier ist nur ein harmloser Spaß, wie?«

»Wir mussten es tun!«, rief Katy. »Wir sind in Amerika und müssen unseren Lebensunterhalt verdienen. Wir hatten keine Wahl. Ich habe ihn dazu überredet, ehrlich, Sir. Wir haben so was noch nie gemacht.«

Reynolds' Mund zuckte heftig.

»Sie hatten es, und wir brauchten es«, sagte er.

»Wir haben nichts Böses getan«, wiederholte Katy mit tränenerstickter Stimme. »Sie können nichts damit anfangen. Wir haben gedacht, es würde Ihnen nichts ausmachen.«

»Nichts ausmachen!«, rief Pawling. »Nichts ausmachen, dass Sie mein Haus ausrauben!«

»Großer Gott«, schluchzte Katy. »Wenn Sie es uns gegeben hätten, wäre das alles nicht passiert.«

»Warum sollte ich Ihnen mein Geld geben?«

»Geld?« Reynolds und Katy wechselten einen Blick.

»Wir wollen kein Geld von Ihnen«, sagte Reynolds würdevoll, »nur unseren Lohn.«

»Was zum Teufel haben Sie dann gesucht?«

»Mein Empfehlungsschreiben.«

»Ihr –«

»Das Sie mir fast gegeben hätten. Ich betrachte es als mein rechtmäßiges Eigentum.«

Pawling ließ die Waffe sinken.

»Und deshalb sind Sie mitten in der Nacht in dieses Zimmer gekommen?«

»Ja, Sir«, sagte Katy.

Reynolds erhob sich mühsam vom Boden.

»Ich bin John Bull persönlich«, sagte er wenig passend.

»Dann gehen Sie jetzt in Ihr Schlafzimmer, und seien Sie dort John Bull. Eigentlich müsste ich Sie verhaften lassen.«

»Seit wir hier sind, hat es immer nur Ärger gegeben«, rief Katy weinend. »Und Mr. Reynolds und ich können nichts dafür. Den Ärger macht Mrs. Pawling. Sie liegt den ganzen

Tag auf dem Sofa und weint und klagt, als würde ihr das Herz brechen –«

»Wie?«

Pawling war so verblüfft, dass er die Waffe fallen ließ, statt sie einzustecken.

»Und wie soll ich das Laken glattziehen«, fuhr Katy fort, »wenn sie sich die ganze Nacht herumwälzt, dass es ein Wunder ist, dass das Laken noch ganz ist?«

»Du lieber Himmel!«, rief Pawling. »Ist das wahr?«

»Wahr? Warum sollte ich –«

»Machen Sie es sich gemütlich«, rief Pawling enthusiastisch. »Zigarren auf den Tisch! Bleiben Sie ruhig die ganze Nacht hier!« Er drehte sich um, rannte überglücklich aus dem Wohnzimmer und sprang die Treppe hinauf, zwei Stufen auf einmal nehmend.

»Carrol!«, rief er. »O Carrol!«

Sie wartete auf dem Treppenabsatz und kam ihm dann zwei Stufen entgegen. Sie verschmolzen miteinander vor dem großen silbernen Quadrat, das der Vollmond durch das offene Fenster hereinwarf.

V

Um zehn Uhr am nächsten Vormittag erschien Mr. Reynolds mit Mrs. Reynolds an der Seite im Wohnzimmer. Er trug einen strahlendblauen Ulstermantel und streifte sich gerade seine Wildlederhandschuhe über. Die Reynolds warfen einen etwas geringschätzigen Blick auf die einfache Hauskleidung, in der die Pawlings sich wohlzufühlen schienen.

»Wir gehen jetzt«, verkündete Reynolds. »Wir haben ein Taxi bestellt, damit wir den Zug um halb elf erreichen. Es ist ein sehr nasser Tag.«

Pawling ging zu seinem Schreibtisch. Nach einigem Kramen in den in der Nacht durcheinandergewirbelten Papieren fand er sein Scheckbuch.

»Und von Mann zu Mann«, fügte Reynolds schniefend hinzu, »möchte ich Sie fragen, ob Sie so freundlich wären, uns das Empfehlungsschreiben zu geben.«

Nachdem Pawling den Scheck ausgefüllt hatte, fasste er in die Tasche seines Morgenrocks, holte ein Blatt Papier heraus und überflog es stirnrunzelnd.

»Ich habe vergessen zu unterschreiben«, sagte er unvermittelt.

Er beugte sich über das Blatt, den Stift in der Hand; dann faltete er es um den Scheck und reichte beides Reynolds.

Nickend und freundlich lächelnd öffnete Katy die Tür.

»Adieu«, sagte Pawling. »Ich wünsche Ihnen alles Gute.«

»Adieu«, rief Carrol heiter.

»Adieu, Sir. Adieu, Madam.« Reynolds blieb mit der Hand an der offenen Tür stehen. »Nur eines noch: Ich hoffe für Sie beide, dass Sie nie in einem fremden Land an einem Tag wie diesem hinaus in die Kälte geschickt werden.«

Die Wirkung seiner Worte wurde etwas geschmälert durch den Umstand, dass die Sonne sich entschlossen hatte, in diesem Augenblick zu scheinen. Trotzdem stellte Reynolds dramatisch den Kragen auf, schob seine Frau vor sich her und ging in das hinaus, was er für einen tosenden Sturm zu halten schien.

»Ha, sie sind fort«, sagte Pawling, schloss die Tür und

drehte sich um. »Sie sind fort – und wir sind allein im Haus.«

Carrol streckte die Arme nach ihm aus, und er ging zu ihr und setzte sich neben sie.

Nach einer langen Weile sagte sie: »Aber eines wüsste ich gerne. Was hast du mit dem Empfehlungsschreiben gemacht? Du hast nicht nur unterschrieben. Das habe ich gesehen.«

»Ich habe ein einziges Wort geändert.« Er begann zu lachen, erst leise und dann so ausgelassen, dass es ansteckend war und Carrol einstimmte. »Ich habe ihnen einen Scheck über zweihundert Dollar gegeben«, sagte er, »aber ich fürchte, das Empfehlungsschreiben wird ihnen nicht viel nützen.«

»Was hast du geändert?«, fragte sie. »Sag schon!«

»Na ja, in einer Zeile stand: ›Er hat Erfahrung‹, und ich habe ›Erfahrung‹ durch ›Typhus‹ ersetzt.«

»Er hat Typhus?«, wiederholte sie verblüfft.

Dann begriff sie, und die beiden begannen wieder zu lachen, glücklich, unbändig – ein Lachen, das nach oben schwebte, in die Schlafzimmer und Badezimmer, sich durch das Esszimmer in die Anrichte kringelte und wieder zu ihnen zurückkehrte. Das ganze Haus war jetzt von Sonnenschein erfüllt, und als die frische Brise die Gartendüfte zum Fenster hereintrug, war es, als würde das Leben wieder von vorne beginnen, wie es das Leben an sich hat.

Um zwölf Uhr hätte man einen kleinen, spärlich behaarten Pudel mit den Augen eines schweren Trinkers um eine Ecke schleichen und sich dem Haus der Pawlings nähern sehen können. Als er die Küchentür erreichte, begriff er offenbar, wo er sich befand, denn er zuckte merklich zusammen und trat hastig den Rückzug an. Misstrauisch lief er in einem weiten Bogen zur Vordertür, wo er seine Anwesenheit durch ein diskretes Bellen verkündete.

»He«, bellte er, »ich bin wieder da.«

Es dauerte eine Weile, bis er Aufmerksamkeit erregte. Er spürte, dass etwas anders war, und fürchtete für einen Augenblick, es sei niemand mehr da. Doch da täuschte er sich: Ein Ehepaar, das Paar, vor dem er sich fürchtete, war nicht mehr da, aber ein zweites Ehepaar war im Haus geblieben.

Nachwort

… es ist ziemlich unwahrscheinlich, dass ich noch viele Geschichten über junge Liebe schreiben werde. Dieses Etikett habe ich wegen meiner frühen Werke bis 1925. Seither schreibe ich Geschichten über junge Liebe. Sie fallen mir immer schwerer und kommen mir immer unaufrichtiger vor. Ich müsste entweder zaubern können oder ein Zeilenschinder sein, wenn ich drei Jahrzehnte lang ein und dasselbe produzieren könnte. Ich weiß, was von mir erwartet wird, aber der Brunnen ist am Versiegen, und ich halte es für klüger, ihn nicht weiter auszuschöpfen, sondern einen neuen Brunnen, einen neuen Quell zu erschließen. […] Trotzdem bringen mich die allermeisten Redakteure weiterhin mit einem besonderen Faible für junge Frauen in Verbindung – ein derartiges Faible würde mich in meinem Alter wohl hinter Gitter bringen.

F. Scott Fitzgerald 1939 *an Kenneth Littauer,*
Redakteur der Zeitschrift »Collier's«

Nach seinem aufsehenerregenden Debüt als Schriftsteller im Jahr 1919 wurde F. Scott Fitzgerald zunehmend als Autor des – wie er selbst es nannte – »Jazz Age« wahrgenommen. Leser und Redakteure erwarteten von ihm die üblichen Liebesgeschichten über arme junge Männer, die um reiche Töchter werben, Storys voller Partys, Glamour und aufmüpfiger Backfische. Als Fitzgerald sich auf neues Terrain begab, hatte er große Probleme, diesem Stereotyp zu entkommen. In der Vorstellung der meisten Biographen und Leser wird der junge Schriftsteller, der aus dem Universitätsleben von

Princeton *(Diesseits vom Paradies / This Side of Paradise)* erzählt, erst Teil eines neuen goldenen Paars *(Die Schönen und Verdammten / The Beautiful and Damned)*, dann zum Erfinder und Chronisten des Jazz Age (die Storys der zwanziger Jahre und *Der große Gatsby / The Great Gatsby*), um unmittelbar darauf den Zusammenbruch von ›Der Knacks‹ (›The Crack-Up‹) zu erleben. Dabei wollte er, wie er schrieb, »einen neuen Brunnen, einen neuen Quell erschließen«. Leider schätzten nur wenige seine Bemühungen.

Fitzgeralds Erzählungen aus dieser Zeit handeln von Ehescheidung und Verzweiflung; Tagen voller Mühe und Nächten voller Einsamkeit; klugen jungen Leuten, die nicht studieren können oder während der Großen Depression keine Arbeit finden; der amerikanischen Geschichte mit ihren Kriegen, Schrecken und Verheißungen; von Sex und darauf folgender Ehe – oder ihrem Ausbleiben; der wilden, grellen Vitalität und bitteren Armut in New York, einer Stadt, die Fitzgerald liebte und deren Möglichkeiten, Eitelkeiten und Scheußlichkeiten er kannte. Sie zeigen ihn nicht als alternden »traurigen jungen Mann«, der in den goldenen Tagen seiner eigenen Vergangenheit feststeckt, sondern auf der Höhe der modernen Literatur.

***

> F. Scott Fitzgerald, der nun schon grau wird und zulegt, gilt heute als sehr schwieriger Autor für Redakteure, die ihm Geschichten entlocken wollen. Er ist das literarische Symbol einer Ära […], und noch immer wünscht man sich von ihm Geschichten voller Ginflaschen und distinguierter Studenten, die bei mitternächtlichen Spritztouren ihren Begleiterinnen

voran durch die Windschutzscheibe segeln. Auch die Öffentlichkeit verlangt nach diesem Fitzgerald. Doch Fitzgerald ist älter und ernsthafter geworden. Man nennt es: reifer. Er will auch reifer schreiben. Und wenn man ihm das nicht zugesteht, lässt er es eben ganz bleiben. Und wir haben den Salat.

O. O. McIntyre, 1936,
Kolumne ›New York Day by Day‹

Die Redakteure der damals beliebten, auf den Massenmarkt zielenden Zeitschriften waren natürlich keine Banausen. Es gab gute Gründe, die Finger von den Storys zu lassen, die Fitzgerald nun schrieb; viele waren trist und düster. Ein einziger Redakteur erkannte das Besondere an Fitzgeralds Versuchen und veröffentlichte kontinuierlich seine Texte – Arnold Gingrich vom *Esquire,* seines Zeichens ebenfalls Romancier. In den letzten zwei Jahren vor seinem Tod verkaufte Fitzgerald dem *Esquire* seine brillanten Pat-Hobby-Storys für je 200 oder 250 Dollar. (Für Fitzgerald nicht viel Geld, anders als für die meisten Amerikaner – lag das durchschnittliche Jahreseinkommen 1940 doch bei knapp über 1000 Dollar.) Gingrich ermutigte Fitzgerald, aus den Erzählungen über den erfolglosen irisch-amerikanischen Drehbuchautor und Trinker einen Roman zu machen. Aber selbst Gingrich wagte sich nicht an alle Storys heran. Ging es um junge Männer, die fürchteten, sich Geschlechtskrankheiten zugezogen zu haben, und Sechzehnjährige geschwängert hatten, lehnte *Esquire* dankend ab.

Fitzgeralds Erzählungen aus diesen Jahren spielen während der Weltwirtschaftskrise. Sein Stern, der wenige Jahre zuvor noch hell gestrahlt hatte, war mit dem seines Landes gesunken. Oft war er krank, oft knapp bei Kasse, oft reiste er rastlos zwischen der Baltimore-Region, wo er und Zelda sich mit ihrer Tochter Scottie niedergelassen hatten, und verschiedenen Kurorten in den Bergen von North Carolina hin und her. Nach einem Nervenzusammenbruch 1930 in Europa kam Zelda im Februar 1932 in die Phipps Psychiatric Clinic des Johns Hopkins Hospital in Baltimore. Den Rest ihres Lebens verbrachte sie, mit kurzen Unterbrechungen, in teuren Privatkliniken und Krankenhäusern, und Fitzgerald setzte sich unter enormen Druck, um Zeldas Behandlungen zu finanzieren. Ab 1935 hatte er selbst gesundheitliche Probleme, doch obwohl er einen erneuten Ausbruch der Tuberkulose befürchtete, die bei ihm in jungen Jahren diagnostiziert worden war, trank und rauchte er exzessiv weiter, was seinen Zustand noch verschlimmerte.

Die erste Erzählung dieser Sammlung, ›Spielschulden‹, stammt aus der Zeit von Fitzgeralds schriftstellerischen Anfängen, und die letzten abgeschlossenen Erzählungen, ›Die Frauen im Haus‹ und ›Gruß an Lucy und Elsie‹ entstanden während eines kurzen Aufenthalts in Hollywood 1939, als Fitzgerald zu trinken aufgehört hatte und intensiv an einem neuen Roman arbeitete, der posthum unter dem Titel *Die Liebe des letzten Tycoon (The Love of the Last Tycoon)* erschien. Dieser Band enthält Erzählungen aus allen Phasen seines gut dokumentierten Lebens – der junge Mann, der die glänzenden Tage und prickelnden Nächte seines Erfolgs und seiner Berühmtheit genießt; der Ehemann und Vater, der im Alter von dreißig Jahren wegen der Krankheit seiner Frau plötzlich in die Welt von Ärzten und Krankenhäusern geworfen wird; der kränkelnde Mann, der darum kämpft, sich einen neuen Quell für sein Schreiben zu erschließen; und vor allem der professionelle Schriftsteller, den die amerikanische Landschaft und die Menschen um ihn herum inspirieren und der daraus neue Energie schöpfen kann.

Diese Gabe verließ F. Scott Fitzgerald nie – das zeigen die vorliegenden Geschichten.

***

> Lässt sich mit Sammlungen von Short Stories denn Geld verdienen?
>
> *Fitzgerald* 1920 *an seinen Agenten Harold Ober*

Von Anfang an waren Short Stories Fitzgeralds wichtigste Einnahmequelle. Als John Grier Hibben, der Präsident von Princeton, sich darüber beklagte, dass in der Erzählung ›The Four Fists‹ (1920) eine Universität und ihre Studenten oberflächlich charakterisiert werden, antwortete ihm Fitzgerald: »Ich habe sie eines Abends aus Verzweiflung geschrieben, weil ich einen zehn Zentimeter hohen Stapel von Ablehnungen auf dem Schreibtisch liegen hatte und um des Geldes willen liefern musste, was die Zeitschriften wollten.«

Liefern, was die Zeitschriften wollten: So lautete Fitzgeralds Devise als junger Schriftsteller, und die zwanziger Jahre hindurch hielt er sich an diese einträgliche Methode. Er wusste sehr genau, dass und wie viel Geld er auf die Schnelle mit Erzählungen verdienen konnte.

Die Fitzgeralds führten ein gutes Leben, doch nach dem enormen Erfolg seiner ersten beiden Romane verkaufte sich *Der große Gatsby* (1925) nicht besonders, und er brauchte

Geld. Fitzgeralds Enttäuschung über die zurückhaltende Aufnahme des *Großen Gatsby* ließ ihn weiter Erzählungen für die *Saturday Evening Post* schreiben und brachte ihn dazu, am Ende des Jazz Age Drehbücher für Hollywood zu verfassen.

Hinsichtlich des Unterschieds zwischen seinen wirtschaftlich erfolgreichen und den intellektuell befriedigenden Werken machte Fitzgerald weder sich noch anderen etwas vor. Er war begeistert, wenn beides zusammenfiel, wenn sich Kurzgeschichten, die er selbst schätzte wie ›Wiedersehen mit Babylon‹ (›Babylon Revisited‹), ›Winterträume‹ (›Winter Dreams‹), ›Junger Mann aus reichem Hause‹ (›The Rich Boy‹) und die Basil-Duke-Lee-Geschichten, teuer verkaufen ließen. Doch das war nicht immer der Fall. »Es ist ziemlich enttäuschend, dass eine billige Story wie ›Der Schwarm aller Männer‹ (›The Popular Girl‹), die ich in einer Woche geschrieben habe, als das Baby zur Welt kam, 1500 Dollar bringt und ein wirklich einfallsreiches Ding wie ›The Diamond in the Sky‹ [später unter dem Titel ›The Diamond as Big as the Ritz‹/›Ein Diamant – so groß wie das Ritz‹ veröffentlicht], auf das ich drei Wochen echtes Herzblut verwendet habe, rein gar nichts einbringt«, schrieb er 1922 an seinen Agenten Harold Ober. »Aber dank Gott und Lorimer werde ich trotzdem ein Vermögen machen.« Der Yale-Absolvent George Horace Lorimer, der von 1899 bis 1936 die *Saturday Evening Post* herausgab, überschüttete Fitzgerald mit Geld. Ab 1929 zahlte ihm die *Post* 4000 Dollar pro Story, heute wären das über 55 000 Dollar. Dennoch fühlte Fitzgerald sich wie in einem goldenen Käfig. 1925 schrieb er in einem Brief an den Schriftsteller H. L. Mencken:

> Mein Mist für die *Post* wird immer schlechter, weil ich ihn mit immer weniger Herzblut schreibe – seltsam, dass ich meinen ersten Mist noch mit Herzblut geschrieben habe. Ich dachte, ›Der Riffpirat‹ [›Offshore Pirate‹] sei eigentlich so gut wie ›Benediction‹. Ich habe eigentlich erst nach dem Flop mit ›Vegetable‹ angefangen, etwas ›niederzuschreiben‹, und das hat dieses Buch [*Der große Gatsby*] möglich gemacht. Ich hätte viel früher mit dem Niederschreiben angefangen, wenn ich damit Geld verdient hätte – ich habe es ohne Erfolg beim Film versucht. Den Leuten scheint nicht klar zu sein, dass das Niederschreiben für einen intelligenten Menschen das Allerschwierigste ist.

Seinem Lektor Maxwell Perkins bei Scribner gegenüber wurde er im selben Jahr noch deutlicher: »Je mehr ich für meinen Mist bekomme, desto weniger kann ich mich überwinden zu schreiben.«

Fitzgerald verstand sich stets als Romancier, obwohl er ein exzellenter Autor von Kurzprosa war. Viele seiner Erzählungen können für sich bestehen, aber sie waren auch ein Experimentierfeld, auf dem Fitzgerald Ideen und Schilderungen, Figuren und Handlungsorte für den nächsten Roman erproben konnte. Die Alben, die Fitzgerald bis 1938 über sein Leben und seine Werke führte, listen viele Erzählungen in der Abteilung »Verzeichnis veröffentlichter Prosa« als »ausgeschöpft und für immer begraben« auf. Der Prozess dieses »Ausschöpfens« lässt sich gut an den Magazinausschnitten und Belegexemplaren der veröffentlichten Geschichten ablesen, auf denen Fitzgerald Passagen überarbeitete, redigierte und markierte, die später in *Die Schönen und Verdammten, Der große Gatsby* und *Zärtlich ist die Nacht (Tender is the Night)* auftauchten.

Die Geschichten der vorliegenden Sammlung enthalten

Zeilen, die allen bekannt vorkommen dürften, die Fitzgeralds Arbeitsnotizen (1978 als *The Notebooks of F. Scott Fitzgerald* veröffentlicht) und den bei seinem Tod unvollendeten Roman *Die Liebe des letzten Tycoon* gelesen haben.

***

Lässt sich mit Drehbüchern Geld verdienen?
Fitzgerald im Dezember 1919 *an Harold Ober*

Die Möglichkeiten Hollywoods lockten Fitzgerald schon in seiner Anfangszeit als Schriftsteller. Im September 1915, seinem zweiten Jahr in Princeton, erschien im *Daily Princetonian* eine Anzeige: »Ein Hinweis speziell für Studienabbrecher / Tätigkeit für Filmstudios bietet begabten jungen Männern fast augenblicklich erhebliche Verdienstmöglichkeiten.«

Die Verknüpfung von Filmarbeit und Versagen galt für Fitzgerald seit seiner ersten Zeit in Hollywood. Zwar waren mehrere Geschichten und zwei seiner Romane in den zwanziger Jahren verfilmt worden, aber die Ergebnisse gefielen ihm nicht – er und Zelda fanden die inzwischen verschollene Filmfassung des *Großen Gatsby* von 1926 »mies«. Dennoch bezogen die Fitzgeralds im Januar 1927 für drei Monate im Ambassador Hotel in Los Angeles Quartier, damit Scott an einem Drehbuch, eine Auftragsarbeit für Constance Talmadge, arbeiten konnte. Talmadge, auch unter dem Spitznamen Brooklyn Connie bekannt, war ein Stummfilmstar und wollte nun auch in Tonfilmkomödien reüssieren. Doch Scotts Drehbuch wurde abgelehnt, und die Fitzgeralds kehrten nach Osten zurück. Zelda berichtete, Scott »sagt, dass er keinen Film mehr schreiben will, weil es so schwierig ist, aber ich glaube nicht, dass Schriftsteller meinen, was sie sagen«.

Sie sollte recht behalten.

1931 ging Fitzgerald wieder für ein paar Monate nach Hollywood, wieder des Geldes wegen. Diese Zeit erwies sich als schöpferisch enttäuschend und persönlich schwierig. Der Roman *Zärtlich ist die Nacht* blieb unvollendet. Und dieses Mal war Zelda nicht dabei; sie wohnte im Haus ihrer Eltern in Montgomery, Alabama, und stand am Rande eines Zusammenbruchs. Aus dem Urteil, das sie in einem Brief an ihren Mann im November 1931 nach Hollywood formulierte, spricht jedoch große Klarsicht: »Es tut mir leid, dass Deine Arbeit langweilig ist. Ich hatte gehofft, Du würdest aufregende neue Facetten kennenlernen, die Dich für die Lästigkeit des Ganzen entschädigen. Wenn Dir die Plackerei zu viel wird und Du Dich mit dieser ›Lass-uns-drüber-reden‹-Haltung auseinandersetzen musst – dann komm nach Hause, Liebling. Wenigstens hast Du danach Hollywood für immer hinter Dir. Ich würde nicht dort bleiben und weiter Zeit mit etwas verschwenden, das unweigerlich auf Mittelmaß und unnütze Mühen hinauszulaufen scheint.«

Obwohl er 1931 erneut in Hollywood scheiterte, kehrte Fitzgerald aus finanziellen Gründen im Sommer 1937 dorthin zurück – und blieb.

Arnold Gingrich hatte Fitzgerald 1934 vehement davon abgeraten: »Es wäre schrecklich zu erleben, wie Du Dein Talent in Hollywood wieder vergeudest, und ich hoffe, dass es nicht so weit kommt. Denn wenn man das geschriebene Wort als ein Musikinstrument betrachtet, bist Du der beste Virtuose – keiner schlägt im Englischen einen feineren Ton an –, und was zum Teufel hat Hollywood mit dem geschriebenen Wort zu tun?«

An seinen Lektor Perkins schrieb Fitzgerald kurz vor seiner Abreise an die Westküste: »Jedes Mal wenn ich nach Hollywood gefahren bin, war es für mich trotz des enormen Honorars eigentlich ein finanzieller und künstlerischer Rückschlag … Ich habe ja diesen einen weiteren Roman [*Die Liebe des letzten Tycoon*], aber vielleicht muss er unter den ungeschriebenen Büchern dieser Welt bleiben.«

Fitzgerald hatte immense Ausgaben – angefangen bei seinen eigenen Lebenshaltungskosten über Zeldas Privatsanatorium in der Nähe von Asheville, North Carolina, bis zu den Schulgebühren für Scottie. Sein Lohn war allerdings ebenfalls immens – 1000 Dollar die Woche bekam er von Metro-Goldwyn-Mayer für seine Tätigkeit als »Skriptdoktor«. Seine letzten Erzählungen entstanden in der Zeit, die er von der Arbeit an den Drehbüchern anderer abknapsen konnte – Drehbücher, auf deren Rand er abschätzige Bemerkungen notierte. Die Arbeit für Hollywood machte ihn mutlos und krank, und seine fehlende Begeisterung lässt sich an seinen schwachen Drehbuchentwürfen ablesen. Zugleich aber war der Vertrag mit MGM die Rettung für den hochverschuldeten Fitzgerald, und außerdem fand er in Hollywood den Stoff für den *Letzen Tycoon*. Bis zu seinem Tod arbeitete er glücklich an diesem »einen weiteren Roman«.

***

F. Scott Fitzgerald hielt einige der hier versammelten Storys für ausgezeichnet und war tief enttäuscht, als die Redakteure sie ablehnten. Seit dem Studium verdiente er sein Geld als Schriftsteller und stellte ein Manuskript nach dem anderen fertig, und häufig überarbeitete er seine Texte auch dann noch, wenn sie bereits veröffentlicht worden waren. Sein Korrekturexemplar von *Der große Gatsby* enthält zahlreiche handschriftliche Änderungen und Anmerkungen, angefangen bei der Widmung bis hin zu den mittlerweile klassischen Schlusssätzen.

Fitzgerald wollte, dass sich die viele Mühe, die er auf seine Geschichten verwendete, auszahlte, und war darauf erpicht, dass sie veröffentlicht wurden. Die meisten Erzählungen in diesem Band stammen jedoch aus einer Phase seines Lebens, als er nicht mehr redigiert werden wollte. Zu Beginn seiner Karriere hatten ihm Änderungswünsche nicht viel ausgemacht. In wenigen Fällen war er stur geblieben. 1922 beklagte er sich über die »überbordende Korrespondenz«, die er mit Robert Bridges, dem Herausgeber von *Scribner's Magazine* wegen eines ›gottverdammt‹ in der Story ›Die Kristallschüssel‹ (›The Cut Glass Bowl‹) führen musste; die Phrase »die gottverdammt gewöhnlichen Neureichen« blieb stehen. In den dreißiger Jahren aber war Fitzgerald immer weniger bereit, Streichungen, Glättungen und Beschönigungen hinzunehmen – auch dann nicht, wenn einer seiner ältesten Freunde, der hervorragende Agent Harold Ober, darum bat oder Arnold Gingrich, der Fitzgerald Veröffentlichungsmöglichkeiten für die Pat-Hobby-Storys verschaffte und ihn so finanziell über Wasser hielt. Fitzgerald ließ die Geschichten lieber liegen.

Es gibt keinen besseren Chronisten von Fitzgeralds schwersten Zeiten als Fitzgerald selbst – in der schonungslosen Selbstanalyse des Essays ›Der Knacks‹ (›The Crack-Up‹) von 1936. Seine eigene Neubewertung wird von den Erzählungen in diesem Band wiedergegeben: in ›Böser Traum‹ der in einer Klinik gefangene Mann, der verzweifelt nach einem Weg hinaus sucht; in ›Zusammen unterwegs‹ ein Schriftsteller, der sich beruflich verändert; in ›Für dich würde ich sterben‹ ein Kameramann und eine Schauspielerin, die die Grenzen ihres Ruhms erkennen.

In mehreren Erzählungen beleuchtet Fitzgerald die neuen Möglichkeiten, die sich Frauen in den dreißiger Jahren eröffneten, und deren Beschränkungen: in ›Danke für das Feuer‹ die Handlungsreisende Mrs. Hanson; Lucy und Elsie, die als Jugendliche Sex haben; Kikis Affären in ›Abseits‹. Das traditionelle Eheverständnis steht zur Disposition; beispielsweise hinterlässt ›Gruß an Lucy und Elsie‹ den Eindruck einer fein abgestimmten Mischung aus Wohlwollen und Verachtung für die Freiheiten der neuen Generation; das Filmskript ›Gracie auf See‹ befürwortet diese Freiheiten und macht sich zugleich darüber lustig.

In vier Geschichten spielen Krankenschwestern und Ärzte die Hauptrollen. Die »Krankheitsgeschichten« – ›Böser Traum‹, ›Die große Frage‹, ›Wirbelsturm in stillen Gefilden‹ und ›Die Frauen im Haus‹ – entleihen manches Detail dem Leben der Fitzgeralds.

›Für dich würde ich sterben‹, die titelgebende Geschichte, die Fitzgerald einmal auch ›Die Legende von Lake Lure‹ nannte, hat seine trübselige Zeit in der Bergwelt von North Carolina zum Hintergrund. Er war aus gesundheitlichen Gründen dorthin gegangen; er befürchtete ein Wiederaufflammen seiner Tuberkulose und hoffte, die frische Luft möge ihn kurieren. Abgesehen von Reisen nach Baltimore, wo er, Zelda und Scottie in den frühen dreißiger Jahren gelebt hatten, verbrachte er zwischen 1935 und 1937 die meiste Zeit in verschiedenen Hotels in North Carolina. Mal logierte er in vornehmen Hotels wie dem Lake Lure Inn, in Oak Hall und dem Grove Park Inn, mal lebte er in einfachen Motels, aß Dosensuppe und wusch seine Unterwäsche im Waschbecken. Wenn er Zeit hatte, gesund war und arbeiten konnte, schrieb Fitzgerald im wahrsten Sinne um sein Leben. ›Für dich würde ich sterben‹ entstand in dieser Zeit.

Manche Storys in dieser Sammlung sind jedoch nicht primär autobiographisch geprägt. Statt über die Mächte nachzugrübeln, denen er sich unmittelbar ausgesetzt sah, befasste sich Fitzgerald dort mit den größeren Mächten, die auf die amerikanische Kultur und Geschichte wirkten, von der Armut während der Großen Depression über Rassen- und Bürgerrechtsfragen bis zu regionalen Sitten und Sichtweisen. Diese allgemeinen und historischen Fragen vermischen sich mit persönlichen und privaten. Als Fitzgerald 1937 den Süden und seine aus Alabama stammende Frau verließ und nach Hollywood ging, befasste er sich intensiv mit Geschichte und Familie. Die Story aus dem amerikanischen Bürgerkrieg, die hier in zwei vollständigen Fassungen mit abweichender Handlung vorgestellt wird, entspringt der Erzählung seines Vaters über einen Cousin aus dem ländlichen Maryland, der an den Daumen aufgehängt worden war. ›Daumen hoch‹ und ›Zahnarztbehandlung‹ strotzen vor Brutalität und Grausamkeit, vor Härte in Taten und Worten und bilden damit einen krassen Gegensatz zu der Überarbeitung des Drehbuchs von *Vom Winde verweht*, an der Fitzgerald zur selben Zeit saß. Beide Erzählungen behandeln auf bedrückende Weise eine entscheidende Epoche der amerikanischen Geschichte und klopfen die darauf fußenden Mythen ab; zugleich machen sie deutlich, dass Fitzgerald den Zugriff auf die größeren historischen Bewegungen, der ihm als Schriftsteller von der eigenen Familiengeschichte erlaubt oder aufgezwungen wird, hinterfragt.

›Ballettschuhe‹, ›Gracie auf See‹ und ›Liebe kostet Nerven‹ haben die Form von Filmskizzen. Andere Geschichten lesen sich, als hätte Fitzgerald mit einem vermarktbaren Drehbuch begonnen und es dann zu etwas umgearbeitet, an dem er lieber schreiben wollte – einer Erzählung oder einem Romanentwurf. So wirkt ›Die Frauen im Haus‹ anfangs wie eine Liebeskomödie aus der Goldenen Ära, auf William Powell und Carole Lombard zugeschnitten. Dann tauchen kühne Beschreibungen auf, und ein dunkler Schatten legt sich über die Handlung: Der attraktive Held leidet an einer tödlichen Herzkrankheit, die Fitzgeralds eigenen Tod vorwegnimmt. Kann er guten Gewissens weiter um die schöne Filmdiva werben? Es kommt zu Verwicklungen, die kein Studio gutgeheißen hätte – eine Krankenschwester taucht auf, die ehemalige Patienten als Drogenabhängige kritisiert, ein männlicher Filmstar, bei dem sich alles um seine »außergewöhnliche Schönheit« dreht – und ein großes Marihuana-Feld. Die Geschichte nimmt die Eitelkeiten, Falschheit und Gier Hollywoods aufs Korn, endet jedoch in einem klassisch schönen, aber nicht ganz erlösenden Fitzgerald-Schluss tatsächlich mit Rosen. Fitzgerald macht sich nicht nur über die Liebesgeschichten lustig, mit denen in Hollywood viel Geld verdient wurde, sondern liefert mit sichtlichem Vergnügen auch eine messerscharfe Parodie dessen, was die Redakteure von ihm haben wollten.

Als Erzählungen sind ›Gracie auf See‹, ›Ballettschuhe‹ und ›Liebe kostet Nerven‹ sicher nicht perfekt, aber das sollen sie auch nicht sein. ›Ballettschuhe‹ war für eine andere Tänzerin geschrieben worden, aber Fitzgerald hatte den Eindruck, dass Zeldas Ballettausbildung und -leidenschaft ihm helfen würden, »etwas wirklich Authentisches abzuliefern, einfallsreich und voller Gefühle« – und deshalb ist dieses Skript biographisch sehr aufschlussreich. Fünf Jahre nachdem er damit begonnen hatte, hat sich Fitzgerald ›Gracie auf See‹ noch einmal vorgenommen; diese Überarbeitung ist zum Vergleich im Anhang abgedruckt. An ›Liebe kostet Nerven‹ ist unter anderem bemerkenswert, dass es »original Fitzgerald« ist, seine Idee für einen ganzen Film, und nicht nur seine Bearbeitung der Geschichte eines anderen Autors.

***

> Ich glaube, die neun Jahre, die zwischen *Der große Gatsby* und *Zärtlich [ist die Nacht]* liegen, haben meinen Ruf beinahe unrettbar beschädigt, weil in der Zwischenzeit eine ganze Generation herangewachsen ist, für die ich nur der Verfasser von Geschichten in der *Post* war …
> Es ist schon seltsam, dass meine frühere Begabung für die Short Story verschwunden ist. Zum Teil liegt es daran, dass sich die Zeiten geändert, dass die Redakteure gewechselt haben, zum Teil hatte es aber auch mit Dir und mir zu tun – dem Happy End. Natürlich hatte jede dritte Geschichte ein anderes Ende, aber im Wesentlichen habe ich meine Leser mit Geschichten von junger Liebe gekriegt. Ich muss eine ziemliche

Vorstellungskraft gehabt haben, dass ich sie so oft und stark in die Vergangenheit projizieren konnte.

Fitzgerald im Oktober 1940 *an seine Frau*

Die Vorstellungskraft, die in den Erzählungen in *Für dich würde ich sterben* wirkt, ist beeindruckend. Nicht alle sind gleichermaßen gut, und Fitzgeralds Briefe zeigen, dass er sich dessen bewusst war. Einige wurden eindeutig um des Geldes willen geschrieben, und obwohl sich auch in ihnen glänzende Sätze und Passagen und eindrucksvolle Figuren finden, sind sie schnell und mit sehr lockerer Hand verfasst. Mitte der dreißiger Jahre setzten Fitzgerald die Schulden schwer zu. Im Mai 1936 schrieb er an Harold Ober:

> Diese Schuldensache ist fürchterlich. Dadurch ist mein Selbstvertrauen in erschreckendem Ausmaß geschwunden. Früher habe ich für mich selbst geschrieben – jetzt schreibe ich für Redakteure, weil ich nie die Zeit habe zu überlegen, was ich wirklich tun möchte, oder nach etwas zu suchen, das mir gefällt. Ich komme mir vor wie jemand, der tröpfchenweise Wasser abschöpft, weil er zu durstig ist, um zu warten, bis sich der Brunnen gefüllt hat. Ach, wenn ich nur eine Pause einlegen könnte.

Zelda schrieb er, dass er sich nicht länger den Erwartungen der *Post* beugen wolle. »Sobald ich das Gefühl habe, dass ich etwas nach einem simplen Muster schreibe, gefriert mir die Tinte, und mein Talent macht sich aus dem Staub.«

Insgesamt zeigen diese Geschichten seine wachsende schöpferische Freiheit beim Ausloten des Möglichen und seinen – oft heftigen – Widerwillen, das zu liefern, was von einem »F. Scott Fitzgerald« erwartet wurde oder den Konventionen und Anforderungen entsprach. Die Redakteure und Leser wollten nicht wissen, dass junge Leute an Bord eines Kreuzfahrtschiffes Sex hatten. Oder in den Hollywood Hills tranken und Drogen nahmen. Nichts von Bestechung und Schiebung im Sport. Pech gehabt. Je weiter die dreißiger Jahre fortschritten, desto öfter weigerte sich Fitzgerald, sich den Erwartungen jener zu unterwerfen, die überrascht waren, dass sich ein kräftiger Schuss Realismus und der gebrochene Stil der Hochmoderne in seinen Werken fand, oder die gewisse Formulierungen einfach nicht mochten.

Die sprachliche Präzision, die lapidaren Sätze und der elegante Stil, die wir mit Fitzgeralds früher Prosa verbinden, sind in den besten dieser Erzählungen ebenfalls zu sehen. Bis zum Schluss findet sich in Fitzgeralds Werken heller und dunkler Humor, Begeisterung für schöne Menschen, Orte und Dinge, Entzücken über die Wirkung des Mondscheins oder des Sonnenlichts auf das Gemüt – und Liebe zu seinen Lesern und seinem Schreiben. Fitzgerald zweifelte zwar daran, seine Popularität zu Lebzeiten zurückzugewinnen, wusste aber, wie gut er war. Im Frühjahr 1940 schrieb er an Max Perkins:

> Ich habe einmal gedacht … ich *könnte* (auch wenn ich's nicht immer getan habe) Menschen glücklich machen, und das hat mir mehr Freude bereitet als alles andere. Jetzt kommt mir das wie ein Kulissentraum vom Himmel vor, eine einzige Minstrel Show, in der man immer nur den dummen Bones spielt … Aber so völlig und ungerechtfertigt unterzugehen, nachdem man so viel gegeben hat. Noch heute wird wenig amerikanische Prosa veröffentlicht, die nicht auch ein bisschen meinen Stempel trägt – auf eine *kleine* Art war ich ein Original.

Obwohl Fitzgerald wusste, dass Hollywood ihm als Schriftsteller alles in allem nicht gut tat, hatte es für sein Schaffen nicht nur negative Folgen. So haben die vorliegenden Erzählungen in den deskriptiven Szenen oft einen faszinierend filmischen Zug: der Mann in ›Für dich würde ich sterben‹, der auf der Suche nach einem Mädchen schwer atmend die Stufen von Chimney Rock erklimmt; in ›Wirbelsturm in stillen Gefilden‹ ein Krankenwagen, der in Zeitlupe verunglückt, die Insassen, die ihn schockiert und verletzt verlassen und einen brennenden Schulbus voll schreiender Kinder sehen. Originelle Passagen wie diese wiegen andere auf, in denen Fitzgeralds Talent nicht zum Tragen kommt, oder entschädigen für Momente wie den, wenn das Baby in ›Gracie auf See‹ eine Harfe emporklettert. 1940 schrieb Scott an Zelda: »Ich beginne, Kalifornien zu hassen, und würde mein Leben für drei Jahre Frankreich geben.« Doch nur einen Monat zuvor hatte er ihr mitgeteilt: »Ich schreibe diese Pat-Hobby-Storys – und warte. Ich habe gerade eine neue Idee – eine komische Serie, mit der ich wieder in die großen Zeitschriften komme –, aber bei Gott, man hat mich vergessen.« Diese neuen Ideen, komische, keine tragischen, sollten ihn wieder in Erinnerung rufen.

Trotz allem, trotz aller Schwierigkeiten, trotz Alkoholismus und Krankheit schrieb Fitzgerald immer weiter und versuchte zu verarbeiten, was er erlebte und sah. Das wichtigste Merkmal Fitzgeralds in diesen Geschichten ist die Hoffnung, von der sie erzählen.

Anne Margaret Daniel im Januar 2017

Editorische Notiz

Die hier abgedruckten Erzählungen entsprechen den letzten erhaltenen Fassungen, an denen Fitzgerald unseres Wissens gearbeitet hat. Sämtliche seiner Änderungen an Typoskripten und Manuskripten sind eingeflossen.

Ich habe Fitzgeralds ausdrückliche Wünsche berücksichtigt, wenn Varianten erhalten sind. So hatte er sich bereiterklärt, ›Die Frauen im Haus‹ zusammenzustreichen, doch weil ihm das Ergebnis (›Temperature‹ / ›Fieber‹) nicht gefiel, bestand er in Briefen auf der Veröffentlichung des längeren Originals. Aus diesem Grund ist die Geschichte hier in der ersten Fassung vom Juni 1939 abgedruckt. Wenn es Hinweise auf eine grundlegend abweichende Fassung gibt, die nicht überliefert ist – wie im Fall zweier Seiten zu ›Gruß an Lucy und Elsie‹, die vor allem von den Mädchen und ihren Familien handeln –, ist dies gesondert vermerkt.

Auch wenn ›Auszeit von der Liebe‹ unvollendet ist, erhellt eine Passage darin einen Aspekt von Fitzgeralds schöpferischer Arbeit. Es sind viele »Fehlstarts«, wie Fitzgerald sie nannte, und offenkundige Entwürfe für unvollendete Erzählungen erhalten. Manche erstrecken sich über zwölf oder fünfzehn Seiten, ehe sie langsam versanden oder abrupt enden. Andere sind nur einen oder zwei Absätze lang. Weitere Fragmente wurden hier jedoch nicht aufgenommen.

Auf einigen Manuskripten oder Typoskripten hat Fitzgerald seine Absicht vermerkt, einzelne Zeilen oder Sätze zu retten. Einer dieser Anfänge, mit ›Ballet School – Chicago‹ überschrieben, wurde 2015 als Romanbeginn bezeichnet; das ist nicht zutreffend, vielmehr handelt es sich um eine aufgegebene Erzählung. Fitzgerald notierte in einzelnen Absätzen oder auf mehreren Seiten Ideen für Pat-Hobby-Storys und für viele Filmdrehbücher, auf die er nie wieder zurückkam. Von drei Erzählungen ist bekannt, dass Fitzgerald sie vollendet hat: ›Recklessness‹ (1922), ›Daddy Was Perfect‹ (1934) und ›They Never Grow Older‹ (1937) werden in Briefen erwähnt, wurden bislang aber nicht entdeckt.

Seit Niederschrift der ersten Erzählungen sind fast einhundert Jahre vergangen. Da vieles darin den heutigen Lesern nicht mehr vertraut ist, soll der Stellenkommentar Orientierung geben, das Gemeinte erläutern und, wo sinnvoll, Fitzgeralds Verbindung zu einem bestimmten Ereignis oder einer Person aufzeigen. In den Texten, die dem Stellenkommentar vorangestellt sind, skizziere ich anhand von Fitzgeralds Korrespondenz die Entstehungsgeschichte der jeweiligen Erzählung.

Abgetippt wurden die Erzählungen von verschiedenen Personen, die keiner einheitlichen Schreibweise folgten. Manchmal dienten mir auch Durchschläge als Vorlage, auf denen Punkt und Komma nicht immer zu unterscheiden sind. Statt einer strikt originalgetreuen Wiedergabe wurde zur besseren Lesbarkeit die Zeichensetzung vereinheitlicht. Bewahrt ist Fitzgeralds häufige Verwendung des Gedankenstrichs – eine Vorliebe, die er mit dem von ihm bewunderten James Joyce und anderen Schriftstellern der Moderne teilte.

Wo bei Fitzgerald Stellen zur Betonung oder zur Kennzeichnung eines Zitats unterstrichen oder Buchtitel in Anführungszeichen gesetzt sind, wurde hier kursiv gesetzt, so wie in der letzten gesetzten Veröffentlichung seiner Werke.

Erläuterungen und Stellenkommentar

SPIELSCHULDEN

The I. O. U. (1920)

Diese Erzählung schrieb Fitzgerald 1920 als Dreiundzwanzigjähriger nach dem großen Erfolg des Romans *Diesseits vom Paradies (This Side of Paradise).* Der funkelnde Witz seines Frühwerks ist hier eingefangen. Auf den ersten Blick handelt es sich um eine Satire auf einen Geschäftszweig, den Fitzgerald eben erst kennengelernt hatte – das Verlagswesen. Doch selbst in jungen Jahren war Fitzgerald nie oberflächlich. Die Geschichte spielt in einer Welt der Enttäuschung und des Todes nach dem Ersten Weltkrieg und macht sich auf eine sehr heutige Art über Ratgeberliteratur, Spiritismus und schwülstige Liebesromane lustig. Angesiedelt ist ›Spielschulden‹ zunächst in New York und dann im Mittleren Westen, zwei Orten, an denen Fitzgerald sich besonders wohl fühlte.

Hauptthema ist der kommerzielle Aspekt des Verlegens. ›Spielschulden‹ entstand zu einem Zeitpunkt, als Fitzgerald mit dem Schreiben viel Geld verdiente. Verfasst hat er die Erzählung für *Harper's Bazaar,* wo sie jedoch nicht veröffentlicht wurde. Am 20. Juni 1920, kurz nach dem Umzug nach Westport, Connecticut, schrieb Fitzgerald seinem Agenten

Harold Ober, er werde ihm einen Entwurf für Henry Blackman Sell, Redakteur von *Harper's Bazaar,* vorbeibringen. »Es ist die Geschichte, die Sell unbedingt für *Harps. Baz* haben wollte. Ich denke, sie ist ziemlich gelungen.« Aber im Juli war sie zur *Saturday Evening Post* weitergewandert. Fitzgeralds Kommentar: »Falls ›Spielschulden‹ von der *Post* abgelehnt wird, hätte ich sie gern zurück, denn ich glaube, ich könnte sie so umschreiben, dass wir sie ohne Schwierigkeiten an Sell verkaufen können.« Zu diesem Zeitpunkt steckte Fitzgerald schon in der Arbeit an seinem zweiten Roman, *Die Schönen und Verdammten (The Beautiful and Damned),* und so ließ er Ober im selben Brief wissen: »Es wird in diesem Sommer vermutlich keine weiteren Short Stories geben.« In der Aufregung um Fitzgeralds frühen Ruhm geriet die Erzählung in Vergessenheit. ›Spielschulden‹ blieb bis 2012 im Besitz des Fitzgerald Estate. Im selben Jahr erwarb die Beinecke Library der Universität von Yale Manuskript und Typoskript für 194 500,– Dollar.

9 *Samuel Butler, Theodore Dreiser und James Branch Cabell]* Samuel Butler (1835–1902), Autor des antiviktorianischen autobiographischen Romans *Der Weg allen Fleisches* (1903); Theodore Dreiser (1871–1945), Journalist und Autor der naturalistischen Romane *Schwester Carrie* (1900) und *Eine amerikanische Tragödie* (1925); James Branch Cabell (1879–1958), Romancier, dessen Roman *Jürgen* (1919) seine Berühmtheit unter anderem einer Klage gegen Verleger und Autor wegen Obszönität verdankte. Fitzgerald schrieb Cabell bewundernde Briefe und klebte die Antworten in Alben, die er fast sein ganzes Erwachsenenalter hindurch führte.

10 *Parapsychologie]* 1885 wurde die American Society for Psychical Research gegründet, eine Gesellschaft zur wissenschaftlichen Erforschung parapsychologischer Phänomene. Nicht zufällig erwähnt Fitzgerald wenige Zeilen vorher das Jahr 1913, das letzte Jahr des Friedens vor Ausbruch des Ersten Weltkriegs, an dem er ein

steigendes Interesse an der Erforschung des Übersinnlichen, insbesondere der Kommunikation mit den Toten festmacht.

11 *dreihunderttausend Exemplare]* Von Fitzgeralds Erstling *Diesseits vom Paradies (This Side of Paradise)* verkauften sich knapp fünfzigtausend Stück, und er galt als großer Erfolg.

15. April] Scribner veröffentlichte Fitzgeralds Bücher vorzugsweise Ende März und Anfang April.

12 *Mohammed (oder war es Moses?)]* Francis Bacon stellte in seinem Essay ›Of Boldness‹ die Behauptung auf: »Wenn der Berg nicht zu Mohammed kommt, dann geht Mohammed zum Berg.« Moses ging zum Berg Sinai – es stand außer Frage, dass der Berg zu ihm kommt –, um dort Gottes Gebote zu empfangen; siehe 2. Buch Mose.

14 *Basil Kings]* William Basil King (1859–1928), ein anglikanischer Pfarrer von der kanadischen Prince Edward Island, verfasste seit 1900 erfolgreiche Romane spirituellen Inhalts. 1923 beschrieb der *Harvard Crimson* King als »eine der herausragenden Figuren der amerikanischen Literatur«. In Dr. Harden persifliert Fitzgerald mit ziemlicher Sicherheit King.

15 *Drugstore, um sich einen Cocktail zu genehmigen]* Der achtzehnte Zusatzartikel zur amerikanischen Verfassung verbot nach dem 20. Januar 1920 »die Herstellung, den Verkauf und den Transport von berauschenden Flüssigkeiten sowie die Einfuhr derselben in und die Ausfuhr derselben aus den Vereinigten Staaten von Amerika«. Der Volstead Act zur Umsetzung dieses Zusatzartikels strotzte allerdings vor Schlupflöchern. Cider und Wein durften in kleinen Mengen zu Hause hergestellt werden. Ärzte durften Rezepte für destillierten Alkohol ausschreiben, besonders Whiskey und Brandy, die in Drugstores abgefüllt wurden – daher der »Drugstore-Cocktail«. Als Daisy Buchanan im sechsten Kapitel des *Großen Gatsby* zu ihrem Mann sagt, Gatsby »gehörten mal ein paar Drugstores, eine Menge Drugstores. Er hat alles selbst aufgebaut«, bestätigt sie damit, dass Gatsby unter anderem auch Schwarzhändler ist.

19 *Thalia]* Thalia, die Blühende, ist eine der neun Musen und die Muse der komischen Dichtung.

20 *Prom]* Heute sind Proms Highschool-Partys am Ende eines Schuljahrs; damals waren sie große, mehrtägige College-Feiern, die im Laufe des akademischen Jahres veranstaltet wurden. Jeder Jahrgang hatte seine eigene Prom, Einladungen zu der des letzten Jahrgangs waren besonders begehrt. In Fitzgeralds ersten Semestern

in Princeton war der *Daily Princetonian* voll mit Anzeigen von Druckereien für Prom-Einladungen und Tanzkarten, dem Unterhaltungsprogramm und ausufernden Berichten über die Feiern. Thornton Wilder, der 1928 während seines Studiums der französischen Literatur in Princeton Flursprecher war, beklagte sich in diesem Februar bei Fitzgerald, er sei »gerade hundemüde; während des Wintersemesters und besonders kurz vor der dreitägigen Prom geht es im Haus zu wie in einem Taubenschlag«.

23 *die Rote Königin in ›Alice im Wunderland‹]* Lewis Carrolls »Red Queen«, in deutschen Ausgaben »die schwarze Königin«, taucht vielmehr in *Alice hinter den Spiegeln* (1871) auf und ist ausgestattet mit einem bemerkenswerten logischen Denkvermögen.

25 *zehntausend jährlich]* 1920 betrug das durchschnittliche Jahreseinkommen in den Vereinigten Staaten knapp über 1000 Dollar.

27 *›Toledo Blade‹ … ›Akron World‹]* Eine Liste von Zeitungen in Ohio.

BÖSER TRAUM (FANTASIE IN SCHWARZ)

Nightmare (Fantasy in Black) (1932)

In einer Notiz von Harold Ober heißt es über diese Story: »äußerst unwahrscheinlich natürlich, aber gut erzählt«. Ort der abenteuerlichen Handlung von ›Böser Traum‹ ist eine Nervenheilanstalt. Außer mehreren Brüdern, die Patienten ebendieser Anstalt sind, treten auch ein Vater und seine Tochter auf, beide sind Psychiater. Sogar eine Liebesgeschichte findet hier Platz.

Seit den frühen dreißiger Jahren wusste Fitzgerald nur allzu gut, wie es in psychiatrischen Einrichtungen zuging. 1930 hatte Zelda sich zum ersten Mal in Europa in Behandlung begeben, danach war sie von Februar bis Juni 1932 Patientin der Phipps Clinic in Baltimore gewesen.

Im Kern stellt ›Böser Traum‹ die Frage: Wer ist hier eigentlich verrückt? Und wer entscheidet darüber? *College*

Humor, Cosmopolitan, Redbook und die *Saturday Evening Post* lehnten den Text ab. Offenbar erwartete man 1932 etwas anderes von F. Scott Fitzgerald. Die Zeiten waren düster genug. Im Grunde wünschten sich die Redakteure wohl vergnügliche »Flapper Stories« und keine Nachrichten aus der Psychiatrie. Im April 1932 schrieb Fitzgerald resigniert an Harold Ober: »›Böser Traum‹ wird sich nie, niemals verkaufen.« Im Juni 1936 bekannte Fitzgerald, er trage den Text nach wie vor mit sich herum, habe ihn allerdings »geplündert« und »fast alle gelungenen Formulierungen in *Zärtlich ist die Nacht* untergebracht«. Das Typoskript mit Fitzgeralds Bleistiftkorrekturen war lange in Familienbesitz und wurde am 15. Juni 2012 bei Sotheby's New York versteigert.

30 *Mrs. Miller ... Löckchen]* Eine Anspielung auf Alexander Popes Spottgedicht ›The Rape of the Lock‹ (1712). Darin verliert die schöne Belinda eine ihrer langen Locken an einen rüpelhaften Lord und seine flinke Schere, während sie sich über ein Kartenspiel beugt.

32 *New Haven-Eisenbahngesellschaft]* Die New York, New Haven and Hartford Railroad war eine große Eisenbahngesellschaft, die Strecken zwischen dem Grand Central Terminal in New York und Zielen im Nordosten bediente.

34 *1929, einen Tag nach dem Börsenkrach ... Börsentickerband]* Der Börsenkrach an der Wall Street, der am 28. Oktober 1929 im »Schwarzen Dienstag« kulminierte, war eine der Manifestationen des weltweiten wirtschaftlichen Zusammenbruchs, ausgelöst durch Wertpapierspekulationen. Milliarden gingen verloren, als die Aktienkurse abstürzten, und die Papierstreifen, die Aktienkurse per Börsenfernschreiber übermittelten, zeigten die Katastrophe in gedruckter Form. Selbstmorde von Bankern und Geschäftsmännern machten Schlagzeilen, auch wenn die wilden Gerüchte über ganze Horden von Aktienhändlern, die an diesem Halloween aus den Fenstern an der Wall Street gesprungen seien, nicht zutrafen.

Südamerika ... Eisenbahnpapiere] Für die Nervenzusammenbrüche der Woods-Brüder hat Fitzgerald äußere Auslöser gewählt. Bei Wallace ist es der Börsenkrach von 1929. Walter, Leiter der Abteilung für Auslandsanleihen, wird nach den »Aufständen in Südamerika« in eine Anstalt eingewiesen – während der späten zwanziger und frühen dreißiger Jahre kam es in Mexiko, Brasilien, Peru, El Salvador, Nicaragua und anderen lateinamerikanischen Ländern zu Aufständen. John, der mit Eisenbahnpapieren handelt, erleidet 1931 einen Zusammenbruch, als die Papiere kaum mehr als ein Zehntel ihres vormaligen Wertes hatten und fast zwanzig Eisenbahngesellschaften Bankrott machten.

36 *Anzeichen einer manisch-depressiven Psychose]* Heute bezeichnet man eine manische Depression als bipolare Störung. Zeldas Bruder Anthony Sayre, der sich im Sommer 1933 aus dem Fenster einer Klinik zu Tode stürzte, war laut Fitzgerald manisch-depressiv. Am 4. Mai 1934 schrieb Fitzgerald an Zeldas Arzt im Craig House in Beacon, New York: »Mir ist erst jetzt klar geworden, dass ihr Bruder nicht schizophren, sondern manisch-depressiv war, und das Krankenhaus, in dem er starb, seinen Zustand einfach als ›deprimiert‹ beschrieben hat, obwohl er Mord- und Selbstmordabsichten hegte. Wenn meine Frau ihre schizophrenen Neigungen nicht mehr automatisch mit denen ihres Bruders in Verbindung bringen würde, wäre das, glaube ich, von unschätzbarem Wert. Anders gesagt, sie ist überzeugt, dass die Sache in der Familie liegt und dass über der ganzen Familie ein Fluch hängt, was sie wiederum defätistisch macht.«

45 *Die Blätter fallen … Sommerliebe]* Im Original: »Leaves come tumbling dow-wn overhead / Some of them are brown, some are red / Beautiful to see-ee, but reminding me-ee / Of a faded summer lu-uve.« Aus: ›Faded Summer Love‹ von 1931, Text und Musik von Phil Baxter. In den Folgejahren landeten Ruth Etting, Bing Crosby und Rudy Vallée jeweils einen Hit mit diesem Foxtrott.

51 *ohnmächtige Hülle]* »Leider wird da nichts sein, das Dich begrüßt, als eine ohnmächtige Hülle.« Brief von Zelda an Scott, Juni 1935.

59 *Elixer Shop]* Im 19. und frühen 20. Jahrhundert arbeiteten viele Barbiere in Apotheken und Drogerien, und der Kunde konnte zu einem Haarschnitt auch gleich spezielle Wunderelixiere bekommen (viele auf der Basis von Alkohol und mit geringer oder gar keiner Wirkung).

DIE GROSSE FRAGE
What to Do About It (1933)

›Die große Frage‹ handelt von Dr. Bill Hardy, einem jungen »respektlosen« Arzt, der sich unter anderem mit einer eingebildeten Kranken herumschlagen muss. Im Kern handelt es sich um eine kuriose und stellenweise märchenhaft anmutende Liebesgeschichte, der durch die Verbindung von Arzt- und Gangsterplot etwas Filmisches eignet.

Fitzgerald schickte ›Die große Frage‹ im August 1933 an seinen Agenten Harold Ober. Damals wurden alle Texte von Fitzgerald zuerst der *Saturday Evening Post* angeboten, in diesem Fall lehnten die Redakteure jedoch ab – »unbefriedigend«, lautete das Urteil. Den Verantwortlichen der *Cosmopolitan* dagegen war der Text »zu subtil«.

Im Sommer 1936 empfahl Ober seinem Autor, eine überarbeitete Fassung der Story anzubieten, Fitzgerald konnte sich jedoch »kaum noch an die Handlung erinnern«. Stattdessen schlug er ›Danke für das Feuer‹ vor, einen Text, den er gerade abgeschlossen hatte. Das Typoskript von ›Die große Frage‹ ist nach wie vor im Besitz der Fitzgerald-Erben.

60 *Philadelphia Turnpike]* Die gebührenpflichtige Straße ist eine der ältesten Ost-West-Verbindungen an der Ostküste. Die Straße führt hier an den teuren Vororten Philadelphias vorbei, der »Main Line«. *Ersatzradkralle]* 1927 lief die Produktion des Ford Model T aus, ihm folgte Model A. Damals waren in Amerika natürlich auch andere Autos zu haben, aber ein junger Arzt mit geringem Einkommen musste sich mit etwas Günstigem begnügen – einem Ford. Jedenfalls ist das Auto sieben Jahre alt und viel genutzt. Die Ersatzradkralle sorgte dafür, dass der Ersatzreifen an Ort und Stelle blieb und nicht im Vorbeigehen gestohlen werden konnte.

63 *in der Chicago Opera ›Louise‹ gegeben wird]* Zu Beginn des 20. Jahrhunderts populäre Oper von Gustave Charpentier (1860–1956), uraufgeführt 1900, deren Titelheldin, eine arme Näherin, aus dem strengen Elternhaus zu ihrem Geliebten, dem Bohèmien Julien, flieht und schließlich zur Königin des Montmartre wird.

67 *Brunnengärten der Villa d'Este]* Über Jahrhunderte waren zahllose Renaissance-Brunnen in der Villa d'Este in Tivoli dem Verfall preisgegeben; in den zwanziger Jahren des 20. Jahrhunderts wurden sie zum Teil instand gesetzt und wieder in Betrieb genommen; Bill Hardy kann also schwerlich vierzig Jahre dort gelebt haben, ganz abgesehen davon, dass er noch keine vierzig Jahre alt ist.

68 *Diamond Dick]* Diamond Dick bzw. Richard Wade war die Figur eines schillernden Westernhelden im Stile eines Robin Hood, die aus der Feder verschiedener Autoren stammte und erstmals 1878 in *Street and Smith's New York Weekly* auftaucht. Bis 1911 erschien »Dashing Diamond Dick« in wöchentlichen Folgen und als Groschenroman.

69 *Constance Bennett]* Neben Greta Garbo und Marlene Dietrich nennt der Junge hier eine Komödienschauspielerin, aber dass Dr. Hardy Zweifel hegt, verwundert nicht. Constance Bennett (1904–1965) glänzte in den späten dreißiger Jahren in den *Topper*-Filmen, aber ihre bekannteste Komödie zur Zeit der Erzählung war *Bed of Roses* (1933), in der sie eine diebische Prostituierte spielt, die durch die Liebe von Joel McCrea geläutert wird.

vier Mädchen, die Meg heißen … Kaninchenbau] Der Junge bringt hier Louisa May Alcotts *Little Women* (1868/69) und Lewis Carrolls *Alice's Adventures in Wonderland* (1865) zusammen. Meg ist die älteste und schönste der vier March-Schwestern in *Little Women*. Die Abenteuer von *Alice im Wunderland* beginnen auf der ersten Seite des ersten Kapitels »Hinunter in den Kaninchenbau«. Aus diesen beiden Klassikern besteht die erste, nämlich erlaubte der »Arten von Sorten« von Büchern, die der Junge besitzt.

74 *Schwiegermuttersitz]* Auf dem Notsitz eines Autos zu sitzen, war wohl so, als würde man im offenen Kofferraum sitzen. Der Sitz ließ sich aufklappen und befand sich über der hinteren Achse (daher hieß er im Englischen »rumble seat«, also Rumpelsitz); er diente zum Transport von Gepäck oder zur Beförderung eines Fahrgasts über kurze Strecken.

80 *froh sein, wenn man überhaupt etwas zu tun hat]* Die Große Depression ist im vollen Gange, und Millionen Menschen haben keine Arbeit.

GRACIE AUF SEE

Gracie at Sea (1934)

Das Treatment zu ›Gracie auf See‹ schrieb Fitzgerald gemeinsam mit dem Autor und späteren Filmschauspieler Robert Spafford (1913–2000) für Gerald Burns und Gracie Allen, nachdem er das populäre Schauspielerpaar 1934 bei einem Gastspiel in Baltimore kennengelernt hatte. George Burns (1896–1996) spielte meist den bierernsten Stichwortgeber, den *Straight Man*, seine Frau Gracie (1895–1964) die dazugehörige komische Rolle der leicht vertrottelten *Dumb Dora*.

Dem Treatment ist ein Kommentar der beiden Autoren vorangestellt: »Ausschlaggebend dafür, dass wir folgende Story für George Burns und Gracie Allen vorschlagen möchten, ist die Annahme, dass weder Farce noch Komödie länger als eine halbe Stunde zu fesseln vermögen und dass Burns und Allen durch ihre Persönlichkeit einen abendfüllenden Spielfilm ungemein bereichern können.

In der ersten halben Stunde einer Farce lacht man, in der zweiten halben Stunde ist man belustigt, in der dritten halben Stunde will man den Schauspielern an den Kragen. In seinen ersten Langfilmen – *Tillie's Punctured Romance*, *The Kid* u. a. – verzichtete Chaplin weitgehend auf reinen Slapstick und schuf auf diese Weise Raum für etwas anderes: die Möglichkeit, durch die Figur des Jungen angerührt zu werden – Raum also für ein Prinzip, mit dem die Autoren leichter Komödien nun seit vielen Jahren vertraut sind.

Ausgehend von dieser Annahme waren die Autoren der vorliegenden Story bemüht, ein filmisches Vehikel für George

Burns' und Grace Allens Fähigkeiten zu schaffen – jene Regungen und Gefühle inbegriffen, die uns allen vertraut sind und deren Darstellung den beiden, wie wir hoffen, die gleiche Anerkennung zuteil werden lässt, die man bisher ihren durchweg humoristischen Unternehmungen gezollt hat. Wir haben unsere Idee zunächst George Burns unterbreitet, der Interesse gezeigt und uns ermutigt hat, am Ball zu bleiben.

Hier nun unsere Geschichte …«

Fitzgerald ärgerte sich darüber, Zeit in ein Treatment investiert zu haben, das keinen Abnehmer fand. Im Spätsommer 1934 schrieb er an seine Cousine Ceci Taylor: »Bei uns sieht's ziemlich übel aus. Zeldas Zustand unverändert – mein Befinden miserabel u. zwei Vorstöße in Sachen Film für die Katz, u. das Projekt für Gracie Allen u. Geo. Burns wäre um ein Haar durchgegangen – 2 Wochen Arbeit, u. es hat ihnen gefallen – sie wollten es kaufen – u. Paramount hat abgeblasen. Als würde man einen Schneider mit einem maßgeschneiderten Anzug sitzenlassen – wem soll man den noch verkaufen?« Als Fitzgerald Ende der dreißiger Jahre in Hollywood wohnte, überarbeitete er das Treatment, mit Blick auf eine mögliche neue Besetzung. Diese Zweitfassung ist dem Stellenkommentar nachgestellt.

83 *Augustus Van Grossie]* 1934 wurde der America's Cup von Harold Vanderbilt dominiert. Nach einem schlechten Start schlug er mit der Segeljacht Rainbow seinen englischen Herausforderer auf der Endeavour vor Newport, Rhode Island, und verteidigte so den Cup.

84 *nach Newport]* Im ausgehenden 19. Jahrhundert entwickelte sich Newport in Rhode Island zur Sommerresidenz der Superreichen. Herrschaftliche Häuser, sogenannte »Cottages«, wurden auf den Klippen errichtet.

86 *Wäschekorb … kleinen Jungen]* Den Bezug zu Moses im Schilfkästchen (Exodus 2:3) macht Fitzgerald in der überarbeiteten Fassung der Erzählung explizit, die unten zu finden ist. Dass Fitzgerald Gracies Lieblingsgoldfisch Noah nennt, ist eine weitere Anspielung auf die Bibel.

FITZGERALDS REVISION VON ›GRACIE AUF SEE‹

Im Herbst 1937 wandte sich Fitzgerald, der damals unter Vertrag bei Metro-Goldwyn-Mayer stand, erneut dem Treatment zu und überarbeitete es. Er hielt sich weitgehend an das Original, das wichtigste Arbeitsgerät des Schriftstellers eingeschlossen – eine Schreibmaschine, die er auf ein Luftkissen setzte und hinaus aufs Meer treiben ließ. Zu den einfallsreichen Änderungen gehört die Einführung eines Fatzkes aus der englischen Upperclass.

GRACIE AUF SEE

Weit vor der Küste von Long Island ist ein kleiner Passagierdampfer bis auf den Kiel in Flammen aufgegangen. Nur ein Kleinkind hat überlebt und treibt in einer Seifenkiste vom Wrack ab. Seine Eltern müssen es in letzter Not dort hineingesetzt haben.

Hier beginnt unsere Geschichte: Der wohlhabende Mr. Van Grossie ist fest entschlossen, dass erst die älteste seiner drei Töchter, Gracie, verheiratet werden muss, bevor das Aufgebot für die zwei jüngeren bestellt werden kann. Die beiden Schwestern – Frauen vom Typ Gail Patrick und Mary Carlisle – sind zutiefst unglücklich darüber; beide haben längst einen Mann im Sinn – und auch zur Hand. Sie hegen jedoch große Hoffnungen, dass Gracie bald unter die Haube kommt, denn aufgrund der bevorstehenden Segelregatta beherbergt Mr. Van Grossie seinen Herausforderer Sir Reginald im Haus der Familie in Southampton.

Sir Reginald, ein dümmlicher Upperclass-Fatzke, hat verlauten lassen, er könne es kaum erwarten, ein amerikanisches Mädchen zur Frau zu nehmen, solange sie drei Bedingungen erfüllt – außerordentlich begabt, eine herausragende Sportlerin und besonders schön soll sie sein. Gracie ist nichts von alledem. Aber ihre beiden jüngeren Schwestern halten Sir Reginald für so dumm, dass sie ihn – eine ausgeklügelte Vermarktungsstrategie vorausgesetzt – davon überzeugen zu können meinen, dass Gracie genau die Frau ist, die ihm vorschwebt. Sie kontaktieren eine Werbeagentur in New York, die ihren Mitarbeiter George (Burns) nach Southampton schickt – sollte es ihm gelingen, Gracie an den Mann zu bringen, winkt ihm ein üppiges Honorar.

Zum ersten Mal begegnen wir Gracie – im Park des riesigen Anwesens der Van Grossies steht sie am Teich und füttert die Goldfische. Gerade ist sie den letzten Schwung Futter losgeworden und nimmt Abschied von ihrem Lieblingsexemplar. Als sie sich umdreht, hört sie etwas – der Goldfisch scheint sich für das Futter zu bedanken.

»Was sagst du da, Noah?« Aber Noah antwortet nicht.

»O du Dummerchen!«, sagt Gracie und wendet sich ab.

Sie hört den Schrei noch einmal und folgt ihm durch ein Wäldchen bis zu einer kleinen Bucht. Was für ein wunderlicher Laut, immer wieder ist er in Gracies Herz erklungen, und nun erkennt sie ihn nicht. Etwas Neues klingt da an, etwas Bezauberndes, und so bleibt sie wie angewurzelt stehen, schaut kurz in den Himmel, vielleicht ist es ja ein Vogel, den sie nie zuvor gehört hat. Tief in ihrem Herzen weiß sie, dass es kein Vogel ist, und bald schon hat sie entdeckt, woher es kommt.

Es kommt aus dem im Dunkel liegenden Häfchen am Rande der Bucht. Es kommt vom Meer. Es scheint aus der äußerst seeuntüchtig wirkenden Seifenkiste zu kommen, in der ein 18 Monate altes Kind liegt. Sobald die Seifenkiste aufgelaufen ist, reißt Gracie das Kind an sich und herzt es ergriffen und überschwänglich. Plötzlich hat sie, deren Zukunft in den Händen ihrer Schwestern und des angeheuerten Werbeagenten liegt, ganz allein etwas gefunden, das ihr Leben bereichert.

Was Gracie mit dem Kind tun wird, muss sich noch zeigen. Aus irgendeinem Grund jedoch beschließt sie fürs Erste, das Kind geheim zu halten, so wie die Tochter des Pharao, und richtet in der kleinen Bucht eine behelfsmäßige Krippe ein.

Zurück bei den Van Grossies. George reist an und lernt die beiden Schwestern kennen. Die Schwester vom Typ Gail ist heimlich mit einem Mann vom Typ Butterworth verheiratet. Die beiden wollen, dass Gracie heiratet, damit sie endlich ihre eigene Ehe bekanntgeben können. Die andere, liebreizende Schwester, Typ Mary Carlise, ist mit einem Marineoffizier verlobt, dessen Schiff vor der Küste liegt und im Anschluss an die Regatta nach China weiterfahren soll; deswegen ist auch ihr daran gelegen, dass Gracie schnellstmöglich heiratet. George wird dem gewichtigen Vater der Mädchen als Freund vorgestellt; er will Sir Reginalds zweitem

Anspruch an seine künftige Gattin umgehend Genüge tun: Gracie muss über Nacht zur Sportlerin gemacht werden.

Die folgende Szene ist von widerstrebenden Kräften bestimmt. Gracie ist artig bemüht, Sir Reginalds Erwartungen zu erfüllen, während sie insgeheim von der Sorge um ihr Kind abgelenkt wird, das ständig an ihrer Seite sein muss. So wird sie bei dem Golfturnier, das am folgenden Tag stattfindet, von einem Caddy mit einer riesigen Tasche begleitet, in der sich das Kind befindet – was sich jedoch erst am Ende der Sequenz herausstellt. Während des Turniers jedenfalls versucht Gracie dem Kind anhand ihres Punktestands das Zählen beizubringen. George entdeckt schon bald ihr Geheimnis. Er verrät sie nicht, weil Sir Reginald verkündet hat, er könne Kinder nicht leiden, begreift aber, dass der Fall komplizierter ist als gedacht. Beim Golfen kann Sir Reginald nicht davon überzeugt werden, dass Gracie eine herausragende Sportlerin ist, aber immerhin gelingt es George, zu verschleiern, dass Gracie durch und durch unsportlich ist.

Seine zweite Idee besteht darin, Gracie als musikalisches Genie zu verkaufen. Der Gag wäre in etwa folgender: Abends bei den Van Grossies, George und Gracie betreten den Musiksalon, Gracie schwebt an seiner Seite majestätisch zum Podium. George möchte ihr Talent als Harfenistin ordentlich aufbauschen und hat für Claqueure gesorgt, die ihr mittelmäßiges Spiel mit rauschendem Applaus quittieren sollen. Hinter dem Vorhang sitzt eine professionelle Harfenistin, die dann und wann ein paar gelungene Läufe beisteuern wird. George stellt Gracie in seiner Einführung, die sie mit Liebreiz zu würdigen weiß, feierlich dem Publikum vor, kündigt das erste Stück an und begleitet sie auf dem Klavier.

Gracie beginnt mit einem Glissando. Plötzlich guckt das Kind hinter dem Klavier hervor, wo Gracie es versteckt hat, rennt in die Harfe, verheddert sich in den Saiten und zwingt Gracie zu einer Reihe ausgefallener Akkorde. Das Hauskonzert kommt zu einem desaströsen Ende, aber wieder gelingt es George, Gracie rauszuboxen.

Georges größter Coup ist die Inszenierung eines Schönheitswettbewerbs, den Gracie ohne jeden Zweifel gewinnen wird. Der Wettbewerb wird von der Presse begleitet – Gesellschaftsreporter aus New York sind anwesend, die Fotografen sind in Scharen gekommen. Gracie wurde mithilfe der Schwestern sorgfältig auf ihre Rolle vorbereitet. Als Mitbewerberinnen hat man äußerst unattraktive Mauerblümchen aus der Umgebung rekrutiert – jede von ihnen hat irgendeinen Makel, damit Gracie spielend gewinnt. Außerdem wurden die Juroren bestochen, und um wirklich ganz sicher zu gehen, dass nichts schiefgeht, hat man ihnen gesagt, dass Nummer 9 den Preis bekommen soll. Nun durchkreuzt das Kind den Plan, indem es die 9 auf Gracies Rücken und die 6 auf dem Rücken einer ihrer Mitbewerberinnen auf den Kopf stellt, weswegen das hässlichste Mädchen von allen gewinnt.

Während George sich für seinen Auftrag ins Zeug legt, widmen die Schwestern sich weiter ihren Liebesbeziehungen – wir interessieren uns vor allem für die Affäre zwischen Mary Carlisle und dem Marineoffizier. Der Gail Patrick-Butterworth-Affäre stehen wir eher abgeneigt gegenüber, und so überrascht es wenig, dass diese beiden das Kind entdecken und beschließen, seine Existenz gefährde ihre Pläne. Sie kidnappen das Kind und wollen es in ein Waisenheim schaffen, damit sich Gracie ganz darauf konzentrieren kann, Sir Reginald für sich zu gewinnen. Aber Gracie und George befreien das Kind rechtzeitig.

Der Tag der Segelregatta ist gekommen – die Festlichkeiten zu diesem Anlass sollen mit der durch Gracie ausgeführten Schiffstaufe des amerikanischen Titelverteidigers beginnen. Zuschauer aus nah und fern sind auf dem Dock versammelt und applaudieren. In Georges Augen handelt es sich um eine bombensichere Gelegenheit, Sir Reginald zu gefallen, aber Gracies Talent für Bauchlandungen gewinnt wieder Oberhand, denn just in dem Moment, da sie drauf und dran ist, die Flasche gegen den Bug zu schmettern, winkt sie mit hoch erhobener Flasche der Menge. Die Jacht setzt sich in Bewegung. Der Wurf schlägt fehl, Gracie wirbelt wie eine Akrobatin um ihre eigene Achse. Sie haucht, nicht im Geringsten schmachmatt gesetzt, »Wo bin ich?«, hastet wie von Sinnen dem Boot hinterher, erwischt es nur deshalb, weil sie einen waghalsig-eleganten Sprung vollführt – um in der Bucht zu versinken. Unsere Sportskanone kann leider nicht schwimmen, aber Sir Reginald rettet sie und ist äußerst zufrieden mit sich – alles halb so schlimm.

In der Zwischenzeit müssen die jungen Liebenden unseligerweise scheiden. Mary Carlisle ist an Bord des Kriegsschiffs, um ihrem Liebhaber Lebewohl zu sagen. Gracie ist mit dem Baby in einem kleinen Boot ausgefahren, um die Segelregatta zu beobachten; nachdem sie an Bord des Kriegsschiffs gegangen ist, verzögert sich die Abfahrt, weil das Kind in einem großen Kanonenrohr abhandenkommt und der Kapitän den Salut zum Regattastart nicht abfeuern kann. Gracie nähert sich dem Pulvermagazin und droht damit, das Schiff in die Luft zu jagen, wenn das Kind nicht gefunden wird. So verhindert sie vorerst die Abfahrt des Schiffs nach China und bewahrt Mary Carlisle davor, ihren Liebhaber hergeben zu müssen.

Die Regatta beginnt. Gracie verpasst das offizielle Boot, der treue George nimmt sie in einem kleinen Außenborder mit, Gracie sitzt am Heck, hält mit einer Hand das Kind, mit der anderen das Ruder, George sitzt am Bug, auf den Knien ein Luftkissen, darauf die Schreibmaschine. Er muss von der Regatta berichten und gleichzeitig dafür sorgen, dass Gracie aussieht wie eine Heldin. Dummerweise bricht das Boot auseinander und sinkt. Georges Hälfte sinkt nur langsam, seine Schreibmaschine treibt auf dem Luftkissen immer weiter ab. Die Hälfte mit dem Außenborder, in der Gracie und das Kind sitzen, kreist wie entfesselt um George. George schnappt sich ein vorbeitreibendes Doriboot und rettet Kind und Schreibmaschine. Er und Gracie sind gerade dabei, das Boot am Heck der Jacht festzumachen, als der Startschuss fällt – und siehe da, jetzt nehmen die beiden ungewollt am Rennen teil. Sie klettern auf die Jacht und vergessen in all der Aufregung das Kind, das in dem Doriboot hinter der Jacht hergezogen wird.

Die Teilnehmer nehmen Fahrt auf. Die amerikanische Jacht liegt in Führung, und Gracie und George sind damit beschäftigt, das Kind zu bergen, das lacht und klatscht, obwohl das Doriboot im Kielwasser hart ins Schlingern gerät. Gracie will das Boot näher an die Jacht heranziehen, zerrt aber am falschen Seil und bringt damit das Hauptsegel zu Fall. Sir Reginald zieht vorüber – dem Sieg entgegen.

Inzwischen haben Gracie und George ihre Liebe füreinander entdeckt. Der Film endet damit, dass alle drei Paare – und das Kind – vereint und glücklich sind und Sir Reginald mit der Gewinnerin des Schönheitswettbewerbs auf seiner Jacht in See sticht.

Es handelt sich hierbei lediglich um ein Handlungsgerüst, erstmals skizziert für George Burns 1935 [1934] in Baltimore. Der Autor ist derzeit unter Vertrag bei Metro und wird die Story nicht weiterentwickeln können.

Die Hauptaspekte der Story – Gracie als älteste von drei Schwestern, die als erste heiraten muss und Moses, wie die Tochter des Pharao, im Schilf versteckt – bieten mehr Anlass als ihre letzten Filme, mit einer von Gracie [Allen] gespielten Figur zu sympathisieren. Es kommt darauf an, Gracies Charakter so auszugestalten, dass sie mehr ist als ein dummes Schaf. So ließe sie sich als liebenswerte Exzentrikerin inszenieren, mit der die Zuschauer mitfühlen, weil auch hier – man denke an *The Kid* – elterlichen Gefühlen Steine in den Weg gelegt werden und weil Gracie uns zeigt, dass sie sich ihrer Fehler zum Trotz sehr um das Kind bemüht.

FITZGERALDS BESETZUNG FÜR DEN FILM

Die Schauspieler, die Fitzgerald für diese neue Version von ›Gracie auf See‹ nennt, sind Gail Patrick, Mary Carlisle und Charles Butterworth. Patrick (1911–1980) war eine Südstaatenschönheit, die an der Universität von Alabama Jura studierte, als sie 1932 eine Reise nach Hollywood gewann. Sie spielte neben George Raft und Carole Lombard in *Rumba*

(1935) und glänzte als Lombards verwöhnte große Schwester 1936 in *Mein Mann Godfrey (My Man Godfrey)* und ein Jahr später als opportunistische Schauspielerin in *Bühneneingang (Stage Door)*. Sie wurde meist als hochmütiges *bad girl* besetzt. In den späten fünfziger Jahren nutzte Patrick ihre Jurakenntnisse für eine Serie, die sie selbst produzierte und die zehn Jahre lang mit großem Erfolg lief: *Perry Mason*.

Carlisle wurde 1914 in Boston geboren und 1930 als kindliche blauäugige, blonde Schönheit für den Film entdeckt. Sie spielte zusammen mit Bing Crosby, George Burns und Gracie Allen in der Komödie *College Humor* (1933) und zog sich nach ihrer Heirat mit dem englischen Schauspieler James Edward Blakeley (1910–2007) aus dem Filmgeschäft zurück.

Butterworth (1896–1946) war ein Broadway-Schauspieler und in Hollywood für seine Stegreifeinlagen berühmt, beispielsweise seinen Spruch in *Every Day's a Holiday* (1937) mit Mae West: »Du solltest deine nassen Klamotten gegen einen trockenen Martini tauschen.«

ZUSAMMEN UNTERWEGS
Travel Together (1935/36)

Zunächst liest sich diese Erzählung für Fitzgerald vollkommen untypisch. Aber schon auf Seite zwei des Typoskripts taucht eine »hübsche Achtzehnjährige« auf, Chris Cooper, die Hauptfigur, wird zum unfreiwilligen Helden – und wir sind mittendrin in Fitzgeralds Kosmos. Fitzgerald war fasziniert von den Möglichkeiten, Versprechen, Freuden und Zumutungen des Reisens – man denke nur daran, auf welche Art und Weise in *Der große Gatsby (The Great Gatsby)* Autos dargestellt sind. Neben dem Güterzug, mit dem Chris zu Beginn von ›Zusammen unterwegs‹ durch die texanische Wüste reist, fällt vor allem ein aus der Dunkelheit auftauchender Bus auf – mit »neunzehn wilden grünen Augen«. Und dann sind da noch eine Frau, die, wie Jay Gatsby, einen anderen Namen annimmt und sich neu erfindet, ohne aber ihrer Vergangenheit zu entkommen, und ein Juwel, nicht so groß wie das Ritz vielleicht, aber so groß wie der Hope-Diamant.

Im Januar 1935 schickt Fitzgerald die Erzählung an Harold Ober, dem sie gefällt. Fitzgerald will so schnell wie möglich eine Filmfassung schreiben und verkaufen. Am 4. März legt Ober den Text Bill Lengel vor, einem Redakteur der *Cosmopolitan*. Als Preis nennt er 1500 Dollar, eigentlich müsse der Text aber, so Ober, 2000 Dollar abwerfen. Darüber hinaus ist kaum relevante Korrespondenz überliefert. Ein gutes Jahr später, am 5. Juni 1936, schreibt Ober an Fitzgerald: »*College Humor* hat einen Text von Ihnen angefragt. Es gibt vier Stücke, die wir noch nicht verkauft haben und anbieten könnten. Es handelt sich um ›Zusammen unterwegs‹, ›Böser Traum‹, ›Die große Frage‹, und ›Ganz allein‹ [›On Your Own‹] – ich würde meinen, das beste ist ›Zusammen unterwegs‹. *College Humor* zahlt nicht mehr als $500, und da es sich um lauter ältere Texte handelt, möchten Sie sie vielleicht gar nicht erst anbieten. Schreiben Sie mir doch bitte, was Sie denken.« Ein auf den 19. Juni datierter und 1982 bei Sotheby's versteigerter Brief enthält Fitzgeralds Absage. Auf Obers Karteikarten findet sich der Vermerk »Autor schreibt eventuell Neufassung«.

Fitzgerald hatte beim Schreiben von ›Zusammen unterwegs‹ Hollywood im Sinn – und so wie Fitzgerald wendet sich auch Chris Cooper, der Drehbuchautor in der Geschichte, schließlich von Filmgeschäft ab. Der Text vollzieht dabei jene Wendung, die auch Chris für sein Drehbuch im Sinn hat – er wird zur Liebesgeschichte. Am Ende aber will Cooper kein Drehbuch mehr schreiben, sondern ein Theaterstück. Fitzgerald hatte zu Studienzeiten einigen Erfolg mit Theaterstücken, musste allerdings 1923 erleben, wie seine Satire *The Vegetable* in Atlantic City floppte. Es blieb bei einer einzigen Aufführung. In einem Brief an seinen Lektor Max Perkins von 1937 heißt es: »Ich überlege, mir ein bisschen Zeit zu nehmen und ein Stück auszutüfteln – und ewig lockt das Hirnsgespinst.« Es ist nie dazu gekommen.

96 *auf dem Stahlgestänge unter dem Waggon festhalten müssen]* Nach dem Bürgerkrieg wurde die Eisenbahn zum wichtigsten Transportmittel in den USA, und seither gab es Leute, die auf Güterwaggons sprangen und sich umsonst mitnehmen ließen. Während der Wirtschaftskrise griff diese Form des Reisens weiter um sich. Knapp über den Gleisen auf dem Stahlgestänge unter einem Güterwaggon zu liegen und sich dort festzuhalten, ist die gefährlichste Art des Trampens.

Tramp] Als »Tramp« wurden nicht nur umherziehende Wanderarbeiter, sondern seit den zwanziger Jahren auch promiskuitive Frauen bezeichnet.

99 *die zwei anderen Hobos]* »Hobos« nannte man Wanderarbeiter, die auf Güterzügen durchs Land reisten. In der Zeit der Großen Depression nahm ihre Zahl stark zu.

100 *Brennpaste]* Wurde während der Prohibitionszeit auch getrunken, wenn man sich keinen schwarzgebrannten Schnaps leisten konnte. Da die Brennpaste aus mit Methanol vergälltem Alkohol hergestellt wurde, konnte ihr Genuss allerdings tödlich sein.

Komm schon, Kälbchen] Im Original: »Git along, little dogie«. ›Get Along, Little Dogie‹ (1928), 1928 von Harry »Mac« McClintock aufgenommen, ist eine x-fach gecoverte Cowboy-Ballade; im Refrain werden kleine Kälber (dogies) angetrieben, mit der Herde mitzulaufen.

112 *Schuhsohlen strapazieren]* Wenn Fitzgerald seinen Drehbuchautor Chris hier Schuhsohlen ins Spiel bringen lässt (»shoe leather«), dann wohl auch deshalb, weil im Filmjargon von »shoe-leather scenes« die Rede ist, sobald Figuren unnötigerweise dabei gezeigt werden, wie sie von A nach B gehen.

FÜR DICH WÜRDE ICH STERBEN (DIE LEGENDE VON LAKE LURE)

I'd Die for You (The Legend of Lake Lure) (1935/36)

Am 23. September 1935 schrieb Fitzgerald aus Baltimore an seine Freundin Laura Guthrie (Hearne) in Asheville: »Schick mir die Notizen über den Blumenkarneval in Asheville – ich werde hier eine Erzählung schreiben – habe heute den Entwurf gemacht.« Mitte November hatte er zwei Rohfassungen dieser Erzählung beendet, die er in einem Brief an seinen Agenten Harold Ober als »Selbstmordgeschichte« bezeichnet. Es eilte ihm damit, den Text zu verkaufen, denn er brauchte Geld: »Wenn ›Für dich würde ich sterben‹ sich gut verkauft, würde das die Situation entschärfen.« Eine »Selbstmordgeschichte« von Fitzgerald war ungewöhnlich – vor allem für Leser, die primär seine Texte aus den zwanziger Jahren kannten. ›Für dich würde ich sterben‹ zeugt von Fitzgeralds Bemühen um Komplexität und bedeutet eine Abkehr von den romantischen Sujets der frühen Short Stories. Die Erzählung spielt in den Bergen North Carolinas und ist in der Tat düster. Die Farbigkeit der Beschreibungen und die Figur des womöglich gefährlichen und dem Untergang geweihten Carley Delannux erinnert in vielem an *Der große Gatsby.*

Am 13. Dezember schrieb Ober an Fitzgerald: »›Für dich würde ich sterben‹ gefällt mir gut, scheint aber schwer verkäuflich zu sein. Die *Post, American, McCall's, Cosmopolitan* und *Red Book* haben abgelehnt. Littauer von *Collier's* mochte die Story, aber Chenery nicht. Littauer prüft auch für *Woman's Home Companion* und hat sie dort vorgeschlagen. Ein Problem ist das Thema Selbstmord, das sich durch die ganze Geschichte zieht. Bei *Cosmopolitan* war man der Ansicht, der Mann, der sich vor den Gerichtsbeamten versteckt hält, sei alles in allem zu geheimnisvoll und als Figur zu wenig greifbar.«

Fitzgerald war nicht bereit, das Selbstmordsujet harmloser zu gestalten. Aus einem Krankenhaus in Baltimore antwortete er Ober im Januar 1936: »Wenn ›Für dich würde ich sterben‹ nicht verkauft werden kann, schicken Sie mir [die Story] zurück. Ich will mich nicht weiter damit beschäftigen, aber ich kenne hier jemanden, der sie für eine Beteiligung am Erlös überarbeiten würde.« Diesen Jemand, Charles Marquis »Bill« Warren, hatte Fitzgerald 1933 in Baltimore kennengelernt; in späteren Jahren schrieben sie gemeinsam an einem Drehbuch nach *Zärtlich ist die Nacht (Tender is the Night).* ›Für dich würde ich sterben‹ hat Warren jedoch nicht überarbeitet. Ober schlug vor, die Erzählung der weniger bekannten Zeitschrift *Pictorial Review* anzubieten, aber trotz seiner Geldsorgen war Fitzgerald nicht einverstanden.

Aufzeichnungen aus Fitzgeralds schwieriger Zeit in North Carolina in den Sommermonaten der Jahre 1935 und 1936 zeigen, wie er mit der für ihn typischen farbigen Sprache zu experimentieren beginnt, um dunklere Akzente zu setzen: »Mattbraun und glanzlos – wo die dunkelbraune Ebbe den Schiefer enthüllte, so unbeschreiblich wie das Kleid neben ihm (in der Farbe der Stunden eines langen Menschentags – blau wie das Unglück, blau für die Abkehr vom Glück – könnte ich diese Farbe berühren, wäre alles für alle Zeiten in Ordnung).« Oder: »Wie so viele Männer, die schüchtern sind, weil sie die Welt ihrer Phantasie nicht mit der Realität in Einklang bringen können oder wollen, hatte er sich Ersatz geschaffen – oh, doch einmal wünschte er, der blaugrüne unveränderliche Traum, das Ideal und die Farben wären nicht mehr mit den Frauen verbunden, die ihn um seiner Berühmtheit, um seines Geldes oder seiner Kühnheit willen liebten.«

In North Carolina unternahm Fitzgerald einen Selbstmordversuch. Seine Freundin und zeitweilige Sekretärin Martha Marie Shank, die selbst kleinste Schnipsel mit Gedanken und Szenen aus Fitzgeralds Feder aufbewahrt hat, berichtet davon, und Fitzgerald erzählte es seinen Freunden. Nachdem Michel Mok, ein Reporter der *New York Post,* eine journalistische Attacke auf den Schriftsteller losgelassen hatte, pünktlich zu dessen vierzigstem Geburtstag am 24. September 1936, nahm Fitzgerald eine Überdosis Tabletten. Im Oktober schilderte er Ober, was geschehen war: »Ich hatte Morphium ergattert und habe vier Gran geschluckt, genug, um ein Pferd umzubringen. […] Bevor ich zum Bett fand, hatte ich alles erbrochen, und die Krankenschwester kam rein u. sah das leere Fläschchen, u. es gab mächtig Stunk, u. ich kam mir ziemlich töricht vor. Sollte ich Mr. Mock [sic] je begegnen, wird alles sehr plötzlich und schnell vonstattengehen. Sagen Sie Perkins nichts.«

Die ständige Gefahr, dass Zelda sich etwas antun könnte, ließ Fitzgerald ebenfalls keine Ruhe. Als er eine Liste möglicher Namen für »Selbstmord-Carley« Delannux anlegte, notierte er daneben Zwischenfälle aus Zeldas Leben. Doch im April 1936 schrieb er an Beatrice Dante: »Neulich fuhr ich mit Zelda nach Chimney Rock, wo sie in ihrer Kindheit mit ihrer Familie Urlaub machte. Und bei dem vergeblichen Versuch, die Pension zu finden, in der sie gewohnt hatten, schien die Wolke des Tragischen sich zu lichten. Wie bereits gesagt, manchmal merkt man gar nicht, dass sie krank ist.«

Und schließlich steht hinter dieser Geschichte auch das Schicksal der englischen Schauspielerin Peg Entwistle. Als Teenager war sie in den zwanziger Jahren am Broadway erfolgreich gewesen, doch in Hollywood war ihr kein Erfolg beschieden. Sie wollte nach New York zurückkehren, hatte dafür aber kein Geld. Mit vierundzwanzig Jahren kletterte sie am 18. September 1932 auf den Buchstaben H des berühmten Hollywood-Schilds und sprang hinunter. Über ihren Tod wurde ausführlich berichtet – er bleibt ein Symbol für die Zerstörungskraft des Filmgeschäfts.

116 *ein auf Italienisch getrimmtes Hotel]* Dem Lake Lure Inn nachempfunden, in den Bergen am südwestlichen Ufer des Sees gelegen, etwa fünfundzwanzig Meilen südöstlich von Asheville, North Carolina.

Chimney Rock] Ein monolithischer Granitfelsen, der knapp hundert Meter über den Lake Lure ragt. Von 1902 bis 2007 befanden sich der Fels mitsamt dem Berg, auf dem er thront, und das Restaurant in Privatbesitz und wurden unter dem Namen Chimney Rock Park verwaltet.

118 *Great Smokies]* Der regionale Name für den südlichen Abschnitt der Appalachen, wo die Gebirgskette nach North Carolina und Tennessee hineinragt. Die Smokies haben ihren Namen von dem Nebel, der in den hochgelegenen Tälern häufig von den bewaldeten Hängen aufsteigt und die Bergspitzen verhüllt.

Blue Ridge] Der regionale Name für die Appalachen im Südwesten von Virginia und der geographische Name der Appalachen von Nord-Georgia bis zum südlichen Pennsylvania. Wie die Smokies verdanken auch die Blue Ridge Mountains ihren Namen Nebel und Dunst.

119 *Dillinger]* John Dillinger (1903–1934), ein Gangster aus Chicago, der in den dreißiger Jahren eine Reihe blutiger Banküberfälle verübte. Er wurde vom FBI vor einem Lichtspielhaus erschossen, nachdem ihn Anna Sage, die »Frau in Rot« verraten hatte, um einer drohenden Abschiebung wegen Prostitution zu entgehen (die danach nichtsdestoweniger erfolgte).

121 *›Atalanta in Calydon‹]* Algernon Charles Swinburne (1837–1909) veröffentlichte 1865 sein Langgedicht *Atalanta in Calydon. A Tragedy*. Die von Delannux zitierten Verse im Original: »When the hounds of spring are on winter's traces, / The mother of months in meadow or plain / Fills the shadows and windy places / With lisp of leaves and ripple of rain.« Fitzgerald mochte das Gedicht sehr und zitierte daraus auch bereits in *Diesseits vom Paradies (This Side of Paradise).*

Pershing und Foch] General John J. »Black Jack« Pershing (1860–1948) führte im Ersten Weltkrieg die American Expeditionary Forces gegen Deutschland. Marschall Ferdinand Foch (1851–1929) befehligte die französische Armee und war später auch Oberbefehlshaber der alliierten Streitkräfte.

123 *Miss Isabelle Panzer]* Der Nachname lässt vermuten, dass Fitzgerald den Krieg noch im Kopf hatte. Das deutsche Wort Panzer hat in den dreißiger Jahren Einzug in die amerikanische Umgangssprache gehalten.

124 *Ich erklömme die höchsten Berge]* »I'd climb the highest mountains / if I knew that when I climbed that mountain, I'd find you.« Der Text des Songs ›I'd Climb the Highest Mountains‹ von 1926 stammt von Lew Brown, die Musik von Sidney Clare. Im August 1926 landete Al Jolson damit einen Hit.

Ich steige gern auf Berge, bis auf den höchsten Gipfel] »I love to climb a mountain / and reach the highest peak ...« Den Song ›Cheek to Cheek‹ hatte Irving Berlin 1935 für den Film *Top Hat* (1935) mit

Fred Astaire und Ginger Rogers geschrieben und Astaire hatte ihn gesungen. Es war der Hit des Jahres.

127 *Rhododendronfest]* Auf Initiative der Handelskammer von Asheville fand das Fest 1928 das erste Mal statt und wurde bis 1942 jährlich veranstaltet. Es bot Handwerksausstellungen, Mountain- und Bluegrass-Musik, Schönheitswettbewerbe, Viehschauen und Tanzveranstaltungen und fand seinen Höhepunkt in einem Umzug.

128 *Andy Gump]* Der leidgeprüfte Mann von der Straße, Held des erfolgreichen Comicstrips *The Gumps*, den Sidney Smith 1917 für die *Chicago Tribune* ersann.

Tillie the Toiler] Tillie Jones, Heldin des gleichnamigen Comicstrips von Russ Westover, der von 1921 bis 1959 erschien. Tillie, eine anmutige, rehäugige Brünette, ist Sekretärin bei einem Modehersteller.

Moon Mullins] Moonshine Mullins, ein genialischer Schurke mit karierten Hosen und Melone, Held von Frank Willards populärem Comicstrip *Moon Mullins,* der von 1923 bis 1991 erschien. Mullins umgeht die Prohibition, wettet auf Pferde, liebt die Frauen und das Glücksspiel.

140 *die böse Königin im ›Zauberer von Oz‹]* Gemeint ist die böse Hexe des Westens in L. Frank Baums Kinderbuchklassiker *Der Zauberer von Oz* (1900). Dorothy begießt die Hexe mit Wasser, und die löst sich auf: »Die Füße der Hexe waren völlig verschwunden und nichts als die silbernen Schuhe waren übrig.«

146 *›Sesam und Lilien‹]* *Sesam und Lilien* von John Ruskin ist eine Sammlung von Vorträgen über Kunst und Kultur aus dem Jahr 1865; der erste Vortrag handelt von Männern (»Von den Schatzhäusern des Königs«) und der zweite von Frauen (»Von den Gärten der Königin«). Rhetorisch verbindet Ruskin, wenig überraschend für seine Zeit, Männer mit Kampf und Frauen mit Blumen. Fitzgerald hat in dieser Szene wohl auch die von Ruskin lange geförderte präraffaelitische Malerei im Sinn gehabt, zum Beispiel John Everett Millais' Gemälde *Ophelia* (1851/52), das Shakespeares dem Tod geweihte Heldin auf dem Rücken in einem Fluss treibend zeigt, eine Spur von Blumen neben sich herziehend.

AUSZEIT VON DER LIEBE

Day Off from Love (1935/36)

Anfang 1935 lernte Fitzgerald in Tyron, North Carolina, ein schillerndes Paar kennen: Nora und Maurice »Lefty« Flynn. Lefty war ein Football-Star in Yale und wurde im Januar 1913 aus der Mannschaft ausgeschlossen, als er das Revuegirl Reba Leary heiratete. Nicht einmal ein Jahr später ließ sich das junge Paar scheiden, und Flynn lernte Nora Langhorne Phipps kennen. Nora, eine Schwester von Lady Astor, war damals mit dem englischen Architekten Paul Phipps verheiratet. Sie und Flynn brannten nach Washington State durch und hatten eine kurze Affäre. Siebzehn Jahre später trafen sie sich wieder, nachdem Flynn Karriere als Schauspieler gemacht und zwei weitere Ehen hinter sich gebracht hatte – davon eine kurze mit Viola Dana, die in der verschollenen Stummfilmfassung von Fitzgeralds Erzählung ›The Offshore Pirate‹ (›Der Riffpirat‹) von 1921 mitspielte. Flynn und Nora heirateten 1931. Kurz vorher sagte sie in einem Interview: »Aus rechtlichen Gründen darf ich nicht viel dazu sagen, aber ich gestehe, dass mein größtes Glück auf mich wartet.«

Fitzgerald fertigte eine Zeichnung zu Nora, Lefty und ihrem Privatleben an, die sich bei den Fitzgerald Papers befindet, und notierte auf der ersten Seite des Typoskripts zu ›Auszeit von der Liebe‹: »Das ist Nora oder die Welt, die auf *mich* blickt«, was ihn einerseits in die Position des müden Fremden versetzt und andererseits in die von Mary, der ständigen Beobachterin, die keine Eifersucht kennt, aber mit einer »große[n] Dosis Überheblichkeit« ausgestattet ist.

Der Fremde ist ein vom Leben gezeichneter Mann, der an Carley Delannux in ›Für dich würde ich sterben‹ erinnert. Aber in diesem undatierten Fragment interessiert Fitzgerald sich vor allem für die Frau, eine Vorläuferin von Cecilia in *Die Liebe des letzten Tycoon (The Love of the Last Tycoon)*. Fitzgerald war seit längerem unzufrieden mit seinen weiblichen Figuren; vor der Veröffentlichung von *Gatsby* schrieb er im Dezember 1924 an Perkins, Jordan sei »blass« und er bedauere, dass Myrtle ihm besser gelungen sei als Daisy. Mary hingegen hat eine Lebhaftigkeit und eine Selbsterkenntnis, die es bedauern lassen, dass ›Auszeit von der Liebe‹ nicht zu Ende geschrieben wurde.

148 *Und daraufhin ging sie nach Reno]* 1931 hatte Nevada das liberalste Scheidungsrecht in den USA erlassen, das die rasche Auflösung von Ehen ermöglichte. »Nach Reno gehen« war eine Umschreibung für eine schnelle Scheidung.

149 *X9]* Ein Spion oder Geheimagent. 1934 veröffentlichten Dashiell Hammett *(Der dünne Mann, Der Malteser Falke)* und der Zeichner Alex Raymond *(Flash Gordon)* die ersten Folgen des Comicstrips *Secret Agent X-9*.

Sie trug einen silbernen Gürtel mit ausgestanzten Sternen] In *Die Liebe des letzten Tycoon (The Love of the Last Tycoon)* sagt Monroe Stahr, der auf der Suche nach Kathleen Moore ist, zu Miss Doolan, seiner Sekretärin: »›Ich erinnere mich, dass sie einen silbernen Gürtel hatte‹, sagte Stahr. ›Mit ausgestanzten Sternen.‹«

151 *Simpsons Prachtbau]* Im Original »Simpson's Folly«. Ein Betongebäude, das Ende der 1870er Jahre in England am Fuß der Canford Cliffs zwischen Poole und Bournemouth am Strand gebaut worden war. Von seiner Fertigstellung an, wenn man überhaupt davon sprechen kann, war das den Wellen ausgesetzte Haus unbewohnbar. 1890 sprengte man die Reste schließlich.

WIRBELSTURM IN STILLEN GEFILDEN

Cyclone in Silent Land (1936)

›Wirbelsturm in stillen Gefilden‹ bildet den Auftakt zu einer geplanten Serie über die Lernschwester Benjamina Rosalyn, Trouble genannt, und den in Trouble verliebten Assistenzarzt Bill Craig.

Fitzgerald war stolz auf diese Story und wollte sie unbedingt veröffentlichen. Doch obwohl er dringend Geld brauchte, war er fest entschlossen, keine Änderungen vorzunehmen: Im Falle einer Absage der *Saturday Evening Post,* ob »aus Gründen der Moral« oder aus anderen Gründen, sollte sein Agent Harold Ober das bestehende Arrangement auflösen – fast zwei Jahrzehnte lang waren Fitzgeralds Erzählungen immer zuerst an die *Post* gegangen. Fitzgerald war es ernst damit: »Lieber stecke ich Zelda in ein staatliches Irrenhaus und halte mich mit den 200 Dollar monatlich von *Esquire* über Wasser«, heißt es in einem Brief vom 31. Mai 1936 an Ober.

Am 29. Juni 1936 baten die *Post*-Redakteure George Lorimer und Adelaide Neall um Änderungen. Neall schrieb aber auch: »Mich persönlich hat dieses neue Stück in dem Glauben bestärkt, dass Mr. Fitzgerald nach wie vor einfache Liebesgeschichten schreiben kann, ohne, wie in seinen letzten Manuskripten, ins Melodramatische zu kippen.« Fitzgerald nahm keine Änderungen vor, und die *Saturday Evening Post* lehnte den Text ab. Auch im Hinblick auf ›Trouble‹, die Folgegeschichte, blieb Fitzgerald stur. Im Oktober 1936 schrieb er an Adelaide Neall: »Ich habe mir schon gedacht, dass Sie

›Trouble‹ […] unterschätzen würden. Falls Sie konstruktive Vorschläge machen möchten, nur zu, ich für meinen Teil mag die Story so, wie sie ist.« In der Ausgabe vom 6. März 1937 druckte die *Saturday Evening Post* ›Trouble‹ schließlich. Es war die letzte Veröffentlichung Fitzgeralds in der *Post*.

155 *Dr. Craig … Dr. Machen]* Anfang 1934 wurde Zelda Fitzgerald in Craig House, einer teuren Privatklinik in Beacon, New York, eingewiesen. Machen war der Mädchenname von Zeldas Mutter Minnie Sayre. Entweder verwechselt Trouble hier Dr. Harris' Namen oder es ist Fitzgeralds Fehler.

156 *Kaffeesahne]* Anspielung auf den Schlager ›You're the Cream in My Coffee‹ (Du bist die Sahne in meinem Kaffee) aus dem Jahr 1928 mit der Musik von Ray Henderson und dem Text von Buddy DeSylva und Lew Brown.

157 *Sympathektomie]* Operative Durchtrennung von Nervenbahnen des Sympathikus. Letztes und riskantes Mittel zur Behandlung von chronischen Schmerzen, übermäßiger Schweißbildung oder Hypersensitivität.

158 *Echolalien]* Unwillkürliches, unkontrollierbares Nachsprechen von Gehörtem. Zelda verwendete häufig diesen Fachbegriff; 1922 hatte Fitzgerald den Schriftsteller und Literaturkritiker Edmund Wilson (1895–1972), seinen Studienfreund aus Princeton, in einem Brief gefragt: »Wie gefällt Dir Echolalie für ›sinnloses Geschwätz‹?«

159 *das unerhörte Wort]* Die nachfolgenden Ausführungen lassen erkennen, dass Dr. Craig die jungen Frauen im Englischen als »bitches« (»Schlampen«, »Miststücke«) bezeichnet hat. In den dreißiger Jahren war das Wort in Filmen tabu, man konnte es jedoch oft lesen. Hemingway verwendete es gern zur Beschreibung seiner weiblichen Figuren, so sagt Brett Ashley in *Fiesta* (1926), es gebe ihr ein gutes Gefühl, »deciding not to be a bitch« (»zu beschließen, dass ich kein Miststück sein will«). Francis Macomber erklärt seiner Frau Margot gegen Ende seines »kurzen glücklichen Lebens« (1938): »You are a bitch« (»Du bist ein Miststück«).

167 *Service Stripes]* Uniformabzeichen der US-Streitkräfte, die die Dienstzeit des Trägers anzeigen.

168 *Bonthron, Venzke und Cunningham]* William Bonthron aus Princeton (1912–1983), Eugene Venzke von der University of Pennsylvania (1908–1992) und Glenn Cunningham von der University of

Kansas (1909–1988) waren amerikanische Langstreckenläufer. Zwischen 1934 und 1936 wechselten sie sich bei NCAA-Meisterschaften als Rekordhalter ab. 1936 gehörten Venzke und Cunningham zur Olympiamannschaft und traten bei den Sommerspielen 1936 in Berlin gegeneinander an. Bonthron konnte sich nicht qualifizieren.

172 *Hände mit Schlamm bedeckte]* Mittel zur Schmerzlinderung bei chemischen Verbrennungen.

DIE PERLE UND DER PELZ

The Pearl and the Fur (1936)

Ende 1935 begann Fitzgerald eine Reihe von Geschichten über ein Mädchen im Teenageralter zu schreiben. Gwen mit ihren »strahlend blauen Augen«, ihrer Neugier und Eigenwilligkeit und ihrem Interesse an Jungen, guten Colleges und New York City hat viele Gemeinsamkeiten mit Fitzgeralds Tochter Scottie, wie man seinen Briefen an sie entnehmen kann.

Mitte Dezember schrieb er im Hinblick auf die Gwen-Geschichte ›Einfach süß‹ (›Too Cute for Words‹) seinem Agenten Harold Ober: »Diese Geschichte ist Ergebnis meines Wunsches, über Kinder in Scotties Alter zu schreiben (…). Wenn sie der *Post* gefällt, würde ich gerne eine ganze Serie schreiben. Sollte sie ihnen also gefallen, dann sagen Sie ihnen bitte, sie sollen sie noch nicht veröffentlichen, weil eine andere Geschichte [›Die Perle und der Pelz‹] zuerst erscheinen soll.« Ober war begeistert, nicht zuletzt weil die Arbeit an den Gwen-Storys Fitzgerald daran hindern würde, sich mit Filmexposés und Drehbüchern zu befassen.

Die *Post* kaufte die erste Gwen-Geschichte ›Einfach süß‹ und veröffentlichte sie im April 1936, ohne auf ›Die Perle und der Pelz‹ zu warten, wie Fitzgerald gewünscht hatte. Stattdessen wurde ›Perle und Pelz‹ abgelehnt; man verlangte umfangreiche Änderungen. Entmutigt schrieb Fitzgerald das Exposé ›Die Ballettschuhe‹ in der Hoffnung, wenigstens damit Geld zu verdienen, doch bald arbeitete er weiter an ›Die Perle und der Pelz‹, wollte aber von Änderungswünschen nichts hören. Ober missfiel vor allem die lange Taxifahrt: »Ich habe die Untergrundbahnstation in Kingsbridge an der 230. Straße überprüft (…). Die Untergrundbahn fährt alle drei bis vier Minuten. Wer es eilig hätte, von der 230. Straße zur 59. Straße zu kommen, käme nie im Leben auf die Idee, ein Taxi zu nehmen.« Als die *Post* die Erzählung erneut ablehnte, weigerte sich Fitzgerald, sie nochmals anzubieten. Laut Obers Unterlagen wurden im Mai 1936 drei Fassungen weggeworfen. Die *Post* veröffentlichte im Juni eine weitere Gwen-Geschichte mit dem Titel ›Inside the House‹. Kurz zuvor hatten Fitzgerald und Ober ›Die Perle und der Pelz‹ für tausend Dollar an die *Pictorial Review* verkauft; die Namen der Protagonisten waren verändert worden, damit die Erzählung nicht mehr als Gwen-Story erkennbar war. Sie erschien allerdings nie, denn die *Pictorial Review,* Anfang der dreißiger Jahre eine populäre Frauenzeitschrift mit hoher Auflage, ging im Frühjahr 1939 infolge der Depression bankrott.

175 *dass sie uns in den Rainbow Room mitnehmen würde]* Der legendäre New Yorker Nachtclub mit Restaurant eröffnete im Herbst 1934 im 65. Stock des höchsten Gebäudes am Rockefeller Plaza. Anlässlich der Eröffnung von »Mr. Rockefeller's Rainbow Room« berichtete der *Brooklyn Daily Eagle* von den »prachtvollen Innenräumen vor dem herrlichen Panorama Manhattans […]. Einzigartig

ist die indirekte Beleuchtung des Raums, die sich automatisch der Stimmung der Musik anpasst. Wenn beispielsweise schrill in das Mikrophon gepfiffen wird, wird die Decke von hellen Gelbtönen überflutet. Und sanftere Klänge tauchen den Raum in sanfteres Licht (Romantik dank Automaten. Soso).«

177 *Chinatown]* 1907 griff die *New York Times* die verbreitete Ansicht auf, dass Chinatown eine eigene Regierung habe, die auf Terror und Korruption gründe. »Ihre Opfer – Chinesen und weiße Männer und Frauen der verkommensten Art – zieht es aus allen Teilen der Stadt« in die Mietskasernen, »wo sie ihren seltsamen Lastern nachgehen können«. In den dreißiger Jahren hatte sich der Ruf Chinatowns gewandelt, jetzt galt es als Touristenmagnet, aber Mrs. Tulliver will Gwen dennoch nicht dorthin gehen lassen.

das Aquarium] Das New Yorker Aquarium befand sich seit 1896 im Castle Garden von Battery Park (heute Castle Clinton). Robert Moses, der Leiter der New Yorker Parkverwaltung, veranlasste 1941 den Abriss des Aquariums, das dem Bau des Brooklyn-Battery-Tunnels im Weg stand.

Empire State … Flohzirkus] Die Mädchen haben tatsächlich die wichtigsten Sehenswürdigkeiten Manhattans besichtigt, vom Empire State Building bis zu den skurrilen Attraktionen in Hubert's Dime Museum and Flea Circus in der 42. Straße, unweit vom Times Square (Jahre später von Diane Arbus fotografiert). Professor William Heckler's Flea Circus war der Höhepunkt der Shows: Flöhe, die bei Rennen Streitwagen zogen, jonglierten und Fußball spielten.

›ritzy‹] César Ritz (1850–1918) eröffnete 1898 in Paris sein erstes Luxushotel. Bald darauf führte er das Carlton in London; das Ritz-Carlton in New York eröffnete 1911. Fitzgerald schrieb als junger Mann eine lange Short Story, eigentlich eine Novelle, die er ›The Diamond in the Sky‹ nannte. 1922 erschien sie unter einem neuen Titel: ›The Diamond as Big as the Ritz‹. ›Ein Diamant so groß wie das Ritz‹ zählt bis heute zu Fitzgeralds bekanntesten Werken.

178 *Southampton und Newport]* Seit dem neunzehnten Jahrhundert waren Southampton auf Long Island und Newport in Rhode Island Tummelplätze der Reichen.

179 *daneben der Fahrer]* 1936 konnte auch ein ungeübter Sechzehnjähriger Taxifahrer werden. Ein Jahr später führte New York Taxilizenzen und Zulassungsbestimmungen ein, die bis heute gelten.

182 *›Goody-Goody‹]* Ein 1936 sehr beliebter Schlager (Text: Johnny Mercer, Musik: Matty Malneck). Der Sänger berichtet voller Schadenfreude, dass seine ehemalige Geliebte sich einen Korb eingefan-

gen hat: »Hooray and hallelujah / You had it comin' to ya / Goody goody for him / Goody goody for me / And I hope you're satisfied, you rascal you.«

dass ich aufs Williams College gehen wollte] Ein kleines, renommiertes geisteswissenschaftliches College in Williamstown, Massachusetts, gegründet 1793.

184 *mein Name ist Ethan Allen Kennicott]* Der junge Taxifahrer hat einen der ältesten Namen Vermonts; er stammt von dessen Gründer, dem Revolutionshelden Ethan Allen (1738–1789).

185 *TenBroek]* Eine der bekanntesten Familien des kolonialen New York, damals noch New Netherlands. Die TenBroeks kamen in den dreißiger Jahren des 17. Jahrhunderts nach Amerika und gründeten die Stadt Albany. Das Telefonbuch von Manhattan führte 1940 nur einen einzigen TenBroek in der Stadt auf, in Murray Hill.

BALLETTSCHUHE

Ballet Shoes (Ballet Slippers) (1936)

Dieses Exposé für ein Drehbuch schrieb Fitzgerald für die Ballerina Olga Spessivtseva und ihren Manager Arnold Braun, den er Anfang 1930 in Nordafrika kennengelernt hatte. Spessivtseva war seit der ersten Dekade des 20. Jahrhunderts ein internationaler Star.

Im Februar 1936 betonte Fitzgerald in einem Brief an seinen Agenten Ober, dass er das Drehbuch nach diesem Exposé selbst schreiben wolle, schließlich habe er durch Zeldas Ballettleidenschaft Kenntnisse aus erster Hand. »Wie Sie wissen, haben Zelda und ich Himmel und Hölle mit der Sache [dem Ballett] durchlebt, und deshalb wissen Sie auch sicherlich, dass ich in der Lage sein dürfte, etwas wirklich Authentisches abzuliefern, einfallsreich und voller Gefühle. – Es mag Ihnen sonderbar vorkommen, dass ich Ihnen etwas anpreise, das Sie mir früher ohne weiteres abgenommen hätten, aber nach diesen drei Jahren voller Fehlstarts scheint es mir wichtig, Ihnen zu versichern, dass ich das Zeug dazu habe, diese Sache zu bewältigen, und dass ich die Gelegenheit nicht vergehen lassen will wegen der Gerüchte, ›Scott säuft‹ oder ›Scott ist am Ende‹.«

Ober und sein Verbindungsmann in Hollywood, Harold Norling Swanson, ließen das Exposé liegen. Obers Notiz dazu lautet lediglich: »Swanson will es nicht anbieten.«

Spessivtseva, die für die Rolle der Giselle Nervenheilanstalten aufgesucht hatte, um zu sehen, wie junge Frauen sich dort bewegten, erlitt 1937 in Australien einen Nervenzusammenbruch auf der Bühne und verbrachte den größten Teil ihres weiteren Lebens in Kliniken.

›Ballettschuhe‹ wurde 1976 im *Fitzgerald/Hemingway Annual* veröffentlicht.

199 *Ellis Island]* Insel in der Bucht von New York, seit 1892 zentrale Sammelstelle für Einwanderer, die an der Ostküste ankamen. Allerdings floss der Menschenstrom in beide Richtungen: Auf Ellis Island gab es auch ein Gefängnis, und von hier aus erfolgte die Abschiebung zurückgewiesener Einwanderungswilliger und »Fremder« in ihr Heimatland – in dieser Erzählung glaubt die Tochter, dass dieses Schicksal ihrer Familie widerfahren ist.
im Kaiserlichen Ballett] Das Kaiserliche Ballett (heute Kirow- oder Mariinski-Ballett) feierte seit Anfang des achtzehnten Jahrhunderts Erfolge in St. Petersburg.

200 *Die große Pawlowa]* Anna Pawlowa (1881–1931) war die berühmteste Primaballerina ihrer Zeit. Nachdem sie das Kaiserliche Ballett und Sergei Djagilews Ballets Russes verlassen hatte, gründete sie eine eigene Ballettkompanie. Im Februar 1910 gab sie in der Metropolitan Opera ihr Debüt in Amerika und erntete dafür eine Lobeshymne von Fitzgeralds Freund Carl Van Vechten, damals Musik- und Tanzkritiker bei der *New York Times*.
Wohnung in der 125. Straße] Die 125. Straße, heute Martin Luther King Boulevard, war in den dreißiger Jahren die »Main Street«

von Harlem, mit Theatern wie dem New Burlesque Theater (später Apollo Theatre), dem Hotel Theresa und der St. Joseph of the Holy Family Church, eine der ältesten katholischen Kirchen New Yorks. Als Fitzgerald 1919 nach New York zog, um dort für eine Werbeagentur zu arbeiten, wohnte er gleich um die Ecke in einem billigen Apartment in der Claremont Avenue Nr. 200.

201 *Saint-Saëns' ›Der Schwan‹]* Aus Camille Saint-Saëns' (1835–1921) Suite *Der Karneval der Tiere,* auch bekannt als »der sterbende Schwan«. Michel Fokine choreographierte 1905 zu Saint-Saëns' Musik ein vierminütiges Tanzsolo für die Pawlowa, das zu ihrem Markenzeichen wurde.

DANKE FÜR DAS FEUER

Thank You for the Light (1936)

›Danke für das Feuer‹ erzählt die sehr kurze Geschichte einer Handlungsreisenden, die während eines langen Arbeitstags bei einer Zigarettenpause durchatmen will. Dass Mrs. Hanson nicht nur eine Frau, sondern auch noch verwitwet ist und seit vielen Jahren durch den Mittleren Westen tingelt und Damenunterwäsche verkauft, könnte im Sommer 1936 Grund genug für den *New Yorker* gewesen sein, Abstand von der Publikation zu nehmen. Dass die Geschichte zutiefst katholisch ist und mit einem Wunder endet, dürfte die Entscheidung besiegelt haben.

Vor allem aber lehnte der *New Yorker* ›Danke für das Feuer‹ ab, weil der Text »so merkwürdig« war, »so ganz anders als das, was wir mit Fitzgerald verbinden – und schlicht zu märchenhaft«.

Als die Geschichte sechsundsiebzig Jahre später, am 6. August 2012, doch noch im *New Yorker* erschien, erfuhr sie aus ebendiesen Gründen große Beachtung.

203 *Rauchverbot]* Im Windschatten der Prohibition betrieben diverse Abstinenzvereine in den zwanziger Jahren Kampagnen gegen den Konsum von Tabak. In vierzehn Staaten wurden Rauchverbote erlassen, bevor die öffentliche Stimmung umschlug, die Gesetze zurückgenommen wurden und nur noch Minderjährigen der Kauf von Tabakprodukten verboten war.

die nicht im Krieg waren] Gegen Ende des Ersten Weltkriegs versorgten verschiedene Organisationen, darunter auch Zeitungen, Soldaten mit Zigaretten – gegen den Protest der Gesundheitsbehörden.

204 *katholische Kathedrale]* Die Cathedral of the Immaculate Conception Ecke Broadway und 11. Straße in Kansas City, erbaut 1882.

205 *›Das Mirakel‹]* 1911 uraufgeführtes Stück von Karl Vollmoeller (1878–1948) über eine Nonne, die wegen eines Mannes das Kloster verlässt, später zurückkehrt und feststellt, dass eine Statue der Jungfrau Maria zum Leben erwacht ist und während ihrer Abwesenheit ihren Platz eingenommen hat. 1924 glänzte Lady Diana Manners Cooper (1892–1986) am Broadway in der Rolle der Madonna. Die Fitzgeralds verkehrten im Januar 1927 gesellschaftlich mit Cooper, als diese in ihrer Paraderolle im Shrine Auditorium in Hollywood auftrat. Zelda bezeichnete Cooper, obwohl kalt und unnahbar, als »die reizendste, attraktivste Person, der ich jemals begegnet bin«. In *Die Liebe des letzten Tycoon (The Love of the Last Tycoon)* verweist Fitzgerald auf die extravagante Verfilmung von 1912 unter der Regie von Max Reinhardt: »... weil das Studio alle acht Tage eine Produktion herausbrachte, die nicht minder komplex und kostspielig war als Reinhardts *Miracle*«.

DAUMEN HOCH – ZAHNARZTBEHANDLUNG

Thumbs Up (1936) – Dentist Appointment (1936/37)

›Daumen hoch‹ und ›Zahnarztbehandlung‹ sind verschiedene Versionen einer Geschichte mit sehr unterschiedlichen Enden; zu ›The End of Hate‹ zurechtgestutzt, wurde sie im Juni 1940 in *Collier's* veröffentlicht. Gegen Ende seines Lebens erklärte Fitzgerald, er habe immer schon eine Erzählung über den Bürgerkrieg schreiben wollen. Wie das

Theaterstück aus seinen Jugendtagen *The Coward* zeugen diese Texte von seiner intensiven Beschäftigung mit diesem Thema.

Alle drei Fassungen beziehen sich unmittelbar auf einen Bericht seines Vaters Edward Fitzgerald. Im Juni 1940 schrieb Fitzgerald seiner Cousine Ceci Taylor: »Hast Du eine ziemlich erbärmliche Geschichte von mir gesehen, die vor ein paar Wochen in *Collier's* erschienen ist? Interessant war daran nur, dass sie auf einer Familiengeschichte beruht – wie William George Robertson bei Glen Mary, oder war es Locust Grove?, an den Daumen aufgehängt wurde. Tante Elsie müsste es genauer wissen.« Robertson war Edward Fitzgeralds Cousin und Nachbar und hatte im Bürgerkrieg zu den Guerillakämpfern John Singleton Mosbys gehört. In einer handschriftlichen Erinnerung Fitzgeralds an seinen Vater aus den frühen dreißiger Jahren heißt es: »Es gab nicht viele Geschichten, die er mir erzählen konnte, die Geschichte von dem Spion, die von dem Mann, der an den Daumen aufgehängt wurde, und eine über Earlys Marsch.«

›Daumen hoch‹ diktierte Fitzgerald im Spätsommer und Herbst 1936, während er sich von einer gebrochenen Schulter erholte. Ober war von der ersten Fassung begeistert, die er im August erhielt: »›Daumen hoch‹ hat mir sehr gut gefallen. Ich halte es für eine der besten Geschichten, die Sie seit langem geschrieben haben.« Als er die Erzählung bei keiner Zeitschrift unterbringen konnte, schlug Ober beträchtliche Kürzungen vor, und im Oktober schrieb er Fitzgerald, die Bürgerkriegsgeschichte sei zwar gut geschrieben, aber nicht das, was man von ihrem Verfasser erwarte. In einem Brief vom Dezember zitierte er die Argumente der Redakteure, die sie abgelehnt hatten, unter anderem das folgende: »Ich fand die Geschichte gut, aber alle *femmes* bei uns fanden sie grauenhaft. Ich glaube, das mit den Daumen war mehr, als sie ertragen konnten.« Ober fügte hinzu: »Mir scheint, dass es an der Sache mit den Daumen liegt, dass wir die Geschichte nicht verkaufen können.«

Fitzgerald wusste, dass es ein Fehler gewesen war, durch die Figur des Zahnarztes die zwei Geschichten zu verbinden, die sein Vater ihm erzählt hatte. Aber er wollte nicht auf die schaurige Geschichte dessen, was dem Cousin seines Vaters widerfahren war, verzichten. Anfang 1937 schrieb er Ober aus einem Krankenhaus in Baltimore: »Mit ›Daumen hoch‹ kann ich nicht mehr weitermachen. Ich sagte Ihnen ja, dass es ein Fehler war, die Geschichte aus zwei Geschehnissen in der Familie meines Vaters zusammenzubauen, die nichts miteinander zu tun hatten – die Sache mit den aufgehängten Daumen und die mit der Flucht der Kaiserin. Ich glaube, ich habe noch nie mehr Arbeit in eine so wenig ertragreiche Geschichte investiert.«

Obwohl Fitzgerald gesagt hatte, er könne mit der Geschichte nicht weitermachen, überarbeitete er sie im März desselben Jahres, strich den Teil mit der Flucht der Kaiserin, verfasste ein neues Ende und wählte einen neuen Titel: ›Zahnarztbehandlung‹. *Collier's* kaufte diese Version im Juni 1937, verlangte aber weitere Änderungen. Im Oktober teilte Fitzgerald seinem Agenten Ober mit, dass er in Hollywood mit der Arbeit an einem Drehbuch nach Erich Maria Remarques Roman *Drei Kameraden* beschäftigt sei, sich aber danach sofort wieder an die Überarbeitung seiner Bürgerkriegsgeschichte machen werde: »Sagen Sie denen von *Col-*

lier's, dass es keinen Grund zur Sorge gibt. Je größer der zeitliche Abstand, desto frischer der Blick auf die Sache.«

Die frische Blick auf den Stoff bescherte der Geschichte ein wieder neues Ende, diesmal in Washington, D.C., und einen neuen Titel: ›The End of Hate‹. *Collier's* kaufte diese Version erst im Juni 1939 und veröffentlichte sie erheblich gekürzt in der Ausgabe vom 22. Juni.

Die Gutenachtgeschichten seines Vaters hat Fitzgerald nie vergessen. Anfang 1940 versuchte er, Metro-Goldwyn-Mayer ein Drehbuch über den Bürgerkrieg zu verkaufen, das auf dem Stoff seiner Bürgerkriegserzählungen basierte, und nach einer ungefähren Inhaltsangabe schrieb er: »Immer nur heldenhaft Kranke zu betreuen kann langweilig werden. Ein Film wie dieser bezöge seine Kraft daraus, dass er zeigt, wie wir als Menschen weiter essen und lieben und unseren kleinen Eitelkeiten und Albernheiten mitten in jeder Katastrophe nachgehen.«

Hollywood war nicht interessiert.

207 *Bombasinstoff]* Ein Mischgewebe aus Wolle und Seide oder Baumwolle. Das Blau von Josies Kleid ist eine Anspielung auf ihre dem Norden geltenden Sympathien.

Pilgrim] Der Familienname Pilgrim, aus Massachusetts stammend, klingt zum einen nach Strenge, Frömmigkeit und Unnachgiebigkeit, personifiziert in Ernest, dem Bruder; und zum anderen nach Abenteuerlust und Hoffnung, verkörpert durch Josie.

Sezessionisten] Südstaatler, Rebellen, Sympathisanten der Konföderierten.

208 *General Early]* Im Sommer 1864 führte General Jubal A. Early (1816–1894) den letzten Angriff der Konföderierten auf Washington, D.C., an. Ohne ausreichende Artillerie oder Truppen zur Einnahme der Stadt stieß Early kurz nach dem Unabhängigkeitstag am 4. Juli bis in die Außenbezirke vor und versetzte D.C. und Baltimore in Angst und Schrecken. Er wurde von Unionstruppen unter Lew

Wallace zurückgeschlagen (der nach dem Krieg als Autor von *Ben Hur* (1880) bekannt werden sollte). Early wurde von Philip Sheridans Truppen durch das Shenandoah-Tal getrieben und schließlich am 19. Oktober 1864 in der Schlacht von Cedar Creek besiegt. Während des Shenandoah-Feldzugs zerstörten die Unionstruppen die Herbsternte, Mühlen, Fabriken, Scheunen und Häuser, um zu verhindern, dass die Bevölkerung von Virginia die konföderierten Truppen mit Nachschub versorgte.

Verse ... im ›Lynchburg Courier‹] Eine Lokalzeitung in Lynchburg, Virginia, die 1857–1858 ihre Blütezeit erlebte.

C. S. A.] Die Konföderierten Staaten von Amerika. Im Februar 1861 in Montgomery, Alabama, ausgerufen; aufgelöst mit dem Ende des Bürgerkrieges, April–Mai 1865.

Pleasontons Kavallerie] Alfred Pleasonton (1824–1897), Kommandeur der Nordstaatenkavallerie, vor allem berühmt für das Gefecht mit der Südstaatenkavallerie unter J. E. B. Stuart in der Schlacht von Brandy Station, Virginia, am 9. Juni 1863. Im Sommer 1864 hatte er das Kommando im Osten nicht mehr inne; zu dem Zeitpunkt, zu dem die Erzählung spielt, war er nach Missouri entsandt worden.

Hallo, Yank] Der Ursprung der Bezeichnung »Yankee« ist ein vieldiskutiertes Thema. Spätestens seit Mitte des 18. Jahrhunderts wurde der Begriff von den Engländern für amerikanische Kolonisten verwendet und später für Neuengländer britischer Herkunft. Im Bürgerkrieg bezeichneten die Südstaatler die Nordstaatler, insbesondere die Soldaten aus dem Norden, als »Yankees«.

209 *Guerillas ... Mosby-Mörder]* 1862 verabschiedete der Konföderiertenkongress den Partisan Ranger Act, der es kleinen, generalstabsmäßig geführten Einheiten erlaubte, hinter den feindlichen Linien zu operieren. Diese »Partisanen«-Gruppen wurden von der Unionsarmee und den Zivilisten im Norden als Guerillatruppen oder »Bushwhackers« betrachtet und wegen ihrer überraschenden Angriffe gefürchtet. John Singleton Mosby (1833–1916), der »Gray Ghost«, war ihr bekanntester Befehlshaber, er war Kommandeur des 1. Virginia Kavallerieregiments und setzte seine Aktivitäten noch für kurze Zeit nach der Kapitulation von Robert E. Lee, dem Oberbefehlshaber des konföderierten Heeres, im April 1865 fort. Eine der Spezialitäten von Mosbys Angriffstrupps war es, die Kommunikationswege des Nordens zu unterbrechen, wozu auch das Durchschneiden von Telegrafenleitungen gehörte.

Lees Linien] Robert E. Lee (1807–1870), General der Konföderierten und Oberbefehlshaber der Nord-Virginia-Armee.

210 *General Grant]* Ulysses S. Grant (1822–1885), als Oberbefehlshaber des Unionsheeres bei der Potomac-Armee. Zu dieser Zeit führte Grant den blutigen und letztlich siegreichen Überland-Feldzug gegen Lee in Virginia, der in Schlachten wie dem »Bloody Angle« von Spotsylvania und Cold Harbor in der Nähe von Richmond mit schweren Verlusten verbunden war.

Jeff Davis] Jefferson Davis (1808–1889), vormals U.S. Senator aus Mississippi, wurde im Februar 1861 zum Präsidenten der Konföderation ernannt.

Mein Auge sah die Ankunft unseres Herrn …] Julia Ward Howe (1819–1910) schrieb den Text zu ›The Battle Hymn of the Republic‹ mit dieser Anfangszeile, während des Krieges eines der beliebtesten Lieder im Norden, im November 1861.

Cold Harbor] Einer der verlustreichsten Kriegstage war der 3. Juni 1864. Die zahlenmäßig nur halb so starken konföderierten Truppen unter Lee schlugen Grants Truppen bei Richmond, Virginia, zurück und brachten ihnen schwere Verluste bei. Andererseits bereitete diese Schlacht den Weg für das Kriegsende: Lee musste seine deutlich geschwächten Truppen zur Verteidigung von Richmond und Petersburg einsetzen. Josies Bemerkung, ihr Bruder sei bei Cold Harbor verwundet worden, ist konföderierten Soldaten gegenüber fehl am Platz; zu Dr. Pilgrims Glück wendet sich das Gespräch rasch Zähnen zu.

Maryland, mein Maryland] James Ryder Randall (1839–1908) verfasste 1861 das Gedicht ›Maryland, My Maryland‹, das wenig später vertont wurde. 1939 wurde es zur offiziellen Hymne von Maryland, obschon ehemaliges Kampflied der Konföderierten mit Zeilen wie: »The despot's heel is on thy shore« und »Huzza! She spurns the Northern scum!«

einem echten Napoleon] Bei dieser Figur dachte Fitzgerald vermutlich an eine prominente Familie in Baltimore, nämlich die von Jerome-Napoleon Bonaparte (1805–1870). »Bo«, der Cousin von Kaiser Napoleon III., war Plantagenbesitzer und eine lokale Berühmtheit, sein Sohn Charles Joseph Bonaparte (1851–1921) war unter Präsident Theodore Roosevelt Marineminister und Justizminister. Scribner brachte 1922 die von Joseph Bucklin Bishop verfasste Biographie *Charles Joseph Bonaparte: His Life and Public Services* heraus.

214 *Libby-Gefängnis]* Das Libby-Gefängnis befand sich in einem alten Lagerhaus am Ufer des James River in Richmond – der Hauptstadt der Konföderierten – und war eines von zwei großen

Gefängnissen für Kriegsgefangene. 1864 war es völlig überfüllt und berüchtigt für die dort herrschenden elenden Zustände und zahlreiche Todesfälle unter den Häftlingen.

215 *Lynchburg, deine Wächter entbieten deinen Hügeln ihr Lebewohl]* Lynchburg in den Blue Ridge Mountains von Virginia war seit seiner Gründung im Jahr 1757 auch als »the Hill City« (die Stadt auf den Hügeln) oder – in Anlehnung an das antike Rom – als »the City of Seven Hills« (die Stadt auf den sieben Hügeln) bekannt.

216 *Mason-Dixon-Linie]* 1793 erklärten sich der Astronom Charles Mason (1728–1786) und der Geodät Jeremiah Dixon (1733–1779) aus England bereit, bei einem Grenzstreit zwischen den Kolonien Pennsylvania und Maryland zu helfen. Die von ihnen zwischen 1763 und 1767 vermessene Linie verläuft zwischen Pennsylvania im Norden und Maryland im Süden ostwärts und dann im rechten Winkel weiter in südlicher Richtung, um die Grenze zwischen den Countys an der Ostküste von Maryland und Delaware zu markieren. Während des Bürgerkriegs war die Mason-Dixon-Linie die inoffizielle Grenze zwischen Nord- und Südstaaten.

218 *zur Siebten Kavallerie von Virginia]* »Ashbys Kavallerie«, ein großes Kavallerie- und Infanterieregiment unter dem Befehl von Turner Ashby, bis er 1862 im Gefecht fiel. Als Ashbys Nachfolger übernahm Captain, später Colonel Richard Henry Dulany aus Loudon County, Virginia, den Befehl über das Regiment. Fitzgerald gibt Tib seinen Nachnamen.

Manchmal hängen wir sie an den Daumen auf] Im Bürgerkrieg wurde das tatsächlich auf beiden Seiten gemacht, manche Offiziere wandten es als Strafe für Diebstahl oder versuchte Desertion sogar bei den eigenen Leuten an.

219 *Wir folgen der Feder …]* Die Befehlshaber der konföderierten Kavallerie trugen gern eine Feder am Hut. Für besondere Gelegenheiten, wie die Heirat eines seiner Offiziere im Dezember 1864, wählte Mosby mitunter eine Straußenfeder, aber für gewöhnlich trug er entweder eine schlichte schwarze oder weiße Feder. Das Lied, das Tib singt, ›Riding a Raid‹, zur Melodie von ›Bonnie Dundee‹, galt ursprünglich J. E. B. Stuart. Tib tauscht den Namen gegen den seines Kommandeurs Mosby aus.

222 *paquebot Rochambeau]* Ursprünglich als Paketschiff auf einer regulären Route zur Beförderung von Post eingesetzt, zu diesem Zeitpunkt ein Passiergierschiff. Jean-Baptiste, Comte de Rochambeau (1725–1807), war ein französischer Adeliger und Militärbefehlshaber, der im Unabhängigkeitskrieg an der Seite von George Washington und dem Marquis de Lafayette gegen die britische Armee kämpfte.

223 *des berühmten Doktor Evans]* Thomas Evans (1823–1897), geboren in Philadelphia, war einer der ersten Zahnärzte, die Blattgold als Zahnfüllung verwendeten. 1848 zog er nach Paris, gelangte zu immensem Wohlstand und wurde neben zahlreichen anderen Auszeichnungen Mitglied der Ehrenlegion. Als im Deutsch-Französischen-Krieg Paris Anfang September 1870 fiel, half Evans Kaiserin Eugénie, der Frau von Napoleon III., bei der Flucht nach Deauville und später nach England.

227 *›Für ein vereinigtes Irland‹]* Diese Parole bezieht sich auf die United-Irishmen-Bewegung in den 1790er Jahren; ihren Höhepunkt erreichte sie mit der von Frankreich unterstützten Rebellion von 1798, die von der britischen Armee niedergeschlagen wurde.

›Die Freunde des Freigelassenen‹] Freigelassene Sklaven wurden nach dem Bürgerkrieg durch das 1865 gegründete Bureau of Refugees, Freedmen and Abandoned Lands unterstützt, das allgemein als Freedmen's Bureau bezeichnet wurde. Es existierte nur bis 1872, dann entzog man ihm die finanziellen Mittel, und es wurde im Zuge der Reconstruction geschlossen. Dass es sich hier bei der vermeintlichen Goldmedaille um einen »Kronkorken« handelt, ist ein Seitenhieb auf die Lippenbekenntnisse, die nach dem Krieg freigelassenen Sklaven gegenüber abgegeben wurden und denen nur selten konkrete Hilfe folgte.

›Vereinigte Veteranen des Mexikanischen Krieges‹] Der Mexikanisch-Amerikanische Krieg (1846–1848) folgte auf die US-amerikanische Annexion der Republik Texas 1845.

Ehrenlegion, Gefreiter George Aiken] Fitzgerald verschmilzt hier womöglich den Dramatiker George Aiken, der die Bühnenfassung zu *Onkel Toms Hütte* schrieb, und Wyatt Aiken, einen Offizier der Konföderierten, der das 7. South Carolina Infanterieregiment befehligte und mit seiner Einheit bei Gettysburg schwere Verluste erlitt. »Für außerordentliche Verdienste« sind Fitzgeralds Worte, sie klingen an die Inschrift des Ordens an, der Jay Gatsby von Montenegro verliehen wurde.

230 *den ›Richmond Times-Dispatch‹, die ›Danville News‹ und den ›Lynchburg Courier‹]* Drei Zeitungen in Virginia.

234 *die Kaiserin]* Kaiserin Eugénie von Frankreich, Frau von Napoleon III. (1826–1920). Sie war die Tochter eines spanischen Grafen und seiner halb schottischen, halb spanischen Ehefrau, wurde in Paris erzogen und heiratete 1853 Louis-Napoléon.

235 *zu einer zweiten Marie Antoinette]* Tibs Überlegung ist durchaus berechtigt; nach der Niederlage des Kaisers und dem Fall des Zweiten Kaiserreichs im Deutsch-Französischen Krieg kam es in Paris zu Belagerungen und einer zweiten Pariser Kommune. Im Mai 1871 brannten die Kommunarden die Tuilerien und die Bibliothek des angrenzenden Louvre bis auf die Grundmauern nieder.

nach Trouville] Seebad in der Normandie.

236 *Porte Maillot]* Eines der alten Pariser Stadttore, das man passiert, wenn man die Stadt nach Nordwesten in Richtung Ärmelkanal verlässt.

Île-de-France] Eine von 18 Regionen Frankreichs, weitgehend identisch mit Paris.

Sir John Burgoyne] Sir John Fox Burgoyne (1782–1871) war ein britischer Armeeoffizier. Sein Vater war der Schriftsteller, Lebemann und General »Gentleman Johnny« Burgoyne, der im Unabhängigkeitskrieg in der Schlacht von Saratoga den amerikanischen Truppen unter Befehl von Benedict Arnold unterlag.

239 *Louis d'ors]* Goldmünzen aus der Zeit vor der Französischen Revolution.

STELLENKOMMENTAR SPEZIELL ZU ›ZAHNARZTBEHANDLUNG‹

252 *Im Herbst 1866]* 1866 machten sich nach Unterzeichnung eines Abkommens mit dem Bois Forte Band of Chippewa viele Siedler auf den Weg nach Minnesota. Man glaubte, auf dem Land der amerikanischen Ureinwohner Gold gefunden zu haben, und das Abkommen sollte Goldgräbern den Zugang ermöglichen; das Gold erwies sich als Pyrit, doch die Siedler blieben. St. Paul, seit 1849 Hauptstadt des Minnesota Territory, blieb Hauptstadt, als

Minnesota 1858 ein selbstständiger Staat wurde. Die Stadt war der nördlichste Hafen für Dampfschiffe am Mississippi, was ihr nach dem Bürgerkrieg den Spitznamen »The Last City of the East« einbrachte. Ab 1867 begann am gegenüberliegenden Ufer die neue Stadt Minneapolis zu wachsen. Nach Dr. Pilgrims Meinung ist die Luft von Minnesota nicht »verpestet«, weil es dort im Gegensatz zu vielen anderen nördlichen Staaten im achtzehnten und frühen neunzehnten Jahrhundert keine Sklaverei gab.

255 *rothaariger Zwillinge]* Anspielung auf die Zwillinge Tarleton in Margaret Mitchells Roman *Vom Winde verweht* (*Gone with the Wind*) (1936), zu jener Zeit eines der Lieblingsbücher von Scottie Fitzgerald – und vielen anderen amerikanischen Mädchen.

unsere Zäune niederreißen] Der anhaltende »Dakota-Konflikt« oder »Sioux-Aufstand« spielte sich während und nach dem Bürgerkrieg zwischen den Siedlern und dem Stamm der Ureinwohner ab. Ausgelöst wurde er vor allem dadurch, dass Rinderzüchter und Farmer Gebiete einzäunten, die bis dahin für die in der Prärie lebenden Indianer frei zugänglich gewesen waren. 1862 kam es zu Massakern an weißen Siedlern, die mit der Hinrichtung von indianischen Kriegern vergolten wurden. 1863 ordnete der Kongress an, dass alle in Minnesota lebenden Sioux in flussabwärts gelegene Reservate umzusiedeln seien. Der Konflikt hielt bis 1890 an, bis zu dem grauenvollen Massaker am Wounded Knee Creek, South Dakota, und sogar darüber hinaus.

ABSEITS

Offside Play (1937)

Im März 1937 schrieb Fitzgerald an seinen Agenten Harold Ober: »Jedenfalls habe ich mit der Football-Story angefangen, aber wo die Miete für die nächsten zwei Wochen herkommen soll, weiß der Himmel ... Was soll ich nur tun? Ich will die Football-Story schreiben – ungestört und ohne mir Sorgen machen zu müssen.« Im April schickte er Ober einen Entwurf mit dem Titel ›Athletic Interview‹ und bat um einen Vorschuss.

Vielleicht erinnerte sich Fitzgerald an bessere, unbeschwerte Zeiten, als er pleite und einsam in einem Hotel in den Smoky Mountains saß und sich Kiki ausdachte – eine blauäugige, blonde junge Frau, die im Yale Bowl ein Footballspiel verfolgt. Neben Kiki geht es in der Story um Lug und Betrug, Korruption und Sex – vor dem Hintergrund der Ivy League.

Ober war angetan: »Sie haben wieder Tritt gefasst.« Fitzgerald stimmte ihm zu: »Wenn es mir gesundheitlich gut geht, habe ich auch wieder Ideen.« Und doch lehnte die *Saturday Evening Post* die Story ab. Ober berichtete: »Sie finden sie kälter als die besten Ihrer Geschichten, ihr fehle das ›Glühen‹, das die Leser von Ihnen erwarten. Das schmerzt mich. Schon möglich, dass es nicht Ihre beste Story ist – kein Autor kann immerzu Höchstleistungen bringen; aber sie ist besser als neun von zehn Geschichten, die sie sonst einkaufen, und deswegen ist die Kritik einfach nur lächerlich.« Trotzdem schlug Ober vor: »Vielleicht könnten Sie Kiki und Considine etwas sympathischer zeichnen«.

Fitzgerald nahm an den beiden Hauptfiguren keine Änderungen vor. Allerdings verzichtete er auf die namentliche Nennung real existierender Colleges; auch die High School, die Van Kamp besucht hat, ist erfunden. Darüber hinaus wollte Fitzgerald Yale durch Princeton ersetzen, wo er selbst studiert hatte. Im Juni 1937 nahm er sich die Story wieder vor, unterbrach die Arbeit daran aber schon bald, um als Drehbuchautor für Metro-Goldwyn-Mayer nach Hollywood zu gehen. Im Oktober 1937 beschäftigte ihn die Erzählung noch immer, parallel zu ›Zahnarztbehandlung‹. Er schrieb an Ober: »Was die Geschichten angeht – die werden sich schon finden, aber ich musste die Arbeit erst einmal verschieben, bis die *Drei Kameraden* [Fitzgeralds Drehbuch für die Verfilmung von Erich Maria Remarques gleichnamigen Roman von 1936] in trockenen Tüchern sind – wie schon gesagt, es geht dabei um drei Wochen. Danach nehme ich mir entweder eine Woche frei, oder ich setze mich in den frühen Morgenstunden dran. Also bitte sagen Sie denen von *Collier's*, dass es keinen Grund zur Sorge gibt. Je größer der zeitliche Abstand, desto frischer der Blick auf die Sache ... Beide Storys sind so gut wie fertiggedacht, das Schreiben wird kein Problem sein.« Laut Obers Karteikarten gab es keine weiteren Fassungen. Sein Büro schickte sämtliche Kopien verschiedener Textstufen an Fitzgerald zurück.

265 *Yale Bowl]* Das Footballstadion des Yale College wurde am 21. November 1914 mit einem Spiel gegen Harvard eingeweiht. Es hat die Form einer ovalen Schüssel, umgeben von einer grasbewachsenen Böschung. Im Oktober 1915 besuchte Fitzgerald das Spiel Princeton–Yale mit Ginevra King, einer wohlhabenden Debütantin aus Chicago, die ihn zu vielen seiner weiblichen Figuren inspirierte. *The Perfect Hour: The Romance of F. Scott Fitzgerald and Ginevra King, His First* Love, von James L. W. West III, enthält Einträge aus Ginevras Tagebuch über ihre Beziehung – und den Besuch des Footballspiels. 1916 besuchte Ginevra das Spiel Princeton–Yale mit einer Klassenkameradin, später ließen die beiden Fitzgerald und einen seiner Kommilitonen, die sie zurück nach New York begleitet hatten, wegen zweier Yale-Studenten am Grand Central Terminal stehen.

266 *Der kleine Guard. Van Kamp]* Der Name verdankt sich Walter Chauncey Camp (1859–1925), einem der Gründerväter des Football. Er war Spieler – als 156 Pfund schwerer Halfback – und Trainer in Yale, wo die Yale Bulldogs unter seiner Führung siebenundsechzig Siege und zwei Niederlagen verzeichneten. Hubert Van Kamp ist eine Figur in Samuel R. Crocketts Roman *Hal O' the Ironsides* (1915), der in Fitzgeralds Jugend sehr populär war.

271 *›Gone‹ ... und ›Lost‹]* Zwei Schlager aus dem Jahr 1936. ›Lost‹

wurde von Phil Ohman komponiert, der Text stammt von Macy O. Teetor und Johnny Mercer. ›Gone‹ (Musik: Franz Waxman, Text: Gus Kahn) war auch deswegen so erfolgreich, weil es zum Soundtrack von *Love on the Run* mit Clark Gable und Joan Crawford gehörte.

Im ersten Kapitel von *Die Liebe des letzten Tycoon (The Love of the Last Tycoon)* kommt ein betrunkener Passagier am Flughafen von Nashville vor, der »zwei Nickel in den elektrischen Plattenspieler gesteckt hatte und jetzt alkoholisiert auf einer Bank saß und gegen den Schlaf ankämpfte. ›Lost‹, der erste Song, den er ausgesucht hatte, dröhnte durch den Raum, nach einer kleinen Pause gefolgt von ›Gone‹, seiner zweiten Wahl, die nicht weniger dogmatisch und endgültig war.« Er darf das Flugzeug nicht besteigen und Cecilia Brady bedauert ihn: »Der Betrunkene setzte sich auf – er war in einem schrecklichen Zustand, dennoch erkennbar gut aussehend –, und trotz seines heftigen musikalischen Missgriffs tat er mir leid.« Im fünften Kapitel fahren Cecilia und Wylie den Laurel Canyon hinauf, während »entweder ›Gone‹ oder ›Lost‹« im Radio laufen. Aber »weder ›Lost‹ noch ›Gone‹ passten zu meiner Stimmung, ich versuchte es noch mal und erwischte ›Lovely to Look at‹. Solche Texte lass ich mir gefallen.«

›Goody-Goody‹] Siehe Anmerkung zu ›Die Perle und der Pelz‹, Seite 454.

275 *Namensliste]* An seinem Todestag, dem 21. Dezember 1940, schrieb Fitzgerald eine Liste mit den Namen von Footballspielern, ehemaligen und aktiven, auf den Rand einer in der *Princeton Alumni Weekly* abgedruckten Geschichte von Gilbert Lea (1912–2008), Football All-American in Princeton. Fitzgeralds allerletzte Worte stehen neben einem von ihm markierten Absatz: »good prose« (»gute Prosa«).

277 *im Taft]* Das Hotel Taft wurde am Neujahrstag 1912 eröffnet. Zu seinen prominenten Dauergästen gehörte der frühere Präsident William Howard Taft. Von 1920 bis 1933 (während der Prohibition) konnte sich das Taft einer der berühmtesten Flüsterkneipen New Havens in seinem Keller rühmen.

für den Kleinen Lord] Der »kleine« Lord Fauntleroy, Sohn eines englischen Adeligen und einer Amerikanerin, ist die Titelfigur des Kinderbuchs von Frances Hodgson Burnett (1849–1924), das 1885/1886 als Fortsetzungsroman im *St. Nicholas Magazine* erschien. Reginald Birch (1856–1943) schuf die Illustrationen, die unter Müttern eine Fin-de-Siècle-Modewelle auslösten – offensichtlich auch bei der von Mr. Gittings, die ihren Sohn nach dem kleinen Lord Cedric nennt – und sie veranlassten, ihren Söhnen die Haare zu Locken zu drehen und sie in Samtanzüge mit breiten Spitzenkragen zu stecken.

280 *Expedition auf Kreta]* In den zwanziger und dreißiger Jahren machte Sir Arthur Evans (1851–1941) mit seinen Funden aus der minoischen Kultur in Knossos weltweit Schlagzeilen.

Spiel gegen Dartmouth] Das »Snow Game«, bei dem im November 1935 während eines Schneesturms die Princeton Tigers auf ihrem Weg zur unangefochtenen Landesmeisterschaft Dartmouth in einem Heimspiel 26:6 schlugen.

281 *Philo Vances]* Philo Vance, ein eleganter New Yorker Detektiv, der von 1926 an in zwölf Romanen von S. S. Van Dine (das Pseudonym von Willard Huntington Wright, 1888–1939) Mordfälle löst. Er ähnelt seinem bekannteren englischen Zeitgenossen Lord Peter Wimsey, Dorothy Sayers' Amateurdetektiv, der ebenfalls ein leidenschaftlicher Kunsthistoriker, Polospieler und Altphilologe ist.

Hercule Poirots] Der 1920 von Agatha Christie (1890–1976) geschaffene berühmte belgische Detektiv, der trotz seines Ablebens 1949 in *Vorhang: Hercule Poirots letzter Fall (Poirot's Last Curtain)* noch heute ermittelt.

286 *Harvard Club]* 44. Straße West in New York. Das von McKim, Mead & White entworfene Haupthaus wurde 1894 eingeweiht. Ein Portier muss Considine die Nachricht überbringen, da Frauen in den dreißiger Jahren, und noch lange danach, zu den meisten Clubräumen keinen Zutritt hatten.

292 *Lieferwagen mit der Aufschrift ›Harvard Crimson‹]* 1873 unter dem Namen *Harvard Magenta* gegründet, ist der *Crimson* die älteste ohne Unterbrechung täglich erscheinende Collegezeitung in den Vereinigten Staaten.

293 *Ted Coy]* Edward Harris Coy (1888–1935) war zwischen 1906 und 1909 dreimaliger All-American Fullback in Yale und ein Kindheitsheld Fitzgeralds. 1933 musste Coy Konkurs anmelden. Die Figur von Ted Fay in Fitzgeralds ›Basil der Frechste‹ (›The Freshest Boy‹, 1928) beruht zum Teil auf Coy.

DIE FRAUEN IM HAUS (FIEBER)
The Women in the House (Temperature) (1939)

›Die Frauen im Haus‹ liegt unter dem Titel ›Fieber‹ auch in einer stark gekürzten Fassung vor und handelt von einem Mann, der Herzprobleme hat – so wie Fitzgerald, als er diesen Text schrieb. Außerdem geht es um Stars, Drogen, Alkohol und Hollywood. Als Fitzgerald im Sommer 1939 Kenneth Littauer von *Collier's* für die Story zu interessieren versuchte, schrieb er: »Sie wird meiner Sicht auf Hollywood vollkommen gerecht.«

Fitzgerald beendete den Text im Juni 1939, das Typoskript umfasste achtundfünfzig Seiten. Er schickte es an Harold Ober, der ihm riet, um sechstausend Wörter zu kürzen, vor allem um jene Passagen, in denen es um Alkohol und Drogen ging: »Die Szene in der Kammer und einiges im Zusammenhang mit den Krankenschwestern könnte gestrichen werden. Auch der Abschnitt, in dem Monsen sich betrinkt.« Fitzgerald gab zurück, mehr als fünftausend Wörter könne er »nicht rausholen [...]. Ich weiß, die Länge ist schwierig, aber die Geschichte hat nun mal danach verlangt«. Allerdings stellte Fitzgerald auch fest (und hierin kommt sein Glück darüber zum Ausdruck, endlich wieder Storys zu schreiben): »Der Stift wird einem ganz geschwätzig, wenn man so lange im Schneckentempo für den Film geschrieben hat.«

Die Redakteure der *Saturday Evening Post* und Harold Ober fanden auch die gekürzte Fassung zu lang. Ober und Fitzgerald gerieten in Streit darüber, in der Folge kürzte

Fitzgerald auf vierundvierzig, schließlich sogar auf vierundzwanzig Seiten. Fitzgeralds Wunsch, den Text in ganzer Länge und gegebenenfalls in zwei Teilen zu veröffentlichen, und Obers Beharren auf einer kürzeren Fassung trugen wohl auch dazu bei, dass sich die beiden schließlich überwarfen.

Als Fitzgerald den Text auf eigene Faust an Littauer schickte, legte er ein selbstironisches Schreiben bei:

> »Bevor ich Sie darum bitte, den Text zu lesen, möchte ich zwei Dinge klarstellen. Erstens, es ist eher unwahrscheinlich, dass ich noch viele Geschichten über junge Liebe schreiben werde. Dieses Etikett habe ich wegen meiner frühen Werke bis 1925. Sie fallen mir immer schwerer und kommen mir immer unaufrichtiger vor. Ich müsste entweder zaubern können oder ein Zeilenschinder sein, wenn ich drei Jahrzehnte lang ein und dasselbe produzieren könnte.
> Ich weiß, was von mir erwartet wird, aber der Brunnen ist am Versiegen, und ich halte es für klüger, ihn nicht weiter auszuschöpfen, sondern einen neuen Brunnen, einen neuen Quell zu erschließen. Sehen Sie, in *Diesseits vom Paradies* habe ich die Luftschlösser meiner Jugend gebaut, und in einigen meiner letzten Storys für die *Post,* darunter ›Wiedersehen in Babylon‹ [veröffentlicht im Februar 1931], habe ich sie sozusagen wieder eingerissen ... Trotzdem bringen mich die allermeisten Redakteure weiterhin mit einem besonderen Faible für junge Frauen in Verbindung – ein derartiges Faible würde mich in meinem Alter wohl hinter Gitter bringen.«

›Die Frauen im Haus‹ bedeutete für Fitzgeralds Schreiben eine Kehrtwende. Der erste Schritt war gemacht, auch wenn er mit dem Resultat nicht ganz zufrieden war, schließlich hatte er die Kürzungen nicht aus eigenem Antrieb vorgenommen.

Der Text vereint, in allen Fassungen, Merkmale der Short Story und eines Drehbuchs. Als Nebenfiguren treten zwei

Filmstars auf – Carlos Davis, ein »Kleinstadtjunge aus Dakota«, der »mit einem gewissen darstellerischen Talent und außergewöhnlicher Wesensschönheit gesegnet« ist, sowie Elsie Halliday, ein Hollywood-Star. Die Hauptfiguren sind ein attraktiver Forschungsreisender und Wissenschaftler, der gewisse Ähnlichkeiten mit Fitzgerald hat und mit dem amerikanischen Abenteurer und Reiseschriftsteller Richard Halliburton, sowie dessen Sekretärin. Für Szenenwechsel bemüht Fitzgerald hier manchmal den Drehbuchjargon: »Darauf fährt die Kamera ins Haus, wie es bei den Filmleuten heißt – und nimmt uns mit.« Der Plot ist typisch für Fitzgerald – außer einer Verwechslungsgeschichte geht es um das Ende und den Neubeginn einer Liebe – alles angereichert mit viel Humor, die Screwball-Komödien der dreißiger Jahre lassen grüßen.

Eine der gekürzten Fassungen dieses Textes ist 2015 unter dem Titel ›Fieber‹ in der Juli-Ausgabe von *Strand Magazine* erschienen. Auf die erste Seite des fertigen Typoskripts ebendieser Fassung hat Fitzgerald mit Bleistift notiert: »Ablegen unter ›Fehlstarts‹«.

295 *Ähnlichkeiten mit lebenden Personen sind rein zufällig]* Dieser Zusatz wurde in Hollywood erfunden. 1932 brachte Metro-Goldwyn-Mayer *Rasputin and the Empress* (*Rasputin – Der Dämon Russlands)* mit den Geschwistern John, Lionel und Ethel Barrymore in die Kinos. Im Film ermordet Prinz Paul, für den Prinz Felix Jussupow Pate stand, Rasputin, der Pauls Verlobte Prinzessin Natascha verführt oder missbraucht haben soll. Felix brachte Rasputin tatsächlich um und rühmte sich dieser Tat, es gibt jedoch keinen Beweis dafür, dass der Handlungsstrang mit »Natascha« auf wahren Begebenheiten beruht. Jussupow und seine Frau verklagten MGM wegen Verletzung der Privatsphäre und Verleumdung und erhielten 1934 von einem englischen Gericht 20 000 Pfund zugesprochen. In

New York einigte man sich außergerichtlich auf eine weitere Zahlung in Höhe von 250 000 Dollar. Seither erscheint dieser Hinweis im Abspann von Filmen – und im Impressum vieler Romane.

296 *Anwesen des jungen Carlos Davis]* Im November 1938 bezog Fitzgerald ein Cottage auf dem 16.000 Quadratmeter großen Grundstück des Schauspielers Edward Everett Horton (1886–1970) im kalifornischen Encino. Zum Anwesen Belleigh Acres, von den Einheimischen »Belly Acres« genannt, gehörten ein Haupthaus und zwei Gästehäuser. In einem davon wohnte Fitzgerald bis 1940. Horton stammte aus Brooklyn und hatte in den dreißiger Jahren in Hollywood Erfolge in komischen Nebenrollen, vor allem in einer Reihe von Filmen mit Fred Astaire und Ginger Rogers, unter anderem *Tanz mit mir (The Gay Divorcee)* von 1934 und *Ich tanz mich in dein Herz hinein (Top Hat)* von 1935, die zu Scottie Fitzgeralds Lieblingsfilmen zählten. Hortons langjähriger Lebensgefährte war der Schauspieler Gavin Gordon. Fitzgerald amüsiert sich hier mit Carlos Davis' Neigung, angefangen bei dessen »darstellerische[m] Talent« und seiner »außergewöhnliche[n] Schönheit« bis hin zu seiner Märchenprinzhaftigkeit, wofür er sich an Horton und Gordon ein Vorbild genommen haben mag.

nur im Flimmerfilm und einmal in Technicolor] Wegen des Flimmerns bei der Projektion mit einer einfachen Kohlebogenlampe werden alte Filme heute noch als Flimmerfilme bezeichnet. 1939 waren die arbeitsintensiven Technicolor-Filme noch relativ neu. Disneys *Schneewittchen und die sieben Zwerge (Snow White and the Seven Dwarfs)*, aufgenommen in Technicolor, war der Kassenschlager des Vorjahres.

298 *zweier Bauelemente des Grand Coulee]* Der Grand Coulee ist ein gewaltiger Damm, der in den dreißiger Jahren am Columbia River im Staat Washington gebaut wurde. Der Stausee liefert Wasser zur Bewässerung von Feldern, und die durch ihn gewonnene Wasserkraft macht ihn bis heute zum größten Kraftwerk Amerikas. Allerdings versperrte er auf Dauer Wanderfischen den Zugang zum Columbia River, und für den Bau wurden über 280 Quadratkilometer Land überflutet, auf dem vorher Stämme amerikanischer Ureinwohner gelebt hatten. Die letzten Lücken zwischen den unteren Bauelementen wurden 1938 geschlossen.

301 *Bürovermittlung Rusty … Miss Trainor]* Im Mai 1939 schickte die Rusty's Employment Agency Fitzgerald die dreiundzwanzigjährige Frances Kroll (1916–2015), die während seines Aufenthalts in Encino für ihn arbeiten sollte. In den folgenden zwanzig Monaten – bis zu

seinem Tod – war sie Fitzgeralds Sekretärin, Vertraute und Mädchen für alles. Sie tippte ›Die Frauen im Haus‹ ab, aber anders als bei Monsen und Trainor gab es bei Fitzgerald und Kroll keine Anzeichen für eine romantische Beziehung. Kroll arbeitete später als Autorin und Lektorin in New York und Kalifornien. Auch nach Fitzgeralds Tod blieb sie der Familie verbunden, schrieb tröstende Briefe an Zelda und Scottie, ordnete Scotts Finanzen, sammelte sorgfältig seine Aufzeichnungen und schickte sie an seinen Testamentsvollstrecker, Richter John Biggs (ein Freund Fitzgeralds aus seiner Zeit in Princeton) nach Wilmington, Delaware, und wählte den Sarg aus. Bis zum Ende ihres langen Lebens ließ sie Wissenschaftler und Leser bereitwillig an ihren Erinnerungen an Fitzgerald teilhaben.

Dewey und Hoover] Thomas E. Dewey (1902–1971) war Staatsanwalt in New York City und Bezirksstaatsanwalt von Manhattan (später Politiker) und ging gegen das organisierte Verbrechen vor. J. Edgar Hoover (1895–1972) war ab 1924 Direktor des Bureau of Investigation, 1935 in Federal Bureau of Investigation umbenannt. Seine Ermittlungen gegen Gangster in den frühen dreißiger Jahren und die Jagd von FBI Agent Melvin Purvis (auf den Hoover eifersüchtig war) nach Pretty Boy Floyd, Baby Face Nelson und John Dillinger – die 1934 mit dem Tod der drei endete – sorgten für Schlagzeilen.

304 *Queen Elizabeth bei ihrer Ankunft in Kanada]* Während Fitzgerald diese Erzählung schrieb, bereisten George VI. und Queen Elizabeth (die Mutter der heutigen Königin) mit dem Zug sämtliche kanadischen Provinzen und machten einen Abstecher nach Süden zu Besuchen bei Präsident Roosevelt in Washington, D. C., und zu seinem privaten Wohnsitz in Hyde Park, New York.

rotbraunes, blondgesträhntes Haar] In Fitzgeralds Werken wimmelt es von rotblonden Frauen, angefangen bei der titelgebenden rothaarigen Hexe in *His Russet Witch* im Jahr 1921. Dass Zelda Sayre von Natur aus rothaarig war, belegt eine Haarlocke in ihrem signierten Exemplar von *Die Schönen und Verdammten (The Beautiful and Damned)*, allerdings hellte sie ihre Haare von Zeit zu Zeit auf.

305 *Diplomatin]* Nach Fitzgeralds Tod erzählte Zelda Scottie, dass er mit ihr über eine Diplomatenlaufbahn gesprochen hatte: »Er dachte, dass er das am liebsten machen würde, nach Schreiben und Football-Star sein.«

306 *›Youth's Companion‹]* US-amerikanisches Jugendmagazin, das von 1827 bis 1929 erschien. Zu den Autoren zählten u. a. Mark Twain,

Emily Dickinson, Jack London und später Winston Churchill und Willa Cather

Im Osten … geboren und aufgewachsen in Idaho] Eine Anlehnung an einen berühmten Dialog in *Der große Gatsby (The Great Gatsby).* Auf der Fahrt nach Manhattan zum Lunch erzählt Gatsby Nick Carraway, er sei »der Spross wohlhabender Leute aus dem Mittleren Westen«. Als Carraway sich erkundigt, aus welchem Teil, antwortet Gatsby: »San Francisco.« Ähnlich wie mit Francisco, das nicht im Mittleren Westen, sondern an der Westküste liegt, verhält es sich hier mit Idaho, das nicht im Osten, sondern im Westen der USA liegt.

310 *Milchtoast]* In warmer Milch eingeweichter Toast, im 19. und bis ins 20. Jahrhundert hinein als leichte Kost für Kleinkinder und Kranke verabreicht.

311 *ein Mittel aus Melbourne mitgebracht … ein subtropisches Heilpflanzenextrakt]* In Europa wurde der in Australien heimische Eukalyptus im neunzehnten Jahrhundert als »Fieberbaum« bezeichnet. Als Tee oder in anderer Form eingenommen, helfen die Blätter bei vielen Arten von Fieber.

315 *der geschundene Cäsar in seiner Toga]* In Fitzgeralds Bibliothek befanden sich zwei Exemplare von Plutarchs Parallelbiographien, die einen Augenzeugenbericht zur Ermordung von Julius Cäsar enthalten.

316 *American Beautys … Talisman-Rosen … Cécile Brünners]* Rosensorten. Die American Beauty ist eine karminrote bis rosafarbene französische Rose, die Ende des neunzehnten Jahrhunderts nach Amerika kam. Die Talisman war eine Schöpfung des Jazz Age, eine hybride orange-rosa Rose mit kupferroten Rändern. Cécile Brünner ist die mittlerweile klassische »Sweetheart-Rose«, eine hellrosa Kletterrose, 1881 in Frankreich gezüchtet.

319 *auf Satteln aus rohem Fleisch]* Ammianus Marcellinus (ca. 325–391) berichtet in seiner Geschichte Roms, dass sich die Hunnen von Wurzeln und Kräutern ernährten und von »halb rohem« Tierfleisch, das sie zwischen Körper und Pferderücken erwärmten.

323 *Priscilla Lane]* Priscilla Mullican (1915–1995) trat Anfang der dreißiger Jahre mit ihren Schwestern unter dem Namen Lane Sisters in Varietéshows auf. Der Bandleader Fred Waring brachte sie 1937 nach Hollywood, wo Lanes kurze Filmkarriere begann – bereits 1939 endete sie wieder, mit Ausnahme einer Rolle in *Arsen und Spitzenhäubchen (Arsenic and Old Lace)* an der Seite von Cary Grant im Jahr 1944.

325 *Juan Gris und Picasso]* Juan Gris (1887–1927) und Pablo Picasso (1881–1973) zählten zu den Künstlern, deren Werke in den frühen zwanziger Jahren in Frankreich von Gerald und Sara Murphy gesammelt wurden, und waren mit dem Ehepaar befreundet. Die Fitzgeralds, Picasso und seine erste Frau Olga waren regelmäßig zu Gast in der Villa America, dem Haus der Murphys in Cap d'Antibes.

326 *Wir wollten schon ein paar Mal nach Nevada]* Es ist heute noch so einfach wie damals, in Nevada eine Heiratsurkunde zu bekommen. Weder sind Blutuntersuchungen (auf Geschlechtskrankheiten) gefordert noch gibt es Wartezeiten.

330 *Mickey Finn]* Die Bezeichnung »Mickey Finn« für einen gepanschten Drink – für gewöhnlich mit Chloralhydrat oder anderen K. o.-Tropfen – stammt aus den zehner Jahren und geht vermutlich auf Michael »Mickey« Finn zurück, einen Barkeeper in Chicago, der angeblich Drinks mit Drogen versetzte, um Gäste auszurauben.

339 *Boris Karloff]* William Pratt (1887–1969) änderte seinen Namen in Boris Karloff, als er in den zehner Jahren in Kanada auf der Bühne stand. In *Frankenstein* (1931) wurde er in der Rolle des Monsters zum Hollywoodstar.

340 *so Glimmstängel … die Schulkinder]* Am 23. Februar 1940 erschien in der *Los Angeles Times* ein Leitartikel über die Plage Marihuana, die das Land heimsuche, und den Wahnsinn, der dadurch ausgelöst werde. In einem Brief, den Fitzgerald im April 1938 an seine Freunde Eben »Pete« und Margaret Finney schrieb, damit sie ihrer Tochter Peaches einen Besuch in Los Angeles erlaubten (Peaches war die beste Freundin von Scottie Fitzgerald), machte er sich über die vermeintlichen Gefahren in Hollywood lustig: »Ich habe ein kleines Haus am Strand von Malibu u. werde dafür sorgen, dass sie all die Stars kennenlernen u. die Studios besuchen u. sie so auf Trab halten, dass sie keine Zeit für Ausschweifungen haben oder gar dafür, sich an Marihuana zu gewöhnen, das die Kindergärten überschwemmt. Sie werden mit nichts in Kontakt kommen, womit ihr nicht einverstanden wärt (aber das sollten sie besser nicht wissen).« Die Finneys stimmten dem Besuch zu.

344 *Angèle Pernets, die Cherokees … Black Boys]* Weitere Rosensorten. Angèle Pernets sind orange-rosa; die Cherokee ist eine fünfblättrige weiße Strauchrose, die Staatsblume von Georgia; die Black Boy ist eine dunkelrote Kletterrose aus Australien. Fitzgerald kannte sich gut mit Blumen aus, und seine Sammlung von Zeitungsausschnitten enthielt auch Fotos von Blumen, einschließlich Rosen. Zelda war eine noch bessere Blumenkennerin und malte Blumen

ebenso gern, wie sie sie zog. Fitzgerald verglich sie mit Blumen und vor allem mit der Cherokee-Rose, deren Duft Zelda die autobiographische Figur der Alabama Beggs in *Ein Walzer für mich (Save Me the Waltz)* (1932) tragen lässt.

GRUSS AN LUCY UND ELSIE

Salute to Lucy and Elsie (1939)

Im April 1939 machten Zelda und Scott Urlaub auf Kuba. Es war für beide eine schreckliche Zeit; er trank bis zum Koma, musste nach New York zurückkehren und kam dort ins Krankenhaus. Zelda reiste allein zurück zum Highland Hospital in Asheville. Es war das letzte Mal, dass die beiden sich sahen. Fitzgerald begann ›Gruß an Lucy und Elsie‹ zu schreiben, sobald er von New York nach Kalifornien zurückgekehrt war, noch immer nicht gesund.

Er bot die Geschichte im Sommer 1939 Arnold Gingrich an, dem Chefredakteur von *Esquire*. Sie gefiel Gingrich, und er reichte sie seinem Gutachter Alfred Smart weiter mit der Randnotiz: »Al – wie finden Sie diese moderne Version von *Väter u. Söhne* für *Esquire*?« Smart antwortete ablehnend. »Evans' Brief an George ist ziemlich gewagt, und die katholische Sache müsste man waschen und bügeln.« Gingrich schrieb umgehend an Fitzgerald, dass ihm vieles an der Geschichte gefalle, ohne Smarts Kritikpunkte zu erwähnen. Er lobte die Geschichte, hatte aber Einwände gegen Georges Heirat. »Ich weiß, dass meine Einwände etwas Substanzielles betreffen.« Ob nicht etwas anderes denkbar wäre statt der zweiten Heirat. Fitzgerald änderte die Stelle nicht.

Zwei zusätzlichen Seiten eines Typoskripts der Geschichte kann man entnehmen, dass es in dieser Version nicht um Väter und Söhne ging, sondern um Väter und Töchter. Der Vater ist Chauncy Garbett, ein Architekt aus Philadelphia, Freund der Familien Lucys und ihres frischangetrauten Ehemanns Llewellen. Lucy ist mit ihm nach Connecticut durchgebrannt, um zu heiraten, doch nachdem »das einzig Richtige« getan worden ist, geht es mit dem jungen Glück bergab. Diese beiden Seiten wurden mit einer erläuternden Notiz Gingrichs aufbewahrt und nach Fitzgeralds Tod seinem Nachlass eingegliedert.

346 *George Lawson Dubarry]* Fitzgerald, der zeit seines Lebens ein Faible für französische Geschichte hatte, gibt hier Vater und Sohn den Nachnamen einer der berühmtesten königlichen Mätressen, Jeanne Bécu, Madame du Barry (1743–1793).
seinen Vater auf Kuba besuchte] Bis 1934 hatten amerikanische Unternehmen dank der militärischen Besetzung Kubas nach dem Spanisch-Amerikanischen Krieg (1898) Zugriff auf die Rohstoffe der Insel, einschließlich Öl. 1939, zu der Zeit, zu der diese Erzählung spielt, stand Kuba unter der Herrschaft von General Batista, und amerikanische Geschäftsleute, aber auch Mobster wie Meyer Lansky führten dort ein gutes Leben.
Pan-American Refining Company] Die Pan American Petroleum and Transport Company, auf die Fitzgerald hier wohl anspielt, war Anfang der zwanziger Jahre in den »Teapot-Dome-Skandal« verwickelt, nachdem sie sich durch Bestechung die Erschließung von Ölfeldern auf staatlichem Grund zu äußerst günstigen Bedingungen gesichert hatte.
347 *Empfängnisverhütung … von der süßen Sechzehnjährigen]* 1939 lag das Sexualmündigkeitsalter in den meisten amerikanischen Staaten bei sechzehn Jahren. Was Empfängnisverhütung anging, war das Comstock-Gesetz, das Verhütungsmittel für illegal erklärte, noch in Kraft, und Verhütungsmittel waren in den USA schwer zu bekommen.
348 *Valedero Beach]* Ein Urlaubsgebiet im Nordwesten von Kuba, ungefähr achtzig Meilen von Havanna entfernt, das in den dreißiger Jahren exklusiv und teuer war.
352 *Geschäftsreise nach Pinar del Rio]* Provinz im hügeligen Westen

Kubas. Damals ein abgeschiedenes ländliches Gebiet – noch heute wird dort der beste kubanische Tabak angebaut.

355 *Elkton, Maryland]* In Elkton, Maryland, gingen 1939 Eheschließungen schnell über die Bühne. In den Nachbarstaaten waren 48 Stunden Wartezeit vorgeschrieben, bevor eine Heiratsurkunde ausgestellt wurde. Fitzgeralds Zeitgenossen assoziierten mit »Elkton« die sofortige Ausstellung und eine rasche Eheschließung ohne lästige Fragen. Der Hinweistafel des Maryland Historical Trust vor der Little Wedding Chapel in Elkton zufolge wurden 1938 11 791 Heiratsurkunden ausgestellt.

LIEBE KOSTET NERVEN

Love Is a Pain (1939/40)

In den Jahren 1939/1940 war Fitzgerald als Scriptdoctor hauptsächlich mit den Drehbüchern anderer Autoren befasst. Aber es entstand auch diese Filmerzählung »aus eigener Feder«. Eine Kopie des Typoskripts befindet sich im Fitzgerald-Archiv in Princeton.

In gewisser Weise kehrt Fitzgerald in ›Liebe kostet Nerven‹ noch einmal zu den Themen seines ersten Romans *Diesseits vom Paradies (This Side of Paradise)* zurück. Auch hier spielt Princeton wieder eine Rolle, auch hier herrscht Krieg in der Welt. Nur ist Fitzgerald längst kein Student mehr, als er ›Liebe kostet Nerven‹ schreibt, und nach dem Großen Krieg – dem sogenannten *war to end all wars,* in dem er nicht hatte kämpfen dürfen – hat inzwischen ein noch größerer Krieg begonnen. Vor diesem Hintergrund überrascht es kaum, dass Fitzgerald den Princeton Prom in seine Filmerzählung aufnimmt, schließlich beendete er sein Studium 1917 zu einem Zeitpunkt, als auf dem Campus Offiziere ausgebildet wurden.

Weder der Krieg noch das Land, für das der Geheimagent in ›Liebe kostet Nerven‹ arbeitet, werden beim Namen genannt. Darin erinnert das Treatment an die zwischen 1938 und 1940 entstandenen Hollywood-Filme, die von der Liebe in Zeiten des Krieges erzählten, ohne dass Hitlerdeutschland auch nur erwähnt wurde.

357 *Brenda Joyce]* Diesen Namen gab 20th Century Fox der einundzwanzigjährigen Betty Graffina Leabo (1917–2009) für ihren ersten Film, *Nacht über Indien* (1939). Joyce beendete ihre Filmkarriere in den vierziger Jahren als zweite Jane an der Seite von Johnny Weissmuller als Tarzan.

359 *Princeton Prom]* Siehe auch die Anmerkung zu ›Spielschulden‹, S. 425. Als Scottie Fitzgerald im Winter 1939 zum Princeton Prom eingeladen wurde, erhielt sie von ihrem Vater einen Brief: »Ich hoffe, Du amüsierst Dich auf dem Ball – bitte übertreib es nicht mit – aber nein, Schluss mit den Prophezeiungen – mach Deine eigenen Fehler. Lass mich nur so viel sagen: ›Bitte übertreib es nicht!‹, und falls doch, gib nicht meinen Namen als Erziehungsberechtigten an. (Und wo wir gerade dabei sind, gib niemals irgendeinem Reporter ein Interview, weder offiziell noch inoffiziell – das ist eine ernst gemeinte und wohlüberlegte Bitte.)«

364 *eine sehr kleine Frau in Krankenschwesternuniform]* Als Krankenschwestern verkleidete Spioninnen waren 1939 ein gängiger Filmtopos; vgl. *Ich war Spion* (1933) mit Madeleine Carroll. Die filmische Fiktion basierte auf Tatsachen, berühmte Krankenschwestern und Spioninnen in Personalunion waren unter anderem Harriet Tubman und Sarah Edmonds im Amerikanischen Bürgerkrieg oder Marthe Cnockaert McKenna im Ersten Weltkrieg (deren Memoiren die Vorlage für *Ich war Spion* lieferten).

367 *Norman Rockwell]* Rockwell (1894–1978) gestaltete viele Titelseiten für die *Saturday Evening Post,* die Zeitschrift, in der in den zwanziger und frühen dreißiger Jahren die meisten Erzählungen Fitzgeralds erschienen. Im Oktober 1924 diente ihm wieder einmal James K. Van Brunt als Modell für ein Cover mit dem Titel ›Hobo and Dog‹, das bis heute zu seinen bekanntesten Illustrationen zählt.

371 *Glamor O'Hara]* Anspielung auf Scarlett O'Hara, die Heldin in Margaret Mitchells Roman *Vom Winde verweht* (1936).

DAS EHEPAAR

The Couple (o. D.)

Das Typoskript dieser Erzählung wechselt ab mit Manuskriptseiten in Fitzgeralds Handschrift. Als *work in progress* ermöglicht es uns, ihm bei der Niederschrift gewissermaßen über die Schulter zu sehen.

Fitzgerald-Forscher haben den Text entweder sehr früh datiert, auf 1920, oder sehr spät, auf 1931. Das frühere Datum dürfte das wahrscheinlichere sein. Auf den Manuskriptseiten und in den Bleistiftkorrekturen des Typoskripts weist Fitzgeralds Handschrift noch die bis Mitte der zwanziger Jahre typischen Schnörkel auf. Außerdem trägt das Papier des Typoskripts das Wasserzeichen der Firma Hammermill Bond. Dieses preisgünstige Papier aus Pennsylvania wurde im Osten viel verkauft, so auch in New York und Umgebung, wo die Fitzgeralds von April 1920 bis Mai 1921 lebten. Die handschriftlichen Passagen – die letzten Seiten der Geschichte – sind auf Papier von Goldsmith verfasst. Goldsmith Book and Stationary Company, seit 1880 in Wichita niedergelassen, war einer der größten Papierhersteller und Verleger im Mittleren Westen. Vermutlich kaufte Fitzgerald das Papier in St. Paul, wo er und Zelda von August 1921 bis Oktober 1922 lebten.

Fitzgerald hatte immer eine Vorliebe dafür, Leute seines Alters zu schildern und Erlebnisse aus seiner unmittelbaren Vergangenheit zu verarbeiten. Das Ehepaar in dieser Erzählung ist Mitte bis Ende zwanzig. Die beiden sind seit einiger Zeit verheiratet und liegen sich seither in den Haaren. Neben den Wasserzeichen spricht auch dies für die

Zeit um 1920 als Entstehungsdatum, eine Zeit, in der sich Fitzgerald mit Themen wie Trennung und Verzweiflung zu befassen begann.

378 *Mr. Marbleton und Mr. Shafter]* Katy und Reynolds beziehen sich mehrfach auf diese beiden Herren und ihre Eleganz. In einer gestrichenen Passage machen sich die beiden Dienstboten darüber lustig, dass Lous Kleidung nicht so schön ist wie die der beiden Herren aus Philadelphia.

380 *den Rasen mähen … Carrol sah erstaunt auf]* Carrols Überraschung rührt daher, dass Butler keine Rasen mähen.

384 *Yale Club]* Andrew Turnbull schreibt in seiner Biographie *Scott Fitzgerald* (1962), dass Fitzgerald 1919, als er in New York lebte und in der Werbung arbeitete, oft im Yale Club (seit 1915 Vanderbilt Avenue, Ecke 44. Straße) aß; eines Tages, während er in der oberen Lounge Martinis trank, erklärte er, er werde aus dem Fenster springen. Er tat es nicht, aber im dritten Kapitel von *Der große Gatsby (The Great Gatsby)* resümiert Nick Carraway: »Am Abend aß ich gewöhnlich im Yale Club – aus irgendeinem Grund war es für mich das trübste Ereignis des Tages –, dann ging ich hinauf in die Bibliothek und brütete eine Gewissensstunde lang über Kapitalanlagen und Schuldverschreibungen. Fast immer gab es ein paar Radaubrüder im Club, aber sie kamen nie in die Bibliothek, sodass es sich dort gut arbeiten ließ.«

387 *Ich bin John Bull persönlich]* Eine seit dem 18. Jahrhundert existierende Personifikation Englands. John Bull wurde im 19. und frühen 20. Jahrhundert für gewöhnlich als korpulenter Mann in Regency-Kleidung dargestellt, gelegentlich mit einer Union-Jack-Weste.

390 *Marconi]* Ein drahtlos übermitteltes Telegramm, benannt nach seinem Erfinder Guglielmo Marconi (1874–1937). Wurde seit den America's-Cup-Regatten 1899 zur Kommunikation mit Schiffen eingesetzt.

Mauretania] Ozeandampfer der Reederei Cunard Line, 1906 vom Stapel gelassen. Bis zum Stapellauf der drei Schiffe *Olympic, Titanic* und *Britannic* der White Star Line war die *Mauretania* das größte Schiff der Welt und wurde in den zwanziger Jahren im Transatlantikverkehr eingesetzt. Ab 1930 befuhr sie eine Route zwischen New York und Halifax, Nova Scotia, und wurde schließlich 1935 trotz zahlreicher Proteste abgewrackt.

391 *einen Revolver gesehen]* Der Sullivan Act von 1911 verlangte im Staat New York die Registrierung aller Schusswaffen, die klein genug waren, um verborgen getragen zu werden. Das Gesetz galt neben Handfeuerwaffen auch für Rasiermesser und Schlagringe.

Literatur und Quellen

Neben sämtlichen Romanen *(Diesseits vom Paradies, Die Schönen und Verdammten, Der große Gatsby, Zärtlich ist die Nacht, Die Liebe des letzten Tycoon)* und allen publizierten Erzählungen habe ich mich im Hinblick auf die vorliegenden Drehbuchexposés mit Fitzgeralds Texten für die Musicals des Princeton Triangle Club, *F. Scott Fitzgerald's St. Paul Plays, 1911–1914* (Hg. Alan Margolies), und mit seinem Theaterstück *The Vegetable* befasst. Die Notizbücher und der autobiographische Essay ›Der Knacks‹ sind Pflichtlektüre für jeden, der über Fitzgerald schreiben will. Die gewichtige *Cambridge Edition of the Works of F. Scott Fitzgerald*, herausgegeben von Matthew J. Bruccoli (Bde. 1, 2) und James L. W. West III (Bde. 3–13), war von unschätzbarem Wert für meine Arbeit. Mein Stellenkommentar basiert auf dem der *Cambridge Edition*.

Briefe Fitzgeralds finden sich in: *The Letters of F. Scott Fitzgerald* (Hg. Andrew Turnbull), *Correspondence of F. Scott Fitzgerald* (Hg. Matthew J. Bruccoli und Margaret W. Duggan), *Letters to His Daughter* (Hg. Andrew Turnbull), *Dear Scott, Dearest Zelda* (Hg. Jackson R. Bryer und Cathy W. Barks), *Dear Scott – Dear Max: The F. Scott Fitzgerald–Maxwell Perkins Correspondence* (Hg. John Kuehl und J. R. Bryer), *As Ever, Scott Fitz: Letters Between*

F. Scott Fitzgerald and His Literary Agent, Harold Ober, 1919–1940 (Hg. Matthew J. Bruccoli) und *A Life in Letters* (Hg. Matthew J. Bruccoli). Zahlreiche Briefe von und an Fitzgerald sind indes noch unveröffentlicht.

Meine wichtigste Quelle waren die *Fitzgerald Papers* im Department of Rare Books and Special Collections der Princeton University: die *F. Scott Fitzgerald Papers* inklusive der *Additional Papers*, die *Zelda Fitzgerald Papers* und die John Biggs Jr. Collection der *F. Scott Fitzgerald Estate Papers*. Fitzgerald war ein leidenschaftlicher Archivar, er sammelte alles – von gekritzelten Notizen auf Bierdeckeln und Speisekarten bis hin zu Manuskriptskizzen und -revisionen. Stapelweise lagerte er Zeitungsausschnitte, Illustrationen, Lektürelisten und vieles mehr. Seine online einsehbaren Sammelalben (*F. Scott Fitzgerald Scrapbooks:* http://pudl.princeton.edu/objects/sf268784s) sind nicht nur aufschlussreich, sondern auch unterhaltsam. Der *Daily Princetonian* und die *Princeton Alumni Weekly* enthalten die wichtigsten Informationen über Fitzgeralds Studienzeit von 1913 bis 1917.

Manuskript und Typoskript von ›The I. O. U.‹ (›Spielschulden‹) können in der Beinecke Rare Books and Manuscript Library in Yale eingesehen werden. Die Typoskripte von ›Thumbs up‹ (›Daumen hoch‹) und ›Dentist Appointment‹ (›Zahnarztbehandlung‹) sowie die einzige bekannte Fassung (teils Typoskript, teils Manuskript) von ›The Couple‹ (›Das Ehepaar‹) und das *Ledger*, Fitzgeralds »Hauptbuch« (ebenfalls digitalisiert und online zugänglich: http://library.sc.edu/digital/collections/fitzledger.html), werden im Irvin Department of Rare Books and Special Collections an der University of South Carolina verwahrt.

In seinen Sammelalben hat Fitzgerald eine vergleichende Übersicht der zeitgenössischen Rezeption seines Werks zusammengestellt. Er sammelte Rezensionen, Kolumnen und sogar Anzeigen – wichtiges Material, das sonst verloren wäre. *Mary Jo Tate's Critical Companion to F. Scott Fitzgerald*, sämtliche Ausgaben des *Fitzgerald/Hemingway Annual* (1969–1979) und die *F. Scott Fitzgerald Review* (2002 bis heute) bilden den aktuellen Stand der Fitzgerald-Forschung ab.

Die maßgebliche Biographie über Fitzgerald ist und bleibt Matthew J. Bruccolis *Some Sort of Epic Grandeur: The Life of F. Scott Fitzgerald.*

Für die deutsche Ausgabe:

Die im Anhang genannten deutschen Titel der Werke Fitzgeralds entsprechen den Titeln der im Diogenes Verlag, Zürich, erschienenen Übersetzungen.

Dank

Die Treuhänder des Erbes von F. Scott Fitzgerald betrauten mich mit der Herausgabe dieser Sammlung. An Eleanor Lanahan, Blake Hazard und Chris Byrne richtet sich mein besonderer Dank. Lanahan teilte ihr Wissen, Fotografien und vieles mehr, um mir – und uns allen – ihren Großvater und sein Werk näher zu bringen.

Die Literaturagentur Harold Ober Associates ist noch heute die Verwalterin der Schriften Fitzgeralds, wie Harold Ober selbst es zu Lebzeiten des Schriftstellers war. Phyllis Westberg, Craig Tenney und Karen Gormandy führen diese Tradition fort, mit ebenso viel Charme wie Sachverstand.

Das Department of Rare Books and Special Collections der Princeton University Library beherbergt die Dokumente von F. Scott und Zelda Fitzgerald – Linda Bogue, Sandra Bossert, Brianna Cregle, Anna Lee Pauls, Chloe Pfendler, Gabriel Swift und Squirrel Walsh haben mich bei meinen Recherchen tatkräftig unterstützt. Dank an Elizabeth Sudduth und Michael Weisenburg vom Irvin Department of Rare Books and Special Collections der South Carolina University und an die Mitarbeiter der Beinecke Library in Yale.

Das Team des Scribner-Verlags lernte ich an Fitzgeralds Geburtstag kennen. Gemeinsam sahen wir uns das Manuskript von *Der große Gatsby* an. Seit diesem vielversprechenden Beginn war es mir immer eine Freude, mit Kara Watson, Janetta Dancer, Katie Rizzo und Rosie Mahorter zu arbeiten.

An Don C. Skemer, James L. W. West III und James L. Pethica: Ohne Ihre Expertise, Ihre Großzügigkeit und Freundschaft wären dieses Buch und ich weitaus ärmer.

Dank an Bernett Belgraier für ihren wachsamen Blick auf i-Pünktchen und t-Striche.

Für ihre Freundschaft und zahlreiche Tipps, die die Arbeit an diesem Band bereichert haben, bin ich ebenfalls zu Dank verpflichtet: A. Scott Berg, Margaret Rogers Bowers, Jackson R. Bryer, James Campbell, Elinor Case-Pethica, Sarah Churchwell, Margaret Daniel, Scott Donaldson, Robin Dufour, Neil Gower, Katherine Graham, Patricia Hill Meyer, Scott Jordan Harris, Peter Hellemaa, Lorraine Koffman, Bryant Mangum, Margaret McPherson, Thomas Patrick Roche Jr., Jeff Rosen, Cecilia Ross, Kim Ruehl, Mike Scott, Charles Scribner III und Elaine Showalter sowie der F. Scott Fitzgerald Society, der Princeton Alumni Association, dem Princeton Triangle Club und dem University Cottage Club.

In memoriam: Thomas F. Bergin '46, Garrick P. Grobler '86, and A. Walton Litz '51.

Bitte beachten Sie
auch die folgenden Seiten

F. Scott Fitzgerald im Diogenes Verlag

Er war Ernest Hemingways Vorbild. Dashiell Hammett, Raymond Chandler, Gertrude Stein und T.S. Eliot lasen ihn mit Begeisterung. Und heute ist er der Lieblingsautor so unterschiedlicher Persönlichkeiten wie Doris Dörrie, Joey Goebel und Haruki Murakami.

»Die Texte Fitzgeralds überzeugen heute vielleicht noch mehr als zu seinen Lebzeiten, da sie nicht mehr als Zeit- und Narrenspiegel, sondern als großartige Literatur gelesen werden können.«
General-Anzeiger, Bonn

»F. Scott Fitzgerald ist ein Schriftsteller, wie er uns heute fehlt. Man kann ihn wieder und wieder lesen.«
Frankfurter Allgemeine Zeitung

»Engel sind die eleganteren Menschen. Aber wer hoch steigt, wird tief fallen. Niemand zeigte beides so schön wie F. Scott Fitzgerald.« *Frankfurter Rundschau*

»F. Scott Fitzgerald war der Größte unter uns allen.«
Ernest Hemingway

Diesseits vom Paradies
Roman. Aus dem Amerikanischen von Bettina Blumenberg und Martina Tichy. Mit einem Nachwort von Manfred Papst
Auch als Diogenes Hörbuch erschienen, gelesen von Burghart Klaußner

Die Schönen und Verdammten
Roman. Deutsch von Hans-Christian Oeser. Mit einem Nachwort von Manfred Papst
Auch als Diogenes Hörbuch erschienen, gelesen von Gert Heidenreich

Der große Gatsby
Roman. Deutsch von Bettina Abarbanell. Mit einem Nachwort von Paul Ingendaay
Auch als Diogenes Hörbuch erschienen, gelesen von Gert Heidenreich

Zärtlich ist die Nacht
Roman. Deutsch von Renate Orth-Guttmann. Mit einem Nachwort von Heinrich Detering
Auch als Diogenes Hörbuch erschienen, gelesen von Burghart Klaußner

Die Liebe des letzten Tycoon
Roman. Deutsch von Renate Orth-Guttmann. Mit einem Nachwort von Verena Lueken
Auch als Diogenes Hörbuch erschienen, gelesen von Anna Thalbach

Winterträume
Erzählungen. Deutsch von Bettina Abarbanell, Dirk van Gunsteren, Christa Hotz, Alexander Schmitz, Christa Schuenke, Walter Schürenberg und Melanie Walz. Mit einem Nachwort von Manfred Papst
Daraus die Erzählung ›Winterträume‹ auch als Diogenes Hörbuch erschienen, gelesen von Friedhelm Ptok

Die letzte Schöne des Südens
Erzählungen. Deutsch von Bettina Abarbanell, Anna Cramer-Klett, Dirk van Gunsteren, Christa Hotz, Alexander Schmitz, Walter Schürenberg und Melanie Walz. Mit einem Nachwort von Paul Ingendaay

Wiedersehen mit Babylon
Erzählungen. Deutsch von Bettina Abarbanell, Christa Hotz, Renate Orth-Guttmann, Alexander Schmitz, Christa Schuenke, Walter Schürenberg und Melanie Walz. Mit einem Nachwort von Daniel Kampa

Der letzte Kuss
Erzählungen. Deutsch von Christa Hotz, Renate Orth-Guttmann, Harry Rowohlt, Alexander Schmitz, Walter Schürenberg und Melanie Walz. Mit einem Nachwort von Verena Lueken

Drei Stunden zwischen zwei Flügen
und andere Meistererzählungen. Ausgewählt und mit einem Nachwort von Daniel Kampa

Junger Mann aus reichem Haus
Erzählungen. Mit einem Vorwort von John Updike. Deutsch von Bettina Abarbanell und Walter Schürenberg

Der seltsame Fall des Benjamin Button
Erzählung. Deutsch von Christa Schuenke
Auch als Diogenes Hörbuch erschienen, gelesen von Gert Heidenreich

Früher Erfolg
Essays. Über Geld und Liebe, Jugend und Karriere, Schreiben und Trinken. Deutsch von Melanie Walz, Bettina Abarbanell und Renate Orth-Guttmann

Liebe in der Nacht
und andere Lovestories. Ausgewählt von Silvia Zanovello. Deutsch von Bettina Abarbanell, pociao, Christa Schuenke und Melanie Walz

Für dich würde ich sterben
Erzählungen. Herausgegeben und kommentiert von Anne Margaret Daniel. Deutsch von Gregor Runge, Andrea Stumpf und Melanie Walz

Ein Diamant – so groß wie das Ritz
Erzählung. Diogenes Hörbuch, 2 CD, gelesen von Gert Heidenreich

Pietro Citati
Schön und verdammt
Ein biographischer Essay über Zelda und F. Scott Fitzgerald. Aus dem Italienischen von Maja Pflug

Zelda Fitzgerald
Ein Walzer für mich

Roman
Aus dem Amerikanischen von pociao

Sie lebte den amerikanischen Traum und zerbrach daran – hier ist Zelda Fitzgeralds autobiographischer Roman.

»Sie war die Amy Winehouse der Zwanziger«, so Elmar Krekeler in der *Welt* – ihr Name wurde zum Inbegriff einer ganzen Generation. Zelda war die Frau an der Seite des gefeierten Autors F. Scott Fitzgerald, bei jeder Party dabei – eine Schönheit mit Bubikopf und Charleston-Kleid, Muse und Vorbild für etliche Romanfiguren ihres Mannes. Doch die »Frau von« zu sein genügte ihr nicht. Ihre Ehe, so glamourös sie schien, war für sie eine Festung – Sicherheit und Gefängnis zugleich. Um sich daraus zu befreien, arbeitete Zelda an einer eigenen Karriere: als Tänzerin und später als Schriftstellerin.
Ein Walzer für mich ist die Geschichte der jungen Alabama, die neben einem berühmten Künstler ihren eigenen Lebensweg sucht: mit ihm nach Europa reist, turbulente Monate in Italien und an der Côte d'Azur verbringt und sich in einen französischen Offizier verguckt. Ihre große Leidenschaft gilt jedoch dem Ballett. Denn wie keine andere Kunstform enthält der Tanz das Versprechen von Schwerelosigkeit und Freiheit.

Ein Walzer für mich darf jetzt wieder ganz neu gelesen werden: als Zeitdokument, als anrührende Autobiographie und als sinnlicher Roman – in frischer, poetischer Neuübersetzung.

D. H. Lawrence im Diogenes Verlag

»Seine Verdienste um die moderne englische Literatur sind erkannt und anerkannt.«
Romeo Giger / Neue Zürcher Zeitung

Gesammelte Erzählungen und Kurzromane in zwei Bänden in Kassette
Band 1:
Aus dem Englischen von Martin Beheim-Schwarzbach, Marta Hackel, Karl Lerbs und Elisabeth Schnack

Band 2:
Deutsch von Martin Beheim-Schwarzbach, Georg Goyert, Karl Lerbs und Elisabeth Schnack
Daraus die Erzählung *Der Mann, der Inseln liebte* auch als Diogenes E-Hörbuch, gelesen von Hans Korte

Verliebt
Geschichten von Liebe und Leidenschaft. Ausgewählt von Daniel Kampa. Deutsch von Martin Beheim-Schwarzbach und Elisabeth Schnack
Ausgewählte Geschichten auch als Diogenes Hörbuch erschienen. Diogenes Sammler-Edition. 7 CD in Geschenk-Verpackung, gelesen von Rolf Boysen, Brigitte Buhre, Anna König und Hans Korte

Liebende Frauen
Roman. Deutsch von Petra-Susanne Räbel. Mit einem Nachwort von Dieter Mehl

Der Hengst St. Mawr
Roman. Deutsch von Gerda von Uslar

Lady Chatterley's Lover
Die zweite Fassung. Roman. Deutsch von Susanna Rademacher. Mit einem Nachwort von Roland Gart (vormals: *John Thomas & Lady Jane*)

Mr. Noon
Autobiographischer Roman. Deutsch von Nikolaus Stingl

Mexikanischer Morgen
Reisetagebücher. Deutsch von Alfred Kuoni

Das Meer und Sardinien
Reisetagebücher. Deutsch von Georg Goyert

Etruskische Stätten
Reisetagebücher. Deutsch von Oswalt von Nostitz

Evelyn Waugh im Diogenes Verlag

»Einer der großen Meister der englischen Prosa des 20. Jahrhunderts. Es ist nie zu spät, Evelyn Waugh zu lesen und wiederzulesen.«
Time Magazine, New York

»Sollte ich Evelyn Waugh in meinem nächsten Leben, im Himmel oder in der Hölle begegnen – ich werde niederknien und ihn anflehen, mir eine Geschichte zu erzählen.« *Astrid Rosenfeld*

Verfall und Untergang
Roman. Aus dem Englischen von Andrea Ott

Lust und Laster
Roman. Deutsch von pociao

Expeditionen eines englischen Gentleman
Deutsch von Matthias Fienbork. Mit einem Nachwort von Rainer Wieland

Schwarzes Unheil
Roman. Deutsch von Irmgard Andrae

Eine Handvoll Staub
Roman. Deutsch von pociao

Scoop
Roman. Deutsch von Elisabeth Schnack

Mit wehenden Fahnen
Roman. Deutsch von Matthias Fienbork

Wiedersehen mit Brideshead
Die heiligen und profanen Erinnerungen des Captain Charles Ryder. Roman. Deutsch von pociao. Mit einem Nachwort von Daniel Kampa
Auch als Diogenes Hörbuch erschienen, gelesen von Sylvester Groth

Scott-Kings moderne Welt
Erzählung. Deutsch von Otto Bayer

Tod in Hollywood
Eine anglo-amerikanische Tragödie. Roman. Deutsch von Andrea Ott

Helena
Roman. Deutsch von Peter Gan

Gilbert Pinfolds Höllenfahrt
Ein Konversationsstück. Roman. Deutsch von Irmgard Andrae

Ohne Furcht und Tadel
Roman. Deutsch von Werner Peterich

Ausflug ins wirkliche Leben
und andere Meistererzählungen. Ausgewählt von Margaux de Weck und Daniel Kampa. Deutsch von Otto Bayer, Hans-Ulrich Möhring, Matthias Fienbork und Elisabeth Schnack

Carson McCullers im Diogenes Verlag

»Heute streitet man sich auch in Deutschland nicht mehr um Rang und Ruhm von Carson McCullers, deren erster Roman *Das Herz ist ein einsamer Jäger* bereits 1940 von renommierten Kritikern des englischen Sprachgebiets gepriesen wurde. Er machte die 23-Jährige auf der Stelle berühmt und gewissermaßen zur Kollegin großer Schriftsteller wie Dostojewski, Melville und Faulkner, der selber ihr Werk verehrt hat.« *Gabriele Wohmann*

»Carson McCullers erkundete das menschliche Herz mit einem Einfühlungsvermögen, das kein Schriftsteller je übertreffen kann.« *Tennessee Williams*

»Wie alle genialen Dichter überzeugt sie uns davon, dass wir im Leben etwas übersehen haben, was ganz offenkundig vorhanden ist. Sie hat das unerschrocken ›goldne Auge‹.« *V.S. Pritchett*

»In ihrem Blick wie in ihrer erzählerischen Haltung ist Carson McCullers mit Čechov verglichen worden. Der Vergleich ist nicht nur unter diesem Aspekt zutreffend, sondern auch, was den Rang angeht. Das Werk von Carson McCullers gehört zweifellos der Weltliteratur an.«
Jochen Schimmang / Die Welt, Berlin

»Was bleibt, ist ihr Werk. Es ist unvergänglich.«
Neue Zürcher Zeitung

Die Romane in vier Bänden in Kassette
In revidierten Übersetzungen und in der Lieblingsausstattung von Carson McCullers
Alle Bände auch als Einzelausgaben (Leinen) erhältlich:

Das Herz ist ein einsamer Jäger
Roman. Aus dem Amerikanischen von Susanna Rademacher. Mit einem Nachwort von Richard Wright
Auch als Diogenes Hörbuch erschienen, gelesen von Elke Heidenreich

Frankie
Roman. Deutsch von Richard Moering. Mit einem Nachwort von Marguerite Young

Spiegelbild im goldnen Auge
Roman. Deutsch von Richard Moering. Mit einem Nachwort von Tennessee Williams

Uhr ohne Zeiger
Roman. Deutsch von Elisabeth Schnack. Mit einem Nachwort von Siegfried Lenz

Außerdem lieferbar:

Die Ballade vom traurigen Café
Deutsch von Elisabeth Schnack
Auch als Diogenes Hörbuch erschienen, gelesen von Elke Heidenreich

Gesammelte Erzählungen
Deutsch von Elisabeth Schnack
Lieferbar als Schmuckausgabe (Leinen im Schuber) und als Taschenbuch
Daraus die Erzählungen ›Madame Zilensky und der König von Finnland‹ und ›Ein Baum, ein Felsen, eine Wolke‹ auch als Diogenes Hörbuch erschienen, gelesen von Elke Heidenreich

Wunderkind und andere Meistererzählungen
Deutsch von Elisabeth Schnack. Ausgewählt von Daniel Keel und Daniel Kampa. Mit einem Nachwort von Daniel Kampa
Ausgewählte Erzählungen daraus auch als Diogenes Hörbuch erschienen, gelesen von Elke Heidenreich

Die Autobiographie
Illumination and Night Glare
Herausgegeben von Darlos L. Dews. Deutsch von Brigitte Walitzek. Mit zahlreichen Abbildungen